SOCIÉTÉ ACADÉMIQUE DU VAR

CONCOURS

DE

POÉSIE, D'HISTOIRE & D'ARCHÉOLOGIE

POÉSIES & MÉMOIRES

COURONNÉS

SOCIÉTÉ ACADÉMIQUE DU VAR

CONCOURS

DE

POÉSIE, D'HISTOIRE & D'ARCHÉOLOGIE

OUVERTS A TOULON

SOUS LES AUSPICES DE L'ADMINISTRATION MUNICIPALE

POÉSIES & MÉMOIRES

COURONNÉS

Dans la Séance publique du 7 juin 1873

TOULON
IMPRIMERIE L. LAURENT, RUE NATIONALE, 49

1873

PREMIÈRE PARTIE

DISCOURS, RAPPORTS ET POÉSIES

Lus dans la Séance publique du 7 juin 1873.

DISCOURS

DE M. ALLÈGRE

MAIRE DE TOULON

Mesdames, Messieurs,

Nous venons, en cette solennité, honorer des fils de la langue d'oc.

Ils ont, par leurs œuvres, mérité la sympathie de leurs compatriotes et augmenté favorablement le renom de leur pays.

Nous avons tous ici la joie au cœur, car rien n'est plus doux que de fêter des proches, des amis, lorsque le travail, l'art ou la poésie les ont distingués.

Félicitons-nous de ce que la ville de Toulon offrit l'hospitalité à nos frères de la région méridionale, à des savants, à des artistes, à des travailleurs habiles.

En leur donnant aujourd'hui des récompenses, il nous est permis de faire revivre les plus nobles traditions de notre chère Provence.

Cette cérémonie nous rappelle, en effet, les beaux jours du Midi qui, à tous les âges, resplendirent sur la terre des Gaules pour le progrès de l'humanité.

Souvenons-nous et nous serons dignes de nos aïeux.

Sachons que la contrée fameuse qui nous vit naître fut, dans le monde occidental, le berceau des civilisations.

La Grèce, d'abord, envoya des colons à nos rivages.

Ces étrangers émerveillés comparèrent nos climats au ciel de leur patrie.

Ils s'établirent sur notre sol préféré et, aux richesses de la nature, ils ajoutèrent l'attrait des douces mœurs, le charme de l'esprit, le culte de la beauté.

Ils firent plus : ils fondèrent la cité phocéenne, notre sœur aînée : Marseille, en un mot, l'antique république ; cette ville généreuse et opulente qui répandit autour d'elle ses trésors, ses institutions et ses bienfaits. Dernièrement encore, comme à un de ses enfants, elle prodiguait des couronnes à un Toulonnais, à l'auteur de *Pétrarque,* à Hippolyte Duprat.

Marseille, en nos contrées privilégiées, eut plus tard, pour émule, Narbonne, la ville du luxe, de l'éloquence, des monuments, la seconde capitale des Romains.

Après de nombreux désastres, le peuple-roi avait fait ainsi la conquête de la Provence, mais nous étions de sa race et il a partagé, dans l'histoire, sa grandeur avec nous : il a infusé dans notre sang d'hommes libres la fierté du citoyen.

Ce souverain organisateur nous a légué un héritage

impérissable contre lequel se sont brisés tous les despotismes, même celui des Césars ; il nous a laissé les franchises municipales !

Dans l'orgueil de nos réminiscences nous ne devons pas oublier que d'humbles apôtres, puissants par la foi, abordèrent nos ports sur de frêles barques et prêchèrent le christianisme primitif.

Facile aux nouveautés sublimes, le peuple dont nous sommes issus devina l'Évangile et nous eûmes nos martyrs. Ainsi, nos ancêtres, eux les champions des meilleures causes, ne résistèrent point à une doctrine qui voulait l'émancipation de l'esclave, le relèvement du pauvre et la fraternité !

La religion du Christ ne fut pas le dernier reflet d'Orient qui pénétra l'esprit des Provençaux. Ils furent gagnés par le Sarrasin, rêveur, sociable, élégant, lorsqu'il cessait d'être cruel.

Malgré l'effroi que les Maures inspirèrent au milieu de l'incendie et du pillage, nous avons gardé les jeux et les coutumes de ces envahisseurs. Nous avons puisé à la source de leur imagination le goût du songe et du merveilleux. Leur domination fut telle que, non loin d'ici, des forêts pittoresques dont la flore rattache notre pays à l'Afrique, conservent encore leur nom.

Nous pouvons, sans terreur, constater sur nous l'influence du Maure depuis que, par la prise d'Alger, nous ne redoutons plus, pour le sexe aimable, les pirates et les forbans.

La destinée de nos pères fut donc enviable et glorieuse. Ils reçurent les premiers, pour la transmettre au Nord, la pensée de tous les peuples éclairés.

Notre patrie devint la terre sacrée des révélations et la propagande, parmi les hommes, symbolisa notre génie national.

Cette incomparable mission convenait à des êtres ardents dont le caractère se perpétue en nous et qui étaient empreints d'enthousiasme, d'amour et de liberté.

On ne meurt point lorsqu'on a de pareilles origines et l'on vit par la flamme éternelle de l'esprit.

Aussi le sombre moyen âge ne put faire prévaloir, dans notre radieuse contrée, sa tristesse, son ignorance et sa barbarie.

Le baron féodal élevait ailleurs son donjon, ténébreux asile de l'ennui, tandis que la Provence chantait!

Partout les seigneurs avaient des vassaux et des serfs au moment où les républiques du Midi, Marseille, Arles, Nîmes, Avignon, brillaient d'un éclat prodigieux.

Dès cette époque, dans un essor naturel et spontané, nous ouvrons l'ère moderne par l'explosion des plus beaux sentiments. On ne nous conteste point cette fortune. Nos troubadours furent les inspirateurs de toutes les littératures européennes. Leur souffle divin se changeait en une tempête de justice, lorsqu'il n'était point adouci par l'amour. Ils n'entonnèrent pas en vain des chansons oiseuses. Ils émurent leurs contemporains, car ils célébraient la femme et stygmatisaient les tyrans.

Oui, nous sommes les vrais rejetons de la chevalerie et de la libre conscience.

Qu'on ne s'étonne plus, à cette heure, de voir les populations méridionales emportées vers la démocratie. Elles suivent l'entraînement de leur race, et ce sont nos vieux poètes qui ont semé dans nos veines le ferment de l'indépendance et de l'égalité.

L'enivrement de notre patriotisme si humain, ne peut pas nous rendre exclusifs. Nous sommes arrivés, par nos souvenirs, à cette époque décisive où notre sort politique fut confondu avec celui de notre belle France. Heureuse rencontre où, éprouvés par des malheurs séculaires, tous les Gaulois se reconnurent enfin de la même famille.

Vous blasphémez et vous calomniez à plaisir vous qui dites que nous voulons renier la grande nation affligée ; mais elle nous appartient comme aux autres ! et nos hommes de génie ont contribué à sa précieuse unité !

Avant de nous séparer de la France, il faudrait effacer de l'histoire Montaigne et la Renaissance, le siècle de Louis XIV, Massillon et Puget, dont Jean Aicard va nous parler dignement.

Puisqu'on nous juge capables d'un tel forfait, on croit peut-être que nous avons oublié, grossière erreur ! la philosophie et Montesquieu, Mirabeau et la Révolution de 1789.

A l'égard de la nationalité, nous avons d'ailleurs, pour garant l'un des nôtres qui certainement n'est pas suspect. Il n'est point nécessaire de prononcer, tant il est connu, le nom illustre de l'homme d'Etat qui, après avoir été président de la République actuelle, un jour sera appelé le rénovateur de la patrie.

Ce que nous désirons, c'est de concourir à la régénération de la France par le travail de tous et le bonheur de nos semblables.

Nous lui conserverons ses titres auprès des peuples, par l'hommage de nos œuvres, de notre affection et de notre dévouement.

Nos ennemis seuls ont intérêt à douter de nos affirmations. Mais, pour leur imposer, nous avons encore des travailleurs, des artistes, des poètes et des savants qui s'inspireront du véritable patriotisme.

Félibres, troubadours, et vous, vénérable Victor Gelu qui m'entendez, puisque les Allemands recherchent, lisent et comprennent les livres écrits dans notre langue maternelle, vous allez, n'est-ce pas? être la personnification la plus sincère et la plus expressive de notre sentiment populaire. Commencez vos sirventes sur le ton de Bertrand de Born et déclarez aux conquérants du Rhin que nous serons toujours Français.

CONCOURS D'HISTOIRE

RAPPORT

DE M. LE COMTE DE VILLENEUVE FLAYOSC

Vice-Président de l'Académie de Marseille (1).

Les ouvrages d'histoire, soumis à l'appréciation de la Commission, étaient au nombre de onze, et ils ont offert une valeur littéraire et scientifique, qui a causé à tous les membres de la Commission la plus agréable surprise. Pour la première fois, un concours agricole a été accompagné d'un concours littéraire, établi dans la même région. Le tournoi de la parole écrite, de la science et de l'art, n'a pas été moins brillant que l'exhibition des perfectionnements ruraux. Honneur à l'administration toulonnaise qui a ouvert une nouvelle voie avec un plein succès ! Dans une période où l'on accorde une injuste prééminence aux progrès matériels, l'édilité toulonnaise a fait heureusement ressortir la supériorité des progrès de la pensée.... Elle a remis en lumière le *mens agitat molem* du grand poëte latin....

---

(1) La commission du concours d'histoire et de biographie était ainsi composée : MM. Aug. Fabregat, vice-président de la Société archéologique de Béziers; Léon Vidal, secrétaire général de la Société de statistique de Marseille; V. Colomb, professeur d'histoire au Lycée de Toulon, et M. le comte de Villeneuve Flayosc, rapporteur.

N'était-il pas juste que, du foyer provençal où s'était inauguré le réveil littéraire du XIIIme siècle, s'élevât, dans le XIXme siècle, la première réclamation en faveur de la suprématie de la parole et de la pensée ? Lorsque les revers incommensurables de notre pauvre France, viennent de mettre à nu tous les maux causés par un paresseux et brutal sensualisme, n'était-il pas opportun de revendiquer les suprêmes honneurs pour le travail intellectuel et moral ?

A une grande hauteur au-dessus des autres ouvrages soumis à notre examen, se pose l'*Histoire des agrandissements de Toulon*, par M. Octave Teissier. Cette œuvre, hors concours, du président honoraire de la Société académique du Var, en forme aussi la pièce hors ligne et nous offre le couronnement de l'histoire de Toulon au moyen âge. Le Toulon du XIIIme siècle était l'humble larve que la cité actuelle et son merveilleux arsenal nous font admirer, transformée en brillant papillon. Le bourg embryonnaire de Toulon moyen âge est passé de la population de quatre mille âmes, à un chiffre de quatre-vingt mille. L'ancien Toulon occupait 6 hectares, la ville et l'arsenal actuel couvrent une superficie de 196 hectares, trente-trois fois l'étendue primitive ! La prééminence de la ville de Toulon, son étonnant développement ne sont pas seulement des accroissements matériels !... N'est-ce pas de l'arsenal de Toulon que sont parties les premières applications de l'idée des grands bassins hydrauliques construits sous les eaux ; les plus grands perfectionnements de la marine à vapeur et l'étonnante transformation de l'architecture navale, qui a enfanté les navires cuirassés ? Les progrès de Toulon sont ceux de la pensée créatrice. L'agrandissement de Toulon porte le triple cachet des méditations du génie de Puget, du génie de Vauban et de la science primesautière de Bernard, de Noël et surtout de Dupuy de Lôme. Toulon a été créé par les ingénieurs de l'architecture navale et par ceux de l'architecture hydraulique; il est le produit d'un noble concours ouvert au génie, et il ne lui manque pas même l'insigne honneur d'avoir, parmi ses habitants, le plus éminent des peintres de marine contemporains.

Grâce au concours historique dont nous sommes les témoins et les juges, les phases variées du passé et du présent de la cité toulonnaise nous sont dévoilées; nous assistons même au curieux épisode de l'hivernage de la flotte ottomane, étalant le dernier et brillant reflet de la puissance maritime des enfants de Mahomet sous les auspices du souverain des Francs : quarante-un ans avant que la célèbre victoire de Lépante eût porté le coup mortel à cette marine sarrasine, définitivement détruite à la bataille de Navarin et à la prise d'Alger, suprêmes atteintes portées aux marins mahométans, sept cent trente-cinq ans après que le premier cri des grandes croisades eut retenti sur la terre française.

Les ouvrages admis au concours ont été classés dans l'ordre où nous allons exposer les motifs de notre verdict.

Au premier rang s'est placé pour nous le mémoire intitulé : *les Consuls de Toulon, commandants militaires et lieutenants de roi au gouvernement de la ville.*

D'après ce travail, le *self government* le plus complet existait dans la municipalité de Toulon. Les registres des délibérations des années 1395 à 1396, et un titre de 1402, démontrent que la municipalité toulonnaise réunissait la plénitude du pouvoir civil et militaire.

Il fallait bien que la nécessité de la vie administrative et celle de la défense militaire fussent satisfaites, alors que le gouvernement central s'était progressivement affaibli pendant les guerres civiles et l'anarchie qui remontaient, par leur origine, au règne désastreux de la reine Jeanne, fille indigne du prince qui avait été le pieux élève de saint Elzéar.

Le siège principal du gouvernement suprême était à Naples, loin, bien loin alors de la Provence, et cette souveraineté lointaine était elle-même sans cesse troublée par les guerres intestines, religieuses et politiques, où la corruption napolitaine et le schisme d'Occident exercèrent une si fatale influence.

Aux besoins de la police intérieure s'ajoutaient, à Toulon, ceux d'une défense extérieure plus difficile qu'ailleurs. La belle rade de Toulon n'était-elle pas largement ouverte aux razzias des pirates sarrasins, implacables dévastateurs de notre littoral jusque dans les temps modernes ?

La réunion des attributions militaires et civiles dans les mains des consuls de Toulon fut donc le résultat des plus impérieuses nécessités, jusqu'à l'heure où, sous Louis XI et Louis XIV, le gouvernement, progressivement centralisé, finit par établir l'unité administrative de toute la France, et concentra dans les mains seules du souverain tout le commandement de la force armée.

Le titre de lieutenant de roi était devenu une simple prérogative honorifique du premier consul de Toulon sous les derniers rois de France. Ce titre lui-même disparut avec toutes les exceptions provinciales, détruites par l'organisation qui, après 1789, proscrivit toutes les traditions des histoires locales.

La municipalité de Toulon lutta toujours avec une merveilleuse énergie pour conserver et le droit et l'honneur de son autorité militaire. Les péripéties de cette lutte sont parfaitement décrites par l'auteur, le feu sacré de la vie municipale anime tout son exposé. Le style correct et sans autre prétention que celle d'une clarté continue, est parfaitement adapté au sujet. Nous exprimons seulement le désir de voir accompagner ce travail, jugé digne de l'impression, d'une bonne table des matières, après qu'il aura été divisé en chapitres bien délimités.

L'organisation administrative de la ville de Draguignan, jusqu'à la réunion de la Provence à la France, occupe le second rang parmi les œuvres historiques présentées au concours.

Les détails relatifs au système pénal du moyen âge sont d'une précision remarquable ; ils inspirent un sentiment de tristesse, lorsqu'ils nous font assister aux rigueurs superflues des supplices de cette époque.

Des mœurs plus douces distinguent nos classes dirigeantes modernes ; mais, avec cette douceur, n'y a-t-il pas aussi une déplorable énervation ? Les Provençaux de 1524 et de 1536, sans secours venus de l'intérieur, ont repoussé les invasions allemandes du connétable de Bourbon et de Charles-Quint... Nobles, bourgeois et paysans détruisirent leurs provisions de blé, d'huile, et de vin, avec une abnégation admirable ; tous se firent soldats et, dans des milliers d'embuscades, firent subir aux ennemis de telles pertes, que les envahisseurs furent obligés de quitter le sol provençal. La guerre de 1870 n'a fait apparaître aucun dévouement pareil dans les régions envahies de notre France.

Les assemblées municipales du moyen âge avaient pour électeurs, tantôt les chefs de famille réunis, tantôt les corps municipaux qui allaient être remplacés par leurs élus.

Il y avait dans les administrations ainsi formées une remarquable unité de direction, en même temps qu'une bien virile énergie dans la défense des prérogatives communales et des libertés de la cité. Nous avons eu un exemple frappant dans la persévérante revendication des pouvoirs militaires, revendication émanée des consuls de la ville de Toulon.

Nous devons faire remarquer l'excellent esprit de critique avec lequel l'auteur du Mémoire actuel supplée aux documents précis, lorsqu'ils lui font défaut, par inductions très-probables.

Les agitations de la vie municipale sont stéréotypées dans le mémoire n° 3, donnant l'histoire des intrigues, des violences même, dont l'hôtel de Raimondis Canaux a été ou le foyer, ou le point de départ.

Construit par les frères Gansard, de 1618 à 1643, cet hôtel est une relique architectonique du règne de Louis XIII. Habitée par une famille puissante, cette demeure était le foyer des luttes de la municipalité, dont les dignités étaient le but des ambitions turbulentes. Les agitations dont l'édilité était l'objet, agitations portées quelquefois jusqu'aux plus extrêmes violences, jusqu'à l'assassinat.... sont très-bien retracées par l'auteur.

Aux agitations de la liberté municipale, poussée souvent jusqu'à la licence, succède, sous Louis XIV, le calme silencieux du despotisme environné comme compensation passagère du prestige de la gloire.

Après le xviime siècle, l'hôtel Raimondis devient le siége respecté d'une famille paisible et distinguée, et prison de l'aristocratie en 1792.

Le même édifice abrite, en 1822, une grande fête populaire donnée à M. Chevalier, le plus aimé des Préfets du Var.

Plus tard transformé en fabrique industrielle, l'hôtel Raimondis finit par être l'asile des patientes études d'une Société archéologique.

En signalant ainsi les piquantes variations de la destinée d'un édifice, cette monographie offre un style facile et souvent élégant, faisant regretter que l'auteur n'ait pas dirigé son talent et son labeur vers un but plus élevé.

L'Armorial historique du diocèse et de l'État d'Avignon est placé au quatrième rang.

Ce travail consciencieux offre l'ébauche d'une grande entreprise digne d'éloges ; les notices historiques, trop écourtées et réduites à de trop laconiques indications, ne peuvent être regardées que comme l'esquisse préparatoire d'une rédaction définitive qui fera de cette œuvre un véritable monument d'histoire à la fois générale et locale.

La monographie de Seillons placée au n° 5, renferme, sur la statistique agricole de ce village, des détails remplis d'intérêt, d'une exactitude et d'une précision vraiment remarquables.

Seillons est une ruche paisible peuplée des cultivateurs les plus laborieux.

Tandis que le luxe multiplie le vice et la misère dans nos grandes cités, les cinq cent cinq cultivateurs de Seillons ne connaissent pas la pauvreté. Le travail persévérant de ces honnêtes paysans leur permet, chaque année, de thésauriser de façon à payer les achats continuels qu'ils font sur les terres de la commune de Saint-Maximin. Les mœurs y sont si pures que chaque ménage compte, en moyenne, sept personnes, tandis que le ménage moyen en France n'est que de quatre et demi... Tout est calme à Seillons, même la maison curiale, qui ne change de maître que tous les dix-sept ans.

Le soin avec lequel l'auteur de cette étude à décrit l'église de son village, fait supposer qu'il appartient au clergé (1). — Si les trente mille curés de nos communes rurales rédigeaient des monographies aussi complètes, la France serait merveilleusement connue. Tous les curés ne peuvent pas devenir des correspondants de l'Institut, comme M. le chanoine Magloire Giraud qui, depuis quarante ans, habite Saint-Cyr, sans y avoir subi un jour d'ennui; mais tous peuvent être d'estimables annotateurs et accroître utilement, pour les lettres, leur prestige pastoral.

---

(1) L'auteur de ce travail, M. Marius Bourrelly, n'est pas ecclésiastique; mais il a eu pour collaborateur M. l'abbé Hermitte, ancien curé de Seillons. Ces renseignements ne pouvaient être connus de M. de Villeneuve, les plis contenant les noms des auteurs n'ayant été décachetés qu'après la remise de son rapport.

Notre n° 6 donné à la pièce littéraire intitulée : *Une Régente d'Austrasie*, est un encouragement accordé à une production d'un style soigné, production malheureusement assise sur un travail de recherches très-insuffisant.

Fraxinetum devrait être un mémoire sur le grand évènement provençal du IXe siècle, sur l'expulsion des Maures.

Malheureusement ce travail, que nous classons sous le n° 7, laisse apercevoir une espèce de persiflage des mœurs du moyen âge qui démontre, dans l'auteur, une insuffisante étude des origines respectables de la civilisation moderne, et le style n'est pas plus irréprochable que le ton général du mémoire.

La *Prise de Fraxinet*, classée sous le n° 8, est une étude plus superficielle que *Fraxinet*.

Les *Antiquités de Tollon* sont une description fantaisiste de la fondation de Toulon. Cette œuvre se place sous le n° 9, au-dessous de la précédente.

Au dernier rang pour nous se place le *Gros Souper ou la Fête de Noël à Marseille*.

L'auteur a voulu faire un tableau des joies enfantines causées par la fête de Noël ; mais, au lieu de nous faire voler sur les hauteurs en compagnie d'anges célestes, il nous fait rester dans les bas-fonds des terrestres vallées.

La Commission propose l'impression de l'*Histoire des agrandissements de Toulon*, et ensuite l'impression des mémoires dont nous donnons les titres ci-après :

1° *Les Consuls de Toulon, commandants militaires et lieutenants de roi au gouvernement de la ville ;*

2° *Étude historique sur l'organisation administrative et judiciaire de la ville de Draguignan jusqu'à la réunion de la Provence à la France ;*

3° *L'Hôtel de Raimondis Canaux à Draguignan* (1).

Elle est d'avis qu'il y a lieu d'accorder des mentions honorables aux auteurs des ouvrages suivants :

1° *Armorial historique du Diocèse et de l'État d'Avignon;*

2° *Aperçu historique sur Seillons;*

3° *Une Régente d'Austrasie.*

Le Concours littéraire de Toulon a fait mettre au jour un grand nombre de travaux, parmi lesquels plusieurs sont remarquables à divers degrés. Comment, dans le court intervalle de l'annonce et de la clôture de ce Concours, tant de bons travaux ont-ils pu être faits ? N'est-il pas évident que, même sans le stimulant assuré d'une honorable publicité, des travailleurs ardents et persévérants sont aujourd'hui disséminés sur la terre des anciens troubadours ? Ils tracent leurs pénibles sillons, sans se préoccuper de ce que sera la moisson ; ils n'ont qu'un souci, celui de s'honorer par le dévouement à leur chère patrie, de se rendre dignes des faveurs du ciel provençal par l'immolation au travail. C'est bien là une grande protestation contre le sensualisme abrutissant et contre les lâchetés de la paresse. Honneur à l'édilité de Toulon, d'avoir provoqué cette protestation, et grand bonheur pour nous d'avoir à la glorifier.

---

(1) La commission ayant appris que ce mémoire devait être inséré dans le *Bulletin de la Société archéologique* de Draguignan, a décidé qu'une médaille d'argent serait décernée à son auteur.

CONCOURS D'ARCHÉOLOGIE

RAPPORT DE M. LE COLONEL GAZAN
Membre honoraire de la Société académique du Var (1).

Les mémoires reçus pour le Concours d'archéologie sont au nombre de quatre :

1° *Archéologie préhistorique*. (*De l'Antiquité de l'homme dans les Alpes-Maritimes, ses habitations et ses coutumes.*)
Portant l'épigraphe : *Sic tempora fuerunt.*

2° *Archéologie algérienne*. (*Fouilles dans les cavernes de la pointe Pescade et du grand rocher de Guyotville.*)
Épigraphe : *Quod vidimus testamur.*

3° *Les Saliens avant la conquête romaine*. (*Velaux, Sainte-Eutropie et les deux statues de la Roque-Pertuse.*)
Épigraphe : Les nations ne jettent pas à l'écart leurs antiques mœurs comme on se dépouille d'un vieil habit. (CHATEAUBRIAND. *Génie du Christianisme.*)

4° *Monographie du couvent de Saint-Maximin.*
Épigraphe : *Et pius est patriæ facta referre labor.*

(1) La Commission chargée d'examiner les travaux soumis au Concours d'Archéologie était composée de M. le colonel Gazan, rapporteur, de M. le comte de Villeneuve Flayosc, vice-président de l'Académie de Marseille, et de M. Octave Teissier, président honoraire de la Société académique du Var.

Le mémoire n° 1 est le résumé des recherches faites dans le département des Alpes-Maritimes et des résultats obtenus, concernant l'humanité primitive.

Ce travail, bien qu'il ne présente aucun aperçu nouveau, pourrait offrir quelque intérêt aux investigateurs qui ne sont pas toujours en position de connaître les faits acquis à la science ; toutefois, ils auraient à se méfier de certains jugements qui, n'étant pas appuyés sur un assez grand nombre d'observations, paraissent précipités.

Depuis la fondation du Congrès international d'anthropologie et d'archéologie préhistorique, les recherches sur cette nouvelle branche de nos connaissances ont pris un développement considérable, et bien des découvertes précieuses ont été faites ; mais l'anthropologie et l'ethnographie préhistorique sont encore dans l'enfance, et de là les divers systèmes qui ont été formulés, c'est-à-dire, l'incertitude. Il y a lieu d'attendre encore avant d'arriver à la vérité.

Après avoir rappelé les travaux de MM. A. Grand, de Lyon ; F. Porel, de Morges ; Geny et Dr Perès, de Nice ; Dr Niepce ; Bonfils, de Menton ; Moggridge, naturaliste anglais ; Costa de Beauregard ; Dr Broca ; Bourguignot ; Cerquand, ex-inspecteur d'Académie à Nice, etc., qui démontrent la présence de l'homme, pendant les deux âges de pierre, dans les localités du Château de Nice et du cap Roux de Beaulieu, l'auteur du mémoire n° 1 en dit peu de choses, renvoie l'étude de ces localités à celle des grottes de Menton, afin d'éviter les redites, et se met à la suite de M. Rivière, son travail n'étant plus, en quelque sorte, qu'une copie de la publication *de la Découverte du squelette des grottes de Menton*, imprimée à Paris, par Bullière et fils, 1873.

Dans ce mémoire, les idées de M. Rivière sont adoptées sans discussion aucune et quelquefois généralisées, bien que basées sur le squelette de la quatrième caverne de Menton seulement, et peut-être d'un second, découvert, dit-on, depuis peu.

Ainsi, le jugement de M. Rivière sur la tête de son troglodyte, qu'il regarde comme empreint d'une dolichocéphalie très-prononcée, quoique l'*os frontal ne soit ni bas, ni fuyant, ni étroit; quoique la bouche soit exempte de tout prognatisme et l'angle facial soit de près de 85 degrés*, qui caractérise les races humaines les plus intelligentes, le jugement de M. Rivière, disons-nous, est purement et simplement adopté par l'auteur du mémoire. Or, il suffit de jeter un coup d'œil sur les photographies qui accompagnent l'ouvrage de M. Rivière, pour reconnaître que la tête dont il s'agit a tous les caractères des belles têtes de l'homme de notre époque, et qu'il serait facile de trouver, parmi nous, des hommes chez qui la dolichocéphalie serait réellement plus prononcée, ainsi que le prognotisme, et par conséquent au-dessous de cet homme des cavernes. De deux choses l'une : ou les photographies sont inexactes, ce qui n'est pas supposable, ou la dolichocéphalie n'existe pas.

L'auteur du mémoire adopte également ce qui concerne la taille du troglodyte, déduite de la comparaison des longueurs de certains os entre eux. La taille de 1 mètre 85 (5 pieds 8 pouces 2 lignes), quoique évaluée approximativement, n'a rien d'extraordinaire ; mais il n'est pas permis, fût-elle exacte, d'en conclure la taille d'une génération. Le squelette de la quatrième caverne de Menton était peut-être celui d'un chef, qui, dans les temps primitifs, devait être choisi parmi les hommes les plus forts et les plus grands.

Quoi qu'il en soit, les restes que nous possédons de l'homme qui habita les cavernes de Menton, semblent prouver que l'espèce humaine actuelle remonte beaucoup plus haut qu'on ne l'a supposé jusqu'ici, et, qu'à cette époque très-reculée, l'homme n'avait rien de comparable au singe, dont quelques auteurs se sont empressés de le faire descendre, et que son analogie avec l'homme de nos jours est indéniable.

D'après les considérations que nous venons d'exposer et les nombreux rapports qui existent entre le mémoire n° 1 et la publication de M. Rivière, à qui seul revient le mérite de la découverte du squelette de la quatrième caverne de Menton, nous croyons qu'il n'y a pas lieu d'admettre au Concours le mémoire n° 1 ayant pour épigraphe : « *Sic tempora fuerunt.* »

Le mémoire n° 2 commence par l'étude de l'homme préhistorique et la comparaison des objets trouvés dans deux cavernes aux environs d'Alger, à la pointe Pescade et au grand rocher, que l'auteur a explorées.

Après avoir établi la présence de l'homme préhistorique dans le nord de l'Afrique, par les résultats des fouilles faites dans ces grottes et aux dolmens des Beni-Messous, l'auteur montre leur concordance avec ceux obtenus à Gibraltar et au Mexique, et il déclare que « pour l'homme du premier ban, ou de la pierre « esquilleuse, il ne lui répugne pas d'avoir recours à l'autochto« nisme ou à la création de groupes humains épars ».

Il lui semble étrange de faire venir l'homme, et cela à deux fois, des vallées de l'Himalaya et des sommets inaccessibles du Caucase et du Thaurus, sans qu'il ait rien appris en chemin ; tandis qu'en le faisant naître çà et là, après qu'une faune était parfaite et qu'il pouvait en devenir le maître et s'en servir pour ses besoins et son alimentation, tout devient facile et s'explique par la loi d'expansion de chaque groupe. Cette doctrine, du reste, ajoute-t-il, voit chaque jour grossir le nombre de ses adhérents.

C'est possible, dirons-nous à notre tour ; mais nous croyons devoir répéter ce que nous avons déjà dit, que l'on se hâte trop de bâtir des systèmes et que cette manière de peupler la terre nous paraît assez difficile à comprendre et à admettre. Le voile qui couvre le mystère de la génération est loin d'être soulevé, même pour les infiniments petits, et les hypothèses que l'on peut faire pour la filiation des êtres supérieurs ne sont rien moins que satisfaisantes. Autant vaudrait-il croire que les chefs-d'œuvre de Raphaël ont été faits en jetant, pêle-mêle et au hasard, des couleurs sur la toile. Nous laissons donc à l'auteur du mémoire toute la responsabilité de sa manière de distribuer l'humanité sur notre globe.

L'auteur admet cinq époques distinctes pour constater les progrès de l'humanité, époques qu'il définit et différencie par l'outillage, les armes de différente nature, par les restes des repas et des foyers, les poteries, etc.

Les deux premières sont celles de la pierre taillée et de la pierre polie; la troisième est l'époque des dolmens, sépultures communes, mais toujours troglodytes, et dans laquelle apparaissent les ornements en bronze et les poteries plus fines; la quatrième concernant des faits intéressant plutôt l'histoire que l'anthropologie préhistorique; la cinquième, gétulo-romaine, révélant des faits tristement historiques, qu'il a cru devoir approprier à ses recherches archéologiques et qui se rapportent aux persécutions dirigées contre les Donatistes.

Le mémoire est terminé, comme pièce à l'appui, par un extrait des catalogues des riches collections de l'auteur et de ses rapports.

Ce mémoire n° 2 nous paraît être l'œuvre d'un savant géologue, d'un investigateur et collectionneur intelligent, plein de zèle et de dévouement pour les études anthropologiques, aux progrès desquelles ses travaux pourront contribuer, et nous avons l'honneur de proposer d'accorder à l'auteur une mention très-honorable, sinon un second prix.

Mémoire n° 3. — D'après l'auteur, les temps historiques ne

commencent, pour la Provence, qu'avec la conquête romaine. Malgré les récits de Jules César, de Tite-Live et de Tacite, etc., notre horizon s'arrête à cette époque si rapprochée de nous, et il se propose de reconstituer une partie du passé par la connaissance des *habitats* des Saliens, dont les débris cyclopéens annoncent un peuple primitif. Le nombre considérable de ces lieux constate la densité de population divisée en familles occupant l'ensemble du pays, tandis que les poteries, les instruments de travail, les bijoux, les armes, les sculptures témoignent du degré de leur civilisation.

Guidé par ces antiques demeures, l'auteur espère retrouver tout ce qui était relatif aux mœurs de ces peuples, jusqu'à leurs signes cabalistiques, ainsi que les inscriptions en caractères romains restées jusqu'à ce jour incomprises.

Le travail qu'il a envoyé au Concours est un opuscule sur *Velaux*, un chapitre détaché de son ouvrage ; et s'il a choisi cet *habitat* de préférence à ceux de Marseille avant l'arrivée des Phocéens, et d'Arles avant la colonisation romaine, c'est à cause de ses deux statues, qui sont une rareté archéologique. Il espère que, tel qu'il est, ce chapitre montrera l'intérêt que pourrait avoir une pareille étude pour l'ensemble du département des Bouches-du-Rhône, s'il lui était possible d'en continuer la publication.

Sainte-Eutropie est le nom d'une chapelle sur une montagne à l'est de Velaux et couronnée d'un *habitat* celtique qui n'a jamais été fouillé, et n'a de particulièrement remarquable que sa proximité avec la Roche-Pertuse, mamelon peu élevé, à deux kilomètres environ et en contre-bas de la montagne de Sainte-Eutropie.

C'est au pied de ce mamelon que le propriétaire a trouvé une statue en calcaire coquillé qui resta longtemps ignorée. Plus tard, la découverte d'une seconde statue a amené celle de tessons de poteries celtiques, de dents, de tibias et autres débris humains, ce qui fait dire à l'auteur qu'il est en face d'un établissement de ces peuples primitifs, et que la nature de la pierre des statues prouve qu'elles ont été faites sur place. Elles sont identiques de faire, de pose et de dessin ; le modelé, mou, arrondi, mais d'un fini remarquable, ne ressemble en rien à celui des Grecs et des Romains, et l'ensemble est raide et primitif comme l'ensemble des statues égyptiennes et leur donne un caractère exceptionnel, ainsi qu'on peut le voir sur la lithographie qui accompagne le mémoire.

Pour l'auteur, leur origine n'est pas douteuse, et il les attribue aux peuplades saliennes qui habitaient la contrée, et le lieu de leur découverte les lui désigne comme deux divinités topiques.

Enfin la conclusion de l'auteur est : « Que les statues de
« Velaux sont l'unique spécimen authentique de la statuaire des
« Celto-Liguriens. Elles représentent deux guerriers au repos,
« en prière ou morts, ou bien encore deux divinités topiques.
« A ces titres elles méritent d'être connues du monde savant,
« en attendant que nous puissions tirer de cette étude toutes les
« conséquences qui en découlent. »

Cet extrait d'un travail plus important, ainsi que l'annonce l'auteur, est assurément très-intéressant, mais incomplet, en ce sens que bien des recherches restent à faire, tant à Sainte-Eutropie qu'à la Roche-Pertuse ; et si nous proposons de ne pas l'admettre au Concours, c'est qu'il nous paraît indispensable que l'auteur ne le sépare pas de l'œuvre qu'il a en vue et qui, probablement, fera ressortir son nom avec plus d'éclat.

Le mémoire n° 4 est la *Monographie du couvent de Saint-Maximin.*

Elle est divisée en trois parties.

La première se rapporte à l'histoire générale de l'établissement ;

La seconde contient les détails sur le couvent et son organisation particulière ;

Et la troisième est consacrée à la description des bâtiments.

L'auteur y a joint un recueil de nombreuses pièces justificatives.

PREMIÈRE PARTIE.

La fondation du couvent de Dominicains de Saint-Maximin, par Charles II, roi de Sicile et comte de Provence, date de la fin du XIIIe siècle (1279). Ces religieux succédèrent à une colonie de l'abbaye des Cassinistes de Saint-Victor, de Marseille, qui avait passé, en 1079, à l'ordre de Saint-Benoît. Les premiers édifices, construits à l'endroit même où l'évêque Maximin ensevelit sainte Marie-Madeleine et où se trouve aujourd'hui la ville qui porte son nom, ont complétement disparu.

Ce fut après sa captivité à Barcelone, au moment où le souffle religieux faisait élever de toutes parts des cathédrales et des monastères, que Charles II résolut d'élever un magnifique monument et d'en confier l'exécution et le service aux Pères Dominicains. Ils s'installèrent d'abord dans les bâtiments des religieux de Saint-Victor et entreprirent les travaux sur un plan si vaste qu'ils furent plusieurs fois arrêtés faute d'argent, malgré les donations considérables et les priviléges accordés par Charles II, par Robert, son successeur, la reine Jeanne et le pape Grégoire XI.

D'autre part, les revendications tentées par l'abbaye de Saint-Victor et les différends que firent naître les habitants de Saint-Maximin, contribuèrent en partie à ralentir la construction de l'église et du couvent, et ce ne fut que par une fondation puissante et par des actes considérables de munificence que le roi René compléta l'œuvre de ses prédécesseurs.

C'est avec un véritable intérêt que l'on suit, dans cette première partie, les développements de ces belles constructions gothiques et de la puissance de l'ordre religieux qui brilla d'un si grand éclat.

SECONDE PARTIE.

Dans la seconde partie, l'auteur nous initie, de la manière la plus complète, aux affaires intérieures du couvent.

L'élection des prieurs, leur juridiction, le personnel et l'organisation intérieure, les dépendances, prieurés et domaines, les pensions, revenus et dîmes, forment autant de chapitres aussi intéressants que complets.

Ceux relatifs à la réforme opérée en 1664 par les efforts de Louis XIII et du pape Paul V, et à l'antagonisme de la commune, qui dura jusqu'à la suppression du couvent, donnent une idée de la physionomie de ces temps et jettent de l'animation et de la vie sur l'existence particulière des pouvoirs indépendants l'un de l'autre et contribuent à faire connaître les mœurs de l'époque.

La seconde partie est terminée par une liste des principaux Pères sortis du couvent comme dignitaires ecclésiastiques ; des orateurs, écrivains, historiens les plus remarquables ; et des religieux morts en odeur de sainteté.

TROISIÈME PARTIE.

Les bâtiments monastiques, bien que dans des proportions moins grandioses, s'élèvent à côté de l'église de Saint-Maximin et forment avec elle un très-bel ensemble architectural.

Leur position et leurs dispositions particulières sont indiquées avec la plus grande exactitude, et les détails dans lesquels entre l'auteur en donnent une idée aussi juste que peut le faire la meilleure description ; mais les beaux dessins qui accompagnent ce travail les font apprécier d'une manière encore plus sûre et plus certaine.

Le style d'architecture du couvent correspond, en quelque sorte, à celui de l'église et l'on y sent le même caractère, la même sobriété d'ornementation ; les deux œuvres sont bien de la même époque et de la même inspiration. Les grandes voûtes ogivales qui recouvrent les salles et les galeries du cloître sont coupées par des nervures simples, et leurs arcs robustes reposent sur des culs-de-lampe engagés dans le mur. Les fenêtres des salles, au nord, ont la même forme ogivale des bas-côtés de l'église, les mêmes ornements, et sont divisées comme elles par un meneau vertical qui soutient deux arcs trilobés, surmontés d'un quatre-feuilles inscrit dans un cercle.

Ce parallèle suffit pour faire comprendre l'importance du monument sous le rapport architectural.

L'auteur termine la troisième partie par un examen succint de l'église qui offre une grande homogénéité de style, bien extraordinaire pour le long espace de temps qu'on a mis à la construire et qui est due à la persistance des traditions monastiques ; et à ce sujet il cite l'opinion du P. Lacordaire sur les constructions des Dominicains, extraite de son mémoire pour le rétablissement des Frères Prêcheurs :

« Si l'institut dominicain s'allie bien au génie français, l'ar-
« chitecture de cet ordre religieux nous semble éminemment
« propre, de son côté, à caractériser notre art national durant
« la période gothique, et l'église de Saint-Maximin est vérita-
« blement le produit le plus noble et la formule la plus expli-
« cite de cette architecture dominicaine, en même temps que le
« type par excellence de l'art ogival dans le Midi. »

La *Monographie du couvent de Saint-Maximin* nous paraît l'œuvre d'un savant érudit ; elle est complète et tous ses éléments sont appuyés par un très-grand nombre de citations et sur des pièces nombreuses et authentiques.

L'histoire des Dominicains du couvent de Saint-Maximin, depuis sa fondation jusqu'à la révolution de 1789, y est suivie sans lacune, tant pour ce qui concerne leur vie monastique que pour leurs relations avec la communauté de la ville, les diverses autorités ecclésiastiques et laïques.

Les donations et les privilèges qui leur furent accordés par les comtes de Provence et, après l'adjonction de cette province à la couronne, par les rois de France, sont exactement rappelés à leurs dates, ainsi que les luttes et les différends qu'ils firent naître et qui donnent une idée des mœurs et de la physionomie des époques qui correspondent à l'agrandissement du couvent et au développement de la puissance de l'ordre de Saint-Dominique dans nos contrées.

Malgré les injures du temps et les actes de vandalisme dont ils ont été l'objet, les bâtiments du couvent ont pu être utilisés de nouveau, et l'on doit se féliciter, avec l'auteur, du succès obtenu par l'illustre P. Lacordaire pour y rétablir un couvent de son ordre.

La conservation des restes d'architecture qui ont résisté à tant d'outrages est désormais assurée, et peut-être un jour sera-t-il permis de les voir compléter et former encore avec la majestueuse basilique l'ensemble imposant qu'ils ont eu jadis.

D'après l'analyse que nous venons de faire, nous regardons la *Monographie du couvent de Saint-Maximin*, portant l'épigraphe : « *Et pius est patriæ facta referre labor*, » comme l'ouvrage le plus considérable, le plus sérieux et le plus complet qui ait été envoyé pour le Concours d'archéologie.

CONCOURS DE BIOGRAPHIE

RAPPORT DE M. V. COLOMB

Membre honoraire de la Société académique du Var (1).

Quatre travaux de biographie ont été soumis au Concours :

1º *Roseline de Villeneuve.* Œuvre enfantine de quelque jeune pensionnaire.

2º *Le chevalier de Forbin.* L'auteur de cette biographie a trop glissé sur la pente qui mène à trouver tout beau dans le personnage qu'on étudie et dans l'époque où il vivait. Style qui n'est pas sans défaut.

3º *Joseph d'Entrecasteaux.* Œuvre de quelque mérite, déparée par des faiblesses de style.

4º *Études biographiques et littéraires.* Travail sérieux et de longue haleine, comprenant onze biographies de personnages plus ou moins éminents tous nés à la Roquebrussanne :

1º L'abbé Jauffret, évêque de Metz (1759-1823) ;

2º Reymonenq, poète provençal (1791-1870) ;

3º Brémond, professeur à l'Université d'Aix (1747-1835) ;

---

(1) La commission chargée d'examiner les travaux soumis au concours de biographie était ainsi composée : MM. Aug. Fabregat, vice-président de la Société archéologique de Béziers ; Léon Vidal, secrétaire général de la Société de statistique de Marseille ; le comte de Villeneuve Flayosc, vice-président de l'Académie de Marseille, et V. Colomb, rapporteur.

4º Canolle, agronome (1769-1854);

5º Jauffret, canoniste, frère de l'évêque (1770-1856);

6º Laugier, ouvrier poète (1803-1864);

7º Le capitaine Gan (1783-1860);

8º Le docteur Reynaud (1773-1842);

9º Jauffred, instituteur des sourds-muets (1776-1828);

10º Simon, fabuliste (1823):

11º Les De Ferry et les D'Escrivan, gentilshommes verriers (1333).

Félicitons d'abord l'auteur d'avoir voulu sauver de l'oubli et faire vivre dans la mémoire des contemporains tous les noms, tant soit peu marquants, de la Roquebrussanne. Il serait à souhaiter que, dans chaque localité de quelque importance, il se rencontrât quelque érudit de bonne volonté pour rendre le même service à ses compatriotes éminents. Les bons exemples sont d'autant plus utiles qu'ils sont plus à notre portée. Le côté critiquable des œuvres de ce genre, c'est que leurs auteurs sont naturellement amenés à admettre trop de noms dans leur Panthéon local et à s'exagérer le mérite de tout personnage qui s'élève tant soit peu au-dessus du vulgaire. Ainsi, l'auteur des biographies qui nous occupent peut bien être accusé d'avoir trop grossi sa liste de célébrités locales. Et d'abord un de ses personnages est encore vivant (Simon le fabuliste) et peut bien n'avoir pas dit son dernier mot. Les deux poètes provençaux, Reymonenq et Laugier, n'ont pas un mérite assez éclatant pour mériter l'honneur d'une biographie imprimée. Cet honneur doit être réservé aux Jasmin et aux Mistral. Sauf ces réserves, l'œuvre qui nous occupe est digne d'éloges. Amour de l'œuvre, recherches patientes et consciencieuses, style correct et approprié au sujet. Le travail sur les gentilshommes verriers nous a paru le plus intéressant.

CONCOURS DE POÉSIE PROVENÇALE

RAPPORT

EN VERS PROVENÇAUX

PRÉSENTÉ PAR M. J.-B. GAUT

Délégué de l'Académie d'Aix (1).

SOUNET

I.

Touloun, ciéutat de guerro e ciéutat de la mar,
De la poudro e de l'augo a pas toujours l'aleno.
Vuei, ressènt trespira, subre lou toumple amar,
La pouësio, au cant melicous de Sereno.

Dei fèsto de la pas, dei triounfle de l'art,
Vou semoundre au Miejour l'amistadouso estreno ;
Ei rai de l'esperit amo à prene sa part ;
Dei perlo literàri a lei man toutei pleno.

Dou pouëtique envan Touloun counèis bèn l'us ;
Deja despiei longtèms sa courouno fa flori,
Seis enfant li'an adu proun beloio e proun glori.

---

(1) La commission chargée d'examiner les pièces de poésie, écrites dans l'un des divers idiomes parlés dans le midi de la France, était ainsi composée : MM. J.-B. Gaut, rapporteur ; Revoil, délégué de l'Académie du Gard, et Dol, délégué de la Société littéraire de Draguignan.

Pelabon e Poncy, Thouron, gènt de trelus,
Subretout, li'an pouergi l'agradivo chabènso
Dei garbeto de flous qu'an culido en Prouvènço.

Touloun, espandissènt de nouvèu Jue Flourau,
Counvido, en sourrisènt, lei troubaire à councourre.
Intrant em' estrambord dins lou round prouvençau,
Trente-nòu sount vengu, de tout caire, pèr courre.

N'en a foueço, pamens, qu'an fa rèn que lou saut,
O dintre lou campas an barroula de mourre.
Nou soulamen, rampli dou calourènt trebau,
An conquista lei Joio, en escalant la tourre.

O pople de Touloun, o Conso, anan parla,
Dins la loucho duberto en lenguo prouvençalo,
Lou paraulis plasènt qu'a tant de biais e d'alo,

Lou paraulis qu'avèn touei teta 'mé lou la !
Vautre qu'avès tant bèn adouba nouesto fèsto,
Adoubas nou rampau, pèr n'en cencha nou tèsto.

II.

Un moucèu prefuma coumo lou mes de mai,
— *Lei dous poutoun,* — aura gagna la Joio primo.
Es un cant proumieren, sourrissènt mai-que-mai ;
Lou gàubi tria, la gràci an fa flouri sei rimo.

Lou paraulis n'es dous e linde que noun sai ;
Un aflat naturau de soun estu l'animo.
Martelly, de Partus, n'en a liga lou fais.
Soun vers jisclo dou mouele e counèis pas la limo.

Es un fru sabourous 'm 'un pau de cremesoun.
L'obro sèriè coumplido e farié troup ligueto,
Se l'acabado avié pa'n èr de capeleto.

Voudrian que fouesson cènt, pamens, lei *Dous poutoun*
Au coungoust agradiéu, à la voues que pretouco
Cènt! per assadoula lou couer emé la bouco!

La Joio que seguis sera per la *Freirié*,
La Freirié que counvido à deveni touei fraire!
L'engèni que, sus terro, un jour, encarnarié
Aquèu pantai divin, seriè 'n grand counquistaire.

Crousillat, de Seloun, n'a fa la sounjarié.
Felibre melicous e pensatièu rimaire,
D'aquel ideau siau canto la fadarié...
Oh! lei pouëto soun sèmpre de pantaiaire!

Dins sa bresco a de mèu, dins soun couer de tressaut.
Mai quand l'espiracien lou treviro à l'estàsi,
Es un pau resounaire, ecoussigo l'emfàsi.

Soun esperit a d'alo e s'aubouro foueço aut;
Dintre lei nivo, aussi, nèblo un pau sa pensado...
O fraire, à ta *Freirié* ma couralo embrassado!

Une Joio peréu ei *Cimbre em' ei Téutoun*.
La barbarié dou Nord enaussavo la tèsto,
E deis encian Prussien tres cènt milo furoun
Venguèron prochi-z-Ais empura la batèsto.

Quinte chaple s'en fè! Lou fèrri n'avié proun!
De tant d'abrasama n'en aguè gié de rèsto!...
Marius lou Rouman n'en leissè pa' n'cepoun
Un autre Marius nous conto aquelo fèsto,

Marius Bourrelly, d'Ais, couer plen d'estrambord.
Lou pouëto, en turtant lei doues grandeis armado,
A rampli d'espravant sa crouniquo rimado,

E fa regounfla Lar (1) de sang dintre sei bord!...
Se dou trou de sabé cèuclavo leis erbeto,
L'obro serié coumplido en luego d'èstre oubreto.

Lei dous vèuse! vaqui l'esperit prouvençau,
Lou conte galejaire e plen de talounado!
Peise, de Draguignan, l'a saupica de sau,
E pèr sa boueno umour la Joio li es dounado.

Felen de mèste Franc, a lou galoi prepau,
Coumo aquéu vièi farçur a la lengo amoulado,
Que chaplo dei dous caire, e, coumo Barjomau,
Mastego pas lei mot, n'en fa qu'uno goulado.

A bouen biais, boueno voio e lou mourre risènt;
Coutigo eme lei vers en countant sei auvàri;
Tambèn sei bachiquèlo an l'esté populàri.

Lei dous vèuse, pamens, bèn que foueço plasènt,
Desnouson pas 'mé gàubi un poulit badinàgi...
Flous qu'adus pau de fru dins lou fres dou fuiàgi.

Un vilàgi, peréu, *coumo se n'en ves gie*
Dèu, coumo *Lei dous vèuse,* avé part à la Joio.
Dins soun paraulis clar, satirique e laugié,
Bourrelly, de Rousset, a la Muso ravoio.

Aliscado e courono, sa rimo s'aparié
'Mé la resoun; touei doues an fa pacho galoio;

(1) Ribiero prochi-z-Ais.

Soun mèu a d'amarun ; s'en vès gié de parié ;
Pougnon coumo d'abeiho, en treboulant la joio.

Soun vers sèmblo un catas, fa pato de velous,
En escoundènt l'oungloun au pounchoun que grafigno ;
O mesclo de vinaigre au bouen jus de sa vigno ;

O lèisso de caussido au mitan de sei flous.
Dintre lou blad rousset, li dira la critico,
Dèurrias bèn derraba l'ourtigo poulitico.

III.

Après lei Joio, quatre encartamen d'ounour
Ei quatre qu'an segui de pu prochi la draio,
Qu'an d'estu dins lou pitre, em' au front de clarour,
E que s'amousson pas coumo de fue de paio.

A Marseilho lou pas e la proumiero flour ! —
A madamo Roumeu ! — Dins *Après la bataio*,
Sus un cros fres dubert escampo sa doulour,
E coumo un clar sourgènt sa pouësio raio.

En trespirant dou couer, soun cant, dous e plantiéu,
Em' de long plagnun se desgounflo e gingoulo
E vous fa frenesi jusqu'au founs dei mevoulo.....

Mai, contro l'us, sei vers de des pèd soun tardiéu
En arrestant sus sieis sa panseto, em' audàci ;
'M' un biais lourd, 'm 'un brut sourd, caminon sènso gràci.

A Verdot, de Marsilho. — *Eis oubriè de la crous*
Qu'aubouron au crestèn dou bau Santo Vitori,

Verdot treno un bouquet, l'adoubo emé coungoust,
E dei travaiadou vou canta l'umblo glori.

Li' a d'aflat dins sei vers, bèn vesti, bèn courous.
Mai sa plumo, de fes, treboulo l'escritori,
E n'escapo, à bel èimè, e n'en jisclo d'espous
De jue de mot, dounant au couer lou languitori.

A Daproty, d'Eiguiero. En parla prouvençau
Treviro, emé proun biais, l'eglogo de Virgilo,
Dou pouëto latin fa reviéure l'idilo.

A Richié, de la Tourre, à l'oubrié manescau,
Cantant l'agriculturo en tabasant l'enclùmi ;
Devendra fourjèiroun en fourjant de countùni.

Dins la garbo l'aviē proun d'autreis espigau
Que lusien escura coumo de candelàbre.
Que d'aucèu qu'aurias pres, dins lou vou, pèr de gau,
En leis esplumassant èron plus que de gàbre.

L'un aviē trou de fue, l'autre gié de fougau.
Lou vermioun de luen, de prochi èro cinàbre.
Eron de roussignòu lei pu pichoun rigau !..
Fau trabaia longtéms per deveni bouen fàbre.

Li a foueço bràvei gènt qu'en parlant mau francés
Si crèson de parla la lengo prouvençalo,
E qu'en fènt foueço brut se crèson foueço d'alo.

Sus d'escarso de boues bèn que vous enaussés,
Agantarés jamai, dins lei voto, lei Joio,
Car dintre voueste couer avès rèn que de croio !

IV.

Touloun, ciéutat de guerro e ciéutat de la mar,
De l'envan pouëtiquo empuro en touei l'aleno.
Espiro, sus la terro e sus lou toumple amar,
La pouësio, au cant melicous de Sereno.

Dei fèsto de la pas, dei triounfle de l'art
Tu qu'à noueste Miejour as semoundu l'estreno,
Dei rai de l'esperit tu qu'as tant larjo part,
Dei perlo literàri espausso tei man pleno.

Après Thouron, Poncy, Pelabon, lou trelus
Emé d'autre adurra soun ur e sa chabènso
Sus Touloun, qu'es toujours uno estèlo en Prouvènço.

Dou pouëtique aflat, Touloun, gardo bèn l'us.
Teis enfant te daran toujours beloio e glori,
Coumo antan, coume vuei, sèmpre te faran flori !

CONCOURS DE POÉSIE FRANÇAISE

RAPPORT

PRÉSENTÉ PAR M. CHARLES RICHARD

Ancien président de la Société académique du Var (1).

Suivant une parole venue de haut, l'homme ne vit pas que de pain. Son goût, chaque jour plus répandu, pour l'esthétique et les œuvres qu'elle inspire, en porte, devant l'histoire, un constant témoignage. Et c'est pourquoi, au milieu de ce concours imposant des produits de la terre, que nous venons d'admirer, nous avons vu apparaître avec leur éclat accoutumé, les produits lumineux de la pensée humaine.

Ces grandes fêtes du travail, aurores d'un avenir meilleur, ne seraient pas complètes, en effet, si elles n'étaient en quelque sorte couronnées par une exposition artistique et littéraire. Le beau doit être le compagnon inséparable de l'utile, le suivre dans tous ses développements et marquer chacune de ses œuvres, du sceau glorieux de la souveraineté humaine.

La poésie, l'une des plus nobles faces du beau, ne pouvait manquer d'apporter à cette solennité, son contingent harmo-

---

(1) La commission chargée d'examiner les pièces de poésie soumises au concours, était composée de MM. L'Hôte, président de la Société académique du Var; V. Colomb, membre honoraire de la même Académie, et Charles Richard, ancien président, rapporteur.

nieux. Comme autrefois aux jeux célèbres de la Grèce, notre grande aïeule spirituelle, les poètes attentifs à l'appel qui leur avait été adressé, sont venus à l'envi, nous apporter le tribut de leurs inspirations. Qu'ils en reçoivent nos sincères félicitations, et qu'en dehors de toute appréciation de leurs œuvres, ce sentiment cordial qui s'adresse à tous, précède le don des palmes qui malheureusement, ne peuvent être décernées qu'à quelques-uns.

Des esprits qui voient souvent les choses à rebours, vont répétant que la poésie se meurt et que son ère est close. S'ils veulent seulement dire que, nous ne reverrons pas de longtemps, des Musset, des Lamartine et des Victor Hugo, ils peuvent avoir raison. Il est peu probable, en effet, qu'un même siècle ait la bonne fortune de voir se reproduire un triumvirat de cette puissance. Mais s'ils pensent qu'après les éclairs qu'il a projetés, la nuit va se faire pour toujours, dans le cercle enchanté de l'harmonie, leur découragement ne saurait être partagé.

Qu'ils regardent autour d'eux, et ils verront que le nombre des poètes va croissant avec les lumières que le temps apporte. Déjà à l'époque où nous vivons, quel est le jeune homme doué de quelque culture littéraire, qui ne tienne à saluer ses premières illusions par quelques strophes sentimentales? Et jusque dans les classes moins élevées, quel est l'atelier qui n'a pas au moins son chansonnier? La lumière des âges en s'élevant sur les esprits, fait comme le soleil qui, en s'approchant du zénith, éclaire les lieux profonds des vallées, et nous marchons vers une ère où chaque ville, pourra se glorifier des artistes de tout ordre nés dans ses murs. Le succès éclatant de *Pétrarque*, qui résonne encore à nos oreilles, est une première confirmation de ces promesses que l'avenir laisse entrevoir à qui sait l'interroger.

Les œuvres présentées à notre Concours, viennent à propos fortifier l'opinion, que nous émettons sur ce point.

Ainsi sur les vingt-trois compositions qui nous sont parvenues, on n'en peut guère citer que cinq de véritablement faibles, au double point de vue de l'art et de l'inspiration. Parmi les dix-huit autres, cinq encore n'ayant pas traité le sujet proposé, ont dû, à notre regret, être considérées comme non avenues.

L'élimination de ces deux catégories en a donc laissé treize en présence, douées de mérites divers, mais ayant toutes, à des degrés différents, une certaine valeur littéraire, et pour huit au moins, une valeur élevée. Un examen approfondi de ces dernières nous a conduit à en distinguer deux, évidemment supérieures aux autres par la richesse des images, l'ampleur des expressions, la hauteur des idées. Les beautés de l'une égalant les beautés de l'autre, il n'était d'abord pas facile de choisir entre ces deux remarquables productions. Heureusement pour nous, si les beautés s'équivalaient, il n'en était pas de même des faiblesses, et cette circonstance nous a permis de mettre un terme à nos hésitations.

Toutefois, comme l'œuvre du moins favorisé dans cette lutte, des deux parts honorable, était évidemment digne de récompense, M. le Maire, sur notre demande, a bien voulu, dans un sentiment de justice qui l'honore, instituer en sa faveur un deuxième prix consistant en une médaille d'argent.

Les plis cachetés ayant été rompus, conformément aux indications du programme, nous avons reconnu que le premier prix avait été obtenu par M. Jean AICARD (de Toulon), homme de lettres, membre de la Société académique du Var, et le deuxième prix par M. Hilaire COMIGNAN (de Melun).

La justice nous faisant un devoir de ne pas oublier ceux qui, sans avoir aussi bien réussi que les deux premiers, ont cependant fait preuve d'un mérite réel : deux mentions honorables ont été accordées,

1º A M. Pierre Dumas (de Marseille) ;

2º A M. J.-J. Amé, sous-inspecteur des douanes à Toulon.

Un dernier mot.

Quelques poètes-ouvriers, nous ont adressé le produit de leurs inspirations, dérobées au dur travail de chaque jour. Ils ne comptent sans doute pas, que nous déclarions leurs œuvres irréprochables et dignes des récompenses promises aux plus méritants. En agissant ainsi nous ne serions évidemment que de coupables flatteurs, et ce n'est pas à l'heure où l'esprit public les repousse des hauteurs sociales, que nous pourrions songer à leur préparer un refuge dans les régions qui ne les ont jamais connus. Nous l'avouons donc sans détour. Au point de vue littéraire, nous n'avons aucun éloge à décerner aux œuvres dont il s'agit. Mais en pensant aux conditions pénibles dans lesquelles elles se sont produites, et que ces vers, souvent irréguliers, ont été peut-être écrits sur une enclume et dérobés au marteau qui façonne le fer, nous n'avons pu nous défendre d'un juste sentiment de sympathie pour leurs auteurs. Nous tenons à le dire. Devant ces efforts qui, faute d'une direction première, avaient tant de peine à atteindre leur but, nous avons éprouvé cette émotion pénible, qu'on ressent devant une fleur qu'un défaut de culture empêche de s'épanouir. Et nous avons appelé de tous nos vœux une ère plus éclairée que la nôtre où, aucun des germes déposés par Dieu dans nos âmes, ne périra faute de soins intelligents sans avoir généreusement donné tous ses fruits.

CONCOURS DE POÉSIE, D'HISTOIRE & D'ARCHÉOLOGIE

PROCLAMATION
DES RÉCOMPENSES

La Commission chargée d'examiner les travaux soumis aux Concours de poésie, d'histoire et d'archéologie, ouverts à Toulon par la Société académique du Var, s'est réunie, le samedi 7 juin, sous la présidence de M. Octave Teissier, président honoraire.

Cette Commission, composée des délégués des diverses sociétés savantes du Midi de la France, a voté les récompenses suivantes, qui ont été solennellement proclamées, le même jour, par M. Allègre, maire de Toulon, dans la salle du Grand-Théâtre de cette ville.

POÉSIE PROVENÇALE.

(Rapporteur : M. J.-B. Gaut, délégué de l'Académie d'Aix.)

Médaille d'or à M. Fortuné Martelly, de Pertuis, pour sa pièce intitulée : *Lei dous Poutoun.*

Quatre médailles d'argent à :

M. A.-B. Crousillat, de Salon, auteur de l'ode : *La Freirié ;*

M. Marius Bourelly, d'Aix, auteur d'un petit poëme : *Lei Cimbré et lei Teutoun ;*

M. Peise, à Draguignan, auteur du conte : *Lei dous Véuse ;*

M. Victor Bourelly, de Rousset, auteur de : *Un vilàgi coumo n'en a gés.*

Quatre mentions honorables à :

Mme Catherine Romeu, à Marseille, auteur d'une élégie : *Après la bataïo;*

M. Eugène Daproty, d'Eyguières, pour la traduction en vers provençaux de la première églogue de Virgile ;

M. Auguste Verdot, à Marseille, auteur des stances : *Leis Oubrié de la Crous ;*

M. Amable Richier, ouvrier maréchal-ferrant, à la Tour-d'Aigues, pour sa pièce : *L'Agriculturo.*

POÉSIE FRANÇAISE.

(Rapporteur : M. Charles RICHARD, délégué de la Société académique du Var.)

Médaille d'or : M. Jean Aicard, de Toulon.

Médaille d'argent : M. Hilaire Comignan, de Melun.

Mentions honorables : MM. Pierre Dumas, de Marseille, et J.-J. Amé, sous-inspecteur des douanes à Toulon.

HISTOIRE ET BIOGRAPHIE.

(Rapporteur : M. le comte de VILLENEUVE-FLAYOSC, vice-président de l'Académie de Marseille.)

La Commission a voté l'impression des ouvrages suivants :

1° *Histoire des agrandissements et des fortifications de Toulon*, présentée, hors concours, par M. Octave Teissier ;

2° *Les Consuls de Toulon, commandants militaires et lieutenants de roi au gouvernement de la ville*, par M. le docteur Lambert ;

3° *Étude historique sur l'organisation administrative et judiciaire de la ville de Draguignan, jusqu'à la réunion de la Provence à la France*, par M. Camille Arnaud, juge honoraire du tribunal civil de Marseille ;

4° *Biographie des De Ferry, nobles verriers*, par M. Robert Reboul, notaire à Solliès-Pont.

Médaille d'argent : M. Frédéric Mireur, auteur d'une étude sur l'*Hôtel de Raimondis-Canaux*, siége actuel de la Société archéologique de Draguignan.

Mentions honorables :

1° M. Henri-Reynaud Lespinasse : *Armorial du Diocèse et de l'État d'Avignon ;*

2° M. Marius Bourrelly, pour sa notice sur *Seillons* ;

3° M. Edmond Gilquain, pour sa légende du VIIe siècle : *Une Régente d'Austrasie.*

ARCHÉOLOGIE.

(Rapporteur : M. le colonel GAZAN, délégué de la Société académique du Var.)

Médaille d'or : M. Louis Rostan, correspondant du Ministère de l'instruction publique, auteur d'une *Monographie du couvent de Saint-Maximin.*

Médaille d'argent : La Société de climatologie d'Alger, dont les divers membres ont présenté collectivement un mémoire sur des *Fouilles exécutées à la pointe Pescade et au grand rocher de Guyotville.*

Mentions honorables :

1° M. Gilly, de Marseille, *Mémoire sur les Saliens avant la conquête romaine ;*

2° M. Émile Rivière : *Archéologie préhistorique ; de l'antiquité de l'homme dans les Alpes-Maritimes.*

PIERRE PUGET [1]

I

C'est non loin de Marseille, au bord des flots qui font
D'étranges bas-reliefs dans le rocher profond,
A Séon, sur un sol riche de terre glaise
Durcissante au soleil et rouge comme braise,
Que d'un tailleur de pierre est né le grand Puget.

Enfant, il contemplait le rivage, et songeait.
Il regardait, ravi, les potiers sur leur roue
Former du doigt un vase avec un peu de boue,
Et son père tailler le bloc informe et dur,
Et les galères d'or, cinglant en plein azur,
Errantes de Toscane aux plages de Marseille,
Baigner leurs flancs sculptés dans l'écume vermeille.
Enfant, il façonnait l'argile dans ses jeux.
Un aigle volant bas, par un temps orageux,
Ayant un jour plané menaçant sur sa tête,
Il modela, dit-on, cet oiseau de tempête.
Un autre jour, il fit un bateau, qu'il sculpta.

---

[1] Le paragraphe VI tout entier et les vingt-huit premiers vers du paragraphe VIII ne faisaient pas partie de l'œuvre quand elle a été soumise au jury.

Ainsi, même en ses jeux son génie éclata,
Et devers l'Italie, où le soleil se lève,
Les galères souvent l'emportèrent en rêve,
Jusqu'à ce qu'il suivît leur sillage brillant,
Chemin de gloire et d'or vers l'aurore fuyant.

Il partit. Il vit Gène ; il vit Florence et Rome.

Que t'a dit Michel-Ange à Saint-Pierre, ô jeune homme?
— Ouvrier qu'un divin souci déjà rongeait,
Jeune homme qui devais être un jour le Puget,
Voici ce que t'a dit Michel-Ange à Saint-Pierre :
« Comme ton père et moi, fils, sois tailleur de pierre ! »

Soit. Mais ce que lui dit la mer aux vastes eaux
Où plongeait l'éclatant éperon des vaisseaux,
Il ne l'oublia pas non plus, l'enfant sauvage
Qui passait tout un jour, couché sur le rivage,
L'œil fixé sur les flots pleins des feux du soleil.
Michel-Ange et la mer lui donnèrent conseil,
Et firent la grandeur de son génie étrange,
Car ces maîtres sont grands : la mer et Michel-Ange !

II

Or, il fut peintre aussi. Mais le brutal regret
Du marbre, en ses tableaux se lit à chaque trait.
Il regrette les blocs énormes que l'on taille,
Et ce rêve obsesseur suit la main qui travaille.
Bientôt donc dans le bois de chêne, avec amour
Il fouille l'ornement et les panneaux à jour ;
Tout à coup, il s'échauffe ; il sent cette matière
Obéir à ses doigts faits pour dompter la pierre ;

Il imagine, il veut ; et les bois assouplis
Deviennent la fleur frêle ou l'étoffe aux longs plis.....

Et le voici sculptant, à son tour, ces galères
Qu'il fait lourdes d'un monde, et qui restent légères ;
Par groupes, sur leurs flancs dorés et radieux,
Sa main d'homme suspend tout un peuple de dieux,
Tritons qui, pour souffler dans les conques marines,
Gonflent leurs cous nerveux et leurs larges poitrines,
Syrènes aux seins nus qui nagent en chantant,
Chevaux marins cabrés dans le flot miroitant
Sous le trident royal de Neptune qui gronde,
Et là-haut, par dessus ce peuple fait pour l'onde,
Entre les fins balcons à l'arrière étagés,
Des déesses tendant de leurs bras allongés
Vers l'immense horizon, Chimères ou Victoires,
Leurs clairons d'or jetant des bruits qui sont des gloires !

Mais le marbre attendait le Puget à son tour ;
A ce travail de fête il ne donna qu'un jour,
Car c'est comme une fête, un triomphe de joie
De sentir sous sa main du chêne que l'on ploie,
Et plus tard, tout autour du navire royal,
De voir l'œuvre achevé, tout un monde idéal,
Corps plongés à demi dans l'onde qui murmure,
Suivre le beau vaisseau, d'une imposante allure.
Mais ce bois ouvragé, combien durera-t-il ?
Tout pour lui, l'eau, le vent, le feu, tout est péril ;
Et maintenant Puget, qui songe à la tempête,
Est plein d'ennuis, ainsi qu'un sage après la fête !

III

Allons, maître, prends-moi des moëllons, du ciment !
Car un mur bien bâti dure éternellement !
Tu dois fonder avec de la chaux et du sable,
Et surtout employer la pierre impérissable.
La mer t'avait menti, Michel-Ange a raison.
Ouvrier, fais des plans, construis une maison ;
Bien... Décore à loisir la façade... A merveille !
Travaille ; fais plus belle et plus grande Marseille,
Fais ; ajoute une ville à l'ancienne cité,
Et bâtis en maçon ton immortalité !

IV

Or, à Toulon, un jour, sous un soleil attique,
Bâtissant un balcon au-dessus d'un portique,
En face de la rade, au midi, sur le quai,
Juste à ce point plus large où le blé débarqué
S'entasse, se mesure et s'emporte à dos d'homme,
Sous leurs sacs, faits plutôt pour des bêtes de somme,
Comme les portefaix, reins courbés, douloureux,
Soutenaient le sac lourd d'une main, derrière eux,
Et de l'autre faisaient de l'ombre sur leur face
Que les rayons aigus forçaient à la grimace,
Maître Puget les vit, et bientôt, sous sa main,
Les appuis du balcon prirent un air humain ;
La pierre aussi souffrit, criant : Qu'on me délivre !
Sous les doigts du Puget elle se mit à vivre,
Et depuis lors on voit, portant leur poids massif,

Les flancs plissés, les bras tordus, le front passif,
Subissant la nuit froide et les midis torrides,
Sublimes portefaix, les deux Cariatides !

V

C'est ainsi que Puget taillait la pierre, lui !
Ainsi qu'il bâtissait ; ainsi que, plein d'ennui,
Il forçait la matière à dire sa souffrance ;
Et c'est lui cependant, sculpteur du Roi de France,
Dont on marchandait l'œuvre, et qui dut mendier
Ces blocs qu'avait faits Dieu pour un tel ouvrier !
Il a subi Colbert, puis Louvois économe ;
Du moins sut-il garder son orgueil de grand homme :
« Le roi peut, disait-il, (Louvois l'interrogeait),
« Faire cent généraux, mais non pas un Puget ! »
Et c'est ainsi que lui faisait une réponse !
En dépit du sourcil olympien qui se fronce,
Comment eût-il tremblé, même devant le roi,
Lui qui disait : « Le marbre est tremblant devant moi ! »
Gêne l'a mieux traité ; Rome, Naples, Florence,
L'Italie aurait mieux honoré que la France
Le sublime artisan, l'ouvrier mal compris.
Le roi Louis payait l'Andromède à vil prix ;
Versailles dédaignait un peu le Diogène ;
N'importe. Le sculpteur, que la superbe Gêne
Aurait rangé parmi ses fiers patriciens,
Aima mieux rester, France, un de tes citoyens.
C'est qu'il sut le devoir, le brun fils de Marseille !
C'est qu'il avait le cœur d'un héros de Corneille !

VI

Pierre Puget travaille. Entrons dans l'atelier
Où peine tous les jours le robuste ouvrier.
Autour de lui, projets, ébauches, formes nues,
Ce sont de tous côtés des figures connues,
Expressions d'esprit moderne et d'art chrétien.

Ici, c'est un martyr mourant : saint Sébastien.
Les poignets sont liés à deux branches d'un arbre ;
Un espoir infini vit dans ses yeux de marbre ;
Mais, malgré la poitrine où respire un effort,
On sent que les deux bras tendus portent un mort.
Ses armes sont auprès de lui, faisant trophée ;
Or, si la force a fui la poitrine étouffée,
La cuirasse a gardé, merveilleux vêtement,
La forme du beau corps, jeune, noble et charmant ;
La vie est dans ce fer de cuirasse romaine,
Et le trophée est beau de cette forme humaine.

Et regardez ; voici l'Andromède : O douleur !
Enchaînée au rocher que bat le flot hurleur,
La vierge, frêle enfant, sentait l'horreur de vivre ;
Mais Persée apparaît ; il vient ; il la délivre,
Et tandis que, debout, le héros triomphant,
Colosse auprès de qui la vierge est une enfant,
La délie, un Amour, voyez, lui vient en aide....

O Puget ! cœur cloué sur le roc d'Andromède !

Voici le Diogène : Alexandre à cheval,
Parmi son appareil pompeux et triomphal,

S'est arrêté devant le fameux philosophe.
Selle en peau de lion, chaussure, armes, étoffe,
Tout est bien ciselé, riche et digne d'un Roi.
Le cynique : « Ote-toi de mon soleil ! » — « Eh quoi !... »
La main sur sa poitrine, Alexandre s'étonne.
Diogène est assis sur le bord d'une tonne ;
Un gros dogue enchaîné le reconnaît ; au loin,
Une haute colonne est debout, grand témoin.
La ville en monuments s'étage tout entière,
Et l'on sent qu'en ce lieu de gloire et de lumière,
Le maigre Diogène, aux chiens errants pareil,
Pense à la liberté quand il dit : Mon soleil !

C'est Alexandre encor, cette petite ébauche :
Jeune, calme, orgueilleux, le conquérant chevauche,
Serrant dans ses genoux sa bête aux jarrets forts,
Et le cheval et lui semblent n'être qu'un corps.
Le conquérant, centaure étrange à double tête,
Fatal et magnifique, à la fois homme et bête,
Cheval au front de bœuf qu'un Esprit a dompté,
Esprit par une Brute à la course emporté,
Poursuit au grand galop sa course par le monde ;
Et sous le ventre épais, masse de chair immonde
Qui cherche aveuglément des têtes à broyer,
Des hommes écrasés hurlent ! — L'un, beau guerrier,
(Est-ce un chef de la Grèce ou n'est-ce qu'un roi perse ?)
A dû choir à genoux et gît à la renverse,
Les jarrets repliés, les pieds collés aux reins.
Son dos est soulevé sur des tronçons d'airains ;
Sa bouche, sous le pied du cheval qui s'élance,
S'ouvre, et la mort l'emplit d'horreur et de silence !
Un autre, piétinant ce cadavre étendu,

Se courbe, non encor tombé, déjà perdu ;
D'autres aussi sont là; fatigués de combattre,
Certains que ce cheval pesant les doit abattre,
Ils sont là presque droits, superbes et meurtris,
Lançant les derniers traits, poussant les derniers cris,
Sous le fardeau vivant vainement intrépides...
..... Je vous retrouve encore ici, Cariatides !

VII

Mais regardons l'artiste au teint jaune : nerveux,
En sueur et le front couvert de ses cheveux,
Puget, maillet en main, façonne un bloc énorme
Qui lentement s'ébauche et par degrés prend forme.
Il taille en plein le marbre ; il frappe, et l'on entend
Ce bûcheron pousser un soupir haletant ;
Le marbre frissonnant s'étonne de sa force !
Un chêne jette au loin de longs éclats d'écorce,
Lorsque le bûcheron plante la hache au cœur :
Tel le bloc, attaqué par le ciseau vainqueur,
Se dépouille, et déjà l'on voit l'âme du marbre.

Milon, devenu vieux, voulut fendre un tronc d'arbre :
Le tronc, qu'il entr'ouvrit, se ferma sur ses doigts,
Et Milon fut mangé d'un lion, dans les bois.

C'est ce groupe d'horreur que Puget cherche et taille ;
Voyez-le, ce Milon dont le torse tressaille :
Ah ! le pauvre homme fort !... Voyez ce bras tendu
Qui souffre, pris dans l'arbre, et cet œil éperdu,
Cette face hurlante et vers le ciel tournée,
Tandis que le lion, bête fauve acharnée,

Debout derrière l'homme avec des yeux ardents,
A planté dans la chair ses griffes et ses dents !
Oh ! voyez sous la gueule et sous la griffe affreuse
Comme la chair meurtrie en frémissant se creuse,
Et toute la souffrance éparse dans ce corps
Courir jusqu'à l'orteil qui se crispe d'efforts !

C'est là ce que Puget a sculpté. C'est ce drame.
Pourquoi ? C'est que Milon et Puget n'ont qu'une âme ;
Vieil athlète, dompteur des marbres, le Puget
S'est arrêté souvent, vaincu dans un projet ;
La pierre lui dit : « Non ! » comme l'arbre à l'athlète ;
L'impuissance a saisi sa main, troublé sa tête,
Et tandis qu'il criait en vain vers l'Idéal,
O sphinx plus effrayant que le lion royal,
Il a senti tes dents le couvrir de morsures,
Et ta griffe, mouvante au fond de ses blessures,
Multiplier en lui des angoisses sans fin,
O grand Art dévorant, Monstre ayant toujours faim !

VIII

Pierre Puget, ton œuvre, à tout jamais vivante,
Exprime une douleur qui fait mon épouvante.
Je pense aussi de toi que tu n'as jamais ri.
Homme fiévreux, cerveau visionnaire, un cri
Te suivait ! Tu voulus qu'il sortît de la pierre.
Un Verbe emprisonné se tord dans la matière,
Tu voulus qu'il fût libre : il le fut, ô sculpteur.
Mais la forme obéit à son libérateur,

Et le marbre a gardé, plein d'une âme infinie,
Des poses de vaincu sous ta main de génie.

Tu chargeais tes héros de misère ou d'effroi,
Et la cariatide était l'homme pour toi.

Lorsqu'il te plaît, pourtant, tu sais, sous la caresse
Du ciseau plus léger, exprimer la tendresse,
Créer un corps de vierge aux suaves contours
Et des Anges mutins faits comme des Amours.
L'Andromède est charmante et svelte ; elle est bien femme.
Mais quand tu veux vraiment nous exprimer ton âme,
Tu ne modèles point ces êtres ravissants ;
Tu sculptes tes héros ou tes vaincus puissants !...
On dirait, ô Puget, que les meilleures choses,
Le rire des seize ans, les filles et les roses,
Les tranquilles amours, la paix dans le sommeil,
Les bonnes morts, la joie au lever du soleil,
Les enfants endormis sur les genoux des mères,
Les antiques Vénus, adorables chimères,
Tu les fuyais toujours, grand artiste brutal,
Homme plein de sanglots, de fougue et de mistral !

O vieux maître, ô Puget, depuis qu'on vit à Rome
Un peuple de martyrs, au nom du Fils de l'Homme,
Dans les cirques joyeux dévoré tout vivant ;
Que Jésus a trahi le monde en le sauvant ;
Depuis que Pan est mort et que Vénus la blonde
N'est plus mêlée aux flots pour caresser le monde,
O vieux maître, le monde est triste comme toi !
Le désir désespère, hélas ! et c'est pourquoi
Tu resteras fameux, car, ô puissant artiste,
Ton œuvre souffre, et l'homme est désormais si triste

Qu'il veut voir, prenant part au désespoir humain,
Les pierres se dressant crier sur son chemin !

Tu resteras fameux, car plus on te contemple,
Plus ta figure prend la beauté d'un exemple !
Car, vaste en tes projets, soucieux du détail,
Tu fus, divin manœuvre, un héros du travail ;
Et l'on sent devant toi qu'il reste encore au monde
Un but, une dernière illusion féconde :
Oui, quand l'âme est plus sombre et plus vide d'espoir,
Si l'on saisit l'outil, marteau, plume, ébauchoir,
O merveille ! un travail se fait aussi dans l'âme ;
Un espoir la pénètre ; il y naît une flamme,
Elle y grandit, l'inonde et passe dans les yeux ;
Et, l'œuvre terminée, on songe : « Il est des dieux ! »

Tu resteras fameux, ô sculpteur populaire,
Sculpteur de passion, de douleur, de colère,
Pour avoir fait une âme au marbre, et pour l'avoir
Dispersée en frissons, afin qu'on pût la voir,
Dans des corps tourmentés de l'orteil à la tête ;
Pour avoir fait gronder dans l'homme la tempête...
Pour t'être rappelé toujours, génie amer,
Tes maîtres primitifs : Michel-Ange et la mer !

JEAN AICARD.

LEI DOUS POUTOUN

TABLÉU CAMPÉSTRE

> Quand pièi dedin lou jas arribè la paureto,
> Trefouliguè !
> De Jèsu, su soun cor meteguè la manclo...
> E ie veguè !!
>
> J. ROUMANILLE. *La chato avuglo.*

PROUMIÉ POUTOUN

GALÈJADO

Cassavian ; fasié caurinasso ;
Subran lou tambour dei limaço (1)
Amount rampello e restountis ;
Lou niéu boudenfle s'espoumpis,
Crèbo, e largo sei resclauvado.
La chavano descaussanado
Dei couelo davalo à chivau,
E, leis ensarriado dei vau
Dins lou plan escampon sei rounfle ;
L'aigo desboundo sei regounfle :
Tout lou terraire es qu'uno mar.
 Nautre, voulian fa lei testard,
S'erian assousta souto un roure
Que tamiavo sus nouestei mourre
Leis espouscaduro dei niéu,
E, nous prenguè lou maugrabiéu,
Quand de nouéste aubre cade branco,
Coumo uno fouent sènso restanco,
De sei giscle nous lagousset.

LES DEUX BAISERS

TABLEAUX CHAMPÊTRES

> Quand puis la pauvre enfant arriva dans l'étable,
> Elle tressaillit !
> Elle mit sur son cœur la petite main de Jésus
> Et elle y vit ! !
>
> J. ROUMANILLE. *La jeune fille aveugle.*

PREMIER BAISER

PLAISANTERIE

Nous chassions. — Il faisait une chaleur étouffante.
Soudain le *tambour des limaces* (1)
Bat le rappel et retentit.
Les nuages gonflés se saturent d'eau,
Crèvent, et déchaînent leurs cataractes.
L'orage sans frein
Se précipite du haut des collines,
Et les ravines des vallons
Répandent leurs ronflements dans la plaine.
Les eaux débordent à torrents ;
Toute terre n'est plus qu'une mer.
Nous voulions nous obstiner
A rester assis sous un chêne
Qui tamisait sur nos visages
Les éclaboussures des nuées.
Mais, nous nous prîmes à maugréer,
Quand toutes les branches
Comme autant de fontaines sans intermittence
Nous inondèrent de leurs jets d'eau.

Pas luen, dessus lou rebausset
D'un serre, un mas nous fasié lego.
Sabian qu'en seguènt drecho régo,
Li turtarian dins dous cènt pas.
Landan, en trenquant lei campas
S'enfangan dedins lei mouliero,
Resquihan dessus leis argiero,
E, mourfi, las ni pau ni proun,
L'i arriban coumo d'anedoun !

L'intran en fasènt la tirasso;
Avian de pèis pèr touto casso (II),
Mai dou rire s'espoutissian
En vesènt lou brindo qu'avian.
« — Diéu sus sie, ferian à Nourado,
« Vous demandan la retirado
« Dou tèms que s'espurgo lou niéu. »
Nourado que n'a rèn de siéu,
E qu'es dou mas la meinagiero,
Abro un fue coumo uno veiriero ;
Furno e varaio tout l'oustau ;
Nous carrejo un pan counsegau,
De figo, de nouio, de poumo,
Uno bresco de mèu, de toumo,
Un flasco d'oli de gavèu (III)
Bloundin coumo un rai de soulèu,
E nous va soumound tant galoio
Que v'agradan en touto joio.

Entre-tèms, soun rèire Coulau
Fa tubeja soun cachimbau,
E, sus sa tèsto que trantraio
Boufo lou fum que s'esparpaio.
Dido, sa maire, chaplo un tian,

Non loin de là, sur le rebord
D'un plateau, une ferme nous alléchait.
Nous savions qu'en marchant en droite ligne,
Nous y heurterions après avoir fait deux cents pas.
Nous courons à travers les champs incultes,
Nous embourbant dans les terres molles,
Glissons dans les argiles,
Et, moulus, brisés,
Nous y arrivons pareils à des canetons.
 En entrant, nous traçons un sillon liquide ;
Toute notre chasse consistait en poisson (II),
Mais nous pouffions d'un fou rire,
En voyant notre tournure.
« — Dieu soit avec vous, fîmes-nous à Nourade (1),
« Nous vous demandons l'hospitalité
« Pendant que le nuage se dégonfle. »
Nourade, la fermière,
Qui n'a rien à elle,
Allume un vrai feu de verrerie,
Furète et fouille dans toute la maison,
Et nous apporte un pain de méteil ;
Des figues, des noix, des pommes,
Un gâteau de miel, du fromage frais ;
Un flacon d'huile de sarments (III),
Blonde comme un rayon de soleil
Et nous l'offre avec tant de bonne grâce
Que nous l'acceptons à cœur-joie.
 Pendant ce temps, son aïeul Colas
Fume sa boufarde,
Et, au-dessus de sa tête branlante
Souffle la fumée qui floconne.
 Marguerite, sa mère, hache un plat d'épinards,

E fa lou segne dou crestian
En cade uiau que l'emberlugo,
Piei, à soun claplun mai s'afugo.

Tistoun, soun drole de quatre an,
Frisa coumo un pichoun sant Jan,
S'amago darrié la pastiero
Dre que nous ves : « — La meinagiero,
« Vène, li dis, fada que sies,
« Touca la menoto ei messies ! »

Mai Tistoun gaire s'arrambavo ;
Chuchavo lou det, se gratavo.....
Enfin, veguerian soun mourroun !....
Caspi ! fourrié dous coussoudoun
Pèr li desbarnissa lei brego,
Èro envisca coumo uno pego
D'amouro, de raïn, de mèu ;
Soun nas tiravo lou castèu (IV) !!
E sei gauto coulour de sùmi,
Tencho dou mourre de vendùmi (V),
S'escoundien souto aqueu barnis :
« — Vène eici, sa maire li dis,
« Que te fàrdi, laido mounino ! »
E, lou cabusso sus l'esquino,
Escupis sus soun moucadou,
Lou freto e lou rasclo à sadou,
Piei lou refresco d'escupigno,
E dis au pichot que reguigno :
« — Aro que sies propre, Tistoun,
« Ei messies vai faire un POUTOUN !! »

Et fait le signe de la croix.
Chaque fois qu'un éclair l'éblouit,
Puis elle s'escrime encore à son hachis.
　Tiston (2), son petit garçon âgé de quatre ans,
Frisé comme un petit saint Jean
Se tapit derrière le pétrin,
Dès qu'il nous voit la fermière lui dit :
« — Viens, gros bêta,
« Présenter ta petite main à ces messieurs. »
　Mais Tiston ne s'approchait guère.
Il suçait son doigt, se grattait !...
Enfin, nous vîmes son visage !
Certes ! il aurait fallu deux frottoirs de prêle
Pour débarbouiller son visage.
Il était comme englué d'une viscosité
De mûres, de raisins, de miel ;
Son nez reniflait sa morve (iv) ! !
Et ses joues couleur d'un sanguisuge,
Barbouillées comme un museau de vendangeur (v),
Disparaissaient sous ce vernis.
« — Viens ici, lui dit sa mère,
« Que je te farde, vilain singe. »
Et, elle le renverse sur le dos,
Crache sur son mouchoir,
Frotte et râcle l'enfant à même
Puis, elle le rince avec de la salive,
Et dit au moutard qui regimbe :
« — Maintenant que te voilà propre, Tiston,
« Va donner un baiser à ces messieurs ! ! »

SEGOUND POUTOUN

SOURNIERO E TRELUS

Tistounet plouro e fa riseto.
Sei gauto, doues poumo roujeto
Lei moucelarias ! « — Vès, qu'es bèu,
« Tistoun ! dis Nourado, sei pèu
« Soun de fiéu d'or, pu fin encaro,
« Coumo es blanco e roso sa caro !
« Soun nas prefiela, qu'es poulit !
« E se l'ausias soun parauli !
« Dirias un founfoni d'ourgueno,
« E soun uei blu que m'encadeno,
« Me parlo e dis : mamo, Tistoun
« De vieiun sara toun bastoun !... »
    E Nourado, l'urouso maire,
Emé leis uei bevié, pecaire !
L'enfantounet, qu'avié plus pou,
E qu'aprouchavo en fèn babou (VI)...
    Defouero, la chavano fouelo
S'encagno que-mai.... Tout tremouelo,
Bruse e craïno dins l'oustau
Ei cop d'un revès de mistrau.
Lou vènt que sempre s'escaufèstro,
Siblo e gisclo eis esclo deis èstro (3).
E bramo, e rounflo l'aragan.
Refarnissian !... L'uiau subran
Treluse e lou tron peto e toumbo.
Soun long ressoun boumbo, reboumbo,
E barrulo aù founs dou valoun (4).

DEUXIÈME BAISER

OMBRES ET CLARTÉS

—

Tiston pleure et fait risette.
Ses joues comme deux pommes rouges,
Vous les mangeriez. « — Regardez, qu'il est beau,
« Mon enfant ! dit Nourade ; ses cheveux
« Sont encore plus fins que des fils d'or !
« Comme sa figure est blanche et rose !
« Qu'il est joli son nez effilé !
« Et si vous entendiez son babil enfantin,
« Vous diriez que c'est une symphonie d'orgue.
« Et son œil d'azur qui m'enchaîne
« Me parle et me dit : Mère, Tiston
« Sera ton bâton de vieillesse ! »
 Et Nourade, l'heureuse mère,
Buvait avec les yeux, hélas !
Le jeune enfant qui n'a plus peur
Et qui s'approchait en tapinois (vi)....
 Au dehors la tempête folle
Redouble de fureur...... Tout tremble,
Bruit et craque dans la ferme
Sous les coups d'une rafale de mistral.
Le vent qui toujours se courrouce,
Siffle et glisse aux fentes des fenêtres.
Il brame, il ronfle l'ouragan.
Nous frémissons ! — Tout à coup l'éclair
Brille, la foudre éclate et tombe.
Son long grondement bondit, rebondit
Et roule au fond de la vallée.

Ferian qu'un soulet crid : Tistoun!!
Uno serp de fuè qu'esblaujavo
E qu'en fusant beluguejavo
Venié d'envertouia l'enfant!
Erian esglaria d'espravan,
Au mitan d'une tubassèio
Blueio e souprouo.... La chaminèio
S'èro abouseirado.... Lou fue
Amoussa.... Fasié negro nue.

Mai pamens, dins l'encro sourniero (VII)
Dardaiavo encaro uno estiero :
Èro lou cièrgi pietadous
Que lou crestian abro à ginous
Ei pèd de nouesto Boueno-Maire,
E que dou mau-tèms nous pou traire!

Erian toutei pu mouert que viéu!
Nourado cridavo : « — Moun Diéu,
« Que malur! Tistoun? » Pauro fremo!
Se tirassavo! sei lagremo
E sei crid trencavon lou couer
Quand fasié : Moun Tistoun es mouert!!
. . . .
. . . .

La chavano s'èro esvatado;
Lei vènt l'avien amoulounado
Peralin, darrié lei coulet;
Alenavo qu'un ventoulet;
L'arc-de-sedo eigavo soun cintre,
E lou soulèu, qu'es un grand pintre
Li tenchavo lei sèt coulour
Que foundudo ensèn fan lou jour.

Dins lou mas tout èro un esglàri

Nous poussâmes un seul cri : Tiston !
Un serpent de feu éblouissant,
Lançant des étincelles fulgurantes,
Venait d'envelopper l'enfant !
Nous étions affolés d'épouvante,
Au sein d'un brouillard épais de fumée
Bleuâtre et sulfureuse.... La cheminée
S'était écroulée.... le feu
Éteint.... Il faisait nuit noire.

Cependant une étoile scintillait (vii)
Encore dans les ténèbres :
C'était le cierge pieux
Que le chrétien allume, à genoux
Aux pieds de notre Bonne-Mère
Et qui peut nous préserver du mauvais temps.

Nous étions tous plutôt morts que vifs !
Nourade s'écriait : « — Mon Dieu,
« Quel malheur ! Tiston ? » Pauvre femme !
Elle se roulait sur le sol. Ses larmes
Et ses cris perçaient le cœur,
Quand elle disait : « Mon Tiston est mort ! »
. . . .
. . . .

L'orage s'était dissipé ;
Les vents l'avaient amoncelé
Au loin, derrière les collines ;
Une brise légère soupirait seulement,
L'arc-en-ciel déployait sa ceinture soyeuse,
Et le soleil, le plus grand des peintres,
L'estompait des sept couleurs
Qui fondues ensemble forment la lumière.

Un spectacle d'horreur emplissait la ferme

Semblàvian dins un mourtuàri,
Fernissian; erian à noun plus.
   Enterin, dardàio un trelus
Qu'esbarlugo nouéstei parpello,
Piei s'ause, lindo e clarinello,
Uno voues d'angeloun que dis :
« — Santo Maire dou Paradis
« Que m'as engarda de l'auràgi,
« Fai me grand, subre-tout bèn sàgi,
« Fai qu'àmi bèn Jèsu, toun Fiéu. »
   Miracle!!! La Maire de Diéu
En aquelo voues fè bouqueto,
E Jèsu traio de babeto
A Tistoun san, siauve e courous....
   Toumberian touteis à ginous
Quand veguerian la Viérgi-Maire
Dins seis bras, coumo s'èron fraire.
Barjoula Jèsu 'me Tistoun,
Embessouna dins un POUTOUN!

LOU FELIBRE DE LA VIOULETO.

Per ma fè, leis dous poutoun soun inedi ; es lou beù proumié cop que lei traie à l'aureto felibrenco dei Jué Flourau.

Entandoumen n'en douni vun, dou fin foun dou couer, au counquistaire de la medaio toulounenco.

LOU FELIBRE DE LA VIOULETO.

(Vèire lei noto eici darrié.)

Nous semblions dans un des antres de la mort,
Nous suffoquions, comme à notre dernière heure.
  Cependant, reluit un rayon
  Éblouissant nos yeux
Puis on entend, limpide et claire,
La voix d'un petit ange qui dit :
« — Sainte Mère du Paradis,
« Toi qui m'as préservé de l'orage,
« Fais-moi grand et surtout bien sage,
« Fais que j'aime bien Jésus, ton Fils ! ! »
  Miracle ! La Mère de Dieu,
A cette voix se mit à sourire,
Et Jésus jeta de petits baisers
A Tiston, sain, sauf et gracieux.
  Nous tombâmes tous à genoux
Quand nous vîmes la Vierge-Mère
Dans ses bras, ainsi que s'ils étaient frères,
Bercer Jésus et Tiston, enlacés comme
Deux jumeaux, dans un même baiser.

LE FÉLIBRE DE LA VIOLETTE. (F. MARTELLY.)

Je jure sur ma foi, que les deux baisers sont inédits et que c'est pour la première fois que je les confie à la brise poétique des Jeux Floraux.

En attendant, j'en donne un (de baiser) du fond du cœur au vainqueur décoré de la médaille toulonnaise.

LE FÉLIBRE DE LA VIOLETTE.

(Voir les notes ci-après.)

NOTES

(i) Soudain les grondements du tonnerre roulent et retentissent au firmament.

Subran lou tambour dei limaço,
Amount rampello e restountis...

Littéralement : *Soudain le tambour des limaces*, expression provençale qui fait allusion au bruit du tonnerre. En effet au moment des orages on voit ces mollusques s'empresser de sortir de leurs retraites comme s'ils entendaient battre le *rappel*.

(ii) Toute notre chasse consistait en poisson.

Avian de peis per touto casso.

Expression consacrée pour dire que quelqu'un a été fortement mouillé par la pluie : *Hé, venès dou peis ?* Hé ! vous venez du poisson ? demande-t-on à ceux qui ont essuyé une averse.

(iii) Un flacon d'huile de sarments.

Un flascou d'oli de gavèu.

Oli de gavèu : Jus de la treille — vin.

(iv) Son nez reniflait sa morve.

Soun nas tiravo lou castèu.

C'est l'expression provençale employée pour désigner l'aspiration de l'humeur visqueuse que nous recueillons précieusement dans un mouchoir.

(v) Barbouillées du museau de vendangeur.

Tencho dou mourre de vendùmi.

Lou mourre de vendùmi signifie un visage barbouillé de moût du raisin. — On voit les vendangeurs chercher à se faire réciproquement *lou mourre de vendùmi* — plaisanterie ordinairement bien accueillie par les victimes.

NOTES. 69

(vi) S'approcher en tapinois, ne rend que bien imparfaitement la traduction de *faire babou* : cette locution ne peut se rendre que par une longue périphrase française : c'est l'action de quelqu'un qui se montre et se cache, tour à tour, pour ne se découvrir définitivement que peu à peu, à la suite de diverses apparitions plus ou moins intermittentes.

(vii) Scintillait encore une étoile.
Dardaiavo encaro uno estiero.

Dans la vallée du Luberon, où se passe la scène que nous retraçons, l'étoile s'appelle l'*estiero*.

Monsieur Luc de la Belle Étoile
Moussu Lu de la Bello Estiero.

———

(1) Nom provençal d'Honorine.

(2) Diminutif provençal de Jean-Baptiste.

(3) J'ai cru devoir marquer des *s* italiques dans les deux vers :

Lou vènt que sèmpre *s*'escaufèstro
Siblo et gisclo eis esclo deis èstro,

où j'ai essayé d'imiter le bruit du vent.

(4) J'ai souligné aussi les syllabes en *oun* :

S*oun* lon ress*oun* b*oun*mbo, reb*oun*mbo
E barrulo aù f*oun* dou val*oun*.

Dans ces deux vers je me suis efforcé de faire de l'harmonie imitative.

Je supplie mes lecteurs de me pardonner cette prétention ainsi que la liberté des notes que je me suis permises en donnant les indications qui précèdent, et dont n'ont pas besoin, je le sais, les félibres provençaux.

DEUXIÈME PARTIE

———

MÉMOIRES

COURONNÉS

Dans la Séance publique du 7 juin 1873.

LES
CONSULS DE TOULON

COMMANDANTS MILITAIRES ET LIEUTENANTS DE ROY

Au gouvernement de la Ville

PAR LE Dr GUSTAVE LAMBERT

Augustin Thierry écrivait en 1820 : que la véritable histoire nationale était encore ensevelie dans la poussière des chroniques comtemporaines — que nos provinces, nos villes, tout ce que chacun de nous comprend dans ses affections sous le nom de patrie, devrait nous être représenté à chaque siècle de son existence — et que les premiers qui oseraient remonter pour devenir historiens, aux sources mêmes de l'histoire, trouveraient le public disposé à les encourager et à les suivre.

Ces sages conseils ont été entendus, et il s'est fait de notre temps un grand travail de réforme historique. Les représentants les plus distingués de la nouvelle école, quoique à des degrés divers, sont, avec Augustin Thierry, son frère Amédée Thierry, Guizot, Sismondi, Fauriel, Henri Martin et Michelet Au dessous d'eux, et comme des soldats obscurs mais dévoués, dans cette bataille livrée en faveur de la vérité de l'histoire contre la légende, beaucoup d'hommes ont fouillé aux sources fécondes des archives nationales, communales ou de famille, pour en exhumer les mœurs, les institutions, les caractères et les faits des siècles écoulés.

Je recherche l'honneur de servir dans les rangs de cette phalange laborieuse. Quelle que soit ma confusion de me trouver au milieu de tant d'ouvriers érudits, j'ai tenté dans mon *Histoire des Guerres de religion en Provence*, comme dans le travail que je publie aujourd'hui, d'apporter ma pierre à ce vaste monument d'une histoire vraiment nationale, qui sera écrite un jour, et nous montrera dans son splendide ensemble la vie entière de notre chère patrie.

Ce mémoire sur *Les Consuls de Toulon, commandants militaires et lieutenants de Roy au gouvernement de la ville*, est sorti pour ainsi dire tout fait de nos archives communales. Il n'aurait, néanmoins, jamais vu le jour, si, avec une science profonde et une méthode rigoureuse, M. Octave Teissier n'avait lu et classé, il y a quelques années à peine, les quatre-vingt-dix mille pièces environ, qui, pendant près de cinq siècles, s'étaient entassées silencieusement, au hasard et sans ordre, dans la poussière des combles de l'Hôtel de ville.

Grâce à cette œuvre d'érudition et d'intelligence, j'ai pu soulever un coin du voile impénétrable qui, jusqu'à présent, avait couvert la vie publique de nos pères. Un jour, je l'espère, une main plus autorisée que la mienne accomplira le devoir pieux de nous raconter les annales complètes de notre ville.

Au milieu des obligations multiples qu'imposaient aux consuls l'estime et la confiance de leurs concitoyens, j'ai étudié celle qui leur donnait le commandement militaire de la cité. J'ai essayé de montrer avec quelle sollicitude jalouse, avec quelle passion même, ils ont toujours su défendre ce privilége municipal, qui leur avait été octroyé par les comtes souverains de Provence.

L'étude que j'entreprends n'est, du reste, pas sans enseignements pour les générations qui nous pressent. En voyant tant de respect et de dévouement pour le Souverain unis à tant de fermeté dans la revendication d'un droit si souvent et parfois si violemment contesté, nos fils apprendront par des exemples qui leur viennent de loin et de haut, qu'on n'a le devoir de défendre la liberté qu'avec la loi. La loi ! ils l'aimaient et la respectaient les

vénérables consulaires toulonnais jusqu'à protester contre leur propre nomination, quand aux heures des discordes communales le Pouvoir, violant le pacte des ancêtres, avait recours à des actes d'autorité. Le premier consul Pierre Ripert prenant la parole en son nom et au nom de ses collaborateurs, le jour de l'installation solennelle du conseil, en juin 1612, disait au président de Coriolis, délégué du Parlement et représentant du roi :
« Nous constatons que les dernières élections n'ont pas été faites
« selon le règlement; mais cette violation de la loi ayant pour
« but d'obvier aux divisions suscitées dans Toulon, nous accep-
« tons les fonctions qui nous sont confiées, à la condition qu'il
« ne sera dérogé en rien aux priviléges et libertés de la ville,
« sinon nous protestons ! »

Pendant le long espace de temps qu'embrasse mon rapide récit, la liberté communale était fort étendue, mais il vrai de dire qu'elle était sagement réglée par les lois et les coutumes. La commune n'était pas alors une agglomération confuse d'individus étrangers les uns aux autres, et sans attaches, pour la plupart, avec le sol ; elle était en réalité constituée par une population homogène, dont tous les membres étaient enfants de la même cité ou avaient obtenu l'honneur du citadinage, et qui tous se rattachaient par des liens impérissables au régime et aux intérêts locaux. Les Toulonnais avaient le droit, dès 1354, de participer à la chose publique; mais ils en avaient aussi l'*obligation ;* et d'un autre côté, si le suffrage populaire donnait aux consuls une grande autorité, il leur imposait comme correctif la *responsabilité.* Néanmoins, l'esprit public et la communauté d'intérêts dominaient si bien le peuple et les magistrats, que pendant une longue succession de siècles les élections consulaires purent se reproduire tous les ans, sans fatigue pour les électeurs comme sans perturbation dans l'administration. Ce renouvellement annuel de ce qu'on appelait l'*Etat de la ville*, au lieu d'entraver l'unité des vues et la suite des plans, semblait au contraire les affermir et les étendre. Consuls et conseillers avaient tous au plus haut degré, comme le disait Nicolas Pasquier : « Cette suprême et héroïque vertu, qui est celle qui est em- « ployée pour le profit et salut de la chose publique. »

Depuis les temps reculés du moyen âge jusqu'aux époques modernes, où le Pouvoir, de Richelieu à la Révolution, se montrant toujours plus fortement centralisateur, les intérêts particuliers entrèrent en lutte avec les intérêts généraux, chaque foyer était une école d'initiative personnelle et de bien public. Dans notre Provence, qui avait gardé une si profonde empreinte de la coutume romaine, la vie de famille n'était pas séparée de la vie municipale. De là cette éducation patriotique qui se propageait par l'exemple et le conseil, et développait de bonne heure, en les confondant, les deux genres de dévouement qu'exigent les graves et hautes fonctions de chef de maison et de magistrat du peuple. Aussi, les hommes appelés à exercer le consulat apportaient-ils à l'Hôtel de ville une entière connaissance des affaires, en même temps que le fier sentiment des droits et des devoirs municipaux, qui n'étaient pour eux que la reproduction au grand jour des droits et des devoirs du père de famille. Fortes et généreuses races de citoyens disparues dans la nuit des siècles, dont nous oublions les traditions, emportés que nous sommes par nos passions dans nos temps troublés et pleins de combats.

Dieu, la Patrie et le Roi, c'est-à-dire la Famille, la Commune et l'Etat, étaient les foyers auxquels s'alimentaient et s'épuraient les mœurs et les institutions de nos pères. Le jour où ces grands principes ne furent plus fortement reliés les uns aux autres, les rapports entre les mœurs et les institutions se rompirent et la désagrégation sociale commença. Il nous faut remonter aux sources pour y reconstituer notre virilité. L'histoire serait sans but si elle n'était pas une leçon éternelle.

CHAPITRE PREMIER

Les origines du commandement militaire des syndics. — Chapitres de paix de 1388. — Statut de Louis II, en 1402. — Organisation et armement des compagnies de quartier. — Service des syndics, des conseillers et des compagnies — Division des remparts en sections ou connétablies. — Le clergé chargé de la défense de la connétablie qui protégeait l'église. — Toulon au point de vue militaire au commencement du XVIe siècle. — Les impériaux devant Toulon en 1524. — Rôle d'une compagnie de quartier en 1535. — Toulon pendant les guerres de religion. — Combat de Cuers. — Administration militaire des consuls à cette époque.

Avant la fin du XVIe siècle, la ville de Toulon n'avait jamais eu pour commandants militaires que ses syndics ou consuls. Sans vouloir remonter jusqu'à Charlemagne qui, d'après une charte apocryphe conservée aux archives (1), devrait être considéré comme ayant le premier investi officiellement les syndics de Toulon des fonctions de gouverneur, avec pouvoir de lever des soldats et de nommer des capitaines, il est certain que des documents d'une antiquité fort respectable, révèlent une organisation mu-

---

(1) ARCHIVES COMMUNALES. AA. 10. *Cahier de la lieutenance de Roy.* Cette pièce, qui porte la date du 15 août 776, ne supporte pas le moindre examen Elle a dû être inventée en 1638 par le consul Honoré Aycard, l'auteur peu scrupuleux du manuscrit : *Las causas antiquas de l'antitiqua cieutad de Tollon.*

nicipale qui investissait les magistrats de la cité de l'autorité civile en même temps que de l'autorité militaire.

Le titre le plus ancien, sous ce rapport, que possèdent nos archives communales, est de l'année 1402 ; mais il n'est évidemment que la consécration légale de ce qui existait depuis longtemps à l'état de coutume ou de liberté. Malheureusement un seul registre nous reste des délibérations du xive siècle : celui des années 1395 et 1396 ; les autres ont disparu. Malgré cette perte irréparable pour l'histoire de Toulon, ces quelques délibérations, éclairées et complétées par les actes publics, nous autorisent à croire qu'il y avait dans le cours du xive siècle, sinon antérieurement, une défense organisée et un réel commandement entre les mains des syndics et conseillers.

Pendant les guerres cruelles de la succession de la reine Jeanne de Naples, la Provence semblait avoir été abandonnée de Dieu. La peste frappait des coups terribles et répétés ; Charles de Duras, Louis d'Anjou, le vicomte de Turenne, surnommé le *Fléau de la Provence*, couvraient le pays de ruines et de sang ; la faim campait au seuil des villes comme des plus humbles bourgades, et on n'entendait parler que de meurtres, de viols et d'embrasements ! Au cours de ces longues années de calamités, Toulon eut à se défendre non-seulement contre les partis qui battaient la campagne, mais encore « comme luoc de grand « resgard maritime », contre les incursions des Morisques qui couraient la côte. Malgré l'état de détresse de ses finances, la communauté puisait dans ses propres ressources de quoi subvenir à ses dépenses et à la garde de la ville. En traitant directement par ses syndics avec le souverain du Comté, elle semble avoir toujours repoussé comme une atteinte à ses libertés toute ingérence dans ses affaires d'un chef militaire ou d'une garnison. Elle ne redoutait rien tant que la présence des gens de guerre, et tous ses efforts tendaient à se garantir de ce qui est aujourd'hui une sécurité, et n'était en ces temps reculés qu'une cause de sacrifices, de troubles et de malheurs.

Après la mort de la reine Jeanne, Toulon avait pris parti pour Charles de Duras; mais quand celui-ci fut mort, ayant été traîtreusement assassiné à Bude en 1386, la ville fit sa soumission à Marie de Blois, mère et tutrice de Louis II. Les trois syndics, Antoine Fresquet, Jehan Salvator et Antoine Muratoris, assistés de cinquante-six notables, discutèrent et signèrent, le 17 mars 1388, dans le couvent des Frères Prêcheurs, aujourd'hui caserne du Grand-Couvent, des articles de paix que George de Marle, grand sénéchal de Provence, agissant au nom de son souverain, jura d'observer, les mains étendues sur les Saints-Evangiles et un missel. Dans ces articles, qui portaient amnistie pour toutes les fautes passées et confirmation pleine et entière des franchises et priviléges de la ville, il était stipulé : « Que la com-
« munaulté et chaque personne d'icelle en particulier, ne sera
« point obligée de recevoir des officiers de nostre dit seigneur
« Roy ; que les dicts habitants ne seront point forcés d'admettre
« dans leurs villes des gens d'armes au delà de ce qui leur
« plaira ; qu'il n'y pourra entrer aujourd'hui que quatre person-
« nes, accompagnées de trois escuyers seulement et de trois
« trompettes, pour remettre l'estendard du Roy dans la ville ;
« enfin que les gens d'armes campés à Solliès, à La Valette et
« à Sainte-Marguerite seront esloignés (1). »

A cette époque, il est incontestable que le conseil de ville administrait militairement. La population était pourvue d'armes et organisée en groupes ou compagnies, car nous voyons les syndics acheter le 20 décembre 1395 des *balistes* et des épées, et le 2 mai 1396 nommer des capitaines pour commander les

---

(1) ARCHIVES COMMUNALES. FF. 610. *Troubles politiques.*

rondes et le guet (1). Les habitants pouvaient être levés et envoyés à l'armée comtale; ils étaient dans ce cas armés et payés par la ville (2). Ils pouvaient, probablement, être mobilisés en masse par ordre des syndics, pour se porter au secours des localités voisines menacées, et c'est sans doute pour un cas pareil, que le conseil de ville réuni le 4 janvier 1396, prit cette délibération bien extraordinaire, que « le guet de nuit serait fait
« par les femmes veuves, sous les ordres des conseillers Ber-
« mond et Palanqui (3) ». Il faut supposer qu'il y avait réciprocité de la part des villes voisines; mais cette réciprocité ne passa à l'état de devoir public qu'en 1422. Le 20 juin de cette année, en effet, la reine Yolande, tutrice de Louis III, signa des lettres patentes par lesquelles, considérant que la ville de Toulon, à cause du facile accès de son port, est exposée à de fréquentes attaques de la part des ennemis, elle chargeait le noble Louis de Turris, bailli de Toulon, « toutes les fois qu'une
« cause évidente de danger se présentera et qu'on aura besoin
« de secours, de requérir et contraindre les communes du bail-
« liage à lui fournir et assigner des hommes armés d'arbalètes,
« et autres personnes habiles et en nombre suffisant, sous peine
« de cent marcs d'argent (4) ».

Depuis l'année 1354, l'élection des syndics et conseillers se

---

(1) ARCHIVES COMMUNALES. BB. 35. *Délibérations du conseil de ville.*

(2) « Ordonné d'adjoindre l'ancien conseil au nouveau pour délibérer
« au sujet de l'armement de quatre hommes d'armes aux gages chacun de
« quinze florins; de vingt-trois fantassins et de douze balistriers aux
« gages de cinq florins chacun, et de divers lanciers aux gages de trois
« florins, pour faire le siège *(gastum)* de Pertuis. » ARCHIVES COMMUNALES. BB. 35. *Délibérations du conseil de ville.*

(3) *Ordinaverunt quod mulieres viduœ hujus civitatis faciant excubias de nocte.* ARCHIVES COMMUNALES. BB. 35. *Délibérations du conseil de ville.*

(4) ARCHIVES COMMUNALES. EE. 1. *Affaires militaires.*

LES CONSULS DE TOULON, COMMANDANTS MILITAIRES.   81

faisait le troisième jour après Pâques, par le suffrage universel, et avec obligation du vote pour tous les habitants à partir de l'âge de quatorze ans, sous peine de douze deniers d'amende (1). Des abus nombreux s'étaient glissés peu à peu dans ce mode d'élection : on faisait des brigues, la ville se divisait en factions nombreuses et ardentes, et des rixes déplorables troublaient la paix publique (2). Louis II abolit le suffrage universel, et par un statut signé à Barbentane le 20 juillet 1402, il créa un nouveau système électoral, et détermina définitivement les attributions militaires du conseil. Ce statut portait que toutes les années, le 15 du mois de juin, les syndics et conseillers en fonctions convoqueraient, par ordre et en présence du bailli, vingt-cinq habitants choisis parmi les nobles, les bourgeois et les plébéiens ou artisans, lesquels nommeraient trois syndics et douze conseillers, *quatuor de nobilibus, quatuor de mediocribus, quatuor de minoribus seu plebis*, « lesquels garderont, sauve« ront et défendront la dite cité avec ses droits et appartenances, « et toutes les personnes d'icelle, gouverneront par mois les « rondes de nuit des remparts, (et auront) les clés des portes ; « c'est à savoir : chaque conseiller un mois, lesquelles clés ils « recevront des mains des syndics, et auront de gages pour ce « service chacun deux livres de chandelles de suif (3) ».

(1) ARCHIVES COMMUNALES. BB. 1. *Elections municipales*. Voir : *le Suffrage universel et le Vote obligatoire à Toulon en 1354*, par OCTAVE TEISSIER.
(2) ARCHIVES COMMUNALES. BB. 2. *Elections municipales*. Enquête au sujet d'une élection, 28 mars 1402. Ce document historique est écrit sur un parchemin qui mesure cinq mètres de long sur quarante-cinq centimètres de large.
(3) « Gardar, salvar et défendré la dicha civitat ambé ses drechs et « appartenéments, et las singulas personnas d'aquela ; item los dichs doze « conselhiers goubernaran per mézes los gachas nocturnas dals barris et « las claves dels portals ; soës a saber : cascun conselhier un més, las

L'acte de Louis II eut pour résultat de mettre fin aux divisions intérieures, et de constituer légalement les syndics commandants militaires avec les conseillers comme lieutenants. A partir de ce moment on trouve une organisation réelle dans le service de la place. La ville fut divisée en quatre quartiers, qui correspondaient aux quatre portes : du Môle, du Portalet, d'Amont et de Saint-Michel. Chaque quartier fournissait une compagnie d'hommes armés commandée par un capitaine.

Les capitaines de quartier, qui prirent au XVIe siècle le nom de capitaine de ville, jouent un rôle très-apparent dans la constitution militaire de Toulon. Ils paraissent avoir été institués vers le commencement du XIVe siècle, et ne furent supprimés qu'en 1752. Cette fonction était rétribuée, et fut toujours considérée comme des plus honorables. Au moyen âge on leur allouait deux chandelles par mois, ou deux sous, à leur choix. Primitivement, ils étaient nommés par le conseil de ville, plus tard ils furent soumis à l'élection, au même titre que les consuls et conseillers. Comme tous les magistrats municipaux, la durée de leur charge était d'un an. Leur nombre a varié selon les époques. J'ai déjà dit qu'au XIVe siècle il y en avait quatre ; en 1558 il y en avait cinq, par l'adjonction du quartier des faubourgs, qui depuis quelques années avaient pris une grande extension (1). En 1589 il n'y en avait plus que trois, mais bientôt on en nomma six, qui firent pendant les troubles de la Ligue un service très-actif. En 1596, le duc de Guise, gouverneur de Provence, ramena les choses à l'ancien état et décida qu'il n'y en aurait plus que quatre. Les comptes trésoraires de l'année 1625

« quals claves récobran per las mans dels sendigues, et an dé gagé calcun
« doas libras dé candellas de seu. » ARCHIVES COMMUNALES. AA. 7. *Actes constitutifs et politiques.*

(1) ARCHIVES COMMUNALES. BB. 2. *Registre des élections.*

constatent que les gages de chaque capitaine de ville s'élevaient à cent livres ; il est vrai qu'ils avaient certaines dépenses à faire, entre autres de donner à dîner à leur compagnie le jour de leur installation : « Ordonné estre payé les gages de cent livres pour « chascun capitaine, à la condition, et non aultrement, qu'ils « entreront en parade et festiveront les hommes qui portent les « armes, le jour de la feste de Saint-Jehan. » L'institution des capitaines de compagnie dura jusqu'au milieu du XVIIIe siècle. Les maires-consuls en demandèrent eux-mêmes la suppression, car elle n'était plus qu'une charge pour la commune, la garnison suffisant largement au service de la place. Un arrêt du conseil d'Etat en date du 25 mars 1752, supprima les compagnies et les capitaines de quartier, et sept ans après, en 1759, on créa à Toulon une milice bourgeoise, dont le premier colonel fut A. de Beaussier.

Je reviens à l'organisation militaire de Toulon après le statut de Louis II. Les compagnies de quartier fournissaient à tour de rôle les hommes du guet, c'est-à-dire la garde des quatre portes. Le service du guet était de vingt-quatre heures. Tous les soirs, un des trois syndics et quatre conseillers, accompagnés d'un capitaine de quartier, assistaient au départ, sur la place de l'église, des hommes du guet se rendant à leurs différents postes. Ils se transportaient ensuite successivement aux quatres portes, les fermaient et donnaient le mot d'ordre au chef du corps de garde (1). Ce syndic et les quatre conseillers devaient, chaque nuit, faire une ronde et visiter les quatre portes (2). Tous les habitants, à partir de l'âge de quatorze ans, étaient soumis au service du guet. Les cas d'exemption étaient assez rares, et l'appréciation des motifs était exclusivement réservée au conseil de ville.

(1) ARCHIVES COMMUNALES. BB. 37. *Délibérations du conseil de ville.*
(2) ARCHIVES COMMUNALES. BB. 37. *Délibérations du conseil de ville.*

On trouve dans les registres des délibérations quelques-unes de ces exemptions motivées, et elles semblent toujours avoir été la rémunération d'un service public rendu. Le 9 novembre 1433, le conseil décide que la ville n'ayant pas de sage-femme, si Gayose Amelhe consent à s'établir à Toulon en cette qualité, on lui donnera quatre florins de gages par an, et que, de plus, son mari sera exempt du guet et autres corvées (1). En février 1483, il exempte également du guet, Pierre Gas, « qui a réparé, par « ordre des syndics, les *cortesas* qui sont au Portalet (2) ». Les capitaines de quartier devaient visiter souvent la partie des *barris* ou remparts dont la garde leur était confiée, et y faire faire les réparations nécessaires (3). Ils devaient passer la revue de leurs hommes à certains jours déterminés de l'année, ainsi que des inspections d'armes ; ces revues étaient annoncées par des criées publiques (4). Tous les hommes de la compagnie étaient tenus de se présenter avec leurs armes en bon état « et leurs har- « nais appareillés (5) ». Les armes étaient leur propriété; néanmoins, dans les circonstances extraordinaires, en présence d'un danger imminent, les syndics leur en faisaient distribuer de plus sérieuses probablement. Une fois le danger passé, on avait souvent beaucoup de peine à les faire rentrer, et on voit d'assez nombreuses délibérations dans lesquelles le conseil décide qu'il sera fait des criées pour que ceux qui détiennent « boucliers, « arbalètes, pavesades, couleuvrines, bombardes, targons, pou- « dre, *ganciones bombardarum* » aient à les restituer (6).

(1) ARCHIVES COMMUNALES. BB. 29. *Délibérations du conseil de ville.*
(2) ARCHIVES COMMUNALES. BB. 43. *Délibérations du conseil de ville.*
(3) ARCHIVES COMMUNALES. BB. 41. *Délibérations du conseil de ville.*
(4) ARCHIVES COMMUNALES. BB. 41. *Délibérations du conseil de ville.*
(5) ARCHIVES COMMUNALES. BB 43. *Délibérations du conseil de ville.* Qu'entendait-on par harnais appareillés ? Un uniforme ?
(6) ARCHIVES COMMUNALES BB. 43. *Délibérations du conseil de ville.* 18 juillet 1456, 27 mai 1476, etc.

Les compagnies avaient chacune leur drapeau. Tous les ans, le 15 juin, les syndics sortant de charge remettaient ces drapeaux aux syndics nouvellement élus, en même temps que le livre des élections et le livre rouge, qui contenait la copie de tous les priviléges accordés à la ville par les souverains (1). Les syndics et les conseillers étaient chargés de l'achat, de la garde et de la distribution de la poudre. Le dépôt en était dans la maison commune, quand il y eut une maison commune, car pendant tout le cours du xve siècle, on voit les bons pères de la famille toulonnaise s'assembler un peu partout pour délibérer : dans l'église, sur la place publique, dans le cimetière Saint-Michel, dans la cour de la maison du Saint-Esprit, *in aula domum Sancti Spiritus*, dans les boutiques des marchands, et même dans les corridors de certaines maisons.

Les jours de grands dangers toute la population en état de porter les armes était appelée à la défense des murailles. Une délibération du conseil de ville, en date du 9 mars 1427, mérite d'être citée, à cause de quelques détails dans lesquels elle entre, et aussi parce qu'elle nous fait connaître que dans les circonstances critiques, les prêtres et les Religeux concouraient au salut commun. On venait d'apprendre que le roi d'Aragon courait la côte avec neuf galiotes et pillait tous les bourgs du littoral. Le conseil s'étant assemblé, assisté d'un grand nombre d'adjoints pris parmi les notables de la ville, décida : que l'universalité des habitants prendrait les armes ; que les syndics conféreraient avec les patrons pêcheurs, pour savoir où il serait le plus utile de faire la garde sur mer (los stouts) pour surveiller les galiotes et pouvoir donner le signal d'alarme en temps opportun ; qu'il serait imposé une contribution de huit deniers par chef de famille riche, « quant aux au-

---

(1) Archives communales. BB. 43. *Délibérations du conseil de ville.*

« tres ce sera à la discrétion des syndics », et que le mur d'enceinte serait divisé en sept sections ou connétablies, commandées chacune par un capitaine ayant sous ses ordres deux coadjuteurs. Une de ces connétablies, comprenant la partie du *barri* qui touchait presque et protégeait la Cathédrale, fut confiée aux prêtres :

« 1º De la tour du portail de maître Jehan Ricard, notaire,
« jusqu'à celle de noble Pierre de Valbelle, le connétable noble
« Antoine Mut, et pour ses coadjuteurs Jehan Isnard et Pierre
« Fournier.

« 2º De cette dernière tour à celle de Pierre Bonenq, le con-
« nétable Pierre Blanc et les coadjuteurs Bertrand Viguier et
« Olivier Sauveur.

« 3º De cette dernière tour jusqu'au château royal, le con-
« nétable Bertrand Solias et les coadjuteurs Vincent Simon et...

« 4º Du château à la tour du portail de San Micaël, le conné-
« table Jehan Pavés et les coadjuteurs Etienne de Châteauneuf
« et Jehan de Montarut.

« 5º De cette tour jusqu'a l'Évêché, *les seigneurs capellans*
« *et les Frères Prêcheurs.*

« 6º De l'Évêché à la tour de la dame de Ulmet, Guillaume
« Clappier, connétable, et les coadjuteurs Berenguier Aycard
« et.....

« 7º De la tour de la dame de Ulmet jusqu'à la tour de maître
« Jehan Ricard, le connétable Léon Hubac, et ses coadjuteurs
« Raymond Trulhet et Pierre Julien (1). »

Comme on le voit, le rôle n'indique pas pour la cinquième connétablie les noms du capitaine et des lieutenants, ce qui peut faire supposer qu'en pareil cas c'était l'évêque qui commandait. Si cette supposition était vraie, le silence de la déli-

---

(1) ARCHIVES COMMUNALES. BB. 36. *Délibérations du conseil de ville.*

bération serait expliqué par ce qui se passait à Toulon en ce moment. La ville traversait une crise religieuse ; le siége épiscopal était vacant, et deux compétiteurs, Vitalis et Nicolas Draconis, se le disputaient, ayant chacun leur faction et troublant profondément la paix publique par leurs scandaleuses querelles. Quoiqu'il en soit, le même jour, le bailli fit faire une criée publique pour que tous les habitants eussent à se rendre au lieu qui leur avait été désigné, pour faire visiter leurs armes et travailler aux réparations des remparts. Le lendemain, le conseil réuni de nouveau, décida que les dépenses concernant *l'université* seraient payées par le trésorier, sur le rapport des syndics, tandis que celles occasionnées par les travaux à faire aux propriétés particulières resteraient à la charge des propriétaires. Cette dernière mesure s'appliquait évidemment aux tours qui avaient été aliénées par baux emphytéotiques, et à la fermeture « à chaux et arène », des portes et fenêtres que les possesseurs de maisons adossées à la muraille d'enceinte avaient illégalement pratiquées, pour avoir un accès direct sur la campagne ou pour mieux éclairer et aérer leurs logements.

Les successeurs de Louis II à la souveraineté du comté de Provence, ont tous laissé dans les priviléges octroyés ou dans les ordres qu'ils ont donnés, l'affirmation que les habitants de Toulon, sous l'autorité de leurs syndics, pourvoyaient seuls à leur défense Après la mort de Louis II, la reine Yolande écrivait aux syndics et conseillers, le 16 octobre 1419, de faire fortifier la place, d'y réunir des approvisionnements et d'armer les habitants : « Obligez-les, disait-elle, à se pourvoir d'une lance,
« d'un bouclier, d'une épée et d'un casque ; que les plus riches
« aient une cuirasse, d'autres une baliste et des crocs, et quel-
« ques-uns un pierrier. » Les syndics firent, en effet, réparer les murailles, contribuèrent à l'armement des galères royales,

et achetèrent un trabuc, première pièce d'artillerie parue peut-être à Toulon, pour l'armement du chateau de la mer (1).

En 1448, le roi René vint à Toulon. Il logea au palais épiscopal, chez son *bouan coupaïré*, son bon compère, l'évêque Pons de Clappiers, qui venait de jouer un grand et glorieux rôle dans la réconciliation des deux papes Nicolas V et Félix V, en amenant Félix à renoncer au siége d'Avignon et à reconnaître le pape de Rome. Il renouvela, en présence des habitants convoqués en *parlement public*, le serment de Charles Ier de ne jamais aliéner la ville (2), et confirma ses priviléges, libertés, us et coutumes, en même temps qu'il s'occupait des moyens de la fortifier en l'entourant d'une nouvelle enceinte de murailles. Si on en croit la tradition, il fit lui même, sous les yeux du sire de Saint-Vallier, un de ses capitaines châtelains, le tracé des nouvelles fortifications, pour englober dans la ville les quartiers qui s'étaient élevés en dehors de l'enceinte primitive. La communauté s'engagea à faire les frais des nouveaux remparts, mais bientôt les malheurs du temps, la peste, la famine interrompirent les travaux. C'est à propos de cette interruption que le bon roi écrivait « à ses bien amés les Bayle, syndics et conseilhiers « de la ville Tholon », de son jardin d'Aix, le 16 mars 1457 :
« Combien que aultre fois, tant par nos lettres patentes que
« aultrement, nous avons mandé fére fére certaines murailles
« d'entour en nostre cité de Tholon, pour la resparation et des-
« fence d'icelle ; toutesfois, veu ce que nous a dict et remonstré
« Jehan de Morance, nostre huissier d'armes, de la paulvreté en
« quoy estes à présent, et qu'il ne vous est possible tout fére,

---

(1) Le château de la mer, ou château royal, était situé sur l'emplacement actuel de l'église Saint-François, et s'étendait sur le terrain occupé aujourd'hui par les maisons à travers lesquelles s'ouvre la rue des Bons-Frères.

(2) ARCHIVES COMMUNALES. *Livre rouge*. AA. 96. F° 117.

« sommes content que pour ceste fois ne fassiez que les murail-
« les. Et les fétes fére le plus diligemment que se pourra, en
« façon que par defaut de resparation, aulcun inconvénient ne
« s'en ensuyve, et une aultre fois, quand aurez de quoy, fétes le
« demourant. Que Dieu vous garde de dam (1). »

En passant sous la domination française, Toulon conserva ses libertés, franchises et immunités. Le grand Palamèdes de Forbin confirma ses priviléges le 2 février 1482, au nom du roi Louis XI, et Charles VIII, sous le règne duquel la réunion du comté de Provence à la couronne de France s'accomplit irrévocablement, écrivait le 8 octobre 1486, « à ses chiers et bien amez les
« syndicz, conseilh, manans et habitans de la ville de Tholon,
« en son païs de Prouvence », une lettre dans laquelle il s'engageait à respecter leurs droits pour s'administrer, se garder et se défendre (2).

Au commencement du XVIe siècle, le périmètre de Toulon était représenté par un fossé qui, passant sur les rues actuelles d'Alger, de la Miséricorde, Lafayette et cours Lafayette, venait aboutir à la place Saint-Jean. Une muraille élevée en dedans du fossé couvrait la ville et l'entourait complétement. Au midi, cette muraille, plus haute et plus épaisse, était séparée de la mer par un chemin assez étroit, destiné à maintenir les vagues soulevées par le vent (3).

---

(1) ARCHIVES COMMUNALES. AA. 36. *Lettres des Souverains.*

(2) ARCHIVES COMMUNALES. BB 2. *Actes constitutifs et politiques. Confirmation des priviléges par les rois de France.*

(3) Le rempart de la mer passait entre les rues actuelles des Marchands et Bons-Frères et la rue de la République. La partie de la ville qui s'étend de ce point au quai a été conquise sur la mer sous le règne de Henri IV. Il y a quelques années, M. Auber, architecte, en faisant démolir une maison rue de la République, mit à découvert une partie de l'ancien rempart formant mur mitoyen avec la maison de la rue des Marchands, à laquelle elle était adossée.

La ville communiquait avec la campagne par quatre portes. Au point où se trouve aujourd'hui la rue de l'Hôtel de ville, s'ouvrait la porte du *Môle* ou *Grand-Portal*, construite en 1366, et donnant accès sur un môle servant au déchargement des marchandises arrivées par voie maritime. Au nord, il y avait la porte d'*Amont*, ainsi nommée non parce qu'elle avait été ouverte, comme l'ont dit quelques chroniqueurs, près d'un ancien temple dédié au dieu Ammon, mais parce que placée dans la partie la plus élevée de la ville, elle était désignée par les habitants sous le nom de portal d'Amont ou porte d'en haut. Elle était située sur la place actuelle du palais de Justice. A l'est s'ouvrait la porte *San-Micaël*, qui touchait d'un côté à la rue Magnaque et de l'autre au palais épiscopal, attenant à la Cathédrale. Enfin à l'ouest, à l'extrémité de la rue des Marchands, il y avait le *Portalet*, qui n'était qu'une poterne, probablement sans travaux de défense et pouvant être facilement forcée, car on la fermait « à chaux et arène » quand on croyait la ville menacée (1), et qui donnait accès au faubourg des *Savonnières* et aux marais qui couvraient le quartier actuel de Saint-Pierre.

Au point de vue de la défense, outre le fossé et le mur d'enceinte, la ville possédait un grand nombre de tours, qui étaient en partant du château de la mer : la tour du *Castel de la mar*, sur l'emplacement occupé actuellement par l'école des frères de la Doctrine chrétienne ; la tour de la *porte Royale*, un peu au-dessus du point où la rue des Bons-Frères débouche sur le cours Lafayette (2) ; la tour *San-Micaël*, sur la porte de ce nom ; la

---

(1) ARCHIVES COMMUNALES. BB. *Délibérations du conseil de ville*, séances du 2 avril 1585, du 23 janvier 1589, etc.

(2) La porte Royale n'était probablement pas à l'usage de la population, au moins en temps de guerre. On lit dans le procès-verbal de la séance

tour de la *Gache* ou du guet, près de la place Saint-Vincent ; la tour d'*Amont* ; la tour des *Maures* ou des *Maurels*, sur la place Blancard ; la tour des *Maurones*, entre la rue des Bonnetières et la rue des Marchands ; la tour du *Portalet* ; la tour du *Môle*, surmontée d'un feu pour indiquer l'emplacement de la jetée aux navires arrivant la nuit ; enfin la tour des *Vieilles-Prisons*, entre la place à l'Huile et la place Saint-Jean.

Malgré ce luxe apparent de fossés, de murailles et de tours, la ville était incapable d'opposer une résistance sérieuse à l'ennemi. Les fossés étaient comblés dans plusieurs points, la muraille d'enceinte présentait de large brèches, et dans les parties qui étaient restées debout, soit tolérance, soit incurie de la part de l'administration communale, on avait laissé pratiquer de nombreuses ouvertures destinées à donner du jour aux maisons qui, ayant envahi peu à peu le chemin intérieur de ronde, étaient venues s'appuyer sur le mur d'enceinte. Du reste, cette muraille ne devait être ni bien épaisse ni bien élevée, si on s'en rapporte à un document authentique des archives communales, qui nous apprend qu'en 1429, on construisit dans l'intérieur de la ville, sur la place du Palais, un navire, pour la mise à l'eau duquel on fut obligé de démolir une partie du rempart. Cette démolition et la reconstruction se firent aux frais d'une maison de commerce de Gênes, propriétaire du navire.

Les tours n'étaient pas plus propres que les murailles à résister à une attaque ; la plupart étaient effondrées, et celles qui offraient encore quelque solidité, avaient été, ainsi que je le disais tout à l'heure, aliénées par baux emphytéotiques au profit du domaine

du conseil de ville du 18 janvier 1589 : « .... a esté présenté audict conseilh, « une parcelle par les habitans du faux bourg, tendant aux fins de fére « fére une posterne et pont-levis auprès du portal royal, pour recebvoir « le peuple dudict bourg, lorsque le cas le requiert en temps de guerre, « pour aller et sortir audict bourg. »

comtal par les grands sénéchaux, et converties en maisons particulières (1).

Une délibération du conseil de ville en date du 20 février 1510 (2) nous donne des détails intéressants sur l'armement de la place, en prévision de l'apparition d'une flotte turque qui était signalée sur la côte.

En vertu des ordres du vice-sénéchal, dont les lettres furent lues en conseil général, têtes découvertes et en grande révérence, *capite descoperta, cum quantum decuit honoris et reverentie*, on commença par imposer une taille extraordinaire sur tous les habitants, et on arrêta ensuite :

1° De faire visiter les murailles pour s'assurer des réparations à faire :

2° D'envoyer des députés à Aix et à Marseille pour obtenir par voie d'achat ou d'échange six pièces d'artillerie ;

3° De faire amas de salpêtre pour la fabrication de la poudre ;

4° De faire réparer les portes de la ville, nettoyer et creuser les fossés, et placer des mantelets tant sur le môle qu'aux barbacanes des remparts ;

5° De se procurer une grande provision de pierres ou galets.

---

(1) « A esté proposé à la dicte assemblée par le sieur consul Cabasson, que pour la fortification de la dicte ville, mesme de la porte du Môle, que seroit urgent de fére abastre le bastiment qui a esté novellement fait par sieur Honoré Pinson sur la tour du Môle, pour sur icelle fére reposer l'artilherie, et pour aultant que le dict sieur Pinson auroit basti sur le dict fare sans en avoir permission du Roy ny de la dicte ville, et que le dict bastiment empesche directement l'office de l'art militére, mesme que aulcune artilherie ne peut estre logée sur la tour ny aulcun soldatz ; arresté que sera présenté requeste au sieur du Revest, viguier de la dicte ville, tendant aux fins d'avoyr permission de fére abastre la dicte novelleté et fére toutes autres paradures (réparations) que le cas requerra. » ARCHIVES COMMUNALES. BB. *Délibérations du conseil de ville.*

(2) ARCHIVES COMMUNALES. BB. 45. *Délibérations du conseil de ville.*

Le conseil autorisa à cet effet la mise en réquisition de toutes les barques, et fit une obligation à tous les habitants de prêter leur concours à ce travail ;

6° D'écrire aux communes circonvoisines, tant du bailliage que des châteaux *de Souliers, de Cuers, du Puget, de Forcalquier* (Forcalqueiret?) *de Brignoles, de Turritz, de Saint-Maximin et autres lieux habitués à se rendre à Tholon en ces circonstances*, de se tenir prêtes à venir au premier commandement du bailli ;

7° De nommer quatre capitaines de guerre, lesquels éliraient trois connétables, qui, devant le lieutenant du bailli, s'engageraient, *sous des peines formidables, à accomplir leurs actes* (1) ;

8° De faire murer toutes les fenêtres qui ne seraient pas barrées par des traverses en fer (2) ;

9° De faire de jour et de nuit la garde à la Bade, (promontoire de Sainte-Marguerite) ;

---

(1) ...*Item, ordinaverunt eligi capitaneos guerre et illico eligerunt, primo : nobilis Johannes Signeri, Petrum Licossi, Petrum Dulcis et dominum Anthonium Thomaci ; et quod dicti domini syndici, cum dictis capitaniis guerre eligant tribus connestables requirens dominum vicebajulum gratus predectis precipiat sub formidabili pena ut ad predicta se actent et alios uctarum faciant.* Ces capitaines de guerre ne pouvaient être les capitaines de quartier, qui étaient régulièrement nommés chaque année. Il est permis de supposer que, vu la circonstance, c'étaient des officiers désignés pour commander les sorties en cas de siège. Quant aux connétables, ils ne pouvaient être, comme l'a dit M. Henri, ancien archiviste de Toulon, de simples *fourriers* chargés de tenir le livre de la connétablie, c'est à dire des matricules ; leur engagement d'accomplir sous des peines formidables leurs fonctions, nous indique qu'ils remplissaient un rôle plus important. Ils étaient chargés probablement de nourrir et loger les gens de guerre ?

(2) Cette décision s'appliquait évidemment aux maisons adossées aux murailles, dans l'épaisseur desquelles beaucoup de propriétaires, ainsi que nous l'avons déjà dit, avaient ouvert des fenêtres.

10° De défendre à toute personne habitant Toulon ou étrangère, d'acheter dans la ville ou sur le territoire de la Valette, de la Garde, de Solliès et de Cuers, du blé, à moins que ce ne fût pour le porter dans le grenier d'approvisionnement de la place.

Quelques jours après, le conseil décida de se pourvoir de deux cents boules plombées pour les quatre *passe-volants* qu'on possédait ; de faire transporter les *sacres* à Marseille pour les faire monter sur affûts (1) ; de faire réparer la fausse braye du côté de la mer, et de contraindre les particuliers, « qui avoient
« place dans les foussés de la dicte ville, à élever une murette
« du cousté du chemin, bonne et suffisante, et de suffisante
« largeur et haulteur, fins la terre de trois palmes, pour conser-
« ver et garder les dicts foussés ».

Quoiques faibles et très-incomplètes, les fortifications de la ville pouvaient cependant suffire, jusqu'à un certain point, pour la mettre à couvert d'une attaque soudaine venue du côté de la terre. La rade était, au contraire, complétement ouverte aux ennemis, et en remontant dans leur histoire, les habitants pouvaient se convaincre que c'était par la mer que leur était venues les agressions les plus terribles et les plus désastreuses. Ils songèrent à se garantir de ce côté. Le 30 mars 1514, le conseil de ville délibéra sur les fonds à faire pour élever une forteresse à l'entrée de la rade, forteresse qui prit le nom, quelle porte encore, de *Grosse-Tour*. Le même jour, sur l'invitation du général des finances, un trésorier fut nommé pour tenir le compte des dépenses. Les travaux marchèrent lentement, et la Grosse-Tour, commencée sous Louis XII, ne fut achevée que sous le règne de Henri II. Cependant, depuis longtemps déjà à cette époque,

---

(1) Les *sacres* étaient des pièces d'artillerie de gros calibre, et les *passe-volants* des pièces d'un calibre inférieur, quoique supérieur cependant à celui des *fauconneaux*.

la tour avait une garnison, car une note qui existe aux archives nous apprend qu'en 1529, la garde en était confiée à vingt habitants armés d'arquebuses.

La ville était dans ces conditions déplorables de défense, quand, en 1524, la Provence fut envahie par les impériaux. Pendant que le connétable de Bourbon se dirigeait par l'intérieur sur Aix et Marseille, un de ses lieutenants, Adrien de Croys, seigneur de Baurrains, prenant du côté de la mer avec cinq mille hommes, s'était emparé de Cuers, de Solliès et de la Garde. C'est du château de ce bourg, situé à quelques kilomètres de Toulon, et dont on voit encore les ruines pittoresques au sommet d'un mamelon qui, comme un vaisseau sur l'immense mer, émerge du milieu de la plaine monotone de la Garde, que le chevalier de Croys envoya un trompette aux consuls de Toulon, gouverneurs de la ville : Guilhem Raisson, Jacques de Paris et Estienne Gardin, pour les sommer de le recevoir avec ses troupes (1).

Toulon était en ce moment dépourvu d'hommes et de canons. Tout ce qu'il y avait d'habitants jeunes et valides venait d'être embarqué sur la flotte que commandait l'amiral Antoine de Lafayette, et les canons qui auraient pu servir à la défense avaient été transportés le 1er août sur la presqu'île de Giens, par les ordres des commissaires députés du grand sénéchal, Boniface de Pontevès et Jean de Lacépède, pour s'opposer au mouillage sur rade d'Hyères de la flotte de Doria.(2). Les consuls demandèrent un délai. Adrien de Croys leur répondit :

« Je vous ai envoïé ung trompète pour vous déclarer mon

---

(1) Le comte de Tende, bâtard de Savoie, lieutenant général pour le roi en Provence, avait autorisé, le 17 août 1522, les syndics de Toulon à prendre le titre de consuls.

(2) ARCHIVES COMMUNALES. BB. 46. *Délibérations du conseil de ville.*

« vouloir, et de abondant je vous advise que si incontinent ceste
« lettre reçue vous ne venés pas devers moy rendre obeyssance
« à l'empereur et à monseigneur de Bourbon, comte de Prou-
« vence, son lieutenant général, par ordonnance dudict seigneur,
« dans aujourd'huy iroy vers vous accompaigné de quatre mille
« homes de pied et deux cens homes d'armes, avecque artilherie
« et munitions, ensemble l'armée de mer que tient le dict
« empereur ; ce que feroy à l'ayde de Dieu, par feu et sang, de
« sorte que vous rendrés, et n'y aura faulte.

« Escript au chasteau de la Garde, ce vingtiesme d'haoust 1524.
« Le tout vostre,
« ADRYEN DE CROYS. »

Le conseil se réunit le 21 août à deux heures du matin. Il était composé des trois consuls, de huit conseillers et de quarante-cinq notables, tous chefs de famille. Le premier consul lut la lettre du seigneur de Baurrains. L'assemblée accueillit cette communication avec une émotion que traduit naïvement le procès-verbal de la séance : « *Visis itaque intellectis litteras*
« *supra insertis, earumque ad plenum percepto tenore ;*
« *prenominati domini consules, consiliarii et adjuncti dolen-*
« *tes admodum, et cum magna cordis amaritudinæ gementes*
« *et lacrymantes, tenentesque manus cancelatas ad pectus*
« *et occulos ad cœlum pro dolore directos...* » A l'unanimité moins deux voix, il fut décidé que la résistance étant impossible la ville se soumettrait. Le conseiller Gabriel Fornier et noble Raymond Glaye opinèrent seuls pour une défense jusqu'à la mort ; ils demandèrent qu'il fût fait mention de leur vote dans le procès-verbal de la délibération (1).

---

(1) ARCHIVES COMMUNALES. BB. 45. *Délibérations du conseil de ville.* Les procès-verbaux du conseil ne furent rédigés en français, conformément à un ordre de François Ier, qu'à partir du 4 septembre 1540.

Le même jour, 21 août, une députation composée des trois consuls, de neuf notables et d'un notaire, se rendit au château de la Garde et fut admise « *in presentiæ Adryenus de la* « *Croys, dominus de Baurrains, secundus cambellanus* « *imperatoris, et capitaneus generalis* dels chevals légiers « *et capitaneus* de l'avant gardo ». Le premier consul s'exprima en ces termes, non sans noblesse et sans courage : « Par « délibération du conseilh de la cité de Tholon, nous mettons « les habitans d'icelle, ensemble leurs biens, soubs la domina- « nation et obeyssance du seigneur de Bourbon. Vous, mossur, « despuis que Dieu et fortune vous ont conduit en ce stat et qu'il « nous est force de ce fére, sommes contraints de fére ce qui « vous plaist, mais bien vous avertissons, mossur, que si feus- « sions assés puyssants à vous résister, que le ferions bien vo- « lontiers. *Adque verba dominus de Baurrains respondit :* « vous fétes et dites comme jans de bien et vous en estime plus ; « mais savés que vous ferés ? vous irés doze homes, tout le moins « quatre de vous, au camp qui est devant Marselhe, et vous pré- « senterés davant mossur de Borbon d'issy à lundy. »

Une députation fut envoyée en effet devant Marseille au connétable de Bourbon qui « sans demander un autre contrat, la « renvoya et la fit se retirer (1) ». Il ne paraît pas que les impériaux aient fait subir des dommages à Toulon, du moins les archives n'en font pas mention. Le 9 septembre, trois cents Espagnols entrèrent dans la ville, qu'ils évacuèrent le 29 du même mois.

Un document qui existe aux archives, quoique incomplet, nous donne une idée de l'état numérique et de l'armement des compagnies de quartier à cette époque. La pièce est de 1535.

---

(1) « *Nullo alio celebrato contractu remissit et retrocedere fecit.* » Compte-rendu de la députation au conseil. Séance du 26 août.

Malheureusement elle ne comprend que le rôle de la compagnie d'un quartier, désigné sous le nom de premier quartier, et on sait que la ville en avait quatre. La compagnie avait pour capitaine H. Aycard, et se composait de deux cent huit hommes. Il y a des miliciens depuis l'âge de dix-huit ans jusqu'à soixante. Plusieurs figurent sur le rôle avec jusqu'à trois de leurs enfants. L'armement est souvent très-incomplet, et surtout très-varié. Les uns ont une arquebuse, les autres une hallebarde, ou une arquebuse à serpentin, ou une pistole, ou un croc, ou une pique, quelques-uns ont seulement un bâton ferré ; d'autres, au contraire, mais en petit nombre, ont jusqu'à deux, trois et quatre armes : une arquebuse, une pistole et un bâton ferré ; une arquebuse, une pistole et deux crocs (1).

Les consuls, sortis des alarmes de l'expédition du connétable de Bourbon, furent assez heureux pour échapper en 1536 aux dangers de la deuxième invasion des impériaux, commandés cette fois par Charles-Quint en personne. Ils jouissaient de tous les priviléges de leurs charges, et exerçaient sans contestation le commandement militaire dans toute la plénitude de son action, quand une première atteinte à leurs prérogatives vint porter le trouble dans leur administration.

Toulon venait à peine de sortir des oppressions d'une armée navale turque qui, par la volonté expresse de François Ier avait hiverné sur rade, lorsque, en juillet 1544, le sieur d'Ollieules entra dans la ville avec mille hommes de troupes régulières, porteur d'un ordre du comte de Grignan, gouverneur de Provence, qui lui enjoignait « de commander à tous habitans et « garnison », de garder les clefs des portes et de donner le mot du guet. Rien dans les archives ne peut mettre sur la trace du motif qui poussa le comte de Grignan à pourvoir Toulon d'une

---

(1) ARCHIVES COMMUNALES. EE. 9. *Affaires militaires.*

garnison, sous les ordres d'un commandant particulier. Les consuls, atteints dans un de leurs priviléges les plus chers, celui, sans contredit, qui flattait le plus leur orgueil et leur amour propre, protestèrent, et, dans leur ignorance de la position que leur faisait la présence d'une garnison et d'un gouverneur, ils députèrent le notaire Marc Salvatoris, l'un d'eux, auprès des consuls de Marseille, ville depuis longtemps soumise au régime militaire. Marc Salvatoris était chargé de s'enquérir auprès de ses collègues de la façon dont ils agissaient envers les capitaines de la garnison ; de demander si les consuls *avoient l'administration et gouverne des clefs des portals* ; s'ils avaient à leur charge le *fastigage* des gens de guerre ; comment ils usaient, en temps de guerre et de garnison extraordinaire, du mot du guet, « à scavoir quant au guet des gens de la ville, « si le consul ou aultre capitenne de la ville donnent seuls ce mot « on le recoibvent des aultres capitennes de la garnison ». Le député revint à Toulon, rapportant que M. de Grignan seul avait à Marseille « la gouverne des clefs des portes » ; que seul il donnait le mot du guet, et que tous les soirs, les capitaines de quartier, à tour de rôle, allaient le recevoir de lui et le transmettaient aux consuls ; enfin, que pour ce qui concernait l'entretien des troupes, la ville ne fournissait que le bois et les ustensiles.

L'agitation était au sein du conseil communal et une vive émotion régnait dans la population. Les consuls écrivirent à M. de Grignan, pour lui faire connaître que de tout temps la ville avait été exempte de garnison et de commandant militaire, que les consuls avaient toujours eu le privilége de garder les clefs de la ville et de donner le mot du guet, et que, quoique par lettres patentes souvent renouvelées, ils fussent exempts de fournir « bois à gens de guerre », néanmoins le capitaine d'Ollieules exigeait cette fourniture. Ils terminaient en demandant à rentrer dans la pleine jouissance de leurs prérogatives et exemptions, reconnues et sanctionnées par tous leurs souverains. Leur démarche n'eut aucun succès. Le 23 septembre, le comte de Grignan leur répondit : que les clefs de la ville devaient rester entre les mains du sieur d'Ollieules, qui ferait fermer, ouvrir et garder les portes « ainsy qu'il aviseroit bon estre », que ledit sieur d'Ollieules donnerait tous les soirs le mot du guet au viguier, lequel le transmettrait aux gens du guet de la ville ; enfin que pour ce qui concernait le bois, les habitants en fourniraient la quantité nécessaire pour chauffer les corps de garde en hiver, et en été seulement ce qu'il en fallait pour allumer la mèche des arquebuses (1).

On ignore quand et comment finit la mission du capitaine d'Ollieules, et il n'est plus question de lui dans la correspondance des consuls ni dans les délibérations du conseil de ville.

La Provence avait eu le triste privilége d'ouvrir en France l'ère sanglante des guerres de religion, et les Vaudois du Lébéron, voués à la mort par arrêt du Parlement, avaient été impitoyablement exterminés en avril 1545. On sait avec quelles passions furieuses, catholiques et protestants, dans notre pays, prirent les armes pour la défense de leurs convictions. Mais la Réforme ne pouvait pousser de profondes racines parmi les populations provençales, qui considéraient le catholicisme comme une seconde patrie, et quoique soutenue par des chefs influents, braves et convaincus, elle succomba bientôt épuisée par des luttes ardentes et mémorables. Il ne paraît pas que la ville de Toulon ait pris une part bien active à ces premiers troubles, et elle n'entra, en réalité, dans le mouvement qu'en 1577, pendant la guerre provinciale des carcistes et des razats. Guerre

---

(1) ARCHIVES COMMUNALES. AA. 13. *Gouverneurs, sergents-majors, commandants militaires.*

étrange et terrible qui, née de l'hostilité des partis, dégénéra en querelles de noblesse à noblesse, et finit par une révolte sociale, ou mieux une jacquerie municipale. Toulon embrassa le parti des razats, détermination généreuse qui devait lui attirer plus tard vingt années de conflits avec la famille des Forbin-Solliès, dont elle avait vaincu le parti dans la plaine de Cuers.

Les carcistes, au nombre de quatre mille hommes d'infanterie et de six cents chevaux, sous les ordres de Hubert de Vins, étaient venus, dès les premiers jours de janvier 1579, camper au village de Cuers, distant de Toulon de quelques lieues à peine. Ils faisaient des courses rapides et cruelles dans les environs, et venaient audacieusement commettre d'affreuses exactions jusque sous les murailles de la ville. Le 1ᵉʳ avril, le premier consul remontrait au conseil : « Comme aux en-
« virons de ladicte ville de Tholon on voit jornellement courre
« plusieurs troupes remplies de larrons, brigands et vouleurs
« en armes, tant à pied que à cheval, que font une infinité de
« maux, meurtres, larrecins, voleries et rançonnements, ayant
« faict plusieurs grands maux à infinité de personnes de ladicte
« ville, en ayant meurtri plusieurs inhumainement, jusqu'aux
« pauvres travailleurs aux champs, tellement que despuis, les
« manans et habitans n'osent sortir hors des murailles d'icelle
« ville sans grand péril et dangier d'estre prins, tués ou ran-
« çonnés, et leurs filles violées (1). » La terreur était dans la ville et dans les villages, dont les habitants fuyaient éperdus pour venir se réfugier à Toulon. Il fut décidé qu'on ferait une sortie en armes pour débarrasser le territoire de ces farouches ennemis. Le promoteur de cette énergique résolution paraît avoir été le capitaine Etienne Boyer, natif du bourg d'Olliou-

---

(1) ARCHIVES COMMUNALES. BB. 50. *Délibérations du conseil de ville.*

les (1). Tous les villages des environs fournirent leur contingent ; Toulon leva une compagnie de deux cents hommes, sous les ordres du capitaine de quartier Bernardin Signier, et en quelques jours, Boyer, qui avait le commandement général, fut à la tête de douze cents hommes environ.

Le 9 avril, Boyer apprit que de Vins avait quitté le camp avec la cavalerie, pour aller réduire le château de Brégancon, à l'entrée de la rade des îles d'Hyères. Il sortit de Toulon avec ses troupes dans la soirée et se porta sur Cuers. Il avait divisé ses soldats en deux colonnes, en avait confié une à son lieutenant, nommé Sauzet, et pris le commandement de l'autre. Sauzet marchait en avant ; il avait l'ordre d'attaquer l'ennemi à l'improviste avant le lever du jour, tandis que Boyer tournant le village tiendrait la campagne pour le soutenir en cas de besoin, ou achever la dispersion des carcistes. Au point du jour, les razats arrivèrent devant Cuers. Sauzet donna avec une telle impétuosité, que le seigneur d'Oize, qui commandait en absence de de Vins, ne put parvenir à organiser la défense. Ses troupes prises de panique gagnèrent les champs dans un désordre extrême, et vinrent se heurter à Boyer, qui avait disposé ses soldats dans les vignes. Les carcistes cherchèrent leur salut dans la fuite, « qui à cheval, dit le vieux Nostradamus, contempo-
« rain de ces événements, sans frein ny bride, qui demy vestu,
« qui en chemise, qui sans bottes, qui sans esperons, qui sans
« souliers, dans un tant noir, malin et gauche esvénement,
« qu'en ce piteux estat et désordre, les uns se retirent à Forcal-

---

(1) Etienne Boyer descendait du poète Guilhem Boyer, né à Nice, qui était venu s'établir à Ollioules. Son fils, Antoine Boyer, né à Ollioules le 18 octobre 1562, joua un rôle très brillant en Provence pendant les guerres de la Ligue. Henri IV, en récompense de ses services, le nomma baron de Bandol et lui donna en fief, pour lui et sa postérité, le château de cette place avec toutes ses dépendances.

« queiret, entre lesquels est la Verdière, qui avoit perdu dans
« ceste fuite plus de vingt chevaux, tant de son train que de ses
« frères, les aultres à Pierrefeu, bien mattez et bien battus (1) ».

Cette action glorieuse eut un grand retentissement. Boyer poursuivit les carcistes jusqu'à Pierrefeu, entraînant à sa suite tous les razats des environs. Il mit le siège devant le château de ce bourg, où une partie des vaincus de Cuers s'étaient réfugiés. Le siége fut long et difficile. Près de deux mois après, le 30 mai, la place résistait encore, et les consuls de Toulon envoyaient deux canons à Boyer, sur sa demande (2). Les vigueries du département actuel du Var avaient pris les armes ; les carcistes succombèrent partout : Pierrefeu capitula, Cogolin, Saint-Tropez furent emportés, ainsi que Brégançon, où de Vins venait de mettre une garnison. Le bourg de Solliès, qui avait à souffrir des exigences de Palamèdes de Forbin-Solliès, s'insurgea contre son seigneur et le força à s'enfuir ; mais il revint peu de temps après avec six cents soldats. Les habitants ayant fait un appel aux Toulonnais, le contraignirent de nouveau à s'éloigner et incendièrent son château, un des plus beaux de la contrée. Palamèdes de Forbin, qui éprouvait un violent ressentiment contre les Toulonnais depuis le combat de Cuers, leur voua à partir de ce moment une haine profonde.

Les séances du conseil de la communauté, à cette époque troublée, constatent l'ardente préoccupation des consuls pour armer les habitants et mettre la ville à l'abri des agressions ennemies. On les voit, déployant une généreuse activité, faire réparer les remparts (3), acheter des munitions (4), envoyer

---

(1) NOSTRADAMUS. *Histoire et Chroniques de Provence*.
(2) ARCHIVES COMMUNALES. BB. 50. *Délibérations du conseil de ville*.
(3) Séance du 2 avril 1582.
(4) Séance du 25 août 1580, du 14 septembre 1581, du 7 août 1584, etc.

des soldats à l'armée provinciale (1), mettre garnison à la Grosse-Tour pour se garantir d'une invasion par mer (2), faire des rondes dans la campagne (3), barricader les faubourgs (4), envoyer la milice pour protéger les cultivateurs (5). Mais la grande pensée des chefs de la famille toulonnaise était l'extension du périmètre fortifié devant englober les faubourgs, par l'érection de murs de défense armés de bastions, invention nouvelle et qui n'avait encore été appliquée qu'à quelques rares places fortes. Chaque consul semble avoir tenu à honneur, pendant son année de consulat, de réunir un conseil général avec un grand nombre d'adjoints, pour faire aboutir ce projet. Après plusieurs échecs, déterminés par la pénurie du trésor provincial, on résolut, dans l'espérance de hâter la solution de la question, d'offrir de concourir à la dépense avec les fonds communaux. Le 9 juillet 1581, le conseil de ville, auquel s'étaient adjoints cent treize notables, chargeait le premier consul Ripert de traiter avec le gouverneur, la ville s'obligeant à fournir dix mille livres tournois « offertes de bon cuer, estant
« marris qu'ils ne peuvent fére comodément davantaige sans
« leur totale ruyne, daultant que la pluspart (des habitants)
« sont pauvres, vivant du travail de la marine, n'en pouvant
« plus pour la stérilité de leur terroir, et qui notoirement sont
« endebtés de mil escus et davantaige, joint les grandes foules
« qu'ils ont endurées durant les guerres et derniers troubles,
« et empeschements de pouvoyr négotier par mer à l'occasion
« des pestilences et contagions ».

Les démarches du consul Ripert furent sans résultat. Plu-

(1) Séance du 24 septembre 1580.
(2) Séance du 23 janvier 1582.
(3) Séance du 3 février 1585.
(4) Séance du 2 avril 1585.
(5) Séance du 18 mars 1584.

sieurs qui suivirent eurent le même sort. Le 3 février 1585 la ville fit un effort suprême et se chargea de la dépense totale « moyennant certaines exemptions, permissions et grâces ». Parmi les exemptions demandées, la principale consistait à se faire renouveler le privilége octroyé par François Ier, de l'exemption *de la contribution et fourniture de la gendarmerie*. Ce privilége de ne pas contribuer à la fourniture des vivres et munitions aux gens de guerre, avait été accordé aux Toulonnais par François Ier, pour les indemniser de l'obligation qu'il leur avait imposée d'évacuer leur ville et d'abandonner leurs maisons aux soldats de Barberousse, quand l'escadre turque était venue hiverner à Toulon en 1543-1544. Une des conditions de ce privilége était que les habitants devaient, sous l'autorité de leurs consuls, garder et défendre la ville, le port et le territoire. Mais l'exemption de François Ier avait toujours été contestée par les procureurs du pays, et avait donné lieu, pour la ville de Toulon, à d'interminables procès avec la province, qui se trouvait forcée de payer la quotité dont la ville était déchargée (1). De leur côté, les consuls revendiquaient l'entière application des lettres royales, car, outre qu'elles exonéraient la ville d'une forte contribution, elles constituaient la confirmation la plus entière de leur droit au commandement militaire. Le grand prieur de France, Henri d'Angoulême, gouverneur de Provence, prit l'offre des consuls en grande considération ; il vint à Toulon, étudia la question sur place et transmit la demande au roi ; mais ayant été assassiné peu de temps après à Aix par Philippe Altovitis, l'œuvre des fortifications ne fut reprise qu'en juin 1586. Le roi écrivit à

---

(1) En mai 1551, les consuls avaient été conduits dans les prisons d'Aix, comme personnellement responsables du non-paiement des tailles pour la solde de la gendarmerie. ARCHIVES COMMUNALES. BB. 48. *Délibérations du conseil de ville.*

cette époque au duc d'Epernon, successeur du grand prieur, d'examiner les contestations qui existaient entre les consuls et les procureurs du pays relativement à l'exemption de la contribution des fournitures de guerre, et de lui donner son avis à ce sujet. D'Epernon appela devant lui, à Salon, le premier consul Hugues et un des procureurs du pays ; mais pressé de partir pour la haute Provence, où il voulait poursuivre et anéantir les derniers débris du protestantisme armé, il ne prit aucune détermination et renvoya les deux parties à se pourvoir par devant le roi.

Quelques années après, la force des évènements devait donner satisfaction aux efforts persévérants des consuls et de la population, et faire de Toulon au XVIe siècle, une des plus puissantes places de guerre, en attendant que le développement de la marine militaire sous Louis XIV en fît un arsenal maritime formidable.

CHAPITRE II

La Ligue à Toulon. — Extension du périmètre fortifié de la place. — Toulon reçoit un gouverneur et une garnison. — Abnégation patriotique des consuls.—Construction d'une citadelle.—Siége et prise de la citadelle par les Toulonnais. — Les consuls reprennent le gouvernement militaire de la ville. — Henri IV nomme le marquis de Forbin-Solliès gouverneur de Toulon. — Le conseil général de la communauté refuse de le reconnaître. — Le roi investit les consuls des fonctions de lieutenants de roi commandant en absence du gouverneur. — Conflits entre le marquis de Solliès et les consuls. — Solliès se désiste de son gouvernement moyennant 16,000 livres d'indemnité.

En réalité, les guerres de religion proprement dites finissent en Provence en 1586 ; mais la ruine et l'effacement du protestantisme n'amenèrent pas la paix. La guerre religieuse fut suivie d'une effroyable guerre civile, et la Ligue vint rendre plus profondes les divisions qui existaient déjà dans la société provençale.

Le 1er août 1589, Henri III mourut assassiné. Henri de Navarre, chef général des huguenots, recueillit l'héritage tourmenté du dernier des Valois. La guerre allait devenir plus acharnée et plus cruelle entre les royalistes et les ligueurs. Toulon, quoique profondément catholique, acclama Henri IV et suivit toujours son parti avec une inviolable fidélité.

Le duc de La Valette, gouverneur de Provence, voulant asseoir la résistance sur des bases solides, et se ménager une place d'armes à peu de distance de Marseille, qui s'était ouvertement déclarée pour la Ligue, vint à Toulon le 19 août 1589. Le 15 septembre, à l'immense satisfaction des habitants, dont il réalisait les vœux les plus chers, il consentit en faveur de Pierre Hubac, capitaine toulonnais, le creusement d'un fossé de vingt-deux mètres de largeur sur quatre mètres de profondeur qui, s'étendant de l'extrémité inférieure du quartier actuel de Saint-Jean jusqu'à la place de l'Intendance, descendait de ce point à la mer, et englobait les sept faubourgs : de Saint-Jean, de Sainte-Catherine, de la Lauze, de Donnebourg, de Bonnefoy, des Prêcheurs et des Savonnières. Deux mois après, le capitaine Hubac se chargea, moyennant un forfait de 50,500 écus, de la construction des remparts avec leurs bastions, leurs courtines et leurs casemates, ainsi que de l'ouverture de deux portes, l'une à l'est et l'autre à l'ouest, sous les dénominations de Saint-Lazare et de Notre-Dame, les portes anciennes disparaissant par le fait de l'extension des fortifications. Mais La Valette en ordonnant de si considérables travaux de défense, jugea utile aux intérêts de son parti de faire occuper militairement la ville ; il mit en garnison dans Toulon le régiment de Piémont, dépouilla presque entièrement les habitants de la garde des portes et des remparts, et, sans tenir compte des plus anciens et des plus précieux priviléges des consuls, il appela au gouvernement de la place un de ses officiers les plus distingués, Jacques de Sainte-Colombe, sieur d'Escarravaques. C'était un jeune gentilhomme béarnais, entré en Provence en 1586 avec le duc d'Epernon, et qui venait de se marier avec Blanche de Forbin, fille de Palamèdes de Forbin, seigneur de Solliès.

On ignore ce qui se passa entre les consuls et le duc de La Valette à l'occasion de cette nomination. Le gouverneur étant sur les lieux, il n'y eut pas de correspondance échangée, et les registres des délibérations se taisent sur cet incident si grave, soit que la ville l'ait accepté comme un sacrifice nécessaire au salut commun, soit qu'elle ait considéré l'abdication de leur consul comme momentanée seulement et ne pouvant en rien engager l'avenir. Je n'ai pu découvrir à quelle source avait puisé M. de La Londe, dans son histoire de Toulon, quand il a avancé « que pour atténuer autant que possible le mauvais effet de la « mesure qui privait les consuls d'une charge qu'ils avaient « toujours remplie, La Valette leur confirma le titre et les attri- « butions de lieutenant de Roy ». En vérité il n'y a là qu'une assertion sans valeur, et j'espère prouver par un document authentique, qu'il ne fut question pour les consuls de la lieute- nance de roi qu'en 1596, dans une circonstance violente et sur leurs propres réclamations.

La guerre civile couvrait la Provence de ruines et de sang. Les ligueurs, battus partout, ayant eu leur chef général, Hubert de Vins, tué sous les murs de Grasse, sans argent et avec une armée démoralisée, firent un appel à l'intervention du duc de Savoie, qui entra avec de nombreuses troupes en Provence, par le Var. Chose remarquable! les invasions par le Var ont tou- jours été fatales aux armées étrangères. Le connétable de Bour- bon et Charles-Quint en avaient fait une cruelle expérience en 1524 et en 1536; Charles-Emmanuel allait bientôt repasser la frontière presque seul, ayant perdu son or, ses soldats, et, ce qui était plus douloureux pour lui, ses espérances d'annexion de territoire; enfin, en 1707, un de ses descendants, appuyé par une flotte anglaise, et ayant avec lui le prince Eugène, le plus grand capitaine de l'Europe, devait, après avoir vu sa fortune sombrer sous les murs de Toulon, reprendre, triste et décou- ragé, ce même chemin de Nice, suivi d'une armée en désordre que les paysans provençaux accourus comme à une curée pil- laient et chassaient devant eux.

Pendant tout le temps que le duc de Savoie occupa le pays, Toulon, fidèle au parti qu'il avait embrassé, resta fermement attaché au duc de La Valette. Après la mort du gouverneur, tué le 11 février 1591, d'un coup de canon, sous les murs du vil-

lage de Roquebrune, près Fréjus, les consuls réunirent un conseil général auquel furent appelés cent notables en qualité d'adjoints. Quand on lit le procès-verbal de cette séance solennelle, et qu'on réfléchit à l'ardente passion avec laquelle les consuls soutinrent quelques années plus tard leurs prérogatives comme gouverneurs de la place, on ne peut s'empêcher, en voyant tant de dévouement mis au service d'Escarravaques, qui avait hérité de leur plus cher privilége, on ne peut, dis-je, s'empêcher de penser que le patriotisme le plus pur les dirigeait, et que c'est à lui seul qu'ils sacrifiaient ce qu'ils avaient toujours considéré comme la première liberté de la ville et l'honneur de leurs fonctions. Le premier consul donna communication d'une lettre d'Escarravaques lui faisant connaître la mort du gouverneur : « Sur quoy la dicte assemblée toutz d'ung
« commun accord, de bon zéle et volunté, haussant leurs
« mains en haut, à vive voix, auroient toutz promis, comme ils
« promettent, audict sieur d'Escarravaques, de soy maintenir
« et conserver soubz l'obeïssance de sadicte majesté, tout ainsy
« qu'ils ont toujours faict par le passé, et à ces fins de prester
« toute ayde, faveur et adcistance audict sieur d'Escarravaques,
« lequel ont supplié de soy conformer à la mesme volunté qu'il
« a faict par le passé au service de sadicte majesté et du public,
« luy promettant au surplus d'exposer leurs propres personnes
« et vies jusques à la dernière goutte de leur sang, de s'oppo-
« ser contre les ennemis de sadicte majesté qui veulent inva-
« ser (envahir) le païs et le distrére de la coronne de France ;
« ainsy l'ont (lui ont) promis de luy obeyr et le recognoistre
« comme chef et gouverneur de ladicte ville, tout ainsy qu'ils
« ont faict par cy devant (1). »

(1) ARCHIVES COMMUNALES. BB. 51. *Délibérations du conseil de ville.* Séance du 12 février 1591.

. Après la mort du duc de La Valette, les principaux capitaines royalistes, presque tous étrangers au pays, supplièrent le roi de redonner le gouvernement de la province à son frère le duc d'Epernon. Les Provençaux allaient avoir un maître. Le duc d'Epernon entré en Provence avec une armée nombreuse, révolta les populations par son humeur altière, sa farouche énergie et son mépris de la vie humaine. C'était le temps des passions insensées ; au milieu du choc des factions, les grands du royaume firent le rêve coupable de se constituer dans les provinces de grandes positions indépendantes de la couronne. Le duc d'Epernon eut la pensée de soumettre la Provence à sa domination, et pour l'asservir plus facilement à ses volontés, il la traita en pays conquis et fit peser sur elle la plus dure tyrannie.

Pendant un séjour qu'il avait fait à Toulon en janvier 1593, le duc d'Epernon avait ordonné la construction d'une citadelle, dont l'existence ne fut que de huit mois, et qui fut prise et démolie avant d'être complétement achevée (1). A cette époque le régiment de Piémont avait depuis longtemps quitté la ville, et la garde de la place était revenue aux habitants sous le commandement d'Escarravaques. Le gouverneur, qui avait des doutes sur la fidélité de celui-ci, n'osa cependant pas le destituer, peut-être en mémoire de son frère le duc de La Valette, dont il avait toujours été le fidèle lieutenant. Pour tenir en échec son influence dans la ville, il confia le commandement de la

---

(1) *Extraict du prix faict de la construction de la citadelle de Tholon, le mercredy, troisième jour du mois de febvrier 1593.* ARCHIVES COMMUNALES. DD. 1. *Propriétés communales.* Cette fortification, connue sous le nom de grande citadelle, « était placée, dit Louvet, au lieu lors appelé le Séquan ». Le Séquan ou séchoir, comprenait la partie du rivage déterminée aujourd'hui par la rue de l'Arsenal. La mer, à cette époque, venait baigner le Séquan et s'avançait jusque devant la tour de l'horloge du Port. La grande citadelle, placée sur le rivage, était située sur une ligne qui s'étendrait de la tour de l'horloge à la Majorité générale.

citadelle à un de ses capitaines, du nom de Signac, avec une garnison de soldats gascons sous ses ordres.

Signac et Escarravaques ne tardèrent pas à entrer en hostilité déclarée, et ce dernier, qui était devenu Provençal par son mariage avec Blanche de Forbin-Solliès, et Toulonnais par sa position de gouverneur de la ville et l'affection de la population pour lui (1), se mit résolument à la tête des habitants mécontents et irrités. Signac, violent et avide, affectait un profond mépris pour les Toulonnais et détestait Escarravaques. Chargé de présider à l'édification de la citadelle, il frappait les habitants de nombreuses contributions et les accablait de corvées pour activer les travaux. Les consuls protestèrent souvent et toujours inutilement. En juillet, ils se rendirent au camp du duc d'Epernon, devant Aix, et lui remirent une requête dans laquelle ils se plaignaient entre autres choses de ce que, sans respect pour les priviléges de la ville et en violation de la promesse du duc lui-même, qui exonéraient les habitants du logement des gens de guerre, Signac faisait des réquisitions, leur imposait ses soldats et ses officiers, et poussait l'arbitraire, sous prétexte de dégager les abords de la citadelle, jusqu'à faire démolir les maisons voisines sans même stipuler une indemnité pour les propriétaires violemment dépossédés. Le duc d'Epernon renvoya le 7 juillet la requête annotée de sa main en marge. Il repoussait toutes les demandes des consuls, et pour ce qui concernait la démolition des maisons ordonnée par Signac, il

---

(1) Le 18 juin 1593, Escarravaques avait prié les consuls, en leur qualité de représentants de la ville, d'être les parrains d'une fille qui venait de lui naitre : « Ledict conseilh a délibéré que le baptiser sera faict par les-« dicts consuls au nom de ladite ville, et pour estrenues sera baillé un ves-« tement de velours avec touelles (dentelles?) à ce convenables, et un « escu d'or pour ledict faict. » ARCHIVES COMMUNALES. BB. 52. *Délibérations du conseil de ville.*

écrivait ces mots ironiques : « Nous ne pouvons respondre à « ceste demande, et mandons audict Signac de nous donner « son advis (1). »

En ce moment une vive fermentation régnait dans la province. Toutes les classes de la société provençale, riches et pauvres, nobles et roturiers, exaspérés par les exactions et les violences du duc d'Epernon, sentaient gronder au fond de leurs cœurs des colères immenses. Le roi ayant abjuré le protestantisme, une grande réconciliation s'était faite sur le terrain de la religion, et il s'était formé une ligue provinciale occulte dirigée contre le gouverneur, qui comptait dans ses rangs tous les royalistes et les ligueurs de bonne foi. Les Toulonnais ne considéraient pas sans effroi pour eux et pour l'autorité royale cette citadelle qu'ils élevaient à leurs frais et de leurs mains. Ils entrèrent pleinement et de cœur dans la conjuration, et Escarravaques fut désigné pour faire partie d'une réunion de six gentilshommes, qui eut lieu en octobre 1593 à Manosque, et dans laquelle il fut décidé que le 27 novembre, Toulon, Pertuis, Digne, Manosque, Saint-Maximin et Tarascon, donneraient le signal de l'insurrection en chassant les garnisons épernonniennes aux cris de : *Vive le roi ! Vive la liberté !*

Escarravaques employait toute son influence pour empêcher l'explosion prématurée d'un soulèvement à Toulon, quand le 24 novembre, le marquis Palamèdes de Forbin-Solliès entra dans la ville, presque seul, ayant laissé au village de la Valette six cents hommes qu'il amenait de Saint-Maximin (2). Solliès

(1) ARCHIVES COMMUNALES. EE. 15. *Affaires militaires.*
(2) Du Virailh, dans ses *commentaires*, dit que Solliès n'avait avec lui que quarante chevaux de la compagnie de Valavoire, gouverneur de Saint-Maximin. Mais dans un procès fait quelques années après à la communauté, en demande d'indemnité pour les dégats commis dans la ville par les soldats de Solliès, on trouve ce nombre porté à près de six cents hommes :

annonça à ses amis réunis chez son gendre, que le lendemain il recevrait des troupes, et fit répandre le bruit que Lesdiguières, au nom du roi Henri IV, et le comte de Carcès, chef des ligueurs provençaux, avaient fait cause commune, et s'étaient dirigés sur Tarascon pour offrir le combat au duc d'Epernon. En quelques heures la ville se remplit de sourdes rumeurs et d'agitation. Escarravaques soutenait et excitait l'émotion publique, et l'effervescence fut à son comble quand on l'entendit dire au sergent-major (1) d'Osseron, qui se plaignait à lui de la sédition que fomentait le marquis de Solliès : « Qu'il fallait obéir
« à son beau-père, et que c'était chose grave que de douter
« qu'un homme de sa qualité n'agit point dans les intérêts et
« par les ordres du Roy (2). »

Signac, alarmé de l'attitude hostile de la population, prit des mesures de défense et donna l'ordre de faire traîner deux pièces de canon à la citadelle. La population, rendue plus audacieuse

---

« Faitz et articles que met et baille par devant la Cour les consuls et
« communaulté de Tholon, défendeurs en requeste.... Et premièrement :
« dict qu'au mois de novembre mil cinq cens nonante-trois, le feu sieur
« d'Escarravaques, commandant pour le Roy en ladicte ville, auroit faict
« prendre les armes aux habitans d'icelle pour forcer la citadelle et en
« chasser les Gascons. Dict, que pour exécuter ladicte entreprinze, ledict
« sieur d'Escarravaques manda quérir plusieurs compaignies estrangières,
« tant de cheval que de pied, d'environ le nombre de six cens hommes.... »
Archives communales. FF. 618. *Procédures.*

(1) La fonction de sergent-major correspondait à celle connue actuellement sous la dénomination de commandant de place. « Le sergent-major,
« dit le *Dictionnaire militaire de tous les termes propres à l'art de la*
« *guerre*, Paris, 1750, p. 90, est le troisième officier qui commande dans
« une place en l'absence du gouverneur et du lieutenant de Roy. Sa
« fonction est de faire monter la garde, de tirer les postes, les rondes,
« de régler les sentinelles, d'aller prendre l'ordre, de distribuer les mu-
« nitions, de faire ouvrir et fermer les portes, de rendre tous les jours
« compte au gouverneur de tout ce qui se fait dans la place. »

(2) *Commentaires* de Du Virailh.

par les surexcitations de la journée, s'y opposa. Sur ces entrefaites, Solliès fit venir du village de la Valette quarante cavaliers, qui se présentèrent à la porte Saint-Lazare, où l'enseigne de garde, sur l'ordre d'Escarravaques, les laissa entrer. Les Toulonnais prirent l'offensive, attaquèrent le poste du bastion Saint-Vincent, en chassèrent les soldats épernonniens, et les forcèrent à se réfugier dans la grande citadelle, où Signac fit tirer le canon d'alarme. La ville était pleine de troubles et d'agitations. Vers le soir, un cavalier arriva, porteur d'une lettre de Forbin Saint-Cannat, dans laquelle il disait à son père et à son beau frère : *qu'il avait mis les Gascons hors de Pertuis et de prendre garde à leur testes*, « car, dit du Virailh, il n'avoit pas bonne « opinion de ce que le seigneur de Solliès vouloit entreprendre « sur la ville et citadelle de Tholon ». Escarravaques n'hésita plus. Le signal était donné et la Provence courait aux armes, il se mit à la tête des habitants.

La nuit était noire et toute chargée d'orages. Le marquis de Solliès sortit à minuit de l'Évêché, suivi des trois consuls, Jacques Valserre, Pierre Garjan et Jehan Ricard, et se présenta sur la place de la Cathédrale, où s'était rassemblée toute la population active. C'était un homme de haute stature, à la barbe grise, et d'une énergie peu commune. Il tira son épée, et au milieu des acclamations et des cris de : *Fore Gascons!* il s'écria : *Vive le roi! Vive la liberté!* On marcha sur la citadelle. Il ne paraît pas cependant que les hostilités aient commencé cette nuit, et il est probable qu'on se contenta de garder les abords de la forteresse.

Le lendemain, 25 novembre, les troupes campées à la Valette entrèrent dans la ville, sous le commandement d'un officier du nom de Capris. Le capitaine Hubac « ingénieur, homme de grand « esprit », fit élever une batterie de quatre canons devant la citadelle. Les Gascons attaqués avec ardeur se défendirent vaillam-

ment. Ils avaient quatre canons et deux couleuvrines ; à la première décharge, un des canons sauta hors de son affût, qu'il brisa, et s'enfonça profondément dans la terre détrempée par de longues et récentes pluies. Dans le courant de la journée on tenta un assaut, qui fut repoussé, « car les assaillis avoient trop d'avantai-
« ges sur ce menu peuple, qu'il falloit qu'il montât sur les bas-
« tions avec des eschelles ». Dans cette action, Escarravaques, qui se portait en avant avec une téméraire intrépidité, reçut une arquebusade à la cuisse dont il mourut le 13 décembre, ayant eu la consolation d'apprendre avant d'expirer que la citadelle était prise, les Gascons chassés, et que la Provence victorieuse saluait de ses cris de : *Vive le roi !* la défaite et la chute du duc d'Epernon.

Le 26, les Toulonnais retranchés dans les abris les plus voisins firent un feu meurtrier sur les Gascons. Ils parvinrent à placer un canon sur la terrasse d'une maison, et au troisième coup ils démontèrent une pièce aux ennemis. La journée se passa en attaques plusieurs fois réitérées et toujours repoussées. Le soir, le marquis de Solliès reçut l'avis qu'un secours considérable, sous les ordres du capitaine Boyer, fils du capitaine Etienne Boyer, le seul officier provençal qui, avec le seigneur Buous, fût resté dans le parti du duc d'Epernon, était en marche sur Toulon. Il résolut de brusquer le dénouement. Pour mieux en assurer le succès, il se rendit le lendemain, 27, avant le jour, sur une galère mouillée dans le port, où se trouvaient enchaînés et soumis aux dures rigueurs de la chiourme, les soldats faits récemment prisonniers par le duc à la prise d'Auriol et de Roquevaire. Il les réunit sur le pont, et sur sa foi de gentilhomme il leur promit la liberté, « s'ils faisoient devoir de gens de bien, en
« telle occasion où il alloit du service du roy et de la conserva-
« tion de la ville ». Le même jour, vers huit heures, un assaut général fut donné, et après quatre-vingt quinze coups de canon la citadelle fut emportée.

Jehan Bonnegrace, qui avait été consul de la ville quelques années auparavant, entra un des premiers dans la place, une épée à la main. Il aperçut Signac, et courant à lui : *Ah! poltron,* lui dit-il, *tu es donc là?* — *Eh bien! compagnon,* répondit Signac, *est-ce que dix mille écus ne sauveront pas la vie d'un gentilhomme?* — *De l'or,* répondit Bonnegrace, *j'en ai plus que toi!* et disant cela il lui déchargea un coup de son épée sur la tête. En ce moment survint un maître maçon nommé Olivier Gras, qui avait une injure personnelle à venger, ayant été outrageusement frappé par Signac d'un bâton un jour où il travaillait à la construction de la citadelle, et qui oubliant toute pitié, quoique son ennemi fût étendu sur le sol et perdît tout son sang par l'affreuse blessure que lui avait faite Jehan Bonnegrace, l'acheva d'un coup de levier en fer.

La prise de la citadelle fut l'œuvre exclusive des Toulonnais, qui eurent dix morts et plus de vingt blessés (1). Les six cents hommes amenés par Solliès paraissent s'être occupés bien plus de piller la ville pendant le siége, que de prêter main-forte aux habitants. Les nombreux procès que les propriétaires spoliés firent à la commune à ce propos en sont une preuve évidente (2). La ville se hâta, comme je vais le dire, de se débarrasser,

---

(1) « ....Car tout le peuple y estoit, grands et petits sans exception, des-
« quels en furent tués dix, et plus que des étrangiers, et plus de vingt y
« furent blessés. » ARCHIVES COMMUNALES. AA. 25. *Conflits.*

(2) « .... Dict que lesdicts soldatz estrangiers à l'instant que furent
« entrés dans ladicte ville se mirent à saccager les logis des Gascons et
« prindrent leurs armes, meubles, hardes et tout ce qu'ils savoient appar-
« tenir auxdicts Gascons ;
« Dict que ne se contentant lesdicts soldatz de prindre les biens des
« Gascons, ils prindrent et emportèrent tous les meubles qui se treu-
« voient dans ladicte citadelle, bien que lesdicts habitans les eussent
« fornis à ceulx qui gardoient ladicte citadelle ;
« Dict que pour rayson du saccage faict par lesdicts soldatz estrangiers,

en leur donnant une somme d'argent, de ces alliés dangereux, dès le lendemain de la prise de la citadelle. Les soldats d'Auriol et de Roquevaire furent renvoyés dans leur famille et la galère désarmée.

Escarravaques était mourant, les épernonniens morts ou fugitifs (1). La population mit une telle ardeur à effacer jusqu'au dernier vestige de cette fortification odieuse, que trois jours après il ne restait pas pierre sur pierre. Le 28 novembre, au milieu de l'enthousiasme général, les consuls réunirent dans le réfectoire des frères prêcheurs, un conseil général auquel assistèrent, outre le juge royal et les conseillers, un grand nombre de notables tous chefs de famille, pour aviser au licenciement des compagnies amenées par Solliès, et, en prévision d'une attaque prochaine du duc d'Epernon, à l'organisation de la défense de la ville. Le conseil, a l'unanimité, vota 2,000 écus à distribuer entre les dix compagnies, et imposa pour cela une taille « de
« trois escus bonne monnoye par livre de biens, exigeable sur les
« manans et habitans d'icelle et aultres possédans biens en icelle
« et son terroir. Et néanmoins, puisqu'il a pleu à Dieu prindre
« la citadelle que le sieur d'Espernon avoit faict fére en ceste
« ville, à ce qu'on a toujours estimé contre l'intention de sa
« majesté, et chasser la garnison qui y estoit, qu'il est nécessaire
« pour conserver ceste ville au service du Roy, eslire des gens
« pour la garder, les soldoyer et donner gages, a délibéré l'as-

---

« y a plusieurs procès par devant la Cour, et mesme le procès du sieur
« Jehan Bonnegrace contre le sieur du Breuil :
  « Dict estre véritable que la mayson où le sieur de Sainct-Pierre logeoit
« fust saccagée par lesdicts soldatz estrangiers, et plusieurs aultres may-
« sons, de mesme le logis du sieur de Pamol. » ARCHIVES COMMUNALES.
FF. 365. *Procédures.* Procès faicts à la communaulté par Jacques Anthelme, Honoré Taquet et consorts, demandeurs.

(1) Beaucoup de soldats se sauvèrent à la nage et gagnèrent les champs.

« semblée que seront soldoyés trois cens hommes de ceste ville
« à quatre escus bonne monnoye tous les ans (1) ».

Les fonctions de gouverneur de Toulon étaient revenues aux mains des consuls depuis la mort d'Escarravaques. Loin d'avoir offert cette position au marquis de Solliès ou à son fils Saint-Cannat, comme Solliès osa plus tard l'écrire au roi, ils s'empressèrent de revendiquer leurs droits en envoyant deux députés à la cour pour demander la confirmation de leur privilége, en même temps que certaines faveurs que la détresse du trésor communal rendait nécessaires. La requête que les deux délégués municipaux présentèrent à Henri IV ne porte, sur le manuscrit qui existe aux archives de la ville, que la date de 1594, mais en se rapportant à la date de la réponse du roi, qui est du mois d'avril, on voit qu'elle doit être du commencement de l'année. Les consuls représentaient au roi la beauté de leur port en même temps que la stérilité de leur territoire, ce qui avait déterminé ses prédécesseurs à leur accorder de nombreux priviléges, franchises et immunités; ils rappelaient les grandes dépenses qu'ils avaient faites pour élever les fortifications qui entouraient la ville, les ravages qu'ils avaient supportés lors de l'invasion des impériaux en 1524 et 1536; les « foules et « oppressions » qu'ils avaient endurées pendant l'occupation de la ville par l'armée navale de Barberousse en 1544, les fournitures, s'élevant à des sommes considérables, faites successivement au duc de La Valette, au duc d'Epernon et à Lesdiguières pendant les guerres cruelles de la Ligue, et remontraient que Toulon, ville de guerre, boulevard de la Provence, ne pouvait rester dépourvu de soldats. En conséquence ils suppliaient le roi, en récompense de tant de dévouements et de sacrifices, d'octroyer en pur don à la communauté, les places de la darse

---

(1) ARCHIVES COMMUNALES. BB. 52. *Délibérations du conseil de ville.*

et l'usufruit et jouissance des fossés, remparts et contrescarpes de la ville ; d'établir les habitants gardiens de la place, « comme « cela est aujourd'huy, » au nombre de trois cents hommes commandés par quatre capitaines, lesquels trois cents hommes seraient payés sur les fonds de la province ; d'accorder que les consuls en exercice fussent gouverneurs de la place « comme le « portent tous les anciens priviléges », et que s'il lui plaisait de pourvoir la ville d'un sergent-major (1), cette position fût réservée à un des consuls sortant de charge, son élection étant soumise au suffrage des habitants (2).

Les deux députés revinrent à Toulon porteurs d'une lettre du roi, en date du 18 avril 1594, qui, pleine de gracieuses promesses pour les demandes d'intérêt municipal, faisait présager un refus formel pour ce qui concernait le privilége du gouvernement de la ville : « Les responces que nous avons faictes aux « articles qui nous ont estés présentés de vostre part par lesdicts « porteurs, disait Henri IV, ne sont pas en quelques unes si « absolues que vous les pourriés désirer, mais cela ne se re-« tarde que parce qu'il faut qu'ils soyent accompagnés des jus-« tifications mentionnées esdites responces et non faulte de « bonne volonté et d'affection de vous gratifier (3). Quant au « gouvernement de nostre ville de Tholon, nous avons voulu,

---

(1) Nous avons déjà dit que la fonction de sergent-major répondait à celle de commandant de place.

(2) ARCHIVES COMMUNALES. AA. 10. *Cahier de la lieutenance de Roy.*

(3) Par lettres patentes du mois d'octobre 1595, le roi fit abandon à la communauté des terrains devenus vacants par suite de la démolition des vieux remparts et du comblement des fossés, et lui accorda la jouissance et usufruit des fossés, remparts et contrescarpes des nouvelles fortifications. C'est en vertu de cette possession, octroyée par Henri IV, que le président de la République, Louis-Napoléon, céda en toute propriété à la ville l'emplacement occupé par les anciennes fortifications comprises dans l'enceinte agrandie qu'il décréta à Toulon le 22 septembre 1852.

« pour bonne considération, différer encore d'y pourvoyr, mais
« vous pouvés estre asseurés que ce ne sera jamais que de per-
« sonne qui n'en soit digne et capable, et qui ne vous soit
« agréable ; cependant nous tenons ladite ville bien seurement
« entre vos mains. Lesdicts porteurs vous feront cognoistre les
« graces et bénédictions de Dieu qu'ils ont veu multiplier icy
« tous les jours en nostre faveur, s'estant les principales villes
« qui s'estoient rebellées, d'elles mesmes réduites à nostre obeys-
« sance, qui est un grand honneur et consolation à celles qui ne
« s'en sont jamais desparties comme la vostre, qui a, par ce
« moyen et ancienne fidélité, mérité que nous l'ayons, com-
« me nous l'aurons toujours, en particulière recommanda-
« tion (1). »

Le roi, dans cette lettre, évitait de se prononcer sur le gouvernement de la ville, et on peut supposer que déjà à cette époque, le marquis Palamèdes de Forbin-Solliès, qui venait de jouer un rôle honorable dans la prise de la citadelle, poursuivait la succession de son gendre. Quoiqu'il en soit, les consuls exercèrent seuls les pouvoirs de commandants militaires pendant toute l'année 1594, et ce ne fut qu'à la fin du mois de septembre 1595, que le roi étant à Lyon, Solliès se présenta à lui, et, « par importunités et induces poursuites, obsessions et
« subjections, rescellant et taisant lesdicts priviléges et coustu-
« mes de ladite ville de Tholon (2) », il sut si bien persuader au roi, que seul avec des troupes amenées par lui, et tout à fait en dehors de la coopération active des habitants, il s'était emparé de la citadelle et avait chassé la garnison épernonnienne, que Henri IV lui donna le gouvernement de la ville. Les lettres

---

(1) ARCHIVES COMMUNALES. AA. 36. *Lettres des Souverains.*
(2) *Requeste des consuls et communauté de Tholon au Roy.* ARCHIVES COMMUNALES. AA. 25. *Conflits.*

patentes qui l'investissaient de ces fonctions sont à la date du 22 septembre 1595.

Rien ne pouvait froisser plus profondément les habitants de Toulon que le choix que venait de faire le roi. Il y avait entre les Toulonnais et Solliès une vieille haine qui remontait à la guerre des carcistes et des razats. Entraîné plus tard à prendre parti pour Henri IV contre les ligueurs, et à défendre les armes à la main la cause que soutenaient ses ennemis personnels, il ne leur avait cependant jamais pardonné leurs anciennes hostilités contre sa famille, et avait souvent fait peser sur eux ses rancunes « par menaces et rançonnemens ». Les motifs de son intervention active dans la révolte de Toulon contre la garnison épernonnienne n'étaient pas un mystère pour la population, et personne n'ignorait qu'il n'avait prêté son concours à cette insurrection que pour dégager la position de son gendre, et débarrasser ses vastes propriétés de Solliès d'un danger immédiat et permanent.

Solliès, pourvu de ses lettres de commandement, se rendit à Toulon vers le 20 janvier 1596, en compagnie du duc de Guise, gouverneur de Provence. Celui-ci fit appeler devant lui les trois consuls : François Ripert, Jehan Bonnegrace et Thomas Decuers, et les requit de procéder à la reconnaissance et à l'installation du marquis de Solliès en qualité de gouverneur. Les consuls répondirent sans hésiter qu'ils ne pouvaient procéder à cette installation sans en avoir préalablement délibéré avec les conseillers de la commune. Le duc de Guise leur remit copie des lettres patentes du roi et les quitta en leur donnant l'ordre d'assembler sans retard le conseil. Le 25 janvier, un conseil général composé des trois consuls, de onze conseillers et de soixante-quinze notables, se réunit dans la chapelle de Notre-Dame de l'Humilité. L'assemblée, après avoir entendu le récit de ce qui s'était passé et avoir pris connaissance du contenu des lettres patentes, décida que dix membres se rendraient auprès du duc de Guise pour lui déclarer que la ville « n'entend en rien « altérer ce qu'est de l'intention de Sa Majesté, mais qu'elle ne « peut consentir à ce que le sieur de Solliès soit installé en son « prétendu gouvernement, parce qu'elle possède des priviléges « contraires à ceste nomination ; que les habitans, par leurs « consuls, n'ont pas estés entendus par le Roy, ni les lettres de « nomination vérifiées et entérinées par la Cour de Parlement ». Le conseil arrêta, en outre, que si Solliès insistait pour être mis en possession de son gouvernement, les consuls supplieraient le duc de Guise de renvoyer l'affaire par devant Sa Majesté, pour qu'il fût fait droit à leurs réclamations, et que, jusqu'à sentence rendue par le roi, la ville serait laissée « en l'estat présent (1) ».

Cette opposition calme et raisonnée du conseil de ville fut le premier acte de la longue série des conflits entre la communauté et la famille des Solliès, conflits qui se prolongèrent pendant près de trente ans. Le duc de Guise ne se rendit pas aux désirs du conseil. Il publia une ordonnance par laquelle il décidait que Solliès serait reconnu comme gouverneur de la ville, « attendu « que le Roy l'avait pourvu de ceste charge ». Les consuls s'adressèrent alors à l'avocat le plus célèbre de la Provence, le sieur Decormis, qui rédigea pour eux une consultation, à la date du 22 février, dans laquelle il concluait à une opposition de la communauté par devant le roi, contre la prise de possession du gouvernement de la ville par le sieur de Solliès (2).

Dans les premiers jours du mois de mai, le premier consul présenta au roi, au camp de la Fère, une requête remarquable par la force de déduction des motifs, la violence des accusations

---

(1) ARCHIVES COMMUNALES. BB. 52. *Délibérations du conseil de ville.*
(2) Consultation du sieur Decormis. ARCHIVES COMMUNALES. AA. 25. *Conflits.*

contre Solliès et l'énergie respectueuse de la forme. Les consuls rappelaient que depuis bien des siècles, les consuls de Toulon avaient toujours eu le privilége d'être gouverneurs de la ville, et que les comtes de Provence et les rois de France, leurs successeurs, avaient toujours tenu à honneur de ratifier à leur avénement au trône ces priviléges et libertés communales, dont les consuls s'étaient toujours montrés aussi dignes que fiers; que les habitants seuls, sans l'aide d'une garnison, avaient gardé la ville dans les moments les plus difficiles, et avaient pourvu de leurs propres deniers à la construction des remparts; que si, dans ces derniers temps, ils avaient subi l'humiliation d'une garnison hostile au roi, c'était parce qu'il leur avait été matériellement impossible de s'y opposer, vaincus qu'ils étaient par la force, mais que dès que l'occasion s'était montrée favorable, ils avaient pris les armes, emporté la citadelle et chassé les ennemis de la ville et du roi; que le sieur de Solliès avait obtenu par surprise le gouvernement de Toulon, sous le faux prétexte qu'il avait réduit la ville à l'obéissance du roi, chose inouïe ! puisque les habitants ne s'étaient jamais départis de leur fidélité, et que seuls, à leurs risques et périls ils avaient pris la citadelle; que le dévouement qu'ils avaient toujours montré pour le service de Sa Majesté, rendait inutile la présence au milieu d'eux d'un gouverneur, le gouverneur de Provence étant la seule autorité militaire qui devait être placée au-dessus des consuls; que le gouvernement de Toulon comprenant outre la ville, Bandol, la Tour de Nary? les îles Ambiez, le fort Sainte-Marguerite, la Garde, le château d'Hyères, toute la côte des îles d'Or avec les châteaux de Porquerolles et de Port-Cros, serait un danger permanent pour la couronne entre les mains du sieur de Solliès, qui pourrait, en le livrant aux ennemis, démembrer une notable et très-importante partie de la Provence; que les Toulonnais avaient le droit et le devoir de repousser un tel chef, le droit au

nom de leurs priviléges, le devoir parce que Solliès était leur ennemi avéré : « Ceste inimitié, disaient-ils, provient des me-
« naces et rançonnements que le sieur de Solliès fist aux habi-
« tans en 1579, en s'opposant au gouvernement du comte de Suze,
« et plusieurs fois en après ; et seroit dur et rigoureux de leur bail-
« ler un gouverneur ennemi qu'ils ne pourroient supporter, le-
« quel se vengeroit, s'il avoit aucthorité sur eux, ayant, despuis
« qu'il a le gouvernement, entretenu ses gens dans toutes les
« charges, menaçans les habitans, et les ayant desjà rançonnés
« de 30,000 escus. » Ils finissaient en suppliant le roi de révoquer Solliès et de laisser aux consuls le gouvernement de la ville (1).

Le roi ne se rendit pas à ces raisons, et par lettres patentes données au camp de la Fère, le 19 mai 1596 : « Il veult et or-
« donne que le sieur de Solliès soit et demeure gouverneur de
« la ville de Tholon, suyvant les lettres de provisions qui luy ont
« esté octroyées, et pour le réglement qui doit estre entre luy
« et les habitans, soit renvoyé devant le duc de Guise pour y
« pourvoir, sans qu'il puisse enfreindre les priviléges, franchises
« et libertés de la ville (2). »

Malgré cet ordre impératif les consuls persistèrent à ne pas vouloir reconnaître Solliès, qui prit néanmoins le commandement des portes de la ville, dont il confia la garde à une compagnie levée à ses frais hors de Toulon. Il est au moins curieux de voir pendant un long espace de temps, une ville administrée sans troubles violents par deux autorités en hostilité déclarée, et il est probable que les consuls se tinrent dans une neutralité absolue pour tout ce qui touchait au commandement militaire. Solliès paraît avoir cherché une solution à cette situation en se

---

(1) ARCHIVES COMMUNALES. AA. 25. *Conflits*.
(2) ARCHIVES COMMUNALES. AA. 25. *Conflits*.

retirant de Toulon, et en offrant au roi de laisser un lieutenant à sa place, en ne conservant que le titre de gouverneur. On ignore la personnalité que Solliès proposait pour remplir cette fonction. Les consuls virent un piége dans cette proposition. Peut-être prévoyaient-ils l'anéantissement prochain de leur privilége et voulaient-ils se réserver le titre de lieutenant de roi pour avoir le commandement en absence du gouverneur ? ou bien, et ce devait être là l'ordre d'idées des plus sages, avaient-ils l'espérance, qui se réalisa plus tard, de faire remplacer Solliès par un gouverneur nominal, étranger à la ville et à la province, ce qui laisserait nécessairement le commandement effectif entre leurs mains? Quoiqu'il en soit, ils s'empressèrent d'écrire au roi «... Encore que par nos priviléges nous soyons exempts d'a-
« voir un gouverneur, néanmoins il vous a plu nommer gouver-
« neur de Tholon le sieur de Solliès, que le duc de Guise a mis
« en possession de sa charge, lequel sieur de Solliès prétend y
« mettre un Lieutenant pour y commander, ce que vous n'aves
« aulcunement entendu, et dont les supplians ne pourroient es-
« pérer qu'une grande foule et oppression, et dont pourroit ad-
« venir un inconvénient à la place, pour n'avoir ledit Lieutenant
« presté aulcun serment à vous. A ceste cause, supplient hum-
« blement les Consuls, manans et habitans, vostre Majesté or-
« donner et déclarer que ledict sieur de Solliès, n'y aultres par
« vous ordonnés pour ledit gouvernement, ne pourront mettre
« ny instituer aulcun Lieutenant de gouverneur, ny aultre per-
« sonne pour y commander tant en leur présence qu'absence ;
« et en considération des bons services, que lesdits supplians
« ont toujours faict à vos prédécesseurs en toute fidélité et font
« encore, il vous plaira gratifier les Consuls de la Lieutenance
« du gouvernement, et leur donner l'aucthorité et le pouvoir de
« commander en l'absence du sieur de Solliès et aultres qui y
« pourront estre establis pour l'advenir, et leur en faire expédier

« les lettres à ce nécessaires. Et ils prieront Dieu pour la santé
« et la prospérité de vostre Majesté (1). »

C'est la première fois qu'il est fait mention dans les archives de la lieutenance de roi, chose inconnue à Toulon, au moins de droit, car en fait il est certain que sous le gouvernement d'Escarravaques les consuls avaient exercé le commandement en son absence. La réponse du roi ne se fit pas attendre. Le 24 mai, il signait au camp de la Fère des lettres patentes que nous verrons invoquer bien souvent dans la suite, et qui portaient : « Henry...
« etc, après avoir vu la resqueste présentée par les Consuls,
« manans et habitans de nostre ville de Tholon, cy attachée
« sous nostre contrescel, de l'advis de nostre conseil, avons dit,
« ordonné et déclaré, disons, ordonnons et déclarons, par ces
« présentes, que nous n'entendons point que le gouverneur de
« nostre ville de Tholon y puisse establir un lieutenant en son
« absence, pendant laquelle les Consuls de la dicte ville auront
« le soin et charge de la garde et sécurité d'icelle.

« Fait et ordonné par le roy, au camp de la Fère, ce vingt-
« quatriesme jour du mois de may 1596.

« *Signé :* FORGET (2). »

Tel est le premier titre officiel de cette lieutenance de roi au gouvernement de la ville que les consuls exercèrent pendant deux siècles au prix d'incessants conflits, mais qu'ils surent, par leur énergie et leur grand esprit municipal, conserver intacte malgré les plus violents efforts pour les en déposséder.

Cette fonction que les consuls sollicitaient avec tant d'insistance semble n'avoir été pour eux qu'une garantie pour l'avenir ; ils n'avaient pas encore complétement abandonné l'espérance de conserver le gouvernement de la ville, et, dans tous les cas,

---

(1) ARCHIVES COMMUNALES. AA. 10. *Cahier de la lieutenance de Roy.*
(2) ARCHIVES COMMUNALES. AA. 10. *Cahier de la lieutenance de Roy.*

ils étaient plus résolus que jamais à se débarrasser de Solliès. Ce dernier n'était ni reconnu par eux, ni, probablement, obéi quand il avait un ordre à leur donner ou une communication à leur faire. Le 16 novembre 1596, le roi leur écrivit que la guerre étant déclarée avec l'Espagne, il fallait mettre Toulon en état de défense ; qu'en conséquence, et dans un but d'intérêt général, il fallait, malgré l'opposition des habitants, que le sieur de Solliès fût reconnu comme gouverneur, sous peine de désobéissance formelle. D'un autre côté, le roi invita Solliès à agir avec douceur envers les Toulonnais, et chargea le duc de Guise de l'exécution de ses ordres.

Les consuls, fidèles aux traditions municipales, qui voulaient que lorsqu'une des libertés de la ville était mise en péril, la question fût soumise aux représentants les plus sages et les plus autorisés de la cité, assemblèrent, le 5 janvier 1597, un conseil général avec un grand nombre d'adjoints, tous chefs de famille, dans la chapelle des Pénitents de Notre-Dame de l'Hmilité, et lui donnèrent communication de la lettre du roi. A l'unanimité, le conseil déclara que les habitants étaient prêts à sacrifier leurs biens et leurs vies pour la défense de la ville, mais qu'ils ne pouvaient consentir à reconnaître Solliès comme gouverneur. Et il nomma des députés qui devaient se rendre auprès du duc de Guise, pour lui exposer que la réception du sieur de Solliès « amèneroit la ruyne des habitans », en même temps qu'elle serait l'anéantissement de leurs franchises et priviléges, et que dans le cas où on passerait outre à leurs réclamations, ils protestaient et déclinaient toute responsabilité des évènements qui pourraient survenir « à l'encontre de la volonté du roy, de son « service et du bien de la ville (1) ». Le duc de Guise ne pouvait contrevenir aux ordres de son souverain sur la demande de

(1) ARCHIVES COMMUNALES. BB. 52. *Délibérations du conseil de ville.*

quelques bourgeois ; le 9 février, les députés revinrent d'Aix, rapportant que le gouverneur de la province ordonnait purement et simplement de reconnaître le sieur de Solliès dans ses fonctions.

Les consuls touchaient presque à la rébellion. Ils opposèrent à cette injonction la force d'inertie. Le duc de Guise en écrivit au roi. Le roi qui, malgré les nombreuses requêtes des consuls, paraît avoir ignoré les motifs réels et sérieux qui faisaient repousser personnellement Solliès par la population, leur écrivit d'Amiens, le 22 juillet, qu'étant averti que le sieur de Solliès n'avait pu encore entrer en pleine possession de son gouvernement, quelque déclaration qu'il eût pu faire, il leur ordonnait de le reconnaître immédiatement, « nous asseurant, disait-il, de « ne pouvoir faire choix pour ladite charge de personne qui « vous eust esté plus agréable, attendu la connaissance et habi- « tude invétérée que vous avés avec luy, estant la fortune de sa « maison, à cause de la proximité au voisinage de vostre ville, « inséparablement conjoincte avec la vostre (1) ». Et en cas de persistance dans leur désobéissance, il assignait devant lui, avant deux mois, quatre députés du conseil, dont deux consuls (2). Le duc de Guise ne pouvant se rendre à Toulon dans ce moment pour intimer l'ordre aux consuls d'obéir, délégua, le 18 août, le conseiller au parlement de Guérin, pour remplir cette mission.

Guérin arriva à Toulon le 24 août Il appela les consuls auprès de lui et leur communiqua la lettre du roi et les ordres du duc de Guise, les sommant d'obéir. Rodhelat, premier consul, répondit : qu'ils n'avaient pas d'opposition à faire aux ordres du

---

(1) ARCHIVES COMMUNALES. FF. 611 *Procédures*.
(2) Cette assignation était poursuivie auprès du roi par Solliès, ainsi que le démontre l'engagement qu'il prit peu de temps après envers les consuls de la faire annuler.

roi, et que s'ils avaient refusé jusqu'à ce jour de reconnaître Solliès, c'était pour des raisons « si pertinentes » que le roi lui-même avait reconnu qu'il y avait danger à donner un si grand pouvoir à celui-ci, et avait dû lui-même le restreindre peu de temps après (1) ; et que s'ils étaient entendus dans leur défense, ils pensaient que Sa Majesté consentirait « à descharger Solliès « ou tout aultre du gouvernement de la ville ». Rodhelat se retira en déclarant qu'il ne pouvait rien décider sans avoir pris l'assentiment du conseil de ville (2). Par les ordres de Guérin, les consuls assemblèrent, le 27, le conseil, et le lendemain ils vinrent rendre compte au conseiller au parlement, qu'à l'unanimité le conseil avait décidé d'envoyer auprès du roi quatre députés, pour l'assurer de l'affection et du dévouement des habitants, et lui démontrer combien il était nécessaire pour la conservation de la ville qu'elle fût débarrassée du gouvernement de Solliès, et qu'il confirmât les priviléges des Toulonnais en ce qui concernait l'exemption du gouvernement et le logement des gens de guerre (3).

Cette députation n'arriva pas jusqu'au roi ; il est même probable qu'elle ne quitta pas Toulon. Un évènement inattendu vint changer l'état des esprits. Dans les premiers jours de septembre Solliès proposa aux consuls de se démettre de son gouvernement entre les mains du roi, et d'employer ses bons offices pour les en faire pourvoir ; il ne demandait en retour qu'à être indem-

---

(1) Le premier consul faisait allusion à la défense faite par le roi à Solliès de nommer un lieutenant. Les lettres qui investissaient Solliès du gouvernement de la ville n'existent pas aux archives, puisqu'il ne fut jamais reconnu ; il est donc impossible de savoir s'il avait le droit de nommer un lieutenant, ce qui n'est pas probable. Rodhelat forçait ici les faits pour les besoins de sa cause.
(2) ARCHIVES COMMUNALES. AA 25. *Conflits*.
(3) ARCHIVES COMMUNALES. BB. 52. *Délibérations du conseil de ville*.

nisé des dépenses qu'il avait faites pendant les deux années si agitées de son gouvernement. Il y eut dans la ville une profonde stupéfaction, bientôt suivie d'une anxiété soupçonneuse. Les consuls répondirent que pour donner une solution heureuse aux propositions faites, il fallait deux choses : connaître la somme qu'on exigeait et avoir l'approbation du conseil. Solliès demanda 16,000 livres.

Le 19 septembre il y eut convocation d'un conseil général avec grand nombre d'adjoints. Le procès-verbal constate cependant que la réunion fut peu nombreuse. Il y avait division dans les esprits. Un certain nombre d'habitants, et parmi eux les plus notables, partisans intraitables des libertés communales, voulaient poursuivre la destitution pure et simple de Solliès et forcer le roi à confirmer le grand privilége du gouvernement de la ville par les consuls ; d'autres acceptaient le compromis proposé, mais hésitaient à prendre la responsabilité d'une affaire dans laquelle Solliès pouvait ou tendre un piége à la population ou compromettre les finances de la ville. Les consuls donnèrent communication d'un projet de convention intervenu entre eux et Solliès, qui portait que les 16,000 livres demandées seraient payées : 1,000 livres immédiatement, 5,000 le jour où il obtiendrait du roi les lettres de gouvernement en faveur des consuls, 6,000 quatre mois après, et les dernières 4,000 un an après ces quatre mois, « s'offrant en oultre ledit Solliès fère toutes les « asseurances que la ville pourra exiger ». Ces conditions furent acceptées. Le lendemain les consuls remirent à Gaspard de Forbin Saint-Cannat, fils aîné de Palamèdes, les 1,000 livres promises, et déposèrent 5,000 livres entre les mains du lieutenant de la sénéchaussée d'Hyères. Un mois après, le 20 octobre, le même Gaspard Saint-Cannat et les consuls passèrent un acte en présence du lieutenant général au siége d'Hyères, par lequel Saint-Cannat promettait au nom de son père, que « ledit

« Solliès remettra le gouvernement de la ville entre les mains
« du roy, et fera tant par ses supplications devers Sa Majesté,
« qu'Elle octroyera lettres patentes dudit gouvernement, à son
« risque et despens, en faveur des consuls de Tholon, et faulte
« d'accomplir cet engagement dans trois moys, les 1,000 livres
« qui ont esté baillées au sieur Sainct-Cannat, et les 5,000 li-
« vres remises aux mains du lieutenant Saqui par la ville, luy
« seront rendues et restituées (1) ». Saint-Cannat promettait,
en outre, de faire faire par son père une déclaration écrite, par
laquelle il s'engagerait à faire annuler l'assignation donnée par
le roi contre les consuls.

L'affaire paraissait devoir se terminer prochainement et heureusement, quand le lendemain, 21 octobre, au grand étonnement et à la grande colère de la population, Saint-Cannat fit appeler le premier consul Marin, à la Valette, devant le seigneur du lieu, et lui déclara que son père se désistait de tous ses engagements envers la ville et offrait de restituer immédiatement les 1,000 livres reçues. Le consul Marin ne pouvait, seul, entraîner la communauté dans cette voie ; il se retira en déclarant qu'il allait en référer au conseil. Le conseil décida, le 22, que les deux consuls Marin et Décoreis se rendraient auprès du roi pour le supplier de forcer Solliès à tenir ses promesses.

Que se passa-t-il du mois d'octobre 1597 au mois de février 1598 ? Les archives sont muettes à cet égard, et il est présumable que les pièces qui se rapportaient aux évènements survenus pendant cette période de cinq mois ont été égarées ou soustraites. Il faut arriver au 17 février 1598 pour voir l'affaire reprise dans une requête de la communauté au roi. La teneur de cette requête et la réponse qu'y fit Solliès le mois suivant, semblent indiquer que le roi aurait soumis le litige au parlement de Provence, qui

(1) ARCHIVES COMMUNALES. FF. 611. *Procédures.*

aurait probablement ordonné à la communauté de reprendre les 1,000 livres déjà données, et fait jussion de recevoir et reconnaître Solliès en sa qualité de gouverneur de la ville. En réalité, le 17 février les consuls adressèrent au roi une requête qui était loin de faire prévoir la fin des hostilités.

Après avoir longuement raconté l'antique fidélité des Toulonnais aux rois de France, et les avoir, notamment, montrés inviolablement attachés à la fortune de Henri IV après la mort de Henri III, ils faisaient l'historique du commandement donné à Solliès. Ils disaient que les habitants voyant dans ce commandement un danger réel pour le roi, s'étaient opposés à sa prise de possession, mais que Solliès ayant obtenu des lettres de jussion, ils se voyaient forcés de porter leurs plaintes aux pieds de Sa Majesté ; qu'ils avaient de fortes raisons pour s'opposer à ce que Solliès fût reconnu comme gouverneur de la ville ; qu'il était l'ennemi ancien et irréconciliable des habitants ; que ses soldats avaient, par ses ordres, ravagé le territoire de Toulon, tué des habitants et tiré rançon des prisonniers ; que Solliès était sans moralité politique, qu'il avait servi tous les partis et n'avait pas hésité à prendre les armes contre les représentants de l'autorité royale toutes les fois qu'il y avait trouvé son intérêt ; que depuis qu'il avait surpris la religion du roi par de feintes paroles de dévouement, sa haine contre les Toulonnais s'était accrue, qu'il les menaçait tous les jours de les massacrer, qu'il avait tenté de trafiquer de son gouvernement, et que son maintien comme gouverneur de la ville serait la source de discordes sanglantes et sans fin. Ils terminaient en suppliant le roi de les faire jouir de leurs franchises et libertés en laissant le gouvernement de la ville entre les mains des consuls (1). Le roi renvoya la requête au duc de Montmorency, connétable de France, pour qu'il ins-

(1) ARCHIVES COMMUNALES. AA. 25. *Conflits.*

truisît l'affaire de concert avec Dufrène, conseiller d'Etat, ayant la Provence dans ses attributions, qui, après avoir entendu Solliès et les consuls, devait lui faire un rapport.

Solliès attaqué avec passion fit parvenir au roi, à la date du 14 mars 1598, une requête odieuse, dans laquelle la violence le disputait à la calomnie. Il disait : que pour obéir aux commandements de Sa Majeté, il avait forcé la citadelle de Toulon avec le canon, hasardant ainsi « son bien, sa vie et son honneur » ; que seul, avec des soldats étrangers à la ville, il s'était emparé de la citadelle, sans le concours des habitants, qui s'étaient à peine présentés au nombre de vingt ; que cette citadelle, les Toulonnais l'avaient laissé construire sans protester, sachant cependant qu'elle était élevée contre le service du roi ; que les consuls lui avaient écrit plus tard, le priant de venir les délivrer, et qu'après avoir affranchi Toulon, il s'était rendu à Aix, ou il « avoit « moyenné » la réduction de cette ville rebelle au roi ; que les Toulonnais ayant perdu leur gouverneur, son gendre, mort en combattant, ils lui avaient envoyé, à lui Palamèdes de Forbin, des députés pour le supplier de leur donner son fils Saint-Cannat comme gouverneur ; que dans un conseil général auquel avaient assisté un grand nombre de notables, Saint-Cannat fut reconnu en qualité de gouverneur ; « que Saint-Cannat faisant difficulté
« de payer de ses deniers la garnison, estimant que ce gouver-
« nement ne seroit pas de longue durée, les habitans luy repré-
« sentèrent leur paulvreté et le prièrent à mains jointes de les
« secourir de son bien ainsy qu'il le faisoit de sa personne,
« l'assurant de ne vouloir aultre gouverneur que luy, et qu'ils
« enverroient des députés devers le roy pour le supplier d'approu-
« ver leur résolution » ; que sur cette assurance, Saint-Cannat paya de son argent une compagnie de deux cents arquebusiers qu'il mit dans la ville et qu'il entretint pendant deux ans ; qu'il fit les frais de la galère mouillée à Toulon ; qu'il nourrit la

garnison de Porquerolles, et qu'outre ces dépenses considérables, il pensionna de ses fonds les consuls et capitaines de quartier qu'il savait être hostiles au roi, pour les maintenir dans l'obéissance ; que sur ces entrefaites le roi l'ayant nommé lui-même au gouvernement de la ville, il avait cru devoir supprimer les pensions que faisait sa maison ; que cette mesure avait irrité « les pensionnaires privés de leur salaire », qui, à partir de ce moment, firent entendre au peuple qu'ils avaient trouvé un vieux document qui leur accordait le privilége d'être exemptés d'un gouverneur, et qu'il fallait envoyer une députation au roi pour obtenir la confirmation de ce privilége, Solliès n'ayant pas à s'offenser de cette démarche parce que Sa Majesté le récompenserait par un gouvernement plus important ; qu'en ce moment, pour ne pas être un sujet de discorde, il s'était sagement retiré dans ses terres pour attendre la décision du roi, lequel, à la Fère, avait décidé que nonobstant le prétendu privilége, il conserverait le gouvernement de Toulon ; que malgré ce commandement, les consuls s'étaient obstinés à ne pas vouloir le recevoir, ce qui avait forcé Sa Majesté à leur faire un troisième commandement par lequel il leur ordonnait de le recevoir et reconnaître sous peine de désobéissance, dommages et intérêts; que ce troisième commandement n'avait pas mieux été exécuté que les deux premiers, et qu'alors, le roi étant à Amiens, avait ordonné aux consuls de députer deux consuls et deux conseillers vers lui pour lui rendre compte de leur désobéissance; que concurremment avec ces divers ordres toujours méconnus, le Parlement avait rendu des arrêts de jussion dont ils n'avaient pas tenu compte. Comme conclusion, Solliès « attendu l'opiniatrise
« de quelques uns, désobéissance d'aultres mal affectionnés,
« négligence et connivence des aultres, mesme de ceux qui sont en charge », demandait que le roi ordonnât au viguier, aux consuls, à six conseillers des plus anciens, aux quatre

capitaines de quartier, et enfin à sept des plus notables de la ville, que Solliès désignait nominativement, d'aller le prendre dans sa maison, à Solliès, de l'accompagner à Toulon, et de l'installer et le reconnaître comme gouverneur, en exécution des lettres du roi, arrêts et jussion, « sous peine de 20,000 « escus d'or pour réparations et remboursements de mes dé- « penses, les portant responsables, sauf recours par eux sur la « communauté (1) ».

Cette violente accusation avait été adressée secrètement au connétable de Montmorency pour déterminer sa décision. Elle ne fut connue des consuls que neuf mois après, alors que la sentence arbitrale était déjà prononcée. Elle souleva dans la ville une vive indignation, et c'est pour obéir à ce sentiment que les consuls firent parvenir au connétable et à Dufrène une protestation énergique. Après s'être élevés d'une manière générale contre le honteux guet-apens que Solliès avait tendu à ses juges, ils reprenaient les accusations les unes après les autres et les réfutaient victorieusement. Ils disaient que Solliès avait sciemment menti quand il avait dit qu'il avait l'ordre du roi de s'emparer de la citadelle, et que c'était Escarravaques qui avait exécuté cette entreprise à la prière des habitants de Toulon, « le- « quel, s'il estoit encore en vie, Solliès n'oseroit s'attribuer cest « honneur, à moins qu'il ne le fist comme beau-père d'Escar- « ravaques »; qu'il mentait encore quand il disait que seul, avec des soldats amenés par lui, il avait pris la citadelle, et que le concours des habitants s'était borné à une vingtaine d'hommes, car les habitants, jeunes et vieux, y avaient tous contribué, tandis que ses soldats avaient passé leur temps à piller les maisons, alors que « feu cappitaine Hubac, ingénieur, homme de « grand esprit, et qui a rendu beaucoup de services au Roy et

(1) ARCHIVES COMMUNALES. AA. 25. *Conflits.*

« fort fidèlement, fist conduire le canon vers la citadelle et la
« fist battre par les habitants uniques de la ville, qui n'estoient
« pas vingt comme le dit Solliès, mais tout le peuple, grands et
« petits, desquels en furent tués dix et plus que des estrangiers,
« et plus de vingt y furent blessés »; que pour ce qui concernait
la construction de la citadelle, il y avait une injustice notoire à
dire que les Toulonnais avaient consenti à cette construction,
quand nul n'ignorait que lorsque le duc d'Epernon la fit élever
il était à Toulon avec une armée nombreuse, et qu'en partant
il laissa une garnison dans la ville pour contenir les habitants,
dont le dévouement au roi n'était un mystère pour personne;
qu'il avait avancé une chose fausse et impudente, quand il avait
dit qu'il avait stipendié des consuls, « ceux-ci estant tous gens
« d'honneur et de moyens, ayant toujours estés respectés pour
« leur honnesteté et prudhommie », et que, du reste, le capitaine de Cuers et trois autres plus particulièrement désignés en
appelaient au Parlement pour tirer vengeance de cette injure;
qu'il avait trompé le roi en parlant de ses dépenses pour l'entretien de la galère qui était dans le port, car le jour même de la
prise de la citadelle elle fut désarmée, « et si véritable est ce
« faict, qu'on s'estonne que le sieur de Solliès, qui devroit estre
« gentilhomme d'honneur, l'ose avancer devant vous, messei-
« gneurs, si directement contre la vérité »; qu'il l'avait trompé
de nouveau en relatant de prétendues dépenses pour entretenir
la garnison de l'île de Porquerolles, vu que cette garnison ne se
composait que de deux soldats, pour la nourriture desquels il
tirait des contributions de la ville. Enfin ils terminaient en disant
qu'il était vrai que la communauté avait écrit à Solliès pour le
prier de lui prêter son assistance pour enlever la citadelle, mais
que cette lettre ne pouvait leur préjudicier en rien, car en pareille occurence il était permis de s'adresser à tous les partisans
du roi, et que, du reste, en prêtant son concours aux Toulon-

nais, il n'ignorait pas qu'il agissait dans son propre intérêt, car sa maison, ses biens, toute sa fortune en un mot, étaient à moins de deux lieues de Toulon, et qu'en délivrant la ville de la garnison épernonnienne, il s'affranchissait lui-même d'un danger menaçant (1).

La justification des consuls était arrivée trop tard, la sentence arbitrale ayant été rendue le 11 avril 1598. Montmorency et Dufrène avaient instruit l'affaire sous la pression des accusations de Solliès, et sur leur rapport, le roi avait ordonné que Solliès serait reçu et installé dans sa charge de gouverneur de Toulon, à moins que les habitants ne consentissent à lui rembourser 5,333 écus et un tiers, soit 16,000 livres, pour l'indemniser de ses dépenses, auquel cas ils seraient tenus de recevoir tel autre gouverneur qu'il plairait au roi de désigner ; que pour ce qui regardait les fonds avancés par Solliès pour l'entretien des deux cents arquebusiers à Toulon, il commettait le duc de Guise, le président du Vair, et Henri de Serres, président au bureau des finances, pour examiner cette créance, et, les procureurs du pays et les consuls entendus, de décider par qui devait être effectué le remboursement.

Solliès triomphait. Il avait couvert les consuls et les habitants d'opprobre, et il était sur le point de toucher une somme de 16,000 livres, sans compter les éventualités d'une forte indemnité pour de prétendues dépenses que les habitants avaient en réalité payées de leurs deniers. Il restait à savoir pour laquelle des deux solutions offertes par le roi les consuls allaient opter. Le 30 avril, ils firent connaître au conseil qu'ils venaient d'être ajournés, à l'instance de Solliès, à comparaître devant le duc de Guise. On ne sait pas ce qui se passa à Aix ; mais il est probable que les consuls demandèrent à en référer au conseil

(1) ARCHIVES COMMUNALES. AA. 25. *Conflits.*

de ville, car le 3 mai, le duc de Guise signait une ordonnance dans laquelle il était dit : « Que le sieur de Solliès et les Consuls
« de Tholon ayant été entendus, pour ce qui concernoit le diffé-
« rend qui estoit entre eux, et pour faire exécuter les ordres du
« Roy portant que le sieur de Solliès seroit reçu, installé et
« reconnu comme gouverneur, si mieux n'aimoient les habi-
« tants rembourser la somme de 5,333 écus et un tiers, il ordon-
« noit que les députés rentreroient à Tholon pour y réunir un
« conseil général avant quinze jours, et prendre une détermi-
« nation (1). »

Le conseil ne se réunit que le 16 juin. Il se tint à six heures du matin, dans la chapelle des Pénitents de Notre-Dame de l'Humilité. Jamais on n'avait appelé un si grand nombre de citoyens à donner leur avis sur les affaires de la communauté ; il y avait deux cent deux membres présents. A l'unanimité on décida que le roi serait supplié de retirer à Solliès ses lettres de commandement, et que la communauté s'engagerait à lui payer 5,333 écus et un tiers, de laquelle somme seraient déduites 1,000 livres déjà remises à Saint-Cannat, et qui n'avaient pas été restituées.

Tout paraissait devoir s'apaiser, mais il restait cependant encore une difficulté. La ville n'avait pas d'argent pour faire face à ses engagements, et aurait voulu que Solliès attendît. Solliès était si peu disposé à attendre que, avant la fin du mois de juin, il se plaignait au roi de n'avoir reçu encore aucune satisfaction ni pour le gouvernement ni pour la somme d'argent promise, et que le roi, à la date du 4 juillet, écrivait au duc de Guise d'ordonner aux Toulonnais de recevoir Solliès avant quinze jours, à peine de dommages et intérêts, outre la somme de 16,000 livres déjà consentie par eux, s'ils n'acquittaient leur dette en-

(1) ARCHIVES COMMUNALES. AA. 25. *Conflits.*

vers ce gentilhomme. Les consuls prièrent Solliès d'attendre l'époque de certains recouvrements importants que devait faire le trésorier, ou de prendre en à-compte les revenus des moulins. Solliès fut impitoyable et fit saisir les biens des consuls comme responsables, « ce qui est une grande injustice, disait « la commune dans une supplique, car les supplians sont inca- « pables de payer ceste somme sans imposer la population, ce « qui est impossible (1) ». Le roi, auquel on soumit l'affaire, décida que le paiement serait renvoyé à la fin de l'année, à la condition que pendant les trois mois qui restaient la ville fournirait à Solliès l'intérêt des 16,000 livres au denier quinze. En octobre, les consuls donnèrent une première fois 500 écus et une deuxième fois 1,000 écus La fin de l'année arriva et la moitié à peine des 5,333 écus était payée. Le roi menaça la ville de la contraindre à s'acquitter par la force, et dans les premiers mois de l'année 1599, la somme fut parfaite à Solliès, qui se retira dans ses terres.

(1) ARCHIVES COMMUNALES. AA. 25. *Conflits*.

CHAPITRE III

Louis de Crillon est nommé gouverneur de Toulon. — Règlement de 1609, modifiant le mode des élections municipales. — Le parti des Poiriers et le parti des Pommiers. — Le Parlement modifie le règlement de 1609 relatif aux élections. — Gaspard Solliès Saint-Cannat est nommé gouverneur de Toulon. — Protestation du conseil général de la communauté contre cette nomination. — Le roi supprime le vote électoral et nomme une commission municipale. — Retour au règlement de 1609. — Bernard Solliès de Saint-Cannat est pourvu du gouvernement de Toulon en remplacement de son père. — Protestation du conseil de ville, qui refuse de le reconnaître. — Troubles des Edits en Provence. — Mort de Bernard Solliès de Saint-Cannat.

Toulon débarrassé d'un gouverneur détesté, les consuls entraient de fait dans l'ordre de choses si ardemment désiré : l'autorité militaire leur appartenait, ils donnaient le mot du guet, gardaient les clefs des portes et présidaient les conseils de guerre. Le roi paraît avoir voulu, à cette époque, les laisser jouir de ces prérogatives, non à titre de gouverneurs, mais seulement de lieutenants de roi commandant en absence. Cet état dura plus de deux ans, jusqu'en 1601. En 1601, en effet, le roi donna le gouvernement de Toulon à Louis de Crillon qui, à une grande honnêteté politique joignait une éclatante réputation militaire (1).

---

(1) Les archives municipales ne mentionnent pas la date exacte de la nomination de Crillon, mais en se rapportant à une délibération du mois de mars 1601, on peut assurer que cette nomination avait eu lieu en janvier ou février de cette année.

Les consuls ne soulevèrent aucune protestation. Il est évident que toute espérance de conserver le gouvernement effectif était abandonnée, et que le but à poursuivre ne consistait plus qu'à exercer la fonction en qualité de lieutenant de roi, en remplacement d'un titulaire que ses charges retiendraient toujours loin de la ville. Si, plus tard, de nouvelles revendications se firent jour, ce fut, ainsi qu'on s'en convaincra, d'une façon timide en comparaison de l'ardeur que les consuls avaient déployée dans la poursuite de la conservation de leur privilége, et parce qu'ils se trouvaient de nouveau en présence de la famille de Solliès. La lutte changea de caractère ; les consuls ne combattirent plus pour l'intégrité d'un titre périmé de fait et de droit par l'acceptation en 1596 des fonctions de lieutenants de roi, mais bien pour repousser un gouverneur qui leur était antipathique et par son nom et par sa présence au milieu d'eux.

Crillon, qui fut gouverneur de Toulon pendant treize ans, jusqu'en 1614, paraît n'être venu à Toulon qu'une fois, en juin 1609. Son voyage n'est mentionné, du reste, dans le registre des délibérations, qu'à cause d'un présent que lui fit la communauté, consistant en un veau, chapons, pigeons, fruits, vins et eaux de senteur, dont la somme s'élevait à 113 livres. Son administration n'est représentée dans les archives que par une seule lettre, qu'il écrivit en 1602 aux consuls. Cette lettre a trait à une députation toulonnaise envoyée au roi, et à laquelle il ne put prêter l'appui de sa haute influence.

« Messieurs les Consuls. Vostre député qui va partir vous
« dira de mes nouvelles, et qu'il n'y a que quinze jours que je me
« suis rendu en ceste Cour, où j'ay trouvé qu'il a bien travaillé,
« comme il vous informera ; en quoy madame de Rayny (?),
« qui mérite beaucoup, l'a fort bien adcisté, ayant pris congé
« de Sa Majesté si bien à propos qu'Elle y a pris plaisir, et crois
« qu'Elle vous contentera. Ce sera donc en aultre occasion que

« je vous feroi paroistre combien je suis à vous. Je m'en vais
« trouver le roy mon maistre à Fontainebleau, suyvant son
« commandement; là et ailleurs je seroy toujours vostre très
« affectionné à vous faire service.
                                         « Louis de Crillon.
   « De Paris ce dernier jour d'avril 1602 (1). »

La mission du membre du conseil de ville député à Paris en 1602, a une grande importance. Elle avait pour but d'obtenir un règlement royal qui mît un terme aux nombreux conflits qui s'élevaient à chaque instant entre les consuls, lieutenants de roi, et les officiers du régiment de Navarre en garnison dans la ville. Officiers et soldats ne pouvaient en effet se résoudre à reconnaître comme leurs chefs et commandants de simples bourgeois portant le chaperon consulaire, et ils mettaient un certain point d'honneur à braver leur autorité en leur refusant toute obéissance. Dans ces conflits incessants, les habitants ayant naturellement pris parti pour leurs consuls et les soldats pour leurs officiers, il s'ensuivit des rixes et des scènes de violence qui plusieurs fois firent couler le sang. L'anarchie régnait dans la ville. Le colonel du régiment de Navarre avait décidé que tout officier commandant un poste, une tour ou une porte, agirait sans tenir compte des ordres des consuls, garderait les clefs et donnerait le mot du guet. Le désordre en arriva à ce point, que les militaires osèrent s'emparer par la force des bâtiments qui arrivaient chargés de blé, et fixèrent eux-mêmes le prix de vente. Bientôt l'audace croissant avec l'impunité, ils poussèrent la tyrannie jusqu'à exiger que les denrées que les habitants n'étaient pas obligés de leur fournir, telles que vin, pain et viande, fussent taxées par eux à des prix à leur convenance, pour les quantités qui leur étaient nécessaires.

(1) Archives communales. AA. 72. *Lettres*.

Ces faits se passaient en 1602. Les consuls, ainsi que je le disais tout à l'heure, s'adressèrent au roi pour faire cesser ces scandaleux abus. Henri IV leur envoya un règlement qui fixait les devoirs et obligations que soldats et habitants avaient à remplir les uns vis-à-vis des autres. Le roi accordait aux consuls l'autorité la plus entière sur tout ce qui concernait l'administration, mais il se taisait sur le fait des prérogatives militaires attachées à la lieutenance de roi : « Sa Majesté veut que la connois-
« sance du fait de la police de ladite ville, et ce qui concerne le
« commerce qui se fait en icelle, demeure et appartienne aux
« Consuls, sans que les capitaines de ladite garnison s'en puis-
« sent entremettre, et commander seulement aux gens de guerre
« et à ce qui sera de la sûreté et garde de ladite ville, sur quoy ils
« seront particulièrement réglés par le sieur duc de Guise, gou-
« verneur de la province, auquel le roy les renvoye à cest effet(1). »

Les consuls, malgré tout ce que leur position avait de faux, continuèrent à s'appuyer sur les lettres patentes de 1596, disant que ce règlement n'était que provisoire et qu'il fallait attendre que le duc de Guise statuât. Le duc de Guise ne doutait pas du bien fondé des réclamations des consuls, car c'était lui qui, en 1596, avait visé les lettres patentes portant privilége de lieutenants de roi commandant en absence ; mais il voulait ménager la susceptibilité des officiers, en utilisant à leur profit tout ce qu'il y avait de vague dans le règlement. Le 30 octobre de cette même année 1602, il donna des lettres d'attache par lesquelles il prescrivait que « au cas qu'il survint sur cela (la sûreté et garde de
« la ville) quelque différend, de nous en advertir pour y pour-
« voir, suyvant que le service du roy le permettra ». Les consuls avaient un avenir plein de conflits. Ils ne se découragèrent pas ; ils poursuivirent avec une persévérance passionnée la confirma-

---

(1) Archives communales. AA. 10. *Cahier de la lieutenance de Roy*.

tion de leurs droits, et après seize années de luttes ardentes, ils finirent par obtenir de Louis XIII la confirmation de cette lieutenance de roi chère à leur orgueil municipal, et qu'ils défendaient comme un patrimoine sacré.

La paix intérieure était plus loin que jamais. Les rixes continuèrent et devinrent plus violentes. En 1604, le Parlement envoya à Toulon le sieur Séguier, lieutenant des maréchaux de Provence, pour s'enquérir de l'état des choses. Les consuls lui présentèrent une requête dans laquelle ils déclaraient : « Que « despuis deux ans et quelques moys que les compaignies du « régiment de Navarre sont logées en garnison audict Tholon, « les cappitaines d'icelles ont tellement licencié leurs soldats à « toutes sortes de maléfices, qu'ils ont commis une infinité de « crismes, paillardises, larrecins, esmotions, meurtres, assassi- « nats, sans en fére aucune punition ; que les habitans ont estés « réduits et mis par plusieurs au désespoir. » Ils citaient en effet, des habitants tués, des femmes violentées, les maisons pillées, les *bastides* incendiées. Les officiers de justice étaient eux-mêmes insultés et frappés par les officiers de l'armée. Les consuls citaient l'exemple du lieutenant du viguier qui, instrumentant contre un apothicaire dont la fille était mariée à un soldat, avait été battu par ce soldat et plusieurs de ses collègues, qui avaient brisé son bâton de justice. Et comme le lieutenant du viguier avait déposé une plainte, le lendemain le capitaine de la compagnie du gendre de l'apothicaire était venu le menacer chez lui, « en reniant le « sainct nom de Dieu, et disant : si je m'y estois trouvé, je vous « aurois arraché les poils de la barbe ! et luy ayant respondu qu'il « n'oseroit mettre la main sur un officier du roy exploitant les « mandements de Sa Majesté, ledict Barreau respondit : sy vous « êtes si fou de retourner recommencer d'entreprendre à exploi- « ter un seul soldat, je vous arracheroi les poils de la barbe l'un « après l'autre ! »

Au milieu de ces pénibles tiraillements, Solliès retiré dans ses terres poursuivait pour son fils Gaspard Saint-Cannat le gouvernement de Toulon, que l'âge avancé de Crillon, et peut-être aussi les intrigues qu'il nouait autour de lui pour l'engager à se démettre de sa charge, pouvaient rendre vacant dans un temps prochain. En prévision de cette éventualité, la famille de Solliès faisait des brigues dans la ville, et par son argent et ses promesses s'était fait un parti qui n'allait pas tarder à entrer en scène. Ce parti s'affirma en 1609, en proposant et en faisant adopter une profonde modification dans le mode d'élection des consuls et conseillers, qui devait servir ses intérêts. Le règlement qui modifiait l'antique système électoral fut arrêté le 23 décembre 1609, approuvé par Henri IV en février 1610, et entériné par le parlement de Provence le 4 mai de la même année.

Ce règlement énumère avec un très-grand soin tous les détails de l'élection. Le fonctionnement était celui-ci. Le 14 juin de chaque année, les consuls et les conseillers, au nombre de douze, proposaient chacun deux citoyens, par bulletin secret, comme électeurs adjoints ; ces citoyens devaient être « âgés, « capables, gens de bien, connus, bien qualifiés, non prévenus « de crime, n'étant ny officiers ny domestiques du seigneur « Evêque, et n'ayant aucun procès avec la ville ». Les vingt-quatre noms devaient être « approuvés par ballote », c'est-à-dire réunir individuellement la majorité des suffrages au scrutin secret. Les vingt-quatre élus, les trois consuls, les douze conseillers en exercice et le trésorier, formaient ainsi un conseil d'élection composé de quarante personnes. Ce conseil dressait alors une liste d'éligibles parmi lesquels devaient être choisis les nouveaux consuls et conseillers. Le lendemain, les quarante électeurs se rendaient à l'Hôtel de ville, après avoir assisté à la messe, et procédaient de la manière suivante à l'élection des fonctionnaires municipaux. Le premier conseiller désignait pour premier consul divers noms pris dans la liste des éligibles arrêtée la veille, et les quarante électeurs votaient secrètement par oui ou par non sur ces noms. Les trois candidats qui avaient réuni le plus de suffrages étaient alors inscrits sur des billets que l'on enfermait dans des boules d'argent. Ces boules étaient jetées dans un bassin et un jeune enfant en retirait une. Le candidat dont le nom se trouvait inscrit dans la boule extraite du bassin était proclamé premier consul.

On procédait de la même manière pour l'élection des deux autres consuls et des douze conseillers.

Ce mode d'élection, comme on le voit, était très-compliqué, ouvrait une large voie à l'intrigue, et pouvait devenir une arme dangereuse entre les mains d'une faction audacieuse. La première application en fut faite en juin 1610; elle eut pour résultat d'introduire dans le conseil deux consuls sur trois et trois conseillers sur douze appartenant au parti de Saint-Cannat.

En 1610, le roi Henri IV était mort assassiné. Un changement de règne parut une occasion favorable à Saint-Cannat pour demander à la mère régente le gouvernement de Toulon. Il est permis de penser que cette position lui fut promise, car le 23 février 1611, en l'absence du premier consul Thomas Magdalon d'Evenos, le deuxième consul Etienne Marin et le troisième consul Balthazar Vias, chefs reconnus du parti de Solliès à Toulon, donnèrent communication au conseil d'une lettre écrite de Paris le 24 janvier par Gaspard Saint-Cannat, par laquelle celui-ci leur faisait connaître que la reine régente *l'avait pourvu* du gouvernement de la ville (1).

La lettre lue au conseil par les consuls Marin et Vias avait été altérée par eux dans ses termes, ou bien contenait une fausse allégation venant du chef de Saint-Cannat. Ce gentilhomme, en

---

(1) ARCHIVES COMMUNALES. BB. 53. *Délibérations du conseil de ville*.

effet, n'était pas encore pourvu du gouvernement, et plusieurs années devaient s'écouler dans de pénibles tiraillements municipaux, avant que le roi ne lui délivrât ses *provisions*. La ville cependant se remplit de bruit. La plus vive agitation régnait partout ; le parti municipal était en proie à de profondes alarmes, tandis que la faction de Solliès faisait bruyamment éclater sa joie. Celle-ci prit à cette époque, on ne sait pourquoi, le nom de parti des *Poiriers* (1) ; elle comptait, avec la garnison, à peine quelque notables, bourgeois égarés par leur ambition, et un grand nombre d'hommes du peuple, qui spéculaient sans doute sur une rémunération pécuniaire. Les partisans du gouvernement consulaire, qui par opposition de mot prirent le nom de *Pommiers*, avaient dans leurs rangs toute la noblesse à peu d'exceptions près, la bourgeoisie riche, et cette partie intelligente du peuple, qui fonde sur l'honneur, le travail et l'amour de la cité les bases solides de la véritable famille municipale.

Quelques jours après, le 14 mars, toujours en absence du premier consul Thomas d'Evenos, que la maladie retenait chez lui, les consuls en exercice, Marin et Vias, réunirent un nouveau conseil. Marin lut une lettre du premier président au parlement, Guillaume du Vair, par laquelle il lui mandait d'assembler le conseil, pour, « s'ils le trouvent bon », députer en Cour, à l'effet de demander au roi à être remboursés des 16,000 livres données à Solliès quand il s'était démis de son gouvernement. Le conseiller Isnard, ami dévoué de Marin et de Vias, qui semble avoir joué un rôle convenu avec ceux-ci dans l'intrigue qui se développait en ce moment, se levant alors dit : « Que le fait
« proposé est d'importance, tant pour le Roy que pour Tolon, et
« qu'il est d'advis de députer vers nos seigneurs de la Cour
« le consul Vias, aux fins d'avoir permission d'assembler

(1) ARCHIVES COMMUNALES. BB. 12. *Livre vert*.

« tous les chefs de maysons pour délibérer sur ce que sera
« avisé (1). »

Cette proposition du conseiller Isnard, de députer à Aix pour obtenir du Parlement l'autorisation d'assembler un conseil général, était un piége grossier tendu à ses ennemis politiques. Il est certain que du Vair n'était pas partisan du gouvernement de la ville entre les mains des consuls, sa correspondance avec le roi et ses ministres en témoigne ; mais il n'avait jamais eu la pensée de faire demander au Parlement, par le conseil de ville, l'autorisation d'assembler un conseil avec adjoints, ce que les consuls pouvaient faire de leur propre autorité. On ne s'expliquerait pas cette proposition du conseiller Isnard, si on ne supposait, ce qui est à notre avis la vérité, qu'en faisant intervenir, même indûment, la haute influence de du Vair et le prestige du Parlement dans la convocation du conseil général, on espérait gagner les votes des indécis et des timorés, toujours en grand nombre dans une assemblée extraordinaire. Le conseil ne s'y laissa pas tromper ; à l'unanimité, moins les voix de Marin, Vias, Isnard, Teissère et Verdillon, il décida : « De nommer
« immédiatement des adjoints des plus apparents, n'estant de
« besoin mander à Aix, sommant les Consuls de consentir à la
« nomination desdits adjoints, et que sinon ils protestent et se
« réservent de se pourvoyr. »

L'assemblée eut lieu, en effet, six jours après, mais dans un esprit différent de celui que Marin et Vias voulaient lui imprimer. Le premier consul Thomas Magdalon d'Evenos, quoique encore souffrant, réunit le conseil de ville dans la matinée du 20 mars. Neuf conseillers sur douze étaient présents. Les deux consuls Marin et Vias, ainsi que leurs trois amis, les conseillers Isnard, Teissère et Verdillon n'y assistaient pas. En ouvrant la

---

(1) ARCHIVES COMMUNALES. BB. 53. *Délibérations du conseil de ville.*

séance, le premier consul d'Evenos annonça qu'il avait vainement fait chercher la veille et dans la matinée les deuxième et troisième consuls, et que leur absence devait par conséquent être regardée comme une abstention volontaire— et il demanda la convocation immédiate d'un conseil général avec adjoints. Sur l'avis unanime, le même jour, à trois heures du soir, le conseil se réunit de nouveau, avec l'adjonction de dix-sept chefs de famille convoqués sur l'heure. A l'unanimité, l'assemblée décida : que le premier consul d'Evenos, Jehan Bonnegrace et Jehan de Senna, seraient députés vers le roi pour le féliciter sur son avénement au trône ; pour lui demander la confirmation des priviléges de la ville ; pour lui faire connaître l'état des fortifications, « et que sur l'advis qu'on a eu que Forbin Solliès Sainct-
« Cannat poursuit le gouvernement de Tolon, ce qui pourroit
« faire naître des désordres, Sa Majesté seroit suppliée d'avoir
« pour agréable de commander audit sieur de Sainct-Cannat de
« cesser cette poursuite, et de laisser le gouvernement de la ville
« aux mains des consuls, ainsi que le portent les priviléges (1) ».

Comme on le voit, il n'était nullement question de demander la restitution des 16,000 livres, ce qui aurait impliqué nécessairement un acte formel de renonciation au gouvernement de la ville. Les partisans de Saint-Cannat conçurent les craintes les plus vives. Le 24 mars ils se réunirent dans une salle particulière pour délibérer. Le procès-verbal porte que : « Ayant ap-
« pris que des conseillers s'assemblent clandestinement à la
« commune (2), avec l'adsistance du sieur d'Evenos et de quel-
« ques uns de ses parents, en tout vingt-six personnes, sans que

---

(1) ARCHIVES COMMUNALES. BB. 53. *Délibérations du conseil de ville*.

(2) On remarquera que le conseil tenu le 20 mars 1611 n'avait nullement été tenu clandestinement ; il avait eu lieu en présence du viguier, le premier consul présidant, et se composait de neuf conseillers sur douze et de dix-sept chefs de famille.

« les deux autres consuls, Estienne Marin et Balthazar Vias, en
« soient prévenus, un conseil composé des conseillers en char-
« ge (1), d'anciens consuls et d'un certain nombre de notables,
« s'est assemblé et a député le consul Vias et Louis Thomas
« de Val Dardennes pour se rendre auprès du Roy, et lui repré-
« senter que les habitants n'ont pas consenti à la députation des
« sieurs Bonnegrace et de Senna (2); de désavouer tout ce que
« les deux députés adverses pourront faire dans leur députation,
« comme ayant été décidée clandestinement et sans ordres régu-
« liers ; de faire entendre au Roy, qu'en cas que sa volonté soit
« de nommer le sieur de Sainct-Cannat au gouvernement de la
« ville, les habitans aiment mieux Sainct-Cannat qu'un autre,
« parce qu'il a ses biens dans le voisinage de Tolon, et sera
« toujours le plus ardent à défendre la ville, comme il l'a, du
« reste, déja faict (3). »

La guerre était déclarée entre les deux partis, et les hostilités allaient suivre leur cours. Le deuxième consul Marin s'empressa de transmettre le résultat de cette délibération extra-légale, car l'assemblée avait été tenue hors de la commune et sans la présence du viguier, au premier président du Vair qui, agissant pour l'autorité du prince, était porté à considérer comme des factieux les partisans des priviléges municipaux. Le lendemain, 25 mars 1611, il écrivait, en effet, à M. de Villeroy:

« La dernière que j'ay eu l'honneur de recevoir de vous est
« du 22 febvrier. Je vous ay, par les miennes du 1er mars, satis-
« fait à ce que je pouvois escrire pour responce de ceste vostre
« dernière. Il ne me reste donc de vous dire, en conséquence du

---

(1) Ces conseillers en charge n'étaient que trois : Isnard, Teissère et Verdillon.

(2) Le consul Thomas d'Évenos, vieux et malade, n'avait pu se rendre à Paris avec ses collègues.

(3) ARCHIVES COMMUNALES. AA. 25. *Conflits*.

« billet que vous trouvates dans ma dernière, que j'avois rom-
« pu la partie qu'on avoit dressé à Tholon de petites querelles
« qui estoient parmy ces gens là, et y avois pris peine pour la
« conséquence dont je voyois que cela estoit d'accoustumer les
« peuples à délibérer sur les commandements du prince, et à
« vouloir qu'il despende d'eux de recognoistre ou de ne pas re-
« cognoistre ceux qu'on leur donne pour leur commander. Mais,
« *et d'icy et de la Cour*, ils ont eu des gens qui leur ont donné
« du courage et des espérances et leur ont fait reprendre leurs
« premières brisées, de sorte que quelques uns du conseil de
« ladite ville, se servant du premier Consul, qui n'avoit sorty
« à cause de sa maladie de fort longtemps, trouvèrent moyen,
« en l'absence des deux autres Consuls, de tenir un conseil où
« ils résolurent de députer pour s'opposer à ce que le gouver-
« nement ne fut donné à M. de Saint-Cannat, dont les deux au-
« tres Consuls advertis survindrent avec les plus apparents de
« la ville et se portèrent pour appelans à ceste délibération
« comme nulle et préjudiciable à la ville et à l'autorité de la
« Royne, protestant de vouloir entièrement se conformer à ses
« commandements. Néanmoins ceux qui ont esté depputés par
« ce conseil ne laissent pas de marcher pour effectuer leur com-
« mission. A ceci il y a un double mal ; l'un est une division
« qu'on provigne en une ville qui estoit fort unie, toutes fois le
« peuple estant tout d'un costé, je pense qu'il n'en peut pas
« arriver grand inconvénient ; l'autre est que c'est ramener une
« vieille cabale qui a de longtemps esté introduite en ce païs
« par ceux qui ont voulu faire passer toutes choses à leur volonté,
« de faire opposer les peuples à tout ce qui venoit de la main
« du prince (1). »

(1) *Lettres inédites de Guillaume du Vair*, publiées par M. Tamizey de Larroque.

Cependant les deux députations se rendaient à Paris et voyaient le roi et la reine-mère régente, qui très-embarrassés de ce conflit local ne surent que leur recommander l'ordre et la concorde, remettant au duc de Guise l'étude de la question pour avoir son avis. En mai les députés rentrèrent à Toulon. Le 2 juin il y eut un conseil avec adjoints, dans lequel le premier consul d'Evenos rendit compte de la mission accomplie par Bonnegrace et Senna. A la majorité de trente-huit voix contre douze le conseil décida que Sa Majesté serait suppliée de laisser le gouvernement aux consuls et d'ordonner à Saint-Cannat de se désister de sa poursuite.

Les partisans de Saint-Cannat étaient en minorité dans le conseil, mais ils constituaient un parti nombreux et bruyant dans le peuple, et nous avons vu du Vair annoncer à M. de Villeroy « que le peuple estoit tout d'un costé ». L'époque du renouvellement du conseil étant arrivée, et désespérant du résultat des nouvelles élections, ils eurent recours à ce qu'on appellerait aujourd'hui un coup d'état municipal. Par un arrêt du Parlement en date du 8 juin 1611, rendu à la requête d'Etienne Marin et de Balthazar Vias, le président Louis Chaine se rendit à Toulon et choisit lui-même sur la liste des éligibles, dressée conformément au règlement, les trois consuls et les douze conseillers (1). Le président Chaine, qui avait apporté beaucoup de conciliation dans sa délicate mission, avait eu le courage de ne pas composer le conseil de membres pris seulement dans la faction de Saint-Cannat, et le premier consul, François Ripert, était un des adversaires les plus autorisés de la famille de Solliès. Ce système d'élection, qui est désigné dans les documents de l'époque sous le nom de *partage*, consistait, si l'on en juge par les résultats qu'il donna invariablement pendant les

(1) ARCHIVES COMMUNALES. BB. 13. *Élections.*

quatre années qu'il fut pratiqué, à choisir le premier consul parmi les partisans avérés des priviléges municipaux, les deuxième et troisième consuls parmi les partisans de Saint-Cannat, et à nommer douze conseillers dont six appartenaient à un parti et six à l'autre. En somme, sur quinze membres le conseil en comptait sept qui étaient pour le gouvernement de la ville entre les mains des magistrats consulaires et huit pour le gouvernement de la ville entre les mains de la famille de Solliès. Ceux-ci avaient, il est vrai, une voix de majorité, mais on avait pensé probablement que l'influence attachée à la position de premier consul devait compenser cette faible supériorité numérique. Ces compromis ridicules ne firent que creuser plus profondément la séparation des partis, et, chose remarquable, les premiers consuls ne cessèrent de protester, au nom de la loi, contre leur propre nomination.

Au lendemain de la première application des élections par le *partage*, l'émotion fut extrême dans la ville parmi les partisans des libertés communales ; mais la Cour souveraine avait prononcé, et à une époque où le respect de la légalité était dans les mœurs, l'éducation et les sentiments, on ne pouvait que protester pacifiquement. C'est ce que fit, en effet, la minorité du conseil. Le 16 août, François Ripert, premier consul, Pierre Ripert, Louis Couchon, notaire, Alex. de Cuers, B. Domet, Jehan Garnier et Grasset, conseillers, agissant en leurs noms et au nom de la population, donnèrent procuration par devant notaire, à maître Salomon, avocat aux conseils du roi « pour supplier humble-
« ment Leurs Majestés et nos seigneurs de leurs conseils, qu'il
« leur plaise de laisser le gouvernement de ladicte ville de Tholon
« entre les mains des Consuls, et pour présenter requête aux
« dites Majestés et seigneurs, afin de faire assigner par devant
« eux Estienne Marin et Balthazar Vias, derniers Consuls de
« l'année passée, Pierre Isnard, Honoré Teissère et Antoine

« Verdillon, conseillers de ladite année, qui ont fait venir sans
« subjet légitime audit Tholon, M. Loys Chaine, conseiller du
« roy en ses conseils et président en sa cour de parlement du-
« dit païs de Provence, pour faire le nouvel estat des officiers
« de ladite communauté, aux fins de voir casser toute la procé-
« dure faite par ledit sieur président, avec despends, dommages
« et intérêts, et remboursements de frais que ledit président a
« fait païer à ladite communauté, contre les dits sieurs qui l'ont
« fait venir audit Tholon (1) ». Cette protestation fut signée par
cent cinquante et un notables, parmi lesquels les principaux chefs
des grandes familles municipales : Piosin, Astour, Larmodieu,
Hubac, Grasset, Cordeil, Burgues, Gavoty, Deidier, etc.

Les élections de l'année 1612 se firent d'après le même système, sous la présidence du président au parlement de Coriolis,
et aussi celles de l'année 1613, où furent nommés consuls
Pierre Ripert, homme énergique et d'une grande intelligence,
très-partisan des priviléges municipaux, et Charles Raisson et
André Décolonnia, qui appartenaient au parti de Saint-Cannat.
Les conseillers nommés avaient été choisis par moitié dans les
deux factions. Le jour de l'installation du conseil, après avoir,
selon l'usage, reçu des mains des anciens consuls les clefs de
la ville, le livre des priviléges et le registre des comptes trésoraires, Pierre Ripert prenant la parole, déclara en son nom et au
nom de six conseillers, que les dernières élections n'avaient pas
été faites comme le prescrivait le règlement de 1609, mais que
cette violation de la loi, qui remontait du reste déjà à quelques
années, ayant pour but d'obvier aux divisions suscitées dans la
ville par la poursuite du gouvernement par le sieur de Saint-
Cannat, ils l'acceptaient « à la condition qu'ils n'entendent déro-
« ger en rien aux priviléges et libertés de la ville, sinon ils

(1) ARCHIVES COMMUNALES. AA. 25. *Conflits.*

« protestent ». Sur cette déclaration, les deuxième et troisième consuls, Charles Raisson et Décolonnia, suivis des six conseillers de leur parti, prostestèrent à leur tour contre ces paroles, et sortirent de la salle sans vouloir signer le procès-verbal (1).

Peu de temps après, le bruit se répandit que Forbin-Solliès de Saint-Cannat avait reçu ses *provisions* de gouverneur de la ville par lettres patentes en date du 24 août. C'était une erreur, peut-être propagée sciemment et dans le but d'exercer une pression sur l'esprit public. Le parti des consuls-gouverneurs fut attéré, celui de Saint-Cannat en conçut une grande joie. La population fut soumise aux plus vives excitations : il y eut des tumultes, des rixes sanglantes, des séditions. Le 7 septembre on en vint aux mains sur la place de la Cathédrale, à cette époque place Saint-Michel. Le conseil de ville se transporta sur le lieu du combat. En l'absence du viguier, le premier consul Ripert tenait en main le bâton de justice ; les deux autres consuls avaient leur chaperon « pour donner plus de terreur aux séditieux ». Ils parvinrent à apaiser l'émeute et procédèrent à l'arrestation des principaux meneurs (2).

Les bruits ardemment répandus dans la ville ne tardèrent pas à se confirmer. Le 24 février 1614, le roi avait signé la nomination de Saint-Cannat au gouvernement de Toulon. En même temps qu'il prescrivait au chevalier de Guise, lieutenant de roi en Provence, et commandant en absence du duc, son frère, en ce moment à Paris, de se rendre à Toulon pour procéder à l'installation du gouverneur, il écrivait, le 3 mars, aux consuls, que Crillon lui ayant « à cause de son grand âge « et incommodité », remis sa charge, il en avait investi Gaspard Forbin, sieur de Solliès Saint-Cannat. Rien n'indique que cette

---

(1) ARCHIVES COMMUNALES. BB. 53. *Délibérations du conseil de ville.*
(2) ARCHIVES COMMUNALES. FF. 611. *Troubles politiques et religieux.*

lettre ait soulevé une vive émotion, et il est permis de penser que ce dénouement étant prévu depuis le mois d'août, les passions publiques s'étaient calmées. L'agitation resta dans les sphères purement municipales.

Le chevalier de Guise arriva à Toulon le 22 avril avec Forbin Saint-Cannat. Le même jour il réunit le conseil de ville et déclara qu'en suite des lettres du roi obtenues par Gaspard de Forbin, il s'était rendu à Toulon pour le mettre en possession de son gouvernement. Il ordonna au conseil de reconnaître le gouverneur et de lui obéir, selon la teneur des lettres de Sa Majesté. En réponse à cette injonction, le premier consul Ripert lut une longue protestation, qu'il lui remit ensuite, dans laquelle, après avoir exposé historiquement les origines de l'ancienne inimitié qui existait entre la famille de Solliès et les habitants de Toulon, il concluait à laisser le gouvernement de la ville entre les mains des consuls. Le chevalier de Guise n'était pas venu à Toulon pour entendre des protestations ; il répondit que : « Attendu le
« très exprès commandement que le Roy nous a fait par ses
« lettres patentes données à Paris le vingt-septiesme de febvrier
« dernier, d'installer et establir au gouvernement de ceste ville
« ledit sieur de Solliès, nous sommes résolus de le mettre en
« possession, comme mesme le deuxième et troisième consuls
« et une bonne part des habitans de ceste ville nous en ont
« requis. Nous ne pouvons, en conséquence, accorder l'effet de
« la présente requête, sauf aux requérans à se retirer par devers
« le Roy pour leur estre pourvu sur le contenu d'icelle (1). »
Ripert et six conseillers déclarèrent se pourvoir, en même temps que deux consuls et six conseillers déclaraient reconnaître et vouloir obéir au gouverneur. Le chevalier de Guise, suivi de ses adhérents, sortit du conseil et mit Saint-Cannat

---

(1) ARCHIVES COMMUNALES. AA. 25. *Conflits.*

en possession des portes et tours, en présence du régiment de Navarre.

Le 3 mai, les principaux du parti des consuls-gouverneurs se réunirent au nombre de deux cent deux, et déléguèrent deux d'entre eux pour se rendre auprès du roi et défendre l'opposition faite devant le chevalier de Guise. Ils échouèrent dans leur mission. Ils revinrent au mois d'août porteurs de lettres du roi, de la reine et du duc de Guise. Le roi annonçait que les habitants de Toulon apprendraient par la réponse de la reine-mère quelles étaient ses intentions, espérant qu'ils s'y conformeraient. La reine disait « qu'elle avait ouy bien volontiers » les députés, qu'elle aurait toujours égard aux désirs des habitants, et qu'elle chargeait le duc de Guise, à son retour en Provence, de s'entendre avec eux « sur le fait du gouvernement (1) ».

La situation n'était pas changée. Saint-Cannat exerçait son commandement militaire, et les consuls étaient vaincus et humiliés. Mais Saint-Cannat, qui avait tenu aussi vaillamment l'épée que la plume, ayant écrit des *mémoires* remarquables sur les guerres de la Ligue, où il avait joué un rôle brillant, n'avait pas les passions vulgaires de son père. Tout permet de croire, en effet, que son désir était de trouver un accommodement qui lui permît de donner une certaine satisfaction à l'ambition des consuls. Quelques mois à peine après sa prise de commandement, au mois de novembre, il mettait ses adversaires du conseil en mesure d'assurer la paix publique en se réconciliant avec lui. Le duc de Guise avait rappelé le régiment en garnison à Toulon, qui devait faire une absence assez longue. Le jour de son départ, Saint-Cannat réunit dans le réfectoire des Frères Prêcheurs ses amis du conseil et les principaux de ses adhérents. Dans un discours dicté sans doute par la nécessité, mais dans

(1) ARCHIVES COMMUNALES. AA. 25. *Conflits*.

lequel cependant on ne peut méconnaître un grand fond de conciliation et de bonne volonté, il leur dit: que le duc de Guise ayant retiré de la ville la garnison, qui devait partir dans la journée, il était nécessaire que la ville pourvût elle même à sa garde, s'offrant d'y contribuer de tout son pouvoir ; que si la ville voulait fournir les soldats nécessaires, il s'engageait à supplier le roi de l'exempter à l'avenir de toute autre garnison, ou bien d'obtenir de lui « qu'il baille la garde de l'une des portes
« de la ville aux Consuls et l'autre à luy » ; que si les consuls n'agréaient pas ces conditions, il s'engageait « à requérir tel
« autre règlement que le conseil trouveroit bon dans l'intérêt
« de la cité, offrant de s'employer pour cela et promettant son
« possible (1) ».

Les conseillers présents n'eurent pas à porter ces propositions au conseil de ville. Le bruit public les propagea partout en quelques heures. Le même jour, 5 novembre, le consul Isnard instruit de ce qui s'était passé dans la matinée au réfectoire des Dominicains, réunit le conseil. Sur sa proposition, il fut décidé, à l'unanimité, qu'en l'absence de la garnison les compagnies de quartier seraient appelées à faire le service de la place ; qu'on établirait quatre corps de garde, et que tous les habitants en état de porter les armes seraient tenus de remplir leurs obligations militaires, sous peine de huit sous d'amende. Mais le premier consul, après avoir ainsi pourvu patriotiquement à la sûreté de la ville, voulut réserver tous les droits municipaux, et ajouta que : « Comme subject fidèle de Sa Majesté, il ne vouloit rien
« respondre aux autres propositions du sieur de Saint-Cannat,
« mais bien s'en remettre entièrement à Sa Majesté, car il estoit
« opposé au gouvernement dudit Saint-Cannat et protestoit con-

---

(1) ARCHIVES COMMUNALES. AA. 25. *Conflits*. Procès-verbal de l'assemblée tenue le 5 novembre 1614.

« tre le préjudice que celui-ci portoit à la ville. » Ces paroles soulevèrent une violente discussion. Six conseillers appuyèrent l'opinion du premier consul, les six autres déclarèrent « que « ces réserves sont hors de propos, et qu'ils protestent contre « tous les dommages que cette opposition peut faire éprouver « à la ville (1) ».

La réconciliation était impossible. Le pouvoir royal était faible et les consuls fermement attachés à leurs priviléges. En novembre, le roi, sur les plaintes de Saint-Cannat, écrivait : « Nous « avions chargé le duc de Guise, gouverneur en nostre païs de « Provence, de vous faire connoitre nos volontés, qui estoient « que vous eussiez à vivre en union et concorde sous nostre obéis- « sance, et vous maintenir en bonne intelligence et amitié avec « le sieur de Saint-Cannat, pourvu du gouvernement de Tolon, « et vous comporter envers luy avec l'honneur et respect qui « appartiennent à ceste charge. Nous vous écrivons de rechef afin « que vous connaissiez bien nos volontés et que vous obeissiez « à l'advenir audit sieur de Saint-Cannat (2). » Les conseillers, réunis pour recevoir communication de cette lettre en votèrent unanimement l'enregistrement, mais six d'entre eux, et le premier consul, exigèrent qu'il fût constaté dans le procès-verbal que cette formalité n'entraînait nullement un désistement à leur opposition à la reconnaissance du gouverneur. Et comme cette proposition avait soulevé un orage, le viguier et le trésorier, qui n'avaient pas voix délibérative, s'étant écriés qu'il fallait avant tout obéir au roi, le consul Ripert, quoique le viguier fût officier royal et tînt en main le bâton de justice, s'éleva contre cet abus d'autorité, et déposa une protestation énergique (3).

---

(1) ARCHIVES COMMUNALES. BB. 54. *Délibérations du conseil de ville.*
(2) ARCHIVES COMMUNALES. AA. 8 et 9. *Lieutenance de Roy.*
(3) ARCHIVES COMMUNALES. BB. 54. *Délibérations du conseil de ville.*

Le roi avait de nouveau écrit aux consuls en mars 1615 d'obéir à Solliès ; le duc de Guise leur avait vainement fait connaître dans une lettre lue au conseil, qu'il ferait respecter les libertés de la ville, mais qu'il fallait exécuter les ordres du roi ; M. Phelippaux, secrétaire d'Etat, les avait inutilement engagés, le 21 mai, à vivre en « bonne intelligence et correspondance « avec M. de Solliès », le premier consul opposait une force d'inertie qui touchait à la désobéissance. Le roi, le gouverneur de la province, le Parlement voulurent briser cette opposition. Il fut décidé que les élections consulaires seraient abolies, et que le conseil de ville élu serait remplacé par un conseil de ville nommé directement par le roi. Toutes les forces, toutes les autorités, toutes les puissances s'étaient réunies pour supprimer de l'administration communale sept bourgeois coupables de revendiquer des libertés qui remontaient presque aux origines de la ville municipale.

Par l'ordre du premier président du Vair, les élections qui devaient se faire le 14 juin n'eurent pas lieu. Le 22 juin, le conseiller au parlement Séguirani arriva à Toulon porteur de lettres de commission scellées du grand sceau, qui nommaient, à la date du 15 mai, trois consuls et douze conseillers. Le lendemain il assembla le nouveau conseil et lui remit une lettre close du roi, dans laquelle celui-ci disait que les élections étant depuis un grand nombre d'années une source de divisions et de conflits, il avait décidé de choisir lui-même les consuls et conseillers qui devaient administrer la ville. Le nouveau conseil se composait des trois consuls : Barthélemi de Sainte-Croix, Louis Raisson et Charles Pavés, et des douze conseillers : Isnard, Vias, Verdillon, Chabert, Fornillier, Jullian, David, Tassy, H. Pavés, Sénés, Provins et Raynaud (1).

(1) ARCHIVES COMMUNALES. AA. 8 et 9. *Lieutenance de Roy.*

Ainsi s'accomplit cette révolution municipale qui privait les habitants du droit de nommer leurs magistrats. Le parti des consuls-gouverneurs était violemment exclu des affaires, et Saint-Cannat reconnu et obéi par le nouveau conseil, qu'il avait dû désigner lui même au Parlement et à la faveur du souverain. Le régiment de Navarre était rentré à Toulon, et l'insolence des officiers et des soldats s'était accrue par l'effacement de toute autorité municipale. Un jour trois habitants furent assassinés par des soldats presque aux portes de la ville, sur le chemin de la Valette ; les familles des victimes furent impuissantes à obtenir la mise en jugement des coupables. Saint-Cannat refusa de les traduire devant le lieutenant du sénéchal d'Hyères, chargé d'en connaître. La population s'en émut profondément. De nombreuses plaintes sur ce déni de justice arrivèrent jusqu'au duc de Guise. Celui-ci se rendit à Toulon. Voulant ménager Saint-Cannat, qui s'était trop engagé dans cette affaire, il n'osa pas user de son autorité. Il ordonna la publication pure et simple du règlement de 1602, et se contenta d'éloigner le régiment de Navarre, qu'il remplaça par celui de Champagne.

Trois années s'écoulèrent dans cet état. Le parti des consuls-gouverneurs s'était affaibli par son long éloignement des affaires, et il semble qu'à partir de ce moment la pensée d'avoir un gouverneur ait été acceptée par la grande majorité des habitants. A bien dire, depuis l'année 1611 la question du gouvernement consulaire n'était plus une question de principe, mais bien une question de personnes, et si le roi avait voulu choisir un gouverneur hors de la famille de Solliès, il est probable qu'on se serait facilement accordé pour conserver seulement la lieutenance de roi, qui investissait les consuls du gouvernement en absence, et leur donnait, même en présence du gouverneur, de grandes prérogatives chères à leur orgueil municipal et favorables au développement des libertés publiques. Le fait, du reste, de l'apaisement des passions est constaté en ces termes dans les notes du *livre vert,* à la date de l'année 1618 : « Le péril commun « fit en ceste année adoucir les aigreurs qui estoient parmy nous, « et on commença à méler les humeurs. » Le péril commun dont parle ici le chroniqueur toulonnais, était celui que faisait courir à la ville l'extension de la piraterie et l'audace des corsaires barbaresques, qui couraient la côte, paralysaient le commerce maritime et emmenaient les équipages en esclavage à Tunis et à Alger.

En 1618 Louis XIII publia une déclaration pour annoncer à ses sujets qu'il avait pris en mains les rênes de l'Etat. Le 8 avril les consuls convoquèrent une grande assemblée générale pour formuler les demandes qu'ils avaient à adresser au roi dans l'intérêt de la communauté. L'article deuxième était ainsi conçu : « Il est expédient, Sire, d'avoir continuellement l'œil à la garde « et conservation de ladite ville ; et d'autant qu'il pourroit survenir « des occurences où le gouverneur seroit absent, il est nécessaire « que les habitants reconnaissent son même pouvoir en « une seconde personne, qui semble ne pouvoir être mieux que « aux Consuls d'icelle : c'est pourquoi lesdits habitants supplient « très humblement Vostre Majesté les gratifier et honorer de la « charge de lieutenant de Roy et sergent-major, afin de les « obliger par le devoir de cette qualité, de soigner plus curieusement « le bien de vostre service et conséquemment de ladite « ville, ainsi qu'il auroit plû au défunt Roy leur donner par « lettres particulières, lesquelles ont été perdues. »

On s'explique difficilement pourquoi les consuls disaient que les lettres patentes de Henri IV étaient perdues, car elles existaient parfaitement aux archives, où elles sont encore, et se trouvaient reproduites dans une multitude de pièces officielles. Peut-être, ces lettres ne faisant pas mention de la charge de sergent-major, avaient-ils intérêt à laisser croire qu'ils jouis-

saient déjà de ce privilége, sans courir la chance de voir leur fausse assertion révélée par une demande prévue de production de pièces. Quoi qu'il en soit, le 30 avril, le roi, après avoir pris l'avis du duc de Guise, faisait parvenir aux consuls des lettres patentes par lesquelles il déclarait : « Qu'il désiroit en cette occa-
« sion témoigner aux habitants la confiance qu'il avoit dans
« leur fidélité, et qu'à cette cause il accordoit aux Consuls de
« Tholon le droit de pouvoir, en l'absence du gouverneur par-
« ticulier de ladite ville, donner le mot au sergent-major et
« capitaines de la garnison, garder les clefs des portes de ladite
« ville, sans qu'elles puissent être ouvertes que lesdits Consuls
« ou l'un d'eux ne soient présents, recevoir lettres royales et
« commandements et des dits gouverneurs, et faire, au reste,
« toutes les fonctions requises et nécessaires pour la conservation
« de ladite ville, en l'absence des dits gouverneurs et tout ainsi
« que lesdits gouverneurs font (1). »

Le privilége de la lieutenance était confirmé, mais le roi n'avait pas voulu y joindre les fonctions de sergent-major ou commandant de place, qui auraient mis les consuls en relations trop fréquentes et trop directes avec les officiers de la garnison. En ce moment, les fonctions de sergent-major étaient remplies par le capitaine de la compagnie de Saint-Cannat ; quelques années après le roi nomma à ce poste un ancien officier, M. de Provins, qui commença la longue série des sergents-majors de Toulon, toujours en conflits d'attributions ou de préséance avec les consuls. Les lettres patentes du roi furent enregistrées. De fait, c'était une renonciation absolue au gouvernement de la ville.

Saint-Cannat paraît avoir accepté les consuls comme lieutenants de roi sans élever aucune objection. La réconciliation était complète. Sur la demande des magistrats municipaux, le régiment

(1) ARCHIVES COMMUNALES. AA. 10. *Cahier de la lieutenance de Roy.*

Champagne fut éloigné de la ville et remplacé par le régiment Rambure, et le roi ordonna qu'on en revînt pour les élections consulaires au règlement de 1609. Au mois de juin 1619, les habitants purent, en effet, procéder légalement à la nomination de leurs administrateurs (1). A peine quelques partisans attardés du gouvernement parvinrent-ils à se faire élire, et Gaspard Saint-Cannat ayant marié son fils cette année, le conseil de ville vota les frais d'un riche présent à ce jeune gentilhomme (2).

Les consuls voulurent être reconnus officiellement comme lieutenants de roi par la garnison; c'était pour eux la consécration de leurs fonctions. Le 20 septembre 1620, le duc de Guise, par ordonnance datée de Marseille, prescrivit cette cérémonie, qui eut lieu quelques jours après. A onze heures du matin, les consuls en chaperon, accompagnés du viguier et du corps municipal, après avoir assisté à une messe dite par monseigneur Gilles de Sceptris, évêque de Toulon, se rendirent sur la place Saint-Jean, la seule place de la ville à cette époque, où ils trouvèrent le régiment de Rambure qui les attendait en ordre de bataille. Ils se placèrent en face du régiment, jurèrent fidélité à Louis XIII, et un héraut lut à haute voix les lettres patentes du roi qui leur accordaient la lieutenance. Le régiment défila ensuite devant eux et ils rentrèrent à l'Hôtel de ville accompagnés d'une grande partie de la population.

La famille de Solliès considérait la position de gouverneur de Toulon comme devant être héréditaire. Quoique le parti des consuls-gouverneurs se fût amoindri dans ces derniers temps, par l'effet naturel de la fatigue qu'amène à la longue une opposition toujours vaincue, et peut-être aussi parce que les générations qui se succèdent finissent par modifier leurs idées, il existait

---

(1) ARCHIVES COMMUNALES. BB. 4. *Élections.*
(2) ARCHIVES COMMUNALES. BB. 54. *Délibérations du conseil de ville.*

cependant encore un noyau de vieux Toulonnais partisans convaincus des priviléges municipaux. Ceux-ci auraient fait sans doute bon marché du gouvernement, à la condition que le titulaire résidât loin de la ville, mais ils ne pouvaient supporter qu'il fût entre les mains d'un membre de la famille de Solliès. Depuis que les élections municipales avaient été rétablies d'après le règlement de Henri IV, le vote avait fait revenir au conseil et même au consulat quelques représentants de cette politique, comme une protestation contre certains actes de Saint-Cannat, et un événement considérable qui survint sur ces entrefaites leur permit de recommencer les luttes de leurs pères.

Au mois de janvier 1622, Gaspard Saint-Cannat se démit de sa charge de gouverneur de la ville de Toulon, et le 15 février de la même année, le roi lui donna pour successeur son fils Bernard, sieur de Solliès et de Saint-Cannat. Le 23 mars, le conseil de ville protesta contre cette nomination, qui perpétuait le gouvernement entre les mains d'une famille impopulaire. La protestation resta sans effet ; le duc de Guise ne la transmit pas au roi, et Bernard Saint-Cannat étant en ce moment à Paris, en service à la Cour, l'affaire parut s'assoupir, au moins dans les manifestations du conseil de ville. Les consuls gouvernaient de fait, quand en 1624 Bernard revint en Provence ; mais en prenant congé du roi il obtint des lettres portant mandement au duc de Guise, de procéder à sa mise en possession. Le duc de Guise, par lettres d'attache en date du 17 mars, donna à son tour commission à François d'Allein, procureur du pays et premier consul de la ville d'Aix, de présider à l'installation du gouverneur dans sa charge (1).

Deux années s'étaient écoulées depuis la nomination du nouveau gouverneur, et l'esprit public avait été assez fortement

---

(1) ARCHIVES COMMUNALES. AA. 13. *Conflits*.

surexcité pour qu'aux élections de 1622 et 1623 la grande majorité du conseil fût composée de ses adversaires. D'Allein arriva à Toulon le 23 mars accompagné de Bernard de Saint-Cannat. Le même jour, le conseil de ville s'assembla précipitamment dans la matinée. Le premier consul, Thomas de Cuers, lui fit connaître la présence à Toulon du délégué du gouverneur de la province et la mission dont il était chargé, demandant quelle était la conduite qu'il fallait tenir en telle occurence. Le conseil décida que : « Pour et au nom des habitants, insistant dans l'opposition
« déjà formée en 1622 contre la mise en possession de Bernard
« sieur de Solliès et de Saint-Cannat au gouvernement, fondée
« tant sur le remboursement des 16,000 livres par eux payées
« à Solliès pour se démettre du gouvernement pour lui et les
« siens, que sur les inimitiés qui existent entre sa maison et
« Tholon, et autres droits de la ville, ils déclarent, sous la révé-
« rence des commandements de Sa Majesté et de M. le duc de
« Guise, que pour les mêmes raisons, et plus grandes, qu'ils
« déduiront devant Sa Majesté, ils s'opposent à la prise de pos-
« session (1). »

D'Allein voulant, malgré cette protestation, accomplir sa mission, se présenta dans l'après-midi, avec Bernard Saint-Cannat, devant le conseil de nouveau réuni. Il le somma de reconnaître le gouverneur. Les consuls refusèrent, « déclarant se porter pour appelans et protestans des dits *attentats*, requèrant
« qu'il leur fut donné acte de leur protestation ». D'Allein leur donna acte et déclara Saint-Cannat gouverneur de Toulon, sortit avec lui de l'Hôtel de ville, le conduisit aux deux portes, qui étaient occupées par la compagnie de son père, et le fit reconnaître en présence du viguier (2).

(1) ARCHIVES COMMUNALES. BB. 55. *Délibérations du conseil de ville.*
(2) Procès-verbal de l'installation du sieur Saint-Cannat. ARCHIVES COMMUNALES. AA. 13. *Gouverneurs et commandants militaires.*

Il ne paraît pas que cette protestation, pas plus du reste que les antécédentes, ait été suivie d'effet. Au mois de février 1625, les consuls envoyèrent au roi une députation pour le prier d'alléger les charges de la communauté dans les dépenses qu'elle faisait pour le creusage du port, et pour demander la construction d'une tour à l'embouchure de la darse; mais il n'était nullement question dans cette députation du gouvernement de la ville. Néanmoins, la réponse du roi peut nous faire supposer que les relations entre le consulat et le gouverneur étaient toujours fort tendues, car après leur avoir dit qu'il renvoyait leur député avec une expédition favorable à leur requête, et qu'il les louait sur leurs soins et obeissance, il ajoutait : « Je désire que vous
« vous conformiez aux ordres qui vous seront donnés par le
« sieur de Solliès, vostre gouverneur, et tenés avec lui la bonne
« intelligence et correspondance qui sera nécessaire pour vostre
« propre bien et conservation (1). »

Sur ces entrefaites, monseigneur Gilles de Sceptris, évêque de Toulon, étant mort, le 2 mai 1626, le pape nomma au siége monseigneur Auguste de Forbin, frère du gouverneur. La population ne vit pas sans un certain effroi le pouvoir spirituel confié au frère de celui qui disposait déjà du pouvoir militaire ; cependant il ne s'éleva aucune protestation, et le 15 avril 1628 on lut et enregistra au conseil les bulles du pape données à Rome le 9 mars, adressantes à la communauté et portant nomination de l'évêque. Le conseil reçut les bulles avec le plus grand respect et décida que l'évêque serait accueilli avec les honneurs dûs à sa position. Il arriva en effet peu de temps après et sut dissiper toutes les préventions : il protesta de son dévouement pour les priviléges municipaux et déclara qu'il était prêt à les défendre.

(1) ARCHIVES COMMUNALES. AA. 10. *Cahier de la lieutenance de Roy*.

Une pareille déclaration devait produire d'autant plus d'effet, qu'elle était faite au moment où les libertés du pays étaient menacées par Richelieu, qui attaquait les parlements et les assemblées représentatives des provinces. En Provence, où le concours de ces assemblées était indispensable en matière d'impôts, il n'avait pris leur consentement, ni pour porter le droit du taillon, taxe établie en 1549 pour l'entretien des gens de guerre, de 36,000 livres à 100,000 livres, ni pour augmenter le prix du sel d'une double manière, en imposant plus haut le minot, tout en réduisant sa capacité d'un tiers. Les Etats généraux réunis à Aix en 1628, demandèrent la révocation de ces édits. Non-seulement Richelieu ne l'accorda pas, mais il créa de nouveaux offices qui mettaient aux mains des officiers du roi divers droits municipaux et provinciaux.

La lutte commença entre une autorité despotique et un pays fortement attaché à ses libertés. Les villes se divisèrent comme au temps des guerres civiles de la Ligue. Au milieu des scènes de désordre qui agitaient la Provence, Toulon demeura fidèle au roi, qui lui en exprima sa reconnaissance par une lettre qui fut rendue publique et excita le plus vif enthousiasme dans la population (1). Le 17 décembre 1629, le conseil décida que, conformément à l'ordre de Louis XIII, l'Hôtel de ville serait offert à la cour des Comptes, obligée de quitter la ville d'Aix pour échapper aux pressions et aux dangers de l'émeute.

Richelieu n'était pas un politique capable de faire fléchir ses plans devant une insurrection populaire; il avait lutté contre des rébellions bien autrement puissantes et redoutables, et avait dompté la noblesse et les réformés par la hache du bourreau et l'épée des soldats. En 1631, il donna l'ordre au prince de Condé de marcher sur Aix avec une armée. Les chefs du mouvement

(1) ARCHIVES COMMUNALES. AA. 10. *Cahier de la lieutenance de Roy.*

provincial offrirent au duc de Guise de se défendre par les armes dans la ville d'Aix. Le gouverneur, ennemi déclaré du cardinal, qui en 1626 l'avait dépouillé de la charge d'amiral des mers du Levant pour ériger en sa faveur la charge de grand maître chef et surintendant de la navigation et du commerce, le gouverneur, dis-je, était combattu entre ses griefs personnels contre Richelieu et son respect du serment de fidélité fait à Henri IV dans la réconciliation des maisons de Bourbon et de Guise. Jusqu'à ce jour il avait gardé la neutralité entre le peuple et la Cour. Il refusa de se compromettre. Aix se soumit, mais le duc de Guise perdit aux yeux de la population toute son influence et son autorité. Sa carrière était achevée. Il s'exila en Italie, après avoir administré la Provence pendant quarante ans. Au mois d'avril 1632, le roi lui donna pour successeur le maréchal de France Nicolas de l'Hospital Vitry.

Le maréchal, peu soucieux des libertés publiques, tenant pour contraires au bien du royaume ce que les municipalités appelaient leurs priviléges, et ennemi avéré des pouvoirs délibérants, fit du pays une province romaine livrée au pouvoir discrétionnaire d'un préteur. La Provence était chargée de troupes, qu'il fallait nourrir si l'on voulait s'épargner le pillage. « Le gou-
« verneur, dit Rouchon, asseyait la subsistance des compagnies
« sur les communautés, sans prendre l'*attache* des consuls-pro-
« cureurs, formalité de garantie contre le pouvoir royal exécutif,
« de même que l'*enregistrement* l'était contre le pouvoir royal
« législatif, et l'*annexe* contre le pouvoir pontifical (1). » Il nommait lui-même les consuls quand il le jugeait convenable, et n'hésitait pas à casser les arrêts du Parlement en matière de police et de justice publique.

(1) *Résumé de l'histoire de l'État et Comté souverain de Provence*, par Rouchon. Paris, 1828.

Toulon dut au parti politique qu'il avait inviolablement tenu pendant toute la durée des troubles, d'être relativement épargné par le gouverneur. Le régiment de Rambure, qui était devenu un danger permanent pour la population, avait été remplacé par celui de La Tour. En l'absence de Bernard Saint-Cannat, ce régiment n'ayant devant lui que l'autorité, plus déconsidérée en ce moment que jamais en Provence, des consuls, ne tarda pas à renouveler les scènes de violence qui avaient marqué le séjour de Rambure. C'est par centaines qu'on compte aux archives municipales les procès-verbaux qui nous restent des rixes sanglantes, souvent suivies de mort, qui éclataient tous les jours entre les habitants et les soldats. Les consuls se plaignirent à M. de Vitry qui, le 25 septembre 1633, leur adressa un règlement par lequel, conformément aux lettres patentes du roi Louis XIII, en date du 30 avril 1618, il reconnaissait aux consuls, en leur qualité de lieutenants de roi commandant en absence, le pouvoir de donner le mot d'ordre à la garnison, de garder les clefs de la ville, d'ouvrir et de fermer les portes, de recevoir les lettres de Sa Majesté, « et de remplir toutes autres fontions de gouverneur ». Il ordonnait en même temps aux officiers et soldats de la garnison de déférer aux ordres des consuls en tant que lieutenants de roi, mais il leur accordait cependant de garder sous leur autorité exclusive les portes du bastion Notre-Dame et les plates-formes du port (1).

C'était, jusqu'à un certain point, un partage de commandement. Ce règlement ne satisfit personne. Les rixes et les conflits continuèrent. De véritables combats s'engagèrent presque chaque jour entre l'armée et la population. On n'entendait parler que d'attaques nocturnes, de meurtres et de guets-apens. Le maréchal harcelé par les consuls et les officiers de la garnison,

(1) ARCHIVES COMMUNALES. AA. 10. *Cahier de la lieutenance de Roy*.

prohiba pour les habitants le port des armes et des épées, « à
« peine de la vie », à l'exception néanmoins des gentilshommes et capitaines de quartier. Il défendit aux soldats de mettre,
dans aucun cas, l'épée à la main dans la ville ni dans la campagne, « à la vue des portes et des contrescarpes ». En cas de
conflit, le viguier ou les consuls devaient appeler les officiers
de la garnison pour rétablir la paix. Si les coupables étaient des
soldats, ils devaient être remis aux officiers, qui étaient chargés
de poursuivre l'affaire contre eux, si les coupables étaient, au
contraire, des habitants, les consuls devaient les faire mettre en
prison, et le viguier était chargé de les juger et les punir.

Ce règlement violait les lois et les usages. Il instituait à Toulon une justice militaire et une justice civile, et abolissait l'ordonnance de 1603, qui décidait qu'en cas de conflit entre militaires et habitants le jugement serait remis au lieutenant du
sénéchal de la ville d'Hyères, assisté des juges ordinaires de
Toulon L'irritation fut profonde et se traduisit par un redoublement d'agressions réciproques. Les consuls s'adressèrent au roi.
Depuis l'entrée du prince de Condé en Provence, le roi, par un
nouveau règlement du mois de juin 1632, avait ordonné que les
habitants fourniraient à la garnison, le lit, le feu commun, le
linge et la vaisselle. C'était introduire les soldats, toujours disposés à cette époque à se considérer en France comme en pays
conquis, dans l'intérieur des familles, et établir des relations
forcées qui devaient nécessairement amener des conflits et des
rixes. Les consuls se plaignaient surtout du feu commun, qui mettait les soldats en contact de chaque instant avec les femmes, et
présentait les inconvénients les plus graves : « D'autant, disaient-
« ils, que les habitants de Toulon sont pour la pluspart gens de
« marine, qui se faschent, partant de leurs maysons, de laisser
« leurs dites femmes et filles comme à la mercy desdits soldats,
« quelque discrétion qu'elles puissent avoir. » Ils demandaient

le renvoi de la garnison, démontrant par des exemples historiques que Toulon n'avait jamais été plus fidèle, plus tranquille et mieux gardé que lorsque ses habitants avaient été seuls appelés à sa défense. Ils finissaient en suppliant le roi d'ordonner pour le jugement des querelles et crimes entre soldats et habitants, d'en revenir à l'ordonnance de 1603, prouvant par les derniers arrêts rendus que, malgré les preuves les plus accablantes, les soldats et officiers accusés de meurtres et d'assassinats avaient été scandaleusement acquittés. Le roi, par une ordonnance du 9 décembre 1633, leur donna pleine satisfaction : il supprima le feu commun, n'astreignant les habitants qu'à la fourniture du sel, du vinaigre et des ustensiles, et pour ce qui regardait la juridiction des violences ou crimes qui pourraient être commis entre les habitants et les soldats, il décida que le juge ordinaire de Toulon serait seul appelé à instruire l'affaire et lui donner le cours prévu par l'ordonnance de 1603 (1).

Le calme revint dans la ville autant, du moins, que pouvait le permettre la vive irritation qui régnait entre les soldats et les habitants. Du reste, tous les esprits furent bientôt détournés des querelles particulières et locales, pour se porter sur les opérations militaires qui s'accomplissaient sur le sol même de la Provence. La France et la maison d'Autriche étaient de nouveau en guerre, et les Espagnols s'étaient emparés en 1635 des îles Sainte-Marguerite et Saint-Honnorat, dans le golfe de Cannes. Il y eut dans le pays une explosion soudaine du vieux patriotisme provençal, et on se crut revenu aux temps mémorables des invasions du connétable de Bourbon et de Charles-Quint : le Parlement donna 24,000 livres, la cour des Comptes 15,000, Aix 6,000 et tous ses approvisionnements, Marseille 30,000 livres et pour 6,000 livres de munitions, Toulon, Hyères et

---

(1) ARCHIVES COMMUNALES. AA. 10. *Cahier de la lieutenance de Roy.*

Ollières fournirent deux mille quatre cents hommes sur six navires frêtés à leurs dépens, le petit bourg de Biot envoya toute sa population valide, environ trois cents hommes, au combat; la noblesse prit les armes, et, chose digne des siècles antiques, l'on vit le seigneur de Roumoules, âgé de quatre-vingt-quatorze ans, ceindre sa vieille épée des guerres de religion, et venir se ranger sous les drapeaux de la patrie, entouré de ses trois fils et de ses nombreux petits-fils. Les îles de Lérins furent reprises en 1637, et le maréchal de Vitry qui, comme gouverneur, avait eu de nombreuses contestations avec le comte d'Harcourt et Msr de Sourdis, archevêque de Bordeaux, chefs royaux de l'expédition, fut rappelé et remplacé dans son gouvernement par un prince de sang royal, Louis de Valois, comte d'Alais.

Sous l'administration du nouveau gouverneur, le régiment de la Tour avait quitté Toulon, et le comte d'Alais, qui fut toujours très-sympathique aux habitants, confirma en janvier 1639 les consuls dans leurs fonctions de lieutenants de roi. La même année, il leur prescrivait, en février, de tenir leurs compagnies de quartier en état, d'en avoir tous les jours deux sous les armes pour garder les portes et les plates-formes, et, en juin, étant à Toulon, il ordonnait par des publications, « à tous les habitants, « de quelque qualité et condition qu'ils soyent, d'avoir en leurs « maysons des armes suffisamment pour se défendre, et de sortir « avec leurs armes au premier commandement qui leur en sera « fait par les consuls de la ville, et aller où il leur sera par eux « ordonné, à peine de trois cens livres d'amende ». Par le même ordre, il enjoignait aux consuls de faire fréquemment la visite des armes et de passer des revues générales deux fois par an (1).

Ces différents ordres militaires étaient dictés autant par les dangers que faisait courir à la ville la guerre avec l'Espagne,

---

(1) ARCHIVES COMMUNALES. AA. 10. *Cahier de la lieutenance de Roy.*

que par l'état d'agitation du pays, qui marchait à la guerre civile. La Cour menaçait de nouveau la Provence de la création de nombreux offices fiscaux et avait institué trois Présidiaux, tribunaux destinés à réduire l'autorité du Parlement, car Richelieu, ce grand et terrible initiateur de l'unité politique française, poursuivait toujours l'anéantissement des libertés provinciales. L'indignation, la colère, furent dans toutes les âmes, quand on apprit que le premier président du parlement, au mépris des droits du pays, avait traité directement avec la Cour, et obtenu la révocation des Présidiaux moyennant la somme d'un million en nouveaux offices de toute espèce et en nouveaux droits sur les greffes et les notariats. Les populations se considérèrent comme vendues au pouvoir sans avoir été consultées. Le Parlement eut la faiblesse d'enregistrer ce honteux marché. Le pays entra en fermentation. Le comte d'Alais se prononça contre le Parlement et embrassa la cause populaire, ce qui le fit regarder comme le défenseur des libertés publiques. Au milieu de ces luttes ardentes Richelieu mourut, et Louis XIII survécut à peine à son grand ministre.

Toulon avait suivi la politique du comte d'Alais, et la correspondance du gouverneur avec les consuls témoigne de l'estime qu'il avait pour eux et de la confiance qu'il leur accordait. La ville, menacée par une escadre espagnole qui tenait la mer, déploya une grande activité et un rare désintéressement pour se mettre en état complet de défense. Elle acheva les plates-formes ou batteries de la darse, les arma de canons, équipa des vaisseaux, fit des amas d'armes et de munitions, et mérita la reconnaissance de la province. Le roi Louis XIII lui-même crut devoir louer et remercier les consuls de leurs généreux efforts, par deux longues lettres en date du 12 juin 1641 et du 4 août 1642, dans lesquelles le souverain leur donnait les détails les plus étendus et les plus intimes sur les intrigues et les agissements politiques de Soubise, La Valette, le comte de Soissons, Guise, le duc de Bouillon et Cinq-Mars (1).

Le 4 octobre 1646, Bernard Saint-Cannat mourut. Il nous est difficile de dire ce que fut le gouverneur de Toulon. Les archives municipales ne font mention de lui que deux fois : en 1624, quand le conseil refusa de le reconnaître et de lui obéir comme gouverneur, et en 1646, quand il fit célébrer un service funèbre pour le repos de son âme. Il existe cependant deux réclamations des consuls qui le concernent et qui toutes deux se produisirent en son absence. L'une avait trait à un poste de soldats de sa compagnie mis par ses ordres à une tour située à l'entrée de la darse, ce à quoi les consuls s'opposèrent, disant que les canons de la tour menaçant la ville, ils devaient être confiés à la garde des habitants ; l'autre par laquelle ils se plaignaient de ce que le gouverneur détenant, malgré son absence de la ville, les clefs de la poudrière, les consuls lieutenants de roi ne pouvaient faire rendre « aux gallères des princes estrangers qui abordent fréquemment « au port de Tolon » les saluts d'usage (2). Au fond, il est permis de croire que Bernard Saint-Cannat avait compris que sa position à Toulon était pleine de combats, et soit qu'il inclinât naturellement à la paix et au repos, soit qu'il trouvât loin de son gouvernement des satisfactions plus complètes pour ses intérêts ou ses plaisirs, il paraît n'avoir fait à Toulon que de rares et courtes apparitions ; c'est dans tous les cas ce que disaient les consuls au roi dans leur plainte, relativement aux clefs de la poudrière (3).

---

(1) Ces lettres, qui existent en original aux archives municipales, offrent un très-vif intérêt. Nous nous abstenons de les reproduire à cause de leur étendue, et aussi parce qu'elles ne touchent au sujet que nous traitons que par l'expression de l'estime et de la reconnaissance du roi pour les consuls et la population.

(2) ARCHIVES COMMUNALES. AA. 6. *Députations*.

(3) « ...... D'aultant que ledict sieur de Solliès est toujours absent « de Tholon sans y laisser lesdictes clefs...... »

Le 2 janvier 1647, le roi nomma au gouvernement de la ville le chevalier Claude de Garnier. C'était un ancien militaire, qui avait longtemps fait la guerre, et qui ne joua à Toulon qu'un rôle très-effacé. Il mourut, du reste, deux ans après, sans avoir laissé trace dans les archives de son passage aux affaires, si ce n'est pour un différend de peu d'importance qui s'éleva entre lui et la municipalité au sujet de son logement. Il est à peu près certain, cependant, qu'il résida constamment à Toulon, car le roi, dans son ordre de nomination, disait en termes formels :
« Voulons et ordonnons audit sieur chevalier de Garnier, qu'il
« ne puisse sortir dudit gouvernement, sans exprès congé de
« nous, signé de l'un de nos secrétaires d'État (1). »

Le chevalier de Garnier fut le dernier gouverneur résidant à Toulon, et les consuls, jusqu'à l'année 1680, où le roi leur imposa, non plus un gouverneur mais un commandant militaire, dans les circonstances que nous verrons, jouirent de toutes les prérogatives de la charge de lieutenants de roi. Par suite, sans doute, d'une erreur ministérielle qu'on ne peut expliquer que par l'oubli du privilége dont jouissait Toulon, erreur sur laquelle le roi revint, du reste, immédiatement, Louis XIV nomma en 1649, en attendant de pourvoir au gouvernement de la place, le sieur de Chateleux « commandant de la ville, chateau et tours « de Tolon », faisant commandement aux consuls et habitants de le reconnaître en cette qualité et de lui obéir (2).

L'émotion la plus vive se manifesta à Toulon. Le 14 mars, le premier consul Jacques de Cuers assembla un conseil général

---

(1) ARCHIVES COMMUNALES. AA. 13. *Gouverneurs et commandants militaires.*

(2) *Commission donnée par le roi Louis XIV au sieur de Chateleux*, et : *Lettre du roy Louis XIV aux consuls de Toulon pour reconnoître ledit sieur de Chateleux en qualité de commandant.* ARCHIVES COMMUNALES. AA. 10. *Cahier de la lieutenance de Roy.*

auquel furent appelés vingt-deux chefs de famille. Il représenta que le sieur de Chateleux lui avait remis le matin une lettre de Sa Majesté, portant ordre aux consuls et habitants de le recevoir comme commandant de la place, en attendant qu'il fût pourvu au gouvernement, et il démontra facilement que cet ordre ne tendait à rien moins qu'à « choquer et altérer » les lettres patentes de Henri IV et de Louis XIII qui donnaient aux consuls lieutenants de roi le commandement de la ville en l'absence du gouverneur. Il requit ensuite l'assemblée « de vouloir délibérer et résoudre
« des moyens plus honnestes et convenables qui seront néces-
« saires d'apporter en ceste rencontre, le tout en sorte que le
« service du Roy et l'obeyssance que nous devons à ses com-
« mandements ne soient aucunement blessez ».

A l'unanimité, l'assemblée décida qu'il serait formé opposition sur la mise en possession du sieur de Chateleux, et que le premier consul de Cuers serait député auprès du roi pour soutenir l'opposition (1).

Le consul réussit pleinement dans sa mission. Le roi l'accueillit avec bonté. La commission donnée au sieur de Chateleux fut annulée, et la charge de lieutenant de roi commandant en absence confirmée par lettres patentes en date du 28 avril 1649. Louis XIV chargea, en outre, le député toulonnais de remettre au conseil une lettre datée de Compiègne, le 24 mai, dans laquelle il disait : « Nous avons été bien aise de vous
« donner les marques de la satisfaction que Nous avons de vos
« services, vous assurant qu'aux autres occasions vous trou-
« verés en Nous cette même bonne volonté pour le général et
« le particulier de vostre ville. »

(1) ARCHIVES COMMUNALES. BB. 59. *Délibérations du conseil de ville.*

CHAPITRE IV

Troubles du semestre. — Le comte d'Alais, gouverneur de Provence, se réfugie à Toulon. — Le cardinal Mazarin est nommé gouverneur de Toulon. — Guerre civile en Provence. — Exil du cardinal Mazarin. — Toulon embrasse le parti des Princes. — Le duc de Vendôme est nommé gouverneur de Toulon. — Troubles des *sabreurs* et des *cannivets*. — Les sabreurs établissent leur quartier-général à Toulon. — Le duc de Mercœur est pourvu du gouvernement de la Provence. — Soumission de Toulon au gouverneur. — Articles de paix arrêtés entre les consuls et le duc de Mercœur. — Mort du duc de Vendôme en 1665. — Les consuls commandants militaires jusqu'en 1680. — Affaire du capitaine de La Robinière. — M. de Corcelles est envoyé à Toulon pour y exercer le commandement militaire.

Toulon allait être appelé à jouer un rôle apparent dans les événements politiques qui troublaient la province, et cette phase de l'administration consulaire sous la Fronde, n'est pas une des moins intéressantes de l'histoire de la ville. Mais peut-être est-il nécessaire de remonter jusqu'à la mort de Louis XIII pour faire connaître quel était l'état des partis en Provence.

Mazarin, premier ministre d'un roi mineur, poursuivait, sans grandeur peut-être, mais non sans une haute intelligence et un profond sentiment politique, la voie qui lui avait été tracée par le génie de Richelieu. Celui-ci avait lutté pour abattre les libertés provinciales, Mazarin résolut de détruire l'indépendance des parlements. Il créa dans les cours souveraines des pays d'Etat une nouvelle section, qui devait partager avec l'ancienne magistrature les travaux de la juridique, de telle sorte que chacune d'elles siégerait six mois seulement. Le but de cet édit était facile à deviner : ce partage du temps brisait l'unité des parlements, en rompait l'esprit de corps, empêchait la suite des plans, créait deux puissances appelées à entrer bientôt en hostilité, et préparait au gouvernement des alliances successives avec l'un ou l'autre semestre.

L'édit qui établissait le *semestre* parut au mois d'octobre 1647. Le parlement de Provence, profondément jaloux de ses attributions et de sa législation, protesta énergiquement. Il décida qu'il ne se scinderait jamais; Mazarin déclara qu'il voulait maintenir le semestre *et qu'il renoncerait plutôt à faire son salut qu'à être maître en Provence.*

Au mois de janvier 1648, deux huissiers du conseil signifièrent au nom du roi, aux chambres assemblées, leur suspension pour six mois. Après une longue et diffuse délibération, dans laquelle on s'égara dans une argumentation sans fin de ce principe de demi-liberté : que l'obéissance des sujets doit être absolue, mais celle des corps réglée par les lois ! les magistrats, après avoir protesté sur ce motif, futile dans la circonstance, que l'arrêt d'interdiction leur avait été notifié avant qu'ils eussent procédé à son enregistrement, se retirèrent. Le lendemain, le comte d'Alais, précédé de ses gardes, des consuls-procureurs, et accompagné des commissaires royaux et d'une foule de gentilshommes d'épée, qui voyaient avec plaisir l'abaissement de la noblesse de robe, installa le semestre de service, qui fut composé des membres de la chambre des requêtes, magistrature créée depuis quelques années seulement par Richelieu et qui, annexée au parlement, avait toujours vécu en état d'hostilité avec lui.

Mazarin, pour ce qui concernait la Provence, voulait non-seulement avoir un parlement plus facile, mais encore perdre le comte d'Alais qui, par son père, le duc d'Angoulême, ses alliances et ses opinions, appartenait à la réaction aristocratique des grands contre le pouvoir absolu centralisé entre les mains du roi. Les événements démontrèrent bientôt, en effet, que le ministre tenait plus encore à la ruine du comte d'Alais qu'au maintien du semestre dans notre pays, et, avec son astucieuse finesse italienne, il ne tarda pas à faire servir l'impopularité de son édit pour rendre le gouverneur odieux au peuple. Son frère, le cardinal de Sainte-Cécile, s'étant arrêté à Aix, au retour d'une mission qu'il venait de remplir en Catalogne, fut visité par des membres du Parlement, qui lui demandèrent conseil sur ce qu'ils avaient à faire pour obtenir la révocation de l'édit du semestre. Le cardinal, dont l'esprit d'intrigue politique était à la hauteur de celui de son frère, leur répondit ces paroles factieuses : *Ubedite come polastri, et quando io non vi saro, allore fate rumore!* « Obéissez comme des poulets, et quand « je ne serai plus là, alors faites du bruit. »

Le Parlement, ainsi encouragé dans sa rébellion, essaya d'abord d'empêcher la tenue des audiences par des moyens puérils; mais voyant qu'il n'atteignait pas son but, il eut recours à des excitations violentes qui tendaient à intimider les acquéreurs des nouveaux offices. Comme toujours, les résultats dépassèrent les prévisions. Philippe de Gueydon, avocat du roi au siége de Marseille, qui venait d'acheter une des charges de conseiller récemment créées, fut assassiné en plein jour, à Aix, par des hommes masqués, pendant qu'il prenait son repas à la table commune de l'hôtel de la *Mule noire*.

Une vive agitation régnait dans la ville et dans la province. Le comte d'Alais déploya la plus louable fermeté pour rechercher les coupables et rétablir la paix : il obtint, non sans peine, l'exil de quelques membres du Parlement des plus compromis ; mais le roi était faible et le premier ministre hostile, et les bannis furent bientôt autorisés à rentrer dans leur patrie. Ils furent reçus aux portes d'Aix par une foule immense, qui les accueillit aux cris de : *Vive le Roi et le Parlement! Point de semestre!* Le comte d'Alais, exécuteur fidèle des ordres souverains, supportait seul l'animadversion publique, et apparaissait aux yeux du peuple comme l'adversaire le plus acharné de ses libertés. Sur ces entrefaites, le cardinal de Sainte-Cécile porta le dernier coup au gouverneur, en écrivant à quelques membres du Parlement que, sans le comte d'Alais, le semestre serait déjà aboli.

Le Parlement, encouragé dans ses idées de rébellion, travailla le peuple en ce sens. Le gouverneur fut bafoué et insulté. L'audace croissant avec l'impunité, on ne rencontrait plus que des hommes en armes qui s'exaltaient par des paroles violentes. La ville se couvrit de barricades. Les magistrats organisèrent audacieusement l'émeute. Le conseiller de Boyer, en robe rouge, une pique à la main, amena trois cents paysans sur la place de l'Université ; le conseiller de Peynier, aussi en costume et un pistolet à la ceinture, en conduisit cinquante ; le chanoine Decormis rangea les insurgés en bataille, et son frère, l'avocat général Decormis, les harangua. La population allait en venir aux mains avec les troupes du comte d'Alais, quand quelques personnages des plus considérables de la cité s'interposèrent comme médiateurs. La paix ne fut pas de longue durée ; quelques jours après, le 29 janvier 1649, l'insurrection recommença. Le gouverneur fit sortir ses régiments, qui n'osèrent faire usage de leurs armes. Le peuple s'empara de l'Hôtel de ville, occupa les principales places, bloqua le gouverneur dans le palais et le fit prisonnier. Le comte d'Alais, victime de son horreur pour le sang répandu, consentit à révoquer le semestre, autorisa le rétablissement de l'ancien Parlement, et fit sortir ses troupes de la ville et du terroir. La Cour confirma cet étrange traité de paix ; elle cassa, par un arrêt, le semestre, et promulga une amnistie pleine et entière des derniers troubles. Le régiment du gouverneur fut licencié. Le comte d'Alais quitta Aix, où il avait été retenu en otage jusqu'à ratification par le roi du traité de paix, et se rendit à Marseille et ensuite à Toulon.

Toulon avait embrassé la cause du gouverneur avec un grand enthousiasme, et il faut louer les consuls et les habitants de ce qu'ils se montrèrent fidèles, même après que le comte d'Alais eut été disgracié et rappelé à Paris. Cette détermination était d'autant plus généreuse, que le cardinal Jules de Mazarin venait d'être nommé gouverneur de la ville, et que sa nomination ouvrait aux consuls un vaste horizon de hautes protections, en même temps qu'elle leur garantissait sans partage, par la position exceptionnelle du gouverneur, le commandement de la ville.

Le comte d'Alais avait été accueilli à Toulon avec les plus grands respects. Le conseil de ville, selon l'usage du temps, lui offrit un présent, consistant en confitures, bougies et eaux de senteur, qu'il renouvela au mois de mai, quand la comtesse vint rejoindre son mari. Sur ces entrefaites, le régiment de Provence qui depuis un an tenait garnison dans la place ayant été rappelé, les consuls levèrent, aux frais de la communauté, quatre cents habitants, et donnèrent commission au major de Provins d'en enrôler autant dans la viguerie, pour constituer une garnison permanente de huit cents hommes (1). En même temps, et pour compléter l'armement, ils décidèrent « que le « rabillage des canons du Roy qui sont posés aux plates-formes « et long la forteresse, qui ont esté trouvés la pluspart en mau- « vais estat, ayant leurs affuts gastés, seroit fait aux dépends de « la communauté, et qu'il seroit acheté nombre suffisant de « mosquets, bandoulières et piques pour armer les habitants ».

(1) ARCHIVES COMMUNALES. BB. 59. *Délibérations du conseil de ville.*

Cependant, cette paix où le gouverneur et le semestre étaient si maltraités ne pouvait durer. A Aix, le comte d'Alais fut tourné publiquement en dérision, et la comtesse elle-même fut insultée en effigie, au milieu des rires et des applaudissements de la foule. La province s'était partagée en deux camps inégaux. Le gouverneur n'avait dans son parti que les places de Sisteron, de Tarascon, de Brignoles, d'Antibes et de Toulon, avec les citadelles de Saint-Tropez et de la Tour-de-Bouc. Le comte d'Alais, inquiet des mouvements qui avaient lieu un peu partout, fit venir du Dauphiné le régiment de cavalerie Montbrun, qui commit, dès son entrée en Provence, des déprédations sur les terres de plusieurs membres de la Cour. Sur ces entrefaites, des magistrats du semestre, dépossédés de leurs charges, étant parvenus à soulever quelques villages, Louis de Flotte de Meaux, l'un d'eux, chercha à s'emparer de Draguignan. Le Parlement envoya Rascas du Canet et Vaucrone pour informer sur les mouvements qui s'étaient produits dans cette ville. Vaucrone fut lâchement assassiné sur la route. Aix, emporté par la fureur, leva une petite armée sous les ordres du comte de Carcès et du consul de Barthélemy, chargée de protéger les commissaires envoyés pour faire une enquête. Le gouverneur ne pouvant souffrir qu'une ville levât des troupes et les mît en campagne, ordonna au régiment de cavalerie Montbrun de se porter à la rencontre des *parlementaires*. Carcès avait sous ses ordres quinze cents hommes, Montbrun n'en comptait que trois cents. Le 14 juin 1649, les deux partis se rencontrèrent près de Brignoles, dans la plaine du Val. Les parlementaires furent complétement battus; le régiment Montbrun ne perdit que quatre hommes. Carcès laissa le champ de bataille couvert de ses morts qui, presque tous, appartenaient aux familles les plus notables d'Aix.

Le Parlement ne se laissa pas abattre par ce douloureux échec.

Il leva sept compagnies nouvelles d'infanterie et deux de cavalerie. Les capitaines étaient les présidents d'Oppède, Grimaldi-Regusse, de Gallifet, et les conseillers Baurecueil et Rascas du Canet, avec le baron d'Escalis de Bras et les consuls d'Aix. Époque étrange, en vérité, où on voyait les premiers magistrats de la province monter à cheval une épée à la main et siéger au Parlement, faire des barricades et interpréter la loi, souffler au cœur des populations soulevées leurs passions politiques et rendre des arrêts juridiques restés comme des modèles de science et d'éloquente érudition.

La position du comte d'Alais devenait tous les jours plus précaire. Le ministre semblait l'abandonner, quand, dans les premiers jours du mois de juillet, le roi lui écrivit une lettre dans laquelle il approuvait sa conduite et lui disait : « Si au préjudice
« de mes défenses il se trouve des gens qui assemblent des
« troupes dans la province et sans vos ordres, vous devez leur
« courir sus, comme criminels et perturbateurs du repos public,
« ne voulant point qu'on reconnaisse dans l'étendue de vostre
« charge autre autorité pour les armes que la vostre. » Le comte d'Alais, fort de l'approbation du souverain, sortit de Toulon et se dirigea à la tête de quelques troupes sur Aubagne, où il avait donné rendez-vous aux régiments Montbrun et Saint-Aunay. Le Parlement défendit aux communautés de lui fournir des vivres, le somma de licencier son armée et arma la ville d'Aix. Le gouverneur brava ces stériles arrêts et ces menaces impuissantes. Le Parlement envoya alors vers lui les troupes qu'il avait levées. Les deux partis se rencontrèrent dans la plaine de la Touloubre, près de la Durance Les parlementaires furent battus de nouveau et rentrèrent à Aix en désordre. Le comte d'Alais aurait pu s'emparer de la ville, mais ses soldats, presque tous étrangers à la province, aimèrent mieux ravager les terres des parlementaires. Il est triste de dire qu'ils étaient poussés et excités

par quelques personnalités influentes, qui avaient à régler avec leurs ennemis tous les froissements de leur orgueil et de leurs intérêts. Ces hommes, magistrats révoqués du semestre, ne rêvaient que vengeance, et ne pouvant atteindre les membres du parlement dans leur vie, les poursuivaient dans l'anéantissement de leurs propriétés.

Le roi, instruit par le baron de Rians des maux qui désolaient la Provence, chargea d'Etampes de Valencey de rétablir l'union entre le gouverneur et le Parlement. D'Etampes vint à Toulon, où le gouverneur s'était de nouveau retiré. Ils ne purent s'entendre. Le gouverneur refusait l'armistice et demandait 50,000 écus à prendre sur les biens des révoltés, un régiment sous ses ordres, etc. Louis XIV, fatigué de ces tiraillements, envoya en Provence le général de Saint-Aignan avec un traité de paix obligatoire pour les deux partis. Le traité portait : que les troupes seraient licenciées de part et d'autre, que le Parlement, la cour des Comptes et le conseil de ville d'Aix enverraient des députés au comte d'Alais pour le prier de tout oublier, et que les arrêts et ordonnances rendus pendant les troubles seraient annulés. Le roi se réservait d'expédier des lettres d'évocation pour ceux qui avaient suivi le parti du gouverneur; il confirmait les franchises municipales, garantissait la liberté des élections consulaires et accordait une amnistie.

Le Parlement se déclara prêt à obéir ; le comte d'Alais, de son côté, se soumit au traité, et reçut à Toulon avec bienveillance les députations des corps judiciaire, administratif et communal d'Aix. Le Parlement licencia ensuite ses levées et le gouverneur ses troupes étrangères à la province. Les troubles du semestre, première période de la Fronde en Provence, prirent ainsi fin en septembre 1649.

Mais les guerres civiles ne finissent pas avec le dernier coup d'épée ou le dernier acte d'amnistie ; il reste encore à compter

avec tous les ressentiments qu'elles font naître et les coupables représailles qu'elles amènent. Le Parlement avait à venger bien des injures, et sa colère allait s'appesantir sur les villes qui s'étaient montrées rebelles à son autorité. La ville de Toulon devait craindre plus qu'aucune autre la dure loi de celui qui, en réalité, était resté maître de la situation. Aussi, dès le mois de septembre, les consuls demandaient, pour cause de suspicion légitime contre le Parlement, des lettres d'évocation pour eux et les habitants (1) : « Et sur ce qui a esté représenté par
« le consul Garnier, dit le procès-verbal de la séance du con-
« seil de ville du 10 septembre 1649, qu'après que les manans
« et habitans de ceste ville de Tolon, à l'exemple de leurs pères
« et par leur devoir, ont sy fidèlement servi le Roy en ces der-
« niers mouvemens du parlement de Provence, il est raisonna-
« ble que les causes du corps de la communauté, tant civiles
« que criminelles, ne ressortent plus de la juridiction du par-
« lement du pays, mais bien que ladite communauté doit
« depputer vers Sa Majesté pour la supplier d'octroyer des let-
« tres patentes d'évocation de toutes les causes, tant pour le
« corps de ladite communauté que pour les citoyens et habi-
« tans de ceste ville. »

Le comte d'Alais, retiré à Toulon comme dans une forteresse et au milieu d'une population sympathique, faisait des efforts impuissants pour sauver les débris de son autorité. Un conflit municipal qui surgit à Marseille dénoua violemment une situation intolérable pour le gouverneur. En janvier 1650, la peste sévissait en Provence avec une rigueur extrême, et les popula-

---

(1) On appelait de ce nom le droit que le monarque accordait à l'un des plaideurs, de traduire son adversaire devant un autre tribunal que celui dont la compétence était déterminée par le domicile du défendeur ou par la nature du litige.

tions qui devaient procéder aux élections consulaires, affolées par la terreur et dispersées un peu partout, ne purent user de leur droit d'élection. Le roi, trouvant dans cette circonstance une occasion favorable de mettre à la tête des communautés des hommes hostiles au Parlement, nomma d'autorité les consuls d'un certain nombre de villes et bourgs. La grande et turbulente ville de Marseille se trouvait dans ce cas ; mais le mal contagieux ayant disparu, plusieurs municipalités revendiquèrent l'exercice de leurs droits politiques. Mazarin, qui en ce moment était plus puissant que jamais, et venait de faire arrêter et mettre en prison le prince de Condé, le prince de Conti et le duc de Longueville, se montra intraitable. Les Marseillais entrèrent en rébellion, s'emparèrent des forts de la ville, chassèrent les consuls nommés par le roi et les remplacèrent par des consuls élus. Le Parlement, heureux de l'humiliation infligée au cardinal de Mazarin, prit le nouvel état consulaire sous sa protection. Le comte d'Alais, ne considérant que l'offense faite au roi dans la personne des consuls nommés par lui, sortit de Toulon avec six cents hommes et marcha sur Marseille. Arrivé à Aubagne, il comprit qu'il ne pourrait réduire cette grande ville avec les forces dont il disposait et battit en retraite. Cette fausse manœuvre le perdit sans retour : le Parlement l'accusa de fomenter la guerre civile, et le premier ministre d'avoir compromis le roi. Mazarin, heureux de cette faute, le fit appeler à Paris pour donner des explications. Le marquis d'Aiguebonne fut désigné pour le remplacer provisoirement.

Les consuls de Toulon furent douloureusement surpris de cette disgrâce. Le 1er septembre, le comte d'Alais se rendit à l'Hôtel de ville et leur donna communication de ses lettres, leur disant : « Qu'il estoit disposé de partir le plus tôt, pour ce que
« les plus grands sont ceux qui doivent servir d'exemple d'o-
« beyssance à toutes les volontés du Roy ; qu'il ne croyoit pas

« que son absence fust pour longtemps, et qu'il croyoit qu'il
« leur seroit très utile auprès du Roy. » Le même jour, le conseil se réunit. Il décida : « De supplier Sa Magesté de ne priver
« pas la communauté de la présence de Mgr le gouverneur, en
« Restat présent que nous nous voyons exposés aux injures et
« persécutions des ennemys que nous avons dans ceste province
« pour avoir demeuré ferme et aborré la rebellion (1). » Mais la
voix des bourgeois de Toulon ne pouvait être entendue, et le 27
du même mois, la reine régente leur écrivait : « Très chers
« et bien aimés. Nous avons vu par la lettre que vous nous avés
« escrite, l'appréhension que vous avés que l'ordre qui a esté
« envoyé à nostre cousin le comte d'Alais, de faire un tour icy,
« ne vous cause quelque préjudice et au repos public. Mais
« comme ceste crainte nous paroit sans fondement, et que de
« plus fortes raisons nous obligent à persister toujours dans nos
« premiers sentiments touchant le voyage de nostre dit cousin,
« qui sera asseurement d'un très grand fruit pour vos intérest
« particuliers, nous luy avons mandé de partir en toute diligence
« pour se rendre auprès du Roy, où il ne sera pas plus tôt arrivé
« qu'il cognoistra que nous ne faisons rien en cela que pour le
« bien de la province, pour le sien et pour le vostre même (2). »

Le comte d'Alais ne quitta pas immédiatement la Provence,
comme le disent nos historiens. Il ne partit de Toulon qu'en
décembre pour se rendre à Paris, car le 7 de ce mois, il délivrait aux « consuls, conseillers et officiers de la maison commune
« de cette ville de Tholon, ensemble tous les habitans d'icelle,
« gentilshommes, bourgeois, marchands, artisans et autres »,
un certificat de fidélité au roi et à sa personne (3).

---

(1) ARCHIVES COMMUNALES. BB. 43. *Délibérations du conseil de ville.*
(2) ARCHIVES COMMUNALES. AA. 30. *Lettres des souverains.*
(3) ARCHIVES COMMUNALES. FF. 612. *Troubles de la Fronde.*

Le marquis d'Aiguebonne était arrivé en Provence en décembre. Le Parlement, qui voyait en lui l'adversaire du comte d'Alais, l'accueillit avec de grands transports de joie. Le gouverneur vint à Toulon vers la fin du mois et fut reçu avec une respectueuse froideur. La première entrevue qu'il eut avec les consuls fut pleine d'orages. Il avait voulu exiger qu'à son entrée dans la ville, le premier consul Thomas de Beaulieu lui présentât les clefs des portes, ce que celui-ci avait refusé de faire, arguant que cet honneur n'était dû qu'au souverain et aux princes du sang, et que si on avait fait cet honneur au comte d'Alais, c'est qu'il avait du sang royal dans les veines. Cette thèse était fort contestable ; les gouverneurs de la province avaient droit à la présentation des clefs en entrant pour la première fois dans une ville close de leur gouvernement, et le refus opposé au duc d'Aiguebonne n'aurait pu être soutenu qu'en s'appuyant sur ce qu'il n'était que gouverneur provisoire. La ville s'émut vivement de ce conflit, et il y eut de tumultueuses manifestations qui hâtèrent le départ du gouverneur. M. d'Aiguebonne fit parvenir ses plaintes à Paris. Le conseiller de Cuers, qui était en députation pour poursuivre l'affaire si importante de l'évocation, écrivait à ce propos aux consuls, à la date du 27 janvier 1651 : « Me trouvant chez monseigneur le cardinal, on me demanda
« quel désordre estoit arrivé à Thoulon, et qu'on croyoit que
« vous estiez tous en confusion. L'affaire de M. d'Aiguebonne
« touchant les clefs, on la contoit tout autrement qu'elle n'est
« arrivée. J'ai désabusé tous ceux qui estoient imbus de ceste
« affaire, leur fesant entendre que mondit sieur d'Aiguebonne
« avoit cru qu'en entrant dans la ville on lui devoit ceste céré-
« monie de luy présenter les clefs des portes. Ne craignés rien
« de tout cela et fétes en fasson d'estre toujours les mestres
« dans vostre ville. » Et comme le gouverneur en sortant de Toulon avait annoncé aux consuls, avec une certaine irritation,

qu'il allait envoyer un régiment en garnison dans la ville, à quoi les consuls avaient répondu qu'ils ne le recevraient pas « la ville « estant bien et seurement en leurs mains », M. de Cuers leur écrivait le 10 février : « J'ay à vous dire que pour vos priviléges
« touchant les clefs, le conseil d'icy porte que vous les devés
« conserver et que devés fére périr tous ceux qui voudront les
« brescher de quelle condition qu'ils soient. J'ay à vous dire
« encore que vous ne devez reçevoir dans la place aucune sorte de
« troupes quel ordre que vous voïés de la cour ou de celui qui
« commande dans la province, car si vous laissés entrer des
« troupes dans la ville on vous obligera à fére des choses que
« vous ne voudriés pas. Conservés bien la place et ne craignés
« rien ; ne négligés pas cet advis, car il m'a esté donné de
« bonne part. La raison de cela est que nous sommes à la veille
« de guerres civilles et que les plus sages seront en peine de
« juger qui sont ceux qui tirent le droit chemin. C'est pourquoy
« pour n'estre pas trompés ne vous fiés à personne que vous
« mesmes quoique vous voïés et que vous entendiés. Je ne signe
« point de crainte que ma lettre ne soit attrappée, mais festes
« vostre profit de ce que je vous dis, car je ne puis vous en
« escrire plus (1). » En effet, M. de Cuers signait sa lettre en dessinant un cœur, allusion par à peu près à son nom.

Ces sinistres appréhensions de guerre civile dont le conseiller de Cuers faisait la confidence aux consuls, lui étaient dictées par ce qui se passait sous ses yeux. De nouveaux troubles venaient, en effet, d'éclater en France. Mazarin fuyant devant l'orage avait quitté Paris en février 1651, et le Parlement avait mis sa tête à prix. Le parlement de Provence, qui avait contre lui une haine vigoureuse, rendit, le 23 du même mois, un semblable arrêt. Toulon, par le fait de l'exil du premier ministre,

---

(1) ARCHIVES COMMUNALES. *Inventaire supplémentaire.*

perdit son gouverneur nominal, et le gouvernement de la ville revint provisoirement aux mains des consuls.

Au milieu des intrigues et des agitations qui emportaient la Cour et la divisaient en plusieurs factions, le comte d'Alais offrit ses services aux Princes, tenus en prison depuis plus d'un an par Mazarin, et qui venaient de rentrer à Paris, le 13 février, au bruit des acclamat'ons populaires. De Cuers, auquel on avait adjoint comme délégué de la ville M. de Provins, étudiait attentivement à Paris les mouvements de l'opinion publique, et donnait de nombreux conseils aux consuls sur la voie qu'ils avaient à suivre. Uniquement préoccupé des intérêts de sa chère ville natale, sa correspondance, pendant les années 1650 et 1651, est pleine d'enseignements sur la façon dont les questions d'administration communale étaient traitées et résolues à cette époque. Royaliste convaincu, il ne considérait les ministres ou les grands personnages qui gravitaient autour du monarque que comme des puissances éphémères destinées à disparaître bientôt, et dont il fallait se hâter de se servir au profit de la communauté. Il avait été courtisan assidu de Mazarin, ministre tout-puissant et gouverneur de Toulon, et se montrait en ce moment non moins dévoué aux Princes, qui paraissaient devoir devenir les dispensateurs des faveurs et des grâces. A cette époque, ses lettres ne contiennent que des exhortations aux consuls pour qu'ils poussent le peuple de Toulon à se déclarer pour les Princes et fêter leur délivrance ; eux seuls pouvaient, disait-il, leur faire obtenir cet arrêt si désiré de l'évocation, qui devait les arracher aux ressentiments et aux colères du parlement de Provence, et, Mazarin étant en exil, il faisait même miroiter à leurs yeux le gouvernement de la ville échappé aux mains de leurs pères et dont ils pourraient recueillir l'héritage. Client assidu du prince de Condé, il ne manquait jamais de lui vanter le dévouement de Toulon à sa fortune, et de solliciter ses bonnes grâces : « Nous luy avons

« tesmoigné la satisfaction que vous avés, écrivait-il, ensemble
« tous nos habitans, de sa délivrance, et le desplaisir de sa cap-
« tivité, il nous a reçu très-agréablement et nous a dit qu'il
« estoit informé de la fasson que nous l'avions aimé et voulu
« servir, qu'il n'oublieroit jamais l'obligation qu'il nous a et
« que nous protégeroit sans fautes en toutes sortes d'occasions.
« Ce sont ces mesmes paroles qu'il nous a dites mot à mot.
« Nous avons estés mieux reçus que tous les autres depputés de
« la province; nous l'employerons lorsqu'il en sera le temps. »

Toulon se jeta avec ardeur dans le parti des Princes et célébra leur délivrance par une fête qui dura du 27 février au 6 mars. La ville entière prit part à des réjouissances dont le récit nous frappe aujourd'hui de surprise. Les habitants vécurent huit jours entiers dans la rue, portant tous, sans exception, les couleurs des Princes, bleu et jaune; la municipalité, à elle seule, avait fait distribuer trente-quatre mille aunes de rubans de cette couleur. Les compagnies de quartier, en armes, paradèrent tous les jours, mêlées aux marins des vaisseaux du roi et aux soldats du régiment d'Angoulême, appartenant au père du comte d'Alais, et dont celui-ci avait obtenu l'envoi à Toulon. Les femmes « portant espées, mousquets, fuzils, pistolets » s'en allaient par la ville, déchargeant leurs armes et criant : *Vive le Roy, et les Princes et nostre bon gouverneur!* car le comte d'Alais était toujours, pour la population, le gouverneur de Provence. Les canons du port et des remparts ne cessèrent de tonner pendant huit jours. Les habitants, réunis par quartier, ou par corporations associées, souvent par deux ou par trois, prirent place autour d'immenses tables dressées à leurs frais dans les rues. Ce qui, selon l'usage du temps, se brisa de verres et de bouteilles dans ces folles joies, nous est indiqué par ce fait, que, le 3 mars, il n'y avait plus dans la ville assez de verres et de bouteilles pour le dîner que la municipalité devait offrir aux notables de la ville, de la marine et de l'armée, et que les consuls « donnèrent ordre aux principaux nobles verriers de la « ville, de tenir particulièrement prestes pour leur festin, deux « cents douzaines de verres et soixante douzaines de bouteilles « d'un pot la pièce, qui est deux pintes de Paris ». A la suite de ce dîner, pendant lequel on tira cent trente coups de canon, « les « premier et second consuls estant demeurés dans l'hostel de « ville, le troisiesme, avec tout le reste des festoyés, firent en « dansant le tour de la ville ». Au milieu de cet enthousiasme universel, dans ces agapes immenses, auxquelles participèrent tous les habitants, riches et pauvres, bourgeois, nobles, manants, soldats et marins, moines et voyageurs, on vit la famille de Pomet, une des plus honorables de la ville, se réunir seule, comme la famille Fabienne à Rome, au nombre de trois cents membres « tous portans armes », autour d'une table dressée sur la place Saint-Jean, sous la présidence de son vénérable chef, qui porta la santé du roi au bruit des décharges de mousqueterie (1).

Le retentissement des fêtes de Toulon parvint jusqu'à Paris : « La vostre, écrivait de Cuers le 10 mars, qui nous a donné « nouvelle de la réjouissance que vous avés faicte pour la liberté « de MM. les Princes, nous a extrèmement satisfaits. Nous « avons fait lecture d'icelle chez M. d'Angoulesme et chez Mon- « seigneur le prince; on ne parle ici que de cela. Tout ce que « nous avons à vous dire, c'est que Tollon passe pour la ville « de la province qui s'est le mieux conduite dans le temps « que nous avons veu. Vous n'avés qu'à persévérer et à vous

---

(1) ARCHIVES COMMUNALES. AA. 14. *Réjouissances publiques.* Imprimé de vingt-deux pages, sans désignation du lieu d'impression, et intitulé : *La resjouissance extraordinaire de la ville de Tolon pour la délivrance de Messieurs les princes et la réunion de la maison royale,* MDCLI. Cette publication est peut-être la première sortie des presses de Benoît Collomb, qui s'établit imprimeur à Toulon en août 1650.

« tenir les mestres, et comme cela nous aurons l'évocation
« et tout ce que nous demandons. »

Ce qu'on demandait, outre l'évocation, c'était le gouvernement de la ville, vacant depuis la sortie de France du cardinal Mazarin. Les temps étaient changés! on ne s'appuyait plus en ce moment sur les antiques priviléges, ce qui aurait produit peu d'effet sur une cour emportée par la passion, et à laquelle il fallait des forces et des dévouements nouveaux et effectifs pour accabler ses ennemis. Les consuls de Toulon crurent que le temps était favorable pour faire prévaloir leurs prétentions : « Le gouvernement de la ville, disaient-ils au roi le 28 février, « se trouvant vacant par le moyen de l'absence du royaume de « Mgr le cardinal de Mazarin, et lesdits consuls ayant l'honneur « d'estre lieutenants de Roy audit gouvernement despuis lon- « gues années, en la fonction de laquelle charge ils se sont « comportés avec grande affection et fidélité pour le service du « Roy et conservation de la place, Sa Majesté est suppliée qu'il « plaise à sa bonté royale de pourvoir lesdicts consuls du gou- « vernement de la dite ville (1). »

De Cuers ne s'abusait pas sur le résultat de cette démarche, et il est curieux de voir comment, lui, ordinairement si verbeux et si prolixe sur toutes les questions, glisse légèrement dans sa correspondance sur cette affaire, si importante cependant. « J'ai « reçu, écrivait-il, le 24 mars, la délibération du conseil por- « tant de faire instance pour avoir le gouvernement; je feroi « mon possible pour l'obtenir. » Et le 31 mars : « Pour le « gouvernement, nous avons conféré avec M. le duc d'Angou- « lesme, qui nous a dit que lorsqu'il serait temps d'agir, il « nous le diroit. » De Cuers ne sort en réalité de ces renseignements vagues que le 21 avril, où il écrit : « Nous venons

(1) ARCHIVES COMMUNALES. BB. 59. *Délibérations du conseil de ville.*

« d'apprendre que le gouvernement a esté donné à M. de Ven-
« dosme, et que les expéditions sont rière M. le comte de
« Brienne. Lorsque cela sera bien achevé, nous irons rendre
« visite à mon dit seigneur de Vendosme et luy ferons nostre
« compliment; vous pouvés vous disposer à luy escrire et à nous
« prescrire de la façon que vous plaira que nous en usions. »
Le roi avait, en effet, par lettres patentes en date du 2 février
1651, mais qui n'avaient été promulguées qu'en avril, nommé
gouverneur de Toulon César de Vendôme, duc et pair de France,
grand maître, chef et surintendant général de la navigation et
commerce. Les lettres portaient pour le nouveau gouverneur
« pouvoir et faculté de commettre quelque personne fidèle pour
« y commander en son absence ». Cette clause, qui avait déjà
été insérée dans les provisions du commandant de Chateleux et
avait été annulée sur la réclamation des consuls, donna lieu
aux mêmes protestations, et les consuls, en leur qualité de
lieutenants de roi au gouvernement de Toulon, envoyèrent à
Louis XIV une requête fortement motivée. Il ne fut fait droit
à cette protestation, par suite des événements que nous avons à
raconter, qu'en 1653.

Le comte d'Alais, qui depuis la mort récente de son père
avait pris le nom de duc d'Angoulême, avait l'intime persuasion
qu'il serait renvoyé en Provence pour y continuer ses fonctions,
et il entretenait ses partisans dans cette espérance. Pendant son
absence, son parti s'était accru de tous ceux qui, compromis
plus ou moins par leur opposition au Parlement pendant les
troubles du semestre, attendaient avec impatience un arrêt d'é-
vocation. Le comte d'Alais n'avait pas cessé, en effet, de travailler à cette œuvre de justice, et peu de temps après son arrivée à la Cour, il avait obtenu quatre mois de surséance pour
tous les procès civils et criminels. Le Parlement avait vivement
protesté contre cette faveur, sous prétexte que les partisans du

comte étaient, depuis ce moment, devenus plus entreprenants, et dans un esprit de vulgaire vengeance, sans tenir compte de l'arrêt royal, il avait saisi toutes les occasions de frapper ses ennemis. Toulon avait eu à souffrir plus que toutes les autres villes. « Par vostre lettre du 24 mars, écrivait de Cuers aux « consuls, vous me marqués qu'on vous menace d'une prise de « corps (1), laquelle on n'a pas encore exploitée. Si vous pou- « viés me mander quelques pièces pour la justifier ou quelque « autre preuve de la malice de messieurs du Parlement contre « vous, cela m'aideroit bien à obtenir l'évocation. » Et dans une autre lettre : « J'ay vu la copie de l'arrest que messieurs du « Parlement ont fait contre vous ; j'ai encore vu les mauvais « traitements que nos habitans reçoivent à Aix. Je suis bien « fasché du mal que ces messieurs ont reçu à Aix. J'ay porté ma « plainte à M. le comte de Brienne et à monsieur le garde des « sceaux, leur ayant remonstré comment toute ceste affaire s'est « passée et de la fasson que messieurs du Parlement en usent « tant envers vous que envers tous nos habitans, quand ils vont « à Aix sous la foy publique. »

Le Parlement ne craignait rien tant que le retour en Provence du comte d'Alais, car il n'avait pas été révoqué de sa charge, et il envoya à Paris pour obtenir cette révocation le président de Gallifet, pendant que la ville d'Aix y envoyait dans le même but

---

(1) Cet arrêt de prise de corps se rattachait à un procès intenté à la ville par un avocat du nom de Bonnegrace. Cet avocat, grand partisan du Parlement, avait fomenté une sédition à Toulon contre les consuls, qui avait été rudement réprimée par ceux-ci. Par délibération du conseil de ville, Bonnegrace perdit ses droits de citoyen et fut banni de Toulon. Il intenta un procès aux consuls par devant le Parlement, qui condamna la communauté à le recevoir et à lui payer 3,000 livres. La ville s'abritant derrière l'évocation promise, refusa de s'exécuter, et le Parlement rendit alors un arrêt de prise de corps contre les consuls comme responsables.

le baron de Saint-Marc. Les partisans du comte, instruits de cette démarche, firent un dernier effort, et l'on vit, dit l'historien Papon, des évêques, des gentilshommes, des communautés se réunir pour faire au roi des remontrances contre le Parlement. Le comte d'Alais employa tout ce qu'il avait de crédit à la Cour pour triompher de ses ennemis, et obtint à la fin du mois d'août une évocation générale au parlement de Dijon pour tous ceux qui avaient tenu son parti. Le roi cassa en même temps tous les arrêts qui avaient été rendus par le parlement de Provence contre les évoquants. Le Parlement fut consterné ; croyant toujours le renvoi du comte d'Alais prochain, il s'assembla et, dans une requête au roi qui présentait l'empreinte profonde des passions qui l'agitaient, il demanda la destitution définitive du gouverneur. A peine cette requête était-elle partie qu'un coup de tonnerre éclata sur la France : les Princes avaient quitté Paris pendant la nuit, sur la nouvelle que le cardinal Mazarin allait rentrer au conseil.

La lutte allait éclater de nouveau, non plus cette fois entre les partisans de Mazarin et les partisans des libertés parlementaires et provinciales, mais bien, par un simple changement d'appellation, entre les partisans des Princes, auxquels s'était inféodé le comte d'Alais, et les partisans du roi couvrant Mazarin. Le baron de Saint-Marc et le président de Gallifet s'étaient toujours montrés, à l'époque des troubles du semestre, ardents ennemis du cardinal ; mécontents de la Cour, parce qu'ils voyaient le prochain retour du premier ministre aux affaires, ou bien par haine du pouvoir absolu, et peut-être aussi parce qu'ils avaient le désir de faire leurs affaires particulières, ils entrèrent dans le parti des Princes. Le retour de Saint-Marc en Provence fut le signal de la division entre les amis de ceux-ci et les amis du roi, qu'on pourrait appeler les amis de la paix, car, en ce moment, les Princes organisaient la guerre civile et la guerre étrangère. Les premiers s'appelèrent *sabreurs*, parce que Saint-Marc, leur chef, portait, au lieu d'épée, un grand sabre, et qu'il ne cessait de dire en parlant de ses adversaires : *Je les sabrerai tous!* Les autres, bourgeois et gens de robe, furent appelés *cannivets* ou *taille-plumes*. Au fond, comme l'indiquent ces noms vulgaires, c'était une scission de la plume et de l'épée, des bourgeois qui, contents d'avoir sauvé, sous Richelieu et sous la Fronde, les libertés chères qui leur avaient été léguées par leurs ancêtres, ne demandaient plus que le repos à l'abri d'un pouvoir fort, et des nobles, qui se révoltaient contre les dangers prochains pour eux d'un pouvoir trop absolu.

Ces divisions, qui avaient des points de départ nouveaux, allaient forcément mettre bien des consciences en contradiction avec les opinions de l'année précédente. Le Parlement, ennemi de Mazarin, à part quelques rares personnalités, allait se trouver emporté dans le parti de Mazarin, et Toulon qui, en tous les temps, avait gardé une fidélité inviolable au souverain, allait se mettre en hostilité déclarée contre le roi, par dévouement pour le comte d'Alais, qu'il considérait comme le premier citoyen de la ville, comme le protecteur de ses priviléges et de ses libertés.

En octobre 1651, Saint-Marc fomenta une émeute à Aix. Le Parlement sortit en robes rouges, rallia le peuple et força les *sabreurs* à quitter la ville. Le Parlement ayant ensuite révoqué le président de Gallifet de sa mission à Paris, le remplaça par le conseiller de Villeneuve, que la reine accueillit par ces paroles flatteuses : « *La ville d'Aix vient d'affermir la cou-* « *ronne sur la tête de mon fils!* » La Cour considérait, en effet, avec une grande anxiété, les mouvements qui se produisaient en Provence, et au moment où la Guyenne était en feu, si le parti des Princes avait triomphé dans notre pays, la guerre civile éclatait en Languedoc et en Dauphiné, et toute la côte, depuis Antibes jusqu'à Port-Vendres, était ouverte aux escadres espagnoles

Le président de Gallifet revint en Provence. Il trouva son parti faible et consterné. Il tenta, pour le relever et le fortifier, de rattacher les intérêts des Princes à un intérêt local, en réunissant dans un même parti les *sabreurs*, qui depuis leur fuite d'Aix étaient sans crédit, et les anciens *semestres*, qui comptaient encore un assez grand nombre de partisans; mais la réalisation de ce projet présentait des difficultés en ce que la plupart des plus ardents *sabreurs* avaient été les plus violents adversaires des *semestres*. Le comte d'Alais envoya en Provence Du Mesnil, capitaine des gardes du prince de Conti, pour réchauffer l'esprit de faction par d'immenses promesses. Il y eut des conférences entre les chefs des *sabreurs* et les chefs des *semestres*, et un traité d'alliance fut conclu.

Les *sabreurs* et les *semestres* réunis tentèrent un coup de main sur Aix; mais ayant échoué, ils se retirèrent en désordre. Le parti, bientôt poursuivi et pourchassé partout, en butte à de violentes hostilités de la part des populations, chercha à se réunir à Marseille. Il ne tarda pas à se convaincre que la majorité des habitants tenait pour le roi contre les Princes et, craignant d'être un jour pris entre une émeute et une attaque du gouverneur de la province, il vint établir son quartier général à Toulon « Il se trouva là, dit Papon : d'une part, ceux qui avaient « été interdits du corps du Parlement, accompagnés de beau- « coup de ceux qui avaient été tirés de la ville d'Aix; il y avait, « d'autre part, les chefs de *semestres*, qui avaient tenu le parti « du comte d'Alais, et les chefs des *sabreurs* qui suivaient celui « des Princes contre le cardinal ; il y avait encore les gens de « guerre, plaintifs pour les arrérages de leur paiement. » En réalité, il y avait un état-major nombreux, mais le peuple, qui ne comprenait pas ces passions, qui le touchaient fort peu, s'était abstenu, et il n'y avait pas d'armée. Les places qui tinrent le parti des Princes furent, comme au temps des querelles du comte d'Alais, celles de Tarascon, de Sisteron, d'Antibes, de Saint-Tropez, de Bouc et de Toulon.

Toulon, depuis qu'il était devenu la place forte, le centre d'action du parti des Princes, vivait dans un état d'agitation extrême. Les consuls, entraînés par leur dévouement pour le comte d'Alais, ne tardèrent pas à entrer dans le mouvement de rébellion, quoique protestant toujours de leur fidélité au roi. Dans les temps troublés, les partis qui se combattent le font toujours au nom d'un principe apparent commun, et si, au XVIIe siècle, nos pères se déchiraient au nom du roi, nous voyons aujourd'hui les factions se déchirer au nom de la patrie, tout en lui portant les coups les plus cruels.

Dès le mois de juillet 1651, des mouvements séditieux avaient eu lieu dans la ville. Les galères, qui depuis quelques années étaient mouillées à Toulon, où le roi avait voulu concentrer toutes les forces navales de la Méditerranée, étaient un foyer de sédition que le parti des *sabreurs* exploitait à son profit. Les consuls reçurent, à cette époque, en leur qualité de lieutenants de roi, commandant en absence du gouverneur, une lettre de cachet les avertissant de tenir la main à l'exécution des ordres concernant le rétablissement de la charge de commandant des galères en faveur du sieur de Galibaud, qu'une émeute qui avait eu lieu au commencement de l'année avait contraint de sortir de la ville. Le conseil, mal disposé pour le sieur Galibaud, ennemi avéré du comte d'Alais, et prévoyant peut-être une protestation à main armée du personnel marinier des galères, prit la résolution suivante, qui indique le point de départ de sa rébellion envers le roi : « Attendu que les officiers « des galères n'ont aucune dépendance des dits sieurs consuls, « et que, pour faire recognoistre le dit sieur de Galibaud, il en

14

« faudrait venir à la force et aux armes, et que, au moyen de
« ce, en la conjonction de ce temps, il y auroit grand hazard
« que n'arrivât du désordre dans la ville *au préjudice du*
« *Roy*, les dicts consuls feront lettre à Sa Majesté portant leurs
« légitimes excuses (1). »

Nous ne savons ce que devint la question Galibaud ; mais deux mois après, en septembre, le roi fit connaître aux consuls qu'il avait donné le commandement des galères au bailly de Forbin, grand prieur de Saint-Gilles. Non-seulement les consuls refusèrent d'intervenir dans la prise de possession de ce commandement, mais encore ils paraissent avoir favorisé de toute leur autorité l'installation, comme commandant, d'un sieur de Vincheguerre, commissionné par le prince de Condé. Le roi s'en plaignit vivement à eux par une lettre en date du 13 octobre : « Nous avons été informé, disait-il, que contre
« notre volonté, le sieur Vincent de Vincheguerre est allé en
« notre ville de Thoulon pour y prendre le commandement de
« nos gallères, quoique pour plusieurs considérations impor-
« tantes au bien de notre service nous l'ayons donné au sieur
« bailly de Forbin, prieur de Saint-Gilles ; et parce que le
« séjour du sieur de Vincheguerre pourroit causer du trouble
« dans Thoulon, nous vous écrivons la présente pour vous
« dire de le faire sortir de Thoulon, et que vous favorisiés ledit
« sieur bailly de Forbin dans l'exécution de la commission que
« nous lui avons donnée (2). » Il est certain que les ordres du roi continuèrent à être méconnus par les consuls, car, en novembre, il essayait de nouveau de les ramener à son obéissance en leur annonçant qu'il leur avait fait expédier des lettres patentes portant confirmation de leurs priviléges : « Espérant,

---

(1) ARCHIVES COMMUNALES. BB. 61. *Délibérations du conseil de ville.*
(2) ARCHIVES COMMUNALES. FF. 612. *Troubles de la Fronde.*

« disait-il, que vous tiendrés la main à ce que les ordres que
« nous avons donné pour faire recognoistre le sieur bailly
« de Forbin dans le commandement de nos gallères soient
« exécutés. »

Si les consuls s'étaient mis en état de désobéissance envers le roi, c'était bien moins par sympathie pour les Princes que par dévouement pour le comte d'Alais. Ce qui le prouve, c'est que, non-seulement il n'est jamais question des Princes dans les délibérations du conseil ni dans la correspondance, tandis que le nom du comte d'Alais revient à chaque instant, mais encore que, alors que le prince de Condé faisait un traité d'alliance avec l'Espagne et lançait sur les côtes de France une escadre espagnole, ils déployaient la plus louable activité pour repousser cette intervention étrangère. En novembre, en effet, une flotte espagnole ayant paru devant Toulon, ils firent sortir du port tous les vaisseaux et galères, qui la forcèrent à gagner le large. Le roi, quoique ayant de nombreux motifs de ressentiments contre eux, les félicita sur leur patriotisme par une lettre datée de Poitiers, le 29 décembre 1651, dans laquelle il leur disait :
« Nous vous savons tout le gré possible de la diligence et des
« soins que vous avés apporté pour contraindre les gallères d'Es-
« pagne à se retirer de vos côtes, et nous pourvoyrons à ce qu'il
« soit remédié aux nécessités des forçats de nos gallères (1). »

L'année 1652 s'ouvrit sous de sombres auspices. La France était en armes. Mazarin, plus puissant que jamais, comblé des faveurs royales, s'avançait vers Paris à la tête d'une armée. La Cour, fuyant la capitale, s'était retirée à Poitiers, et les deux plus grands capitaines du siècle, Condé et Turenne, se trouvaient en présence et en venaient aux mains, comme autrefois le connétable de Bourbon et Bayard.

(1) ARCHIVES COMMUNALES. AA. 36. *Lettres des souverains.*

Par un acte de sage politique déguisé sous les formes les plus séduisantes pour les consuls, le roi voulut leur enlever leur principal moyen de résistance en éloignant le régiment d'Angoulême. Par une lettre en date du 17 février, il prescrivait au premier consul Thomas d'Orvès, de faire embarquer le régiment sur huit vaisseaux dont il donnait le commandement au chevalier de La Ferrière, qui devait les conduire en Catalogne : « Cher et bien amé, disait-il,........ afin que vous aïés des « marques de la confiance que nous avons en votre fidélité et « affection, nous vous remettons présentement la garde de « notre ville de Thoulon, et pour cest effet, nous voulons et « entendons que le régiment d'Angoulesme en sorte pour aller « servir en Catalogne, et passer sur l'escadre de huit vaisseaux « et deux bruslots dont j'ay commandé au chevalier de La Fer- « rière de faire l'armement, lequel vous favoriserés en tout ce « qui vous sera possible. Sy ni faites faute, car tel est notre « plaisir (1). »

La ville privée du régiment d'Angoulême, il ne restait plus à la faction que les galères, dont le prieur de Saint-Gilles n'avait pu encore prendre le commandement, car dans ce même mois de février le roi prescrivait aux consuls de le laisser entrer à Toulon, « pour qu'il vacque en personne aux devoirs de sa charge ». Mais les consuls ne voulurent pas laisser sortir les vaisseaux du port; le roi leur écrivit inutilement lettres sur lettres en février et en mars, les pressant de permettre qu'on levât des hommes pour l'armement, leur prescrivant « d'auto- « riser l'entrée libre dans notre ville de Thoulon aux officiers « de la marine qui seront commis et ordonnés pour travailler à « cet armement, *à peine de répondre en vos propres et privés*

---

(1) ARCHIVES COMMUNALES. AA. 36. *Lettres des souverains.*

« *noms du préjudice qui en arriveroit par le refus ou retar-*
« *dement* (1) ».

Le roi, comme on le voit, était sorti de ce ton de bienveillance habituelle qui caractérisait ses précédentes lettres. Le 10 avril, il écrivait aux consuls qu'il envoyait à Toulon Chavary, grand archidiacre d'Urgel, évêque nommé de Soissons, pour presser l'armement et faire sortir les vaisseaux, et il leur parlait d'un ton plus impératif encore : « ..... Il vous rendra cette
« lettre que nous vous ecrivons pour vous dire que vous aïés
« à le favoriser et assister de toutes les choses qu'il désirera
« pour accélérer ledit armement. Vous aurés en principale
« considération le bien et l'utilité de notre service, sans que
« les animosités particulières vous puissent retenir de faire ce
« qui le pourra avancer, *car nous ne recevrons ni raysons ni*
« *excuses*, et vous laisserés sortir du port nos vaisseaux de
« guerre, qui seront commandés par le sieur chevalier de La
« Ferrière. Quant à nos gallères, ayant appris que le duc de
« Richelieu a dessein de s'y rendre et d'user du commande-
« ment que luy donne l'autorité de sa charge (2), nous avons
« voulu vous tenir advertis que nous l'avons interdit, ayant
« pris les armes contre notre service. Vous aurés donc à em-
« pêcher qu'il ne sorte aucune gallère que par les ordres du
« sieur grand prieur de Saint-Gilles, et vous satisfairés ponctuel-
« lement à notre intention (3). »

Il fallait obéir ou se déclarer en révolte ouverte. Le premier consul Thomas d'Orvès assembla le conseil le 28 avril. Il présenta les faits sous un jour tel, que malgré l'opposition du deuxième consul, Esprit Baussier, il poussa la ville à la rébel-

---

(1) ARCHIVES COMMUNALES. FF. 612. *Troubles de la Fronde.*
(2) Le duc de Richelieu avait la charge de grand-maître des galères.
(3) ARCHIVES COMMUNALES. AA. 36. *Lettres des souverains.*

lion. Il fit savoir à l'assemblée qu'il avait reçu diverses lettres de cachet du roi, portant : les unes, défense de permettre la sortie du port d'aucun vaisseau (1), et les autres, commandant de laisser équiper et sortir huit vaisseaux pour le bien des affaires de l'État. Il lui exposa la perplexité dans laquelle il était, ne sachant s'il devait obéir aux premières ou aux dernières lettres « et ne pouvant se resoudre à quoy il doit enten-
« dre, à cause du malheur des temps, la guerre de la France,
« l'importance de ceste place, et d'autres advis et soupçons
« qu'on a dict de toute part que la sortie des dits vaisseaux
« n'est à autre dessein que pour bloquer la dite ville et em-
« pescher, par conséquent, le commerce d'icelle ». Le conseil, sous la pression du consul et de la faction des *sabreurs*, et aussi, obéissant à ses propres opinions, vota à l'unanimité, moins la voix du deuxième consul Esprit Baussier, que, « conformément aux susdites premières lettres, la sortie d'au-
« cun vaisseau ne sera permise suyvant les précédentes résolu-
« tions (2) ».

Mais, ainsi que nous venons de le dire, l'unanimité n'existait pas dans le conseil. Esprit Baussier, second consul, avait protesté contre cette décision, et « après avoir tenu plusieurs
« discours insolens et de mépris au préjudice de l'onneur et
« réputation des autres magistrats et habitans », il s'était rendu à Aix pour instruire le Parlement de la rébellion de ses

---

(1) Il n'existe pas aux archives de lettres du roi prescrivant de ne laisser sortir aucun vaisseau, à l'exception de celle qu'il écrivait de Poitiers le 29 décembre 1651, et dans laquelle il disait : « Nous vous ecrivons la
« présente pour vous dire que vous aurés à empescher qu'il ne sorte du
« port de notre ville de Thoulon aucun vaisseau de ceux qui nous
« appartiennent, *qu'au préalable, il ne vous apparaisse un ordre ex-*
« *près de nous.* »
(2) ARCHIVES COMMUNALES. BB. 61. *Délibérations du conseil de ville.*

collègues. Les consuls furent vivement irrités de cette démarche. Dans une séance du conseil tenue le 15 mai, il fut décidé « que « ledit Baussier sera deschu de son consulat, déclaré indigne, « à l'advenir, de posséder aulcune charge politique de ladite « ville, et privé tout à fait du droit de citadinage, franchises et « libertés dont les habitans de la dite ville jouissent ».

La scission entre Toulon et le roi était complète. Elle avait irrévocablement éclaté à la suite d'une décision royale qui avait anéanti toutes les espérances des Toulonnais de voir le comte d'Alais reprendre le gouvernement de Provence. Le marquis d'Aiguebonne, qui n'avait su se concilier les sympathies d'aucun parti, venait d'être rappelé, et la Cour l'avait remplacé par Louis de Vendôme, duc de Mercœur, fils aîné de César de Vendôme, gouverneur de Toulon, et mari de Louise Mancini, nièce du cardinal Mazarin. Le nouveau gouverneur avait ordre de traiter toutes choses par les voies de la conciliation et de la douceur.

La charge de gouverneur de la ville de Toulon donnée à César de Vendôme, déjà pourvu du gouvernement de la Bourgogne, était purement honorifique, et il ne l'avait acceptée qu'à la condition de pouvoir y établir un lieutenant qui y commanderait en son nom. Dans les premiers mois de l'année 1652, on voit, en effet, un capitaine du nom de de La Londe occuper la Grosse-Tour avec une compagnie, au nom du duc de Vendôme, et vivre en hostilité déclarée avec la ville. Aucun des documents qui existent aux archives ne nous apprend à quelle époque précise était arrivé le capitaine de La Londe, ni dans quelles circonstances il était parvenu à s'établir à la Grosse-Tour, située à l'ouverture de la rade. Sa présence n'est révélée, pour la première fois, qu'à la séance du conseil de ville du 28 avril, où les consuls rendirent compte que, traversant la rade dans une embarcation, le sieur de La Londe « avait fait lascher sur eux « des mosquetades, ayant mesme tué un de ceux qui ramoient

« dans la chaloupe ». Mais la présence à Toulon de ce capitaine devait déjà remonter à quelque temps, car, dans la même séance, il est question de ses menaces « de faire prendre et « trancher les testes », et de ses actes de piraterie, consistant à arrêter les barques qui trafiquaient sur la côte pour l'alimentation de la ville, « au seul dessein de jeter le désordre par « moyen de la famine ».

Cependant, le duc de Mercœur était arrivé à Aix le 8 mai 1652. La nomination du gouverneur, neveu, par sa femme, de Mazarin, avait été considérée par un assez grand nombre de Provençaux comme une menace à tous ceux qui, à l'époque des troubles du semestre, s'étaient déclarés contre le cardinal. Cette prévention amena plusieurs recrues dans le parti des Princes, et la ville de Saint-Maximin se déclara pour eux. Le duc de Mercœur ne justifia pas ces appréhensions. Dès son arrivée, il convoqua une assemblée des communautés à Aix, pour aviser avec elle aux moyens d'amener la paix. Toulon ainsi que les six autres places qui tenaient pour les Princes ne s'y firent pas représenter. L'assemblée, à l'unanimité, décida qu'il fallait réduire les rebelles par la force.

Le duc, fort de l'appui des communautés qui, en réalité, représentaient le pays tout entier, entra bientôt en campagne. Il fit attaquer la citadelle de Sisteron, qui n'opposa presque aucune résistance, et se rendit, ainsi que la ville. Tarascon, sous les ordres du capitaine Lacan, se défendit avec vigueur; mais la garnison ayant épuisé ses munitions, capitula le 24 juin, après quatorze jours de siége, à la condition qu'elle serait conduite à Toulon. Antibes, Saint-Maximin et la Tour-de-Bouc firent, à leur tour, leur traité particulier. A la fin du mois de juin, il ne restait plus au parti des Princes que Toulon et Saint-Tropez.

Il existait en ce moment dans Toulon une grande confusion,

déterminée par l'agglomération d'un grand nombre d'étrangers, *sabreurs*, anti-mazarinistes, mécontents et fuyards des places tombées au pouvoir du duc de Mercœur. Tous ces hommes n'étant pas d'un même corps, ni d'une même condition, ni même unis par une idée commune, avaient des intérêts divers. Les consuls, obligés de faire face aux besoins du régiment d'Angoulême et d'un surcroît exagéré de population, considéraient avec tristesse les éventualités prochaines d'un siége se compliquant d'une famine. Le duc de Mercœur résolut de profiter des avantages que le parti du roi venait d'obtenir, en même temps que de l'affaissement qu'ils avaient produit dans l'esprit des défenseurs de Toulon, pour arriver à une capitulation des factieux. Il envoya des émissaires prudents dans la ville, et chargea quelques officiers de marine de faire des propositions aux chefs les plus influents des diverses factions tumultueusement concentrées à Toulon. Presque tous se montrèrent faciles à un accommodement; néanmoins, celui qui, par sa haute position, semblait être le chef de la rébellion, le président d'Oppède, auquel il avait fait dire qu'il avait une lettre de cachet pour le rétablir dans sa charge, répondit : *Qu'il aimoit mieux tout perdre que de se détacher de ses amis* (1).

L'assemblée des communautés était encore réunie à Aix. Elle envoya à Toulon, pour traiter avec les consuls, Nicolas de Mimata, grand-vicaire du diocèse d'Aix, qu'elle fit accompagner de cinq autres délégués.

Tous les historiens de Provence, se copiant les uns les autres, ont dit que les consuls de Toulon et les délégués de l'assemblée provinciale s'étaient rencontrés à la Valette, bourg situé à peu de distance de Toulon; c'est une erreur et, ainsi que le constate

---

(1) Papon. T. IV, p. 543.

le procès-verbal de la séance, l'entrevue eut lieu dans la ville même, à l'Hôtel de ville.

Ce document, qui marque le premier pas qui fut fait vers une entente complète, constate les griefs principaux de la province contre Toulon; ces griefs portaient : 1º sur le regret qu'avait éprouvé l'assemblée des communautés, de ce que Toulon ne s'était pas fait représenter à Aix, quoique les procureurs du pays eussent convié les consuls à y venir en personne ou à y envoyer leurs délégués; 2º sur ce que Toulon était la seule ville qui ne fût pas encore venue rendre ses devoirs au duc de Mercœur, gouverneur de Provence; 3º sur ce que, malgré les ordres du roi, les consuls s'étaient opposés à la sortie du régiment d'Angoulême et à son embarquement sur les vaisseaux, pour aller servir en Catalogne; 4º et enfin, sur ce que les consuls avaient mis en mer les galères pour courir sur les barques qui trafiquaient avec les divers ports de la province.

Après avoir exposé ces demandes d'explications au nom de l'assemblée des communautés, les six délégués, qui agissaient, sans nul doute, avec l'assentiment du gouverneur, déposèrent un document par lequel « pour esviter un malheur funeste à la « province et voulant d'ailleurs tesmoigner à ceste ville de Tholon « combien ses intérêts luy sont chers », ils faisaient aux consuls des propositions destinées à flatter leur orgueil municipal, s'ils voulaient faire acte d'obéissance au roi et de soumission à Mgr de Mercœur. Ils leur offraient, en effet, non-seulement un oubli total de tout ce qui s'était passé, mais encore le paiement de leurs avances pour solde et nourriture du régiment d'Angoulême, la confirmation de leur privilége de lieutenants de roi, par l'abolition de la clause contenue dans les provisions du gouverneur de la ville, qui l'autorisait à se faire remplacer par un commandant militaire; et enfin la reconnaissance du droit antique pour eux, de lever des compagnies municipales, entretenues à l'avenir par la province (1).

Les consuls remirent deux jours après, le 21 juin, aux délégués de l'assemblée, une réponse par laquelle ils cherchaient à excuser leur conduite

Pour ce qui concernait leur absence à l'assemblée provinciale, ils répondaient : qu'on ne pouvait les blâmer de n'avoir envoyé aucun député à Aix, « car, disaient-ils, quy est le depputé qui
« voulust prendre cest employ après les mauvais traictemens
« qu'ont receu beaucoup de personnes de Thoulon dans la ville
« d'Aix, après les menaces dont on uze tous les jours en
« leur endroict. On a interdit aux lieux circonvoisins le com-
« merce de ceste ville ; il y a des gens armés sur les advenues
« qui ont arrestés les uns, fouillés les aultres ; on a décrété de
« prise de corps contre les principaux gentilshommes de la

---

(1) « ......Et que si la ville désire quelque chose de Sa Majesté, elle
« luy offre (la province) de luy rendre tous ses offices, et oze bien par
« advance se promettre toutes choses de sa bonté, mesmes à faire répa-
« rer, si la ville le trouve bon, les lettres de provision de Mgr le duc
« de Vendosmes, touchant le gouvernement, afin que les sieurs consuls
« puissent jouir paisiblement de la charge de lieutenants de Roy comme
« ils ont toujours faict ; comme aussi de laisser la garde de la ville à
« leur seule conduite, en levant eux-mesmes des compagnies qu'ils rem-
« pliront de tels officiers que bon leur semblera, lesquelles le païs entre-
« tiendra à ses dépens ; et parce que les habitans de la ville pourroient
« avoir faict quelques fournitures audit régiment (d'Angoulême), l'Assem-
« blée facilitera autant qu'elle pourra les moyens de leur donner satisfac-
« tion. Et finalement, que s'il y a quelque autre chose qui regarde non-
« seulement l'interest de la ville, mais la réunion générale de tous les
« esprits de la province au bien de la paix, l'Assemblée y apportera tous
« ses soins et s'y employera avec grand zèle et passion.
« Faict à Tholon, le dix-neufviesme juin 1652. »
N. de Mimata, *vicaire général d'Aix.* Seilhans ? Vallet ? Guidre ? Civiotte ? Farnosi ? ARCHIVES COMMUNALES. FF. 612. *Troubles de la Fronde.* Les cinq dernières signatures de ce document sont illisibles.

« province, des officiers de l'une et de l'aultre cour souveraine,
« des consuls, et on a arresté jusques aux moutons des bou-
« chers de ceste ville. Nous peut-on blasmer, après toutes ces
« choses, si nous avons renfermé nostre douleur dans nos
« murailles! Et qui peut se plaindre de la modération avec
« laquelle nous avons souffert ces traictements! »

Relativement à ce qu'on leur reprochait de n'avoir pas présenté encore leurs hommages au duc de Mercœur, ils protestaient que ce n'était pas avec l'intention de lui manquer de respect, mais seulement pour ne pas se séparer « d'un nombre
« très considérable d'officiers de l'une et de l'autre cour, de la
« plus grande partie de la noblesse, de quelques *commandeurs*
« des places, et de quantité d'aultres personnes, les intérests
« desquels et ceux de ceste ville sont inséparables, aulcun d'eux
« ne pouvant avec sûreté et bienséance aller rendre, au milieu
« de leurs ennemis, leurs devoirs à Monseigneur de Mer-
« cœur ».

Quant à l'accusation qu'on faisait peser sur eux de s'être opposés à l'embarquement du régiment d'Angoulême, ils s'excusaient, disant : « Le dit régiment avoit, en effet, reçu l'ordre
« de sortir après avoir esté payé de tout ce qui luy estoit dû par
« la province ; c'estoit une chose qui nous estoit cognue par les
« lettres que nous avions de Monseigneur de Brienne ; mais le
« régiment n'étant pas satisfait de ce costé là, les sieurs consuls
« le pouvaient-ils obliger à sortir de la ville sans la mettre en
« proye aux estrangers ; aux estrangers l'assaut, dans une
« saison où l'Estat semble ouvert de toutes parts aux ennemis
« par nos divisions intestines ; c'eust esté encore exposer la
« ville aux habitans qui, estant engagés avec le régiment par
« des sommes considérables qu'ils luy ont presté pour sa subsis-
« tance, et voyant la perte assurée de leurs biens par la sortie
« du régiment, se feussent infailliblement portés au dernier

« désespoir, ce qu'il a esté de la prudence des sieurs consuls
« d'esviter (1). »

Quant à ce qui avait trait aux courses faites par les galères sur les bâtiments de commerce, et à leur refus de laisser sortir les vaisseaux destinés à se rendre en Catalogne, ils opposaient, pour les galères, qu'à l'époque où elles étaient à Marseille, elles avaient accompli les mêmes actes, et que cet usage était toléré par le roi, qui y trouvait l'avantage de s'exonérer par ce moyen des dépenses qu'entraînaient le service et l'armement des galères, sans que les commerçants spoliés eussent à se plaindre, puisque le roi leur faisait rembourser le prix de leurs marchandises par les provinces, « ce qui est un exemple à mettre hors « d'apréhension de perte ceux sur qui présentement on prend ». Et pour se disculper de s'être opposés au départ des vaisseaux, ils invoquaient, comme à la séance du conseil de ville du 28 avril, une lettre du roi dont il ne reste aucune trace aux archives, leur ordonnant « d'empescher la sortie d'aucun des « vaisseaux du Roy, quelques ordres qu'ils en peussent rece- « voir de leurs majestés. Qui peut, disaient-ils en finissant, « après ces ordres secrets, blasmer les sieurs consuls s'ils les « ont ponctuellement exécutés ! »

Après avoir essayé de se disculper par des raisons si médiocres, les consuls déclaraient qu'ils étaient prêts à reconnaître le duc de Mercœur, et remerciaient avec effusion l'assemblée « de la bonté qu'elle a de leur offrir ses offices près de S. M.

---

(1) Les consuls trompaient sciemment l'assemblée par cette fausse assertion. Les sommes prétendues prêtées par les habitants pour la subsistance du régiment d'Angoulême avaient été en réalité fournies par la caisse municipale. Les habitants n'avaient été que des prêteurs fictifs. Des contre-lettres de ces soi-disants prêteurs existent encore en assez grand nombre.

« C'est une grâce toute particulière et dont la ville recevra les
« fruits aux occasions qui s'offriront (1) ».

Les consuls et les délégués des communautés eurent plusieurs conférences, à la suite desquelles la ville députa à Aix son premier consul de Piosin, le président d'Oppède, un gentilhomme d'entre les *sabreurs* réfugiés à Toulon, et un capitaine du régiment d'Angoulême. Le premier consul supporta tout le poids des négociations ; lui seul agissait dans l'intérêt de tous, sans préoccupations pour lui ou ses collègues. Le président d'Oppède, qui naguère se montrait intraitable, ne travailla qu'à se gagner l'esprit du duc de Mercœur (2) ; le gentilhomme ne parla que pour la noblesse, et le capitaine du régiment d'Angoulême émit de telles prétentions, au nom de ses camades, qu'on fut sur le point de se séparer sans rien conclure. On finit cependant par s'accorder sur les bases principales de la pacification, et on convint qu'il y aurait amnistie générale, que le régiment d'Angoulême sortirait de la place après qu'il lui aurait été payé tout ce qui lui était dû pour les arrérages de solde, et qu'il serait sursis aux décrets de prise de corps décernés contre les rebelles jusqu'à ce que le roi y eût pourvu lui-même.

Cet arrangement ne fut pas accueilli avec la même faveur par les diverses factions qui dominaient à Toulon. Le régiment d'Angoulême et le conseiller de Gallifet se montraient des plus ardents dans leurs protestations. La place de Saint-Tropez, attaquée par un régiment et les milices du pays, se défendait encore, sous le commandement d'Ardenty, homme de cœur et

---

(1) ARCHIVES COMMUNALES. FF 612 *Troubles de la Fronde.* Les consuls publièrent vers cette époque un mémoire, imprimé à Toulon, qu'ils envoyèrent au roi. Ce mémoire fort intéressant est intitulé : *Tholon aux pieds du Roy.*

(2) *Mémoires du président* CH. DE RÉGUSSE.

de résolution, et le conseiller de Gallifet, que cette résistance encourageait, agissait activement auprès du prince de Condé et du comte d'Alais pour les attirer en Provence avec une armée. L'exaspération des opposants fut poussée à son comble, quand M. de Bandol et les consuls d'Antibes, de Pertuis et de Lambesc furent envoyés à Toulon pour informer les consuls que le duc de Mercœur avait approuvé les articles convenus de la pacification, mais que le Parlement ne voulait accorder le sursis de prise de corps que pour cinq personnes qu'il ne désignait pas. Chacun se crut menacé, et une vive fermentation naquit dans la ville Un acte de rigueur au moins intempestif fit éclater une émeute. M. de Bandol, officier de marine et commandant une des galères ancrées dans le port, ayant profité de son séjour à Toulon pour aller visiter son bâtiment, qu'il avait été forcé d'abandonner depuis six mois à la suite des événements politiques, eut quelques démêlés avec l'Argousin, et le fit battre et mettre à la chaîne. L'Argousin était marié à Toulon ; trois ou quatre cents mariniers prenant parti pour lui, parcoururent la ville en criant : *Fuero traitres ! Vive le Roy !* et produisirent un soulèvement qui obligea les députés des communautés à partir.

Sur ces entrefaites, Saint-Tropez succomba après une héroïque résistance, et on apprit que le comte d'Alais, qui se rendait en Provence avec vingt mousquetaires, avait été arrêté en Poitou. Le bruit courut, non sans fondement, qu'il avait préparé lui-même son arrestation, en faisant avertir le roi de son départ, pour échapper aux sollicitations des mécontents de Provence. Quoi qu'il en soit, ces échecs ruinèrent complétement les espérances des plus ardents, et toutes les idées convergèrent vers une paix prochaine et définitive.

Le duc de Mercœur, accompagné du président de Régusse, se transporta à Ollioules, bourg situé à une lieue de Toulon, après avoir ordonné au régiment qui venait de réduire Saint-Tropez de se rapprocher de la ville, pendant que le chevalier de La Ferrière, qui était à la Ciotat avec dix vaisseaux, revenant de Catalogne, bloquerait le port (1). Par suite d'une entente entre les consuls et le gouverneur, le consul Baudon et le conseiller Deleuil se rendirent le 20 août à Roquevaire, où ils eurent une entrevue avec les procureurs du pays, chargés par le duc de Mercœur de régler la question, très-importante au point de vue des finances de la ville, des galères et des approvisionnements de Toulon (2). Le 12 septembre l'accord étant établi, Jacques de Cuers, viguier, Jacques Garelli, second consul, Pierre Cordeil, Rodeillat et Deleuil, conseillers, vinrent à Ollioules, et conclurent avec le gouverneur un traité de paix qui fut signé séance tenante.

Le traité portait :

Que la ville serait maintenue en ses priviléges municipaux ;

Que le régiment d'Angoulême suivrait la route que lui indiquerait le duc pour le service du roi, et que pour les arrérages de solde, on lui paierait 70,000 livres avant sa sortie de Toulon et 30,000 quand il ne serait plus en Provence ;

Que la ville lèverait pour sa garde huit compagnies de quarante hommes chacune, sous les ordres d'officiers nommés par le conseil de ville et agréés par le gouverneur, et que l'entretien de cette troupe serait à la charge du pays ;

Que la demande faite par les consuls, pour le rétablissement des magistrats du *semestre* et de la minorité du Parlement, serait renvoyée au roi, et qu'en attendant, ils pourraient se

---

(1) *Mémoires du président* Ch. de Régusse.
(2) Séances du conseil de ville du 30 juillet, 18 août, 20 août, 24 août, 26 août et 29 août. Archives communales. BB. 61. *Délibérations du conseil de ville.*

retirer en tel lieu de la province qu'il leur plairait choisir, excepté aux villes d'Aix, Arles et Marseille ; que tous les autres réfugiés, ainsi que les citoyens de la ville, seraient dès maintenant rétablis dans leurs charges, offices et propriétés, et qu'ils jouiraient des évocations par eux obtenues ;

Enfin qu'il serait accordé une amnistie pour tous les faits politiques accomplis depuis le 4 septembre 1651 jusqu'à ce jour.

« Les conventions cy-dessus ont esté accordées aux sieurs
« viguier, consuls et conseillers de la ville de Thoulon, et ce,
« suyvant le pouvoir qu'ils en ont du conseil de ladite ville de
« Thoulon, par délibération du douziesme de ce moys, soubs
« promesse de faire approuver et ratifier le contenu aux pré-
« sents articles par le conseil de ladite ville de Thoulon dans
« demain midy, Son Altesse estant suppliée par lesdits sieurs
« députés de faire son entrée dans ladite ville incontinent après
« ladite ratification. Et seront toutes choses exécutées de bonne
« foy.

« Faict à Ollioules, le treiziesme du moys de septembre mil
« six cens cinquante-deux.

« *Signés* : Louis DE VANDOSME ; DE CUERS,
« viguier ; GARELLI, consul ; P. CORDEIL ;
« RODEILLAT ; DELUEIL (1). »

Les consuls avaient traité pour le régiment d'Angoulême sans le consulter et sans y être autorisés. Le 13 septembre, à une heure du matin, au moment où ils venaient de signer les articles de paix, des délégués du régiment se présentèrent à Ollioules pour faire leur traité particulier : « Alors, dit le pré-

---

(1) *Articles accordés à la ville de Thoulon par Mgr le duc de Mercœur, pair de France, commandant pour le Roy en Provence.* ARCHIVES COMMUNALES. FF. 613. *Troubles de la Fronde.*

« sident de Régusse dans ses *mémoires*, les consuls et députés
« de la ville me prièrent de ne pas leur dire qu'il eussent con-
« clu et signé leur traicté sans eux. Je pris occasion de les ren-
« voyer au lendemain, pour autant que nous nous estions mis
« seulement à table pour souper et qu'il falloit reposer le reste
« de la nuict. Dès que je suis éveillé, lesdits officiers entrent
« en négociation avec moy pour le traicté de leurs intérêts ;
« mais ayant voulu faire des demandes extraordinaires, je fus
« obligé de leur dire que le traicté de la ville estoit arresté et
« signé, et que c'estoit à eux à prendre parti. La raison pour
« laquelle je les avois renvoyés du soir au lendemain, c'est
« parce que les consuls et députés de la ville demandèrent ce
« peu de temps pour avoir loisir d'informer les habitants de
« leur traicté et de prendre leurs précautions pour chasser la
« garnison, au cas qu'elle n'y voulut consentir. Les officiers
« de la garnison surpris que les habitants avoient fait leur
« traicté sans eux, et n'estant pas assez forts pour se rendre
« maistres de la ville contre le gré des habitans, prirent parti
« et acceptèrent les conditions que je leur offris, de sorte que
« le lendemain, suyvant l'accord, le régiment d'Angoulesme
« sortit de la ville, passa par Ollioules, où les chefs vinrent
« saluer M. le duc de Mercœur, qui, deux jours après, fit son
« entrée dans Thoulon. »

La ville de Toulon fut évacuée, et la garde en fut remise aux habitants, sous le commandement des consuls. Une nouvelle assemblée des communautés, tenue à Aubagne au mois d'octobre, ratifia les accords passés entre le duc de Mercœur et les consuls de Toulon. Le roi les confirma ensuite dans leur intégrité; et il n'y eut d'exception que pour le président de Gallifet qui, prévoyant le danger dont il était menacé, s'était enfui de Toulon dans une embarcation. Il fut arrêté peu de temps après et enfermé dans la citadelle de Sisteron, d'où le prince de Conti le fit sortir en 1654, après avoir fait son accommodement avec le roi.

Ainsi finirent, en Provence, les troubles de la Fronde, car on ne peut donner le nom de guerre civile à ces séditions qui, nées des mouvements généraux du royaume, ne mirent en jeu que les passions et les intérêts de certaines classes de la société, et laissèrent le peuple indifférent. Après la soumission de Toulon, le pays fut pacifié, à l'exception, cependant, de Draguignan, où l'autorité du gouverneur et l'influence du Parlement ne purent, de quelque temps encore, apaiser les querelles locales des *sabreurs* et des *cannivets*.

Le roi, heureux de voir le grand port de Toulon revenu à son obéissance, transmit, le 30 septembre 1652, au duc de Vendôme, gouverneur de la ville, de nouvelles lettres de provision, par lesquelles il révoquait la clause insérée dans ses premières lettres, portant pouvoir de commettre un commandant en son absence, « et parce que, disait-il, nous avons été
« depuis, bien et duement informé que cela est directement
« contraire à ce qui est pratiqué de toute éternité, nous avons
« jugé à propos d'annuler, pour ce regard seulement, lesdites
« provisions (1) ». Le duc de Vendôme n'éleva, du reste, aucune objection contre cette décision, car il écrivait, le 28 mars 1653, aux consuls, cette lettre pleine de bienveillance : « Je vous
« avois escris il y a quelques moys pour vous faire entendre les
« doutes que l'on vous a voulu donner que je voulusse choquer
« vos priviléges ; mais comme lors ceste lettre fut supprimée
« par je ne sçai quel malheur, j'ay voulu y suppléer par celle
« cy, et vous dire que j'ay fait réformer mes lettres de provi-
« sion du gouvernement de Thoulon, en sorte qu'a présent je
« ne crois pas qu'il y ait plus rien à redire. J'ay de plus donné

---

(1) ARCHIVES COMMUNALES. AA. 10. *Cahier de la lieutenance de Roy.*

« ordre qu'on vous rendict les premières pour les brus-
« ler (1). »

Le duc de Vendôme semble n'être jamais venu à Toulon. — A sa mort, arrivée en 1665, le roi ne jugea pas convenable de le remplacer, au moins jusqu'en 1680, où, par suite d'une affaire certainement très-grave, mais qui reste enveloppée d'un grand mystère, et que je vais avoir à raconter, Louis XIV changea totalement l'économie du commandement militaire de Toulon, en nommant, un commandant auquel on imposa l'obligation du domicile. Par ce fait, les fonctions de lieutenant de roi ne furent plus que des fonctions purement honorifiques.

De 1653 à 1680, où M. de Courcelles vint à Toulon en qualité de commandant militaire, la ville jouit d'une complète tranquillité, et le commerce, développé par des armements maritimes considérables, y acquit un haut degré de prospérité. Le génie de Vauban avait créé un arsenal immense, complété l'enceinte fortifiée, et fait de Toulon une des plus importantes places du royaume, en même temps que le succès des armes françaises sur mer y avait donné un prodigieux élan à la fortune publique. Les consuls, vivant au milieu d'un monde de hauts fonctionnaires, et revêtus d'une charge qui leur donnait le pas sur tous dans la ville, eurent à soutenir bien des luttes pour maintenir leurs prérogatives ; mais ils furent toujours appuyés dans leurs réclamations, par les ministres qui se succédèrent et par le roi.

Le 19 janvier 1661, M. le comte de Mérinville, lieutenant-général en Provence, sur l'avis des différends survenus entre les consuls et le colonel du régiment des vaisseaux-Provence, fit un règlement par lequel ;

(1) ARCHIVES COMMUNALES. AA. 10. *Cahier de la lieutenance de Roy*.

Les officiers du régiment ne pouvaient coucher hors de la ville sans la permission des consuls ;

On ne pouvait s'assembler ou faire prendre les armes au régiment sans en avoir obtenu l'autorisation des consuls ;

Si un soldat ou un officier était soupçonné de trahison contre le service du roi et la sûreté de la place, il devait être informé contre lui de l'ordre des consuls par le major de la place ;

Si un soldat était mis en prison par ordre des consuls, il ne pouvait être relaxé sans leur consentement, etc. (1).

Le duc de Mercœur, informé, en 1663, que quelques chefs de corps avaient méconnu ce règlement, le confirma en le renouvelant, et donna les ordres les plus sévères pour qu'il fût exécuté (2).

Les majors de la place étaient ceux contre lesquels les consuls avaient le plus à lutter. Anciens militaires, et profondément pénétrés de leur compétence, en même temps que fiers, à juste raison, des services qu'ils avaient rendus au pays, ils souffraient impatiemment une autorité bourgeoise supérieure à la leur dans le commandement de l'armée. En 1662, M. de Lamon prétendit avoir la présidence des conseils de guerre ; mais sur la réclamation des consuls, le roi rendit une ordonnance dans laquelle il était dit : que les assemblées pour les jugements militaires devaient se faire au logis des gouverneurs des places, et, en leur absence, au logis des lieutenants des gouverneurs, lesquels gouverneurs ou lieutenants des gouverneurs, présideraient les conseils de guerre, « sans que, sous prétexte qu'ils n'avoient « aucun corps ou compagnies sous leur commandement parti- « culier, il y puisse être apporté quelque empêchement (3) ».

---

(1) ARCHIVES COMMUNALES. AA. 29. *Conflits.*
(2) ARCHIVES COMMUNALES. FF. 613. *Troubles de la Fronde.*
(3) ARCHIVES MUNICIPALES. AA 10. *Cahier de la lieutenance de Roy.*

Les consuls présidaient, en effet, comme lieutenants de roi, les conseils de guerre, et il y a aux archives de nombreux jugements pour crimes et délits militaires rendus sous leur présidence.

Ce même M. de Lamon, en 1665, à propos d'un service funèbre célébré pour la mort du duc de Vendôme, gouverneur de la ville, voulut prendre rang, à l'église, avant les conseillers. Les consuls, pensant que lorsque le corps de la communauté était réuni, les conseillers ne pouvaient se séparer des consuls, qui n'étaient que les premiers d'entre eux, s'adressèrent à M. de Lionne, ministre de la guerre, pour qu'il jugeât la question. M. de Lionne leur écrivit le 1er décembre : « J'ay
« reçu la lettre que vous m'avez écrite le 13 du mois passé,
« et en même temps j'ai informé le Roy de la prétention du
« sieur de Lamon, pour le rang qu'il a voulu prendre devant
« les conseillers ; sur quoy Sa Majesté s'étant déclarée en votre
« faveur et ayant jugé que les majors n'avoient point de rang
« en pareilles rencontres, je lui écris présentement pour lui
« faire sçavoir que son intention est qu'il ait à se désister de
« sa prétention. C'est pourquoi vous ne devez pas craindre que
« dans une autre occasion il ne s'y conforme ponctuelle-
« ment (1). »

En 1664, le sieur Lebret, colonel, commandant la garnison, avait prétendu que le caractère et le pouvoir de lieutenant de roi étant attachés à la magistrature consulaire, les consuls n'en pouvaient faire les fonctions que lorsqu'ils étaient en corps et en chaperon, marque distinctive du consulat. Il parvint, en effet, à obtenir une ordonnance en date du 6 mars, portant que les consuls ne pourraient exiger les honneurs dus à la charge de lieutenants de roi, ni faire action de commande-

---

(1) ARCHIVES COMMUNALES. AA. 29. *Conflits.*

ment, que lorsqu'ils seraient au moins deux et en chaperon. Cette ordonnance ne fut néanmoins pas observée (1) et demeura tacitement abrogée par le non-usage. Plus tard, le major de Lamon articula les mêmes raisons que le colonel Lebret, et supplia le roi d'ordonner que le règlement de 1664 fût ponctuellement exécuté. Le roi transmit au duc de Mercœur l'ordre de rappeler les consuls de Toulon à l'observation de son ordonnance ; mais le duc étant mort sur ces entrefaites, ce fut le premier président d'Oppède, faisant les fonctions de gouverneur, qui fut chargé de notifier la décision du roi aux consuls. Les consuls protestèrent en se basant sur les suites fâcheuses que pourrait avoir l'exécution de cet ordre. D'Oppède, qui n'était pas militaire, les autorisa à se pourvoir devant le roi. Les consuls présentèrent une requête à Louis XIV.

Dans ce document, ils établissaient leurs droits sur des arrêts du parlement d'Aix et du conseil du roi ; ils citaient une ordonnance du comte d'Alais, du 15 septembre 1647, par laquelle, pour bien déterminer le respect qui était dû à leur dignité et à leur caractère, il enjoignait au major de leur porter en personne le mot d'ordre, et un arrêt du conseil du roi du 21 août 1662, portant défense de les *troubler*, soit qu'ils fussent en corps, soit qu'ils marchassent séparément, dans leurs fonctions, droits et priviléges. Le roi, par une déclaration en date du 19 janvier 1671, ordonna que : « Conformément à ce qui s'est pratiqué au « passé, les dits consuls de Toulon, soit qu'ils se trouvent en « corps ou séparément, jouiront de tous les honneurs qui sont « dus à la dignité de leur charge de lieutenants de Sa Majesté

---

(1) « Bien que le sieur Lebret aye ensuite reconnu la nullité des mo- « tifs qu'il avoit employés pour faciliter l'obtention de cette ordonnance, « et que ne s'en étant point servi, elle soit demeurée tacitement abrogée « par le non-usage. » *Déclaration du Roy Louis XIV, en date du 19 janvier 1671.*

« au gouvernement de la dite ville, et en cette qualité donne-
« ront le mot d'ordre, feront toutes actions de commandement
« qui regarderont la sûreté de la dite ville, et ordonneront
« conjointement ou séparément tout ce qu'ils jugeront à propos
« pour le bien du service de Sa Majesté, tout ainsi qu'ils au-
« roient pu faire avant la dite ordonnance du 6 mars 1664 et
« celle du sieur d'Oppède rendue en conséquence, pourvû
« toutes fois qu'ils portent le chaperon, qui est la marque de
« leur dignité consulaire. Enjoint à cet effet très expressément
« au dit major et à tous autres officiers ou soldats, de les re-
« connoitre et de leur obeir, en corps ou séparément, pourvû,
« comme dit est, qu'ils portent leur chaperon, à peine de déso-
« beissance (1). »

Mais les consuls allaient perdre le plus cher de leurs priviléges, à la suite d'une affaire criminelle dans laquelle l'un d'eux
avait dû jouer un rôle actif, mais qui nous est complétement
inconnu.

En 1678, le consulat était formé des sieurs Ange Cabasson,
premier consul; Charles Bosquet, deuxième consul, et André
Vaccon, troisième consul. Le major de la place étant empêché,
le sieur de La Robinière, capitaine au régiment Champagne,
en garnison à Toulon, le remplaçait provisoirement. Cet officier,
il ne faut pas l'oublier, avait des devoirs à remplir envers les
consuls, en sa qualité de major, et on peut supposer que des
tiraillements s'étaient produits entre eux et lui.

Le 29 octobre, le capitaine de La Robinière rentrant chez lui
« à quatre heures de relevée » et traversant la rue du Saint-
Esprit, représentée aujourd'hui par la partie de la rue Nationale
qui s'étend de la place de l'Intendance à la place Puget, fut
assailli par quatre « cadets » de la ville, nommés Gineste, Teis-

---

(1) ARCHIVES COMMUNALES. AA. 10. *Cahier de la lieutenance de Roy.*

sère, Massin et Paul Brun. Il n'est pas probable que ces quatre jeunes gens eussent l'intention de l'assassiner, car ils avaient des épées et ne le frappèrent que du plat de leurs armes : « Ils « l'ont battu et excédé, dit le procès-verbal, à coups de plat « d'épée et à coups de batons. » Un grand rassemblement de passants et de voisins ne tarda pas à se former, et personne, paraît-il, ne s'interposa pour soustraire l'officier à cette lâche agression. M. de La Robinière, tout meurtri qu'il était, eut cependant la force de se présenter à l'Hôtel de ville pour faire sa déclaration. Ce fut le deuxième consul Bosquet qui reçut sa plainte. Le même soir, les trois consuls réunis se transportèrent aux demeures des quatre coupables, pour les mettre en état d'arrestation, et, ne les ayant pas trouvés, y laissèrent des sentinelles. De là, ils se rendirent aux portes de la ville pour donner leurs signalements aux chefs de postes, et leur délivrèrent l'ordre de s'emparer de leurs personnes s'ils se présentaient pour sortir. Après deux jours de recherches infructueuses dans la ville et dans les maisons de campagne des environs, le conseil de ville décida que les quatre coupables seraient, quoiqu'en fuite, poursuivis criminellement, et que le consul Bosquet irait à Aix, vers M. de Grignan, gouverneur de la province, pour lui rendre compte de l'affaire.

L'attentat commis contre le capitaine de La Robinière avait produit une vive agitation dans la ville, et M. de Grignan s'était montré très-irrité contre la population, comme le constate sa correspondance à ce sujet. Il donna les ordres les plus sévères pour qu'on fît une recherche exacte de tous les habitants qui avaient été les témoins impassibles de cette odieuse agression. Les consuls, après une minutieuse enquête, purent lui présenter un rôle de trente-quatre personnes, qui furent condamnées par le gouverneur à payer au capitaine de La Robinière, à titre de dommages et intérêt, la somme de 550 livres, « pour ne

« s'estre pas mis en devoir d'empêcher l'*assassinat* commis le
« 29 octobre ou d'arrêter les coupables (1). »

Pendant ce temps, la justice suivait son cours. Le prévôt des maréchaux de France, dans le ressort de la sénéchaussée de Toulon, escorté de ses archers à cheval, battait inutilement la viguerie pour se saisir des coupables. Le bruit avait couru qu'ils s'étaient réfugiés parmi les pères dominicains de la Sainte-Baume. Le prévôt des maréchaux s'y transporta ; mais après une recherche exacte faite dans le couvent, il se convainquit que c'était là une erreur. En novembre, cependant, les consuls furent informés qu'on les avait vus et reconnus comme passagers sur un navire de Marseille à destination du Levant, que le mauvais temps avait forcé de relâcher en rade des îles d'Hyères. On se hâta d'envoyer sur ce point une chaloupe armée ; mais, à son arrivée, on ne trouva plus le bâtiment, qui avait appareillé la veille. L'exempt de la maréchaussée qui commandait la chaloupe ayant interrogé les habitants des bords du Gapeau, l'un d'eux assura « avoir vu partir le vaisseau du capitaine Carouge
« hier à bon matin, sur lequel les cadets de Toulon nommés
« Teissère, Massin, Brun et Gineste sont embarqués, ce qui
« nous a esté aussi asseuré par Pierre Bonnet, de la ville
« d'Yères, fermier de M. le marquis de Solliès (2) ». Rien n'indique que cette assertion ne fût pas vraie, car on ne revit jamais les coupables à Toulon, et on peut supposer qu'ils s'établirent dans le Levant.

Sur ces entrefaites, la question s'était compliquée. Le consul Bosquet, celui-là même qui avait reçu la plainte du capitaine La Robinière et avait été député vers M. de Grignan, se trouva, moins d'un mois après, assez compromis dans l'attentat dont

---

(1) Archives communales. EE. 5. *Affaires militaires.*
(2) Archives communales. FF. 626. *Procédures criminelles.*

avait failli être victime le major de la place, ou dans l'évasion des coupables, que le roi, par une ordonnance en date du 14 novembre, décida qu'il serait destitué de sa charge de consul, et défendit aux habitants de l'élever à aucune charge publique pendant six années (1). Malheureusement, des mains amies ont soustrait des archives municipales toutes les pièces qui se rapportent à cette affaire, et ce n'est que par l'ordre du roi lu en séance du conseil de ville et enregistré, et par une lettre de M. de Grignan, à la date du 28 janvier 1679, échappée à la sollicitude de ceux qui voulaient faire disparaître toutes les traces de la procédure, que nous pouvons acquérir la certitude d'une participation quelconque du consul Bosquet. Le 28 janvier 1679, en effet, M. de Grignan écrivant aux consuls, leur disait : « Les habitans doivent s'estimer heureux de n'avoir été
« comdamnés qu'à la somme de 550 livres, pour n'être inter-
« venus pour empêcher cet assassinat ; et quand au consul
« Bosquet, j'espère que le Roy lui sera plus tard favorable,
« mais quand au présent, il n'y faut point compter (2). »

Ce qui confirme davantage encore la participation du consul à cette déplorable affaire, sans cependant apporter aucune lumière sur le rôle qu'il y joua, c'est que, cinquante ans après, sa culpabilité pesait encore sur les consuls de Toulon, et qu'on leur reprochait, comme une honte dont ils ne pouvaient se laver, l'indignité de l'un de leurs prédécesseurs. En 1733, M. de Granville, major de la place, en conflit avec les consuls, adressa un mémoire au ministre, dans lequel rappelant ce lamentable épisode, il disait : « M. Dupont, commandant mili-
« taire de la ville, vient de me dire que par le détail qu'il eut
« ordre d'envoyer l'année dernière d'une affaire arrivée ici

---

(1) ARCHIVES COMMUNALES. BB. 66. *Délibérations du conseil de ville.*
(2) ARCHIVES COMMUNALES. EE. 5. *Affaires militaires.*

« deux ans avant l'établissement d'un commandant, il paraît
« que tous les ordres qui regardaient les troupes étaient adres-
« sés au sieur de La Robinière, capitaine de la garnison. » Et
les consuls, dans leur réponse au mémoire, faisant allusion à
ce passage, disaient avec amertume : « Que prétend conclure
« de là M. de Granville? L'affaire dont il veut parler est une
« affaire où l'imprudence d'un consul fit gémir et souleva toute
« la ville, animée de zèle pour le profond respect et l'obéis-
« sance qui sont dûs aux ordres du Roy, ce qui donna lieu à
« l'établissement d'un commandant militaire dans Toulon. Est-
« il surprenant que pendant le cours de cette triste affaire, où
« l'un des consuls se trouvait malheureusement et imprudem-
« ment engagé, les ordres fussent adressés à M. de La Robi-
« nière ou tel autre officier que l'on voudra (1). »

Ce jugement porté par des hommes qui devaient être bien instruits de la conduite du consul Bosquet, est sa meilleure condamnation. En 1679, le retentissement qui se fit autour de cette
procédure criminelle, où la personnalité d'un consul était impli-
quée, fut exploitée par les ennemis de la lieutenance de roi jointe
aux fonctions consulaires, et il fut un instant question de retirer
cette charge aux consuls de Toulon pour la transférer à un autre.
C'est ce qui résulte de la lettre suivante de M. Vialhe, agent de la
communauté à Paris, en date du 12 mai 1679 : « J'ay appris que
« vostre procès-verbal ayant esté rapporté au Roy, Sa Majesté a
« paru satisfaite de vos diligences, mais qu'Elle avoit dit que
« cela ne suffisoit pas et qu'il falloit empescher les désordres et
« les assassinats, parce qu'ils estoient bien souvent impunis.
« Et cela joint à l'affaire de M. Bosquet, on appréhende extrê-
« mement pour la lieutenance de Roy. Je sais d'ailleurs que
« des gens puissants vous desservent extrêmement et qui font

(1) ARCHIVES COMMUNALES. AA. 33. *Conflits.*

« leurs efforts pour faire mettre un lieutenant de Roy à vostre
« place. Pour prévenir cela, il seroit à souhaiter qu'on empes-
« chât les désordres qui arrivent dans vostre ville, car on ap-
« pelle icy tous vos procès-verbaux grimaces ; et on dit que si
« vous aviés fait pendre deux ou trois cadets, cela persuaderoit
« mieux que des procès-verbaux que vous y allés de bon pied.
« Je n'ose vous en dire davantage, parce qu'il faudroit que je
« nommasse des gens dont il faut espargner le nom. Ce qu'il
« y a donc à faire pour prévenir les maux dont on vous me-
« nace, c'est d'avoir l'œil sur toutes choses et de faire quelque
« chose d'esclat, et qui puisse marquer que vous n'entendés
« point raillerie, c'est-à-dire faire pendre quelques-uns des
« coupables (1). »

Les appréhensions de M. Vialhe n'étaient pas sans quelques fondements ; les consuls ne perdirent pas, il est vrai, leur position de lieutenants de roi, mais on leur imposa un gouverneur militaire en résidence fixe. L'attentat commis contre le capitaine de La Robinière et le rôle que le consul Bosquet avait joué dans cette affaire furent-ils les causes directes de ce changement dans le gouvernement de la ville, ou bien ne furent-ils qu'une occasion pour arriver à un état de choses plus conforme à l'importance qu'avait la ville au point de vue militaire et maritime ? Certains passages de la correspondance ministérielle à cette époque autorisent à penser que cette dernière supposition pourrait être la vraie.

En 1679, le roi nomma commandant militaire M. de Courcelles, officier général de l'armée, qui avait longtemps fait la guerre et inspirait une grande confiance. M. de Courcelles commença la longue série des commandants ayant pour lieutenants les consuls de Toulon. Dans de telles conditions, les fonctions

---

(1) ARCHIVES COMMUNALES. BB. 269. *Correspondance*.

de lieutenants de roi n'étaient plus que des fonctions nominales et allaient devenir des sources intarissables de conflits. Ce ne fut plus, en effet, pour les libertés reçues des mains des comtes souverains de Provence, pour les priviléges octroyés par les rois de France, et que leurs pères avaient défendus avec une fière énergie et un grand patriotisme, que les consuls luttèrent ; ils usèrent toutes leurs forces dans des querelles de préséance. L'histoire de ces conflits constituerait cependant encore une étude intéressante à faire, et les matériaux pour l'écrire abondent aux archives municipales. Quoique sans autorité sur les troupes et réduits à la seule administration de la cité, leur position de lieutenants de roi leur assignait la première place après le commandant militaire ; de là, des revendications et des hostilités incessantes de la part des majors de la place, toujours jaloux d'eux, des commandants de la marine, qui voyaient avec le plus vif dépit de simples bourgeois portant le chaperon consulaire marcher avant eux dans les cérémonies publiques, des membres du Parlement et de la cour des Comptes en service à Toulon, des juges, des lieutenants du sénéchal et même des évêques de la ville. Pendant cent dix ans, en effet, de 1680 à 1790, les consuls de Toulon combattirent pour conserver les débris des antiques priviléges de la ville.

Le dernier consul lieutenant de roi au gouvernement de Toulon fut M. Roubaud, qui mourut le 2 janvier 1790, en plein exercice de commandement, en absence de M. du Luc, maréchal de camp, qui venait d'être rappelé sur sa demande et n'avait pas encore été remplacé. M. Roubaud, esprit ferme, généreux et libéral, se sentait débordé par les passions révolutionnaires ; il mourut comme un soldat sur la brèche, frappé d'une attaque d'apoplexie à l'Hôtel de ville. Ses obsèques furent splendides. Le drap mortuaire était tenu par les colonels des régiments de Dauphiné et de Barrois, et par le colonel et le major de la garde nationale. Sur le cercueil, on avait déposé le chaperon consulaire, insigne de la magistrature municipale, une épée et les clefs de la ville, emblèmes des fonctions de lieutenant de roi.

Au sortir de la Révolution, les consuls de Toulon, commandants militaires et lieutenants de roi au gouvernement de la ville, ne furent plus que les maires d'une commune de France.

ORGANISATION ADMINISTRATIVE & JUDICIAIRE

DE LA

VILLE DE DRAGUIGNAN

Jusqu'à la réunion de la Provence à la France

par

CAMILLE ARNAUD

Juge honoraire du Tribunal civil de Marseille

> Gens de bien, Dieu vous saulve et guard! Où estes vous? Je ne vous peuz voir. Attendez que je chausse mes lunettes.
> *Pantagruel*, livre 4, prologue.

SOMMAIRE :

1. — De l'organisation de la commune à Draguignan. — Défaut de titres qui s'y rattachent.
2. — Observation préliminaire. — Distinction entre la commune relevant immédiatement du comte de Provence et celle appartenant à un seigneur.
3. — État des villes comtales, c'est-à-dire relevant directement du comte.
4. — Villes dans lesquelles le pouvoir était partagé entre le comte et un seigneur.
5. — De l'administration civile et judiciaire considérée en général. — Nombre de fonctionnaires y attachés. — Leur qualification. — Noms sous lesquels ils étaient connus.
6. — Du viguier, chef de l'administration. — Nature de ses fonctions. — Ses insignes.
7. — Identité des fonctions du bailli et de celles du viguier.
8. — Villes où le viguier cumulait les fonctions de magistrature.
9. — Du juge.
10. — Juge de Draguignan fonctionnant au criminel. — Nomination de substitut.

11. — De la torture. — Espèces diverses de tortures. — Chevalet, flambage.
12. — Des peines. Elles étaient pécuniaires ou corporelles. — De l'amende.
13. — On ne connaissait pas l'emprisonnement, en tant que peine.
14. — Du pilori.
15. — Immersion.
16. — Fustigation.
17. — Mutilation.
18. — Coupement de l'oreille, de la main, du pied. — Percement ou extirpation de la langue.
19. — Peines capitales. — Pendaison.
20. — Décapitation.
21. — Combustion.
22. — Noyade.
23. — De l'appel. — Obstacles à son exercice.
24. — Tenue des audiences. — Rédaction des jugements.
25. — Du greffier. On le prenait parmi les notaires.
26. — Du clavaire — Nature de ses fonctions. — Leur durée.
27. — Serment des officiers.
28. — Leurs salaires. — Peines portées contre eux.
29. — Du sous-viguier. — Nature de ses fonctions. — Ses insignes. — Son salaire.
30. — Des huissiers.
31. — Administration municipale. — Organisation de la commune. A défaut de titres, exemples pris au dehors.
32. — Organisation de la commune à Saint-Maximin. — Modifications qu'elle subit.
33. — Renouvellement du conseil. — Des cités. — Leur abolition. — Intervention du conseil vieux en certaines affaires.
34. — Mode électoral.
35. — Conditions d'éligibilité.
36. — Des incompatibilités.
37. — Ancien vote par bulletins. — Maintien des cités dans d'autres pays.
38. — Anciennes assemblées électorales populaires.
39. — Statut de Grasse. — Manière dont il fut édicté.
40. — Statut de Cuers. — Mode d'élection. — Renouvellement du conseil.
41. — Statut de Fréjus. — Changements introduits au mode électoral. — Usages anciennement pratiqués dans cette ville.
42. — Elections communales en d'autres villes : A Forcalquier, à Manosque.

43. — Statut de Sisteron. — Conseillers institués à vie.
44. — Elections à Aix. — Listes de candidats aux offices municipaux. — Election par le sort.
45. — Composition du conseil municipal de Draguignan. — Nombre de ses conseillers et de ses officiers.
46. — Des syndics — Leur nomination. — Annualité de l'office. — Maintien des syndics sortants dans le nouveau conseil. — Serment prêté par les syndics. — La commune leur allouait un traitement.
47. — Les syndics étaient au nombre de trois.
48. — Insignes des syndics.
49. — Lieutenants des syndics.
50. — Fonctions des syndics. — Leur entrée aux états.
51. — Du trésorier communal.
52. — Système financier alors en usage.
53. — Nomination du trésorier. — Traitement. — Remises. — Annualité de l'office.
54. — Greffier du conseil. On le prenait dans le corps du notariat.
55 — Auditeurs des comptes.
56. — Experts ou cominaux.
57. — Vérificateurs des poids et mesures.
58. — Vérificateurs des victuailles.
59. — Fabriciens.
60. — Valet de ville.
61. — Gestion du conseil municipal de Draguignan. — Ordonnance de police par lui rendue. — Jeu. — Femmes publiques.
62. — Privilége relatif au jeu. — Autres dispositions de cet acte.
63. — Second privilége. — Présidence du conseil. — Logement des officiers étrangers.
64. — Prise de Draguignan par les rebelles, sous le règne de la reine Jeanne.
65. — Juridiction du monastère de la Manarre, d'Hyères.
66. — Règlement des maîtres-tailleurs et apprentis.

1. — Les archives des Bouches-du-Rhône, où sont centralisés tous les documents relatifs à l'histoire des communes de Provence, présentent une lacune fâcheuse, en ce qui touche la ville de Draguignan. Beaucoup d'autres communes, chefs-lieux de viguerie ou de bailliage, y ont leur titres ; Draguignan fait

exception. On n'y trouve pas la charte organisant sa municipalité, tandis qu'on sait à quoi s'en tenir, sur ce point, pour les villes voisines de Saint-Maximin et de Grasse. Les communes de la haute Provence sont aussi mieux partagées. Manosque, Forcalquier, Digne, Sisteron, Castellanne ont leurs chartes municipales, dont la plus ancienne, celle de Manosque, remonte à 1206. Apt, Pertuis, Tarascon, Arles, Marseille, Aix, jouissent du même avantage ; mais, quant à Draguignan, nous ignorons absolument en vertu de quelles règles se formait son conseil municipal et comment il se composait.

Il exista, pourtant, le fait est incontestable, mais, à moins que les archives locales puissent résoudre cette question, nous sommes réduits à consulter les titres des communes voisines, ainsi que ceux des autres communes de Provence, afin de savoir comment on y procédait à la formation des conseils municipaux, quel était le nombre de leurs officiers, et nous pourrons nous faire une idée de la pratique suivie à Draguignan.

Nous n'arriverons pas à la certitude, parce que les documents nous font défaut et, qu'en fait de recherches archéologiques, on ne peut l'atteindre que par la production de titres. Mais, en voyant comment on se comportait dans les autres villes, se trouvant dans une situation semblable, nous aboutirons à des probabilités qui ne seront pas dépourvues de fondement. En effet, les chartes municipales qui nous restent ont un grand nombre de dispositions communes et, sauf quelques différences, tenant plus à la forme qu'au fond, elles se ressemblent toutes en ce qui est essentiel.

2. — Une réflexion préliminaire se présente tout d'abord. Il faut, quand on recherche les origines d'une commune, savoir d'avance comment elle se comportait vis-à-vis du régime féodal, en d'autres termes, si elle était dans le domaine du comte de Provence, relevant de lui directement et immédiatement, ou

bien si elle appartenait à un baron qui, sauf les droits régaliens, attributs de la souveraineté, y exerçait un pouvoir absolu. En un mot, la commune, sujet de l'étude entreprise, était-elle ville comtale ou constituait-elle un fief ?

3. — Nous n'avons rien à dire des fiefs. Mais nous établissons en principe que toute ville chef-lieu de viguerie ou de bailliage était ville comtale et libre, par conséquent, car relever immédiatement du comte constituait un avantage inappréciable. Les relations du souverain avec ses vassaux directs étaient rares, simples, ordinairement bienveillantes, et, dès que la commune avait payé sa part des charges mises sur le pays, on ne s'inquiétait plus d'elle. Le conseil municipal agissait à sa guise, sans contrôle aucun ; il gouvernait ses administrés ainsi qu'il l'entendait ; faisait et édictait des ordonnances de police, avec sanction de peines ; veillait à la santé et à la sécurité publiques ; affermait les revenus de la commune et en disposait ; plaidait, sans autorisation, en demandant et en défendant, et son pouvoir ne connaissait de limites qu'en matière d'impôts. Il lui était interdit d'établir des charges locales, sous les noms de rêves, dixains ou vingtains, sans le consentement du sénéchal, en conseil.

4. — Cependant, comme il est peu de règles non sujettes à exception, il existait des villes où le pouvoir était partagé entre le comte et un autre seigneur. Par exemple, à Apt, qui relevait de trois personnes ; à savoir, du comte, de l'évêque de cette ville et de l'ancienne famille des Guirand de Simiane, si bien que chacun d'eux y avait ses officiers particuliers. Ainsi, dans la même localité, vivaient côte à côte et fonctionnaient simultanément les baillis et juges du comte, de l'évêque et de Guirand de Simiane. Mais la possession n'était pas indivise, car autrement cette tenure eût été impossible, elle était, au contraire, délimitée. Chacun des co-seigneurs avait ses hommes ressortissant de

sa juridiction. Un fait semblable se produisait à Aups, qui était divisé entre le comte et la famille de Blacas; à Aix, dont le quartier des Tours relevait de l'archevêque, et à Pertuis, qui était possédé en partie par le monastère de Montmajour. Il devait y avoir quelque chose d'approchant à Marseille où se trouvait la ville vice-comtale.

Mais partout ailleurs, sauf dans quelques villes où des nobles, connus sous le nom de *parerii* (égaux), avaient des priviléges, soit de juridiction; soit de participation à percevoir certains droits féodaux, le comte était l'unique seigneur. La commune était libre, complétement libre, libre au point, qu'aujourd'hui nous pouvons, à bon droit, regretter nos anciennes institutions municipales. Sans doute, le pouvoir était despotique, il ne pouvait en être autrement en temps de féodalité, mais, en fait, les communes privilégiées jouissaient d'une liberté presque illimitée. Quelque peu enclin qu'on soit à louer une époque de barbarie, de despotisme et de misère, il faut avouer que plus d'un des usages de nos pères suscitent des sentiments de regret et d'envie chez leurs descendants.

5. — L'administration civile et judiciaire d'une contrée est à considérer principalement, alors qu'on veut savoir à quel dégré de civilisation cette contrée était parvenue. On jugera de l'état social en Provence, jusque vers la fin du xve siècle, quant on saura que, à l'exception de quelques grandes villes où les besoins du service exigeaient un personnel plus nombreux, les vigueries et bailliages n'avaient que quatre fonctionnaires, institués par le comte, et, chose encore plus merveilleuse, qu'ils suffisaient à remplir leur mission. Il serait contraire à la vérité de dire qu'il n'y avait pas d'abus, ils étaient nombreux et tenaient principalement aux vices du régime féodal, mais il n'en est pas moins certain que quatre fonctionnaires administraient, sans trop de peines ni de soins, une ville importante, ainsi que

la circonscription territoriale dont elle était le chef-lieu. Aujourd'hui, si l'on s'amuse à les compter, on en trouvera bien davantage.

Ces fonctionnaires, qualifiés officiers mineurs, par opposition avec les officiers majeurs résidant à Aix, tels que : sénéchal, membres du conseil, maîtres rationaux, président de la cour des Comptes, juge des premiers appeaux, juge mage, procureur et avocat fiscal et trésorier-général, ces fonctionnaires, disons-nous, étaient nommés par le comte ou par le sénéchal, en conseil, et installés, invariablement, le 1er mai de chaque année, car, à une seule exception près, leurs charges étaient annuelles, l'annualité de ces offices étant un principe de droit public, en Provence, aux termes d'un statut de Robert, du 25 mai 1310 (1). Il devaient être régnicoles, point clercs, et il fallait que, ni eux ni leurs femmes, fussent originaires du lieu où ils exerçaient leurs fonctions. Ils étaient salariés par le trésor ; leurs traitements se prélevaient sur les recettes de la viguerie.

Donc, quatre fonctionnaires administraient la ville et la viguerie de Draguignan. Au sommet de la hiérarchie figurait le viguier, puis le juge, ensuite le notaire-greffier, enfin, le clavaire. Nous ferons connaître les attributions que l'usage, autant que les statuts, faisaient à chacun d'eux et, après cela, nous passerons à l'administration municipale, objet principal de cette étude.

6. — Le viguier était administrateur, dans le sens strict du mot, bien qu'il ne soit pas très-facile de dire quelle était son ingérence dans les affaires publiques, car l'administration n'était point telle que nous la comprenons aujourd'hui. Imaginez une société à laquelle toutes nos institutions actuelles font défaut. Il est impossible de charger le tableau. Sachez que rien

(1) ARCHIVES DES BOUCHES-DU-RHONE. *Viridis*, f° 80.

de ce que nous voyons maintenant n'existait alors. Pas d'administration communale centralisée, par la raison que, dans les régions supérieures, on s'inquiétait fort peu des communes lesquelles, de leur côté, faisaient leurs affaires elles-mêmes et s'en trouvaient bien. Un tiers, résidant au loin, ne s'en mêlait pas. Point de système d'impôt, seulement des redevances perçues à divers titres, ressources auxquelles se joignaient les dons que les états faisaient, annuellement ou presque annuellement, au comte. Pas de force armée régulière, par conséquent, point de conscription. Aucune de nos grandes administrations financières, ni des domaines, ni des douanes, ni des postes, ni des forêts, ni des contributions directes ou indirectes. Une organisation judiciaire primitive, et point de ministres attirant tout à eux et voulant tout voir, tout trancher. Bref, la société semblait aller à vau-l'eau; cependant, elle marchait, elle progressait même, car l'influence funeste du régime féodal s'amoindrissait.

On oublie, pourtant, quelque chose, en matière de finances. D'abord, une espèce d'octroi, connu sous le nom de rèves, imposées par et pour la commune; et, en ce qui intéressait le trésor, la late, sorte de droit de justice acquitté par les plaideurs, soit en demandant, soit en défendant; les péages perçus par le comte ou par les barons, selon le lieu où ils étaient exigés, bien que nos souverains en eussent exonéré, presque partout, leurs vassaux directs; enfin les lesdes et cosses prélevées sur les objets exposés aux foires et marchés. Telle était la matière imposable.

Dans cette simplification vraiment extraordinaire, on ne voit pas ce que faisait le viguier. Abstraction faite de la présidence du conseil municipal et de celle des assemblées électorales tenues pour le renouvellement de ce conseil, son influence était nulle, car il n'avait pas à se mêler de ses délibérations et n'y intervenait que pour les autoriser. Partant, la gestion des affaires communales, partie la plus importante des fonctions de l'administrateur moderne, lui donnait fort peu de soucis. Il y a mieux ; personne autre n'avait à s'en occuper. Les affaires de la commune avaient-elles été mal gérées? L'année suivante, les électeurs choisissaient un autre conseil et la liberté guérissait les blessures qu'elle avait faites.

Le viguier présidait encore les assemblées de viguerie ou de bailliage, quand il plaisait au sénéchal de les convoquer. Disons, en passant, que ces assemblées remplissaient à peu près le rôle de nos conseils d'arrondissement. Elles faisaient entendre leurs doléances, exposaient les besoins de la viguerie, et répartissaient les charges mises sur le pays par les états. La base de la répartition étant le feu, elles proposaient les modifications rendues nécessaires par l'accroissement ou la diminution de population survenu dans les diverses communes, propositions sur lesquelles les états statuaient souverainement.

Le viguier avait la surveillance des chemins publics. Il lui était pourtant interdit de les faire réparer, de son chef. Il ne pouvait agir, en cette matière, que sur les ordres du sénéchal. La surveillance emportait le droit de visite. Il lui fut retiré, sauf le cas de provocation. La mesure fut motivée sur ce que les viguiers, sous prétexte de visites intempestives et multipliées, extorquaient de l'argent aux communes par lesquelles ils se faisaient payer leurs frais de transport.

Il n'est pas autrement question du viguier, en qualité d'administrateur. Il est vrai qu'étant sous la dépendance du sénéchal, avec lequel il correspondait directement, il recevait et exécutait ses ordres et, comme ce haut fonctionnaire touchait à tout, il s'ensuit que le viguier pouvait recevoir de lui une mission ayant trait, soit à l'administration, proprement dite, soit aux affaires judiciaires. C'était par son intermédiaire que le sénéchal s'adressait aux autres agents du pouvoir. Fouiller plus avant dans sa capacité administrative est impossible, par la raison que la matière manque. Sous ce rapport, son rôle eût été assez effacé, s'il n'avait été l'agent et le représentant du comte. C'était par l'envoi d'un viguier que le souverain manifestait sa suprématie et rappelait à la commune qu'elle avait un maître. Supprimez cet officier, la commune jouira d'une indépendance complète, car en fait, sauf la prestation de foi et hommage, chaque ville comtale constituait une république, ayant son organisation particulière. La cohésion, résultat de l'uniformité des institutions, n'existait pas encore.

La garde de la ville entrait dans les attributions du viguier qui prenait le titre de capitaine pour le roi. En cette qualité, tous les soirs, le concierge lui apportait les clés des portes. Il y avait cependant des communes où la garde appartenait aux syndics, en force de priviléges concédés par le comte. Dans ce cas, ceux-ci recevaient les clés et donnaient le mot du guet.

Ayant la garde de la ville, il était nécessairement officier de police. En effet, il veillait à la sûreté publique, commandait et dirigeait le guet, arrêtait les vagabonds, faisait fermer les cabarets et verbalisait contre ceux qui, après la sonnerie du couvre-feu, étaient trouvés dans les rues, non munis de lumière.

Ses insignes étaient un bâton orné, sans doute, de quelque emblême dont on ne trouve nulle part la description. Il le portait aux cérémonies publiques et, présidant le conseil municipal, il le déposait sur le bureau. Son investiture se faisait par la remise du bâton, (*traditione baguete*).

7. — Ce qui précède s'applique aux baillis, dont les fonctions étaient exactement semblables à celles des viguiers. La seule différence entre eux consiste en ce que l'un administrait une viguerie et l'autre un bailliage. Par exemple, Saint-Maximin, étant chef-lieu d'un bailliage, avait un bailli.

8. — Il est encore à remarquer que, dans certaines localités,

le viguier cumulait les fonctions de judicature, par exemple, à Forcalquier où le même individu était, en même temps, viguier et juge. Cette réunion s'opéra vers le milieu du xiv⁰ siècle et dura jusqu'à la réformation de la justice, en 1535. Notons encore que, dans cette ville, il prenait très-anciennement le titre de bailli et que la circonscription territoriale se nommait bailliage. Au reste, l'étymologie du mot bailli s'explique facilement par le sens qu'il a dans la langue provençale. Il signifie chef, qualification qui convenait parfaitement à l'agent représentant du comte.

9. — Ces observations, nécessairement incomplètes, suffiront à faire comprendre quelles étaient les fonctions du viguier. Quant au juge, qui venait après lui, dans l'ordre des préséances, point n'est besoin de dire ce qu'il faisait. Ses pouvoirs étaient remarquables par leur amplitude, bien que les décisions émanant de lui fussent sujettes à appel. Sa juridiction ne connaissait pas de limites. Au civil, il sentenciait, quelle que fut la valeur de la chose litigieuse, et, au criminel, depuis la simple contravention, jusqu'à l'assassinat, tout ressortissait à son tribunal. Mais les affaires fiscales lui étaient enlevées. Elles appartenaient à une autre juridiction, c'est-à-dire, à la cour des Comptes.

10. — Il est extrêmement curieux et instructif de voir le juge de Draguignan fonctionnant au grand criminel, car rien ne montre mieux la distance qui sépare le moyen âge de l'époque actuelle. Disons, d'abord, que la coutume lui permettait de se donner un substitut sous le nom de lieutenant et qu'il le nommait lui-même, en l'investissant de toutes ses attributions, sans que le pouvoir intervînt. Le viguier, ainsi que les autres fonctionnaires, avait semblable faculté.

11. — Au criminel, les moyens d'arriver à la découverte de la vérité furent, de tout temps, les mêmes, mais nos ancêtres suppléèrent au défaut de preuves par une coutume barbare. A l'accusé, se tenant sur la défensive et niant avoir commis le fait

incriminé, ils opposèrent la torture que, par une aberration inconcevable, ils tinrent pour le genre de preuve offrant le plus de certitude. Déjà, on a tout dit sur ce sujet, il est, par conséquent, inutile d'y insister.

Il y avait plusieurs modes de torture, par exemple, celle du chevalet sur lequel on couchait le criminel que l'on soumettait à la tension des membres, jusqu'à la dislocation. Mais on en pratiquait un autre dont la cruauté était égale, sinon supérieure. On flambait les accusés, procédé consistant à plier du lard dans du papier, à l'enfiler à une brochette, à y mettre le feu et à faire couler le lard fondu et enflammé sur le corps nu du patient.

Une assertion pareille doit être justifiée, car, pour l'honneur de l'humanité, si la preuve ne suivait, on refuserait d'y croire. Donc, la voici ; mais notez que les exemples de cruauté que l'on va donner n'étaient pas particuliers au juge de Draguignan. Les autres juges s'en rendaient également coupables ; une coutume vingt fois séculaire ne pouvant excuser semblables atrocités.

Un acte public, fait à Draguignan, le 25 janvier 1336, est ainsi conçu. On le rapporte textuellement, avec son orthographe religieusement respectée : « Raymundus Gaufridi, executor
« sententiarum corporalium curie regie Draguiniani, confessus
« fuit atque in veritate recognovit discreto viro Bertrando Hu-
« gonis, clavario Draguiniani, ibidem presenti, se, ab eodem
« clavario, solvente, exhibente sibi de pecunia proventuum sue
« clavarie offici penes eum, ut dicebat, existente, pro executio-
« nibus per eumdem carnacerium factis in personis Mitrii, de
« Taradello, et Petri Isnardi, de Castro Duplo, latronum con-
« dempnatorum ad flammandum, seu lardandum, per domi-
« num Johannem Belhibominis, judicem Draguiniani, quia
« facere nolebant veritatem de contra eos intitulatis (1) ; pro

(1) Les chefs de prévention se nommaient *tituli*.

« qualibet executione per eum facta in persona dictorum Mi-
« trii et Petri, solidos duos et denarios sex ; et pro lignis, cor-
« dis et lardo ad dictam executionem necessariis ; ac pro quadam
« scala empta per ipsum clavarium in qua fuerunt ligati et lar-
« dati dicti homines, coronatorum (1) solidos septem, denarios
« duos ; que tota pecunia est, in summa, solidos duodecim, de-
« narios duos. » Le 22 février suivant, Mitre et Isnard furent
pendus. Le bourreau toucha dix sous couronnés par exécution,
plus douze deniers pour cordes (2).

Le 11 octobre 1337, autre reçu du même : « Quare Petrum
« Morre, latronum famosum, pro erruenda veritate, flammavit,
« mandato judicis Draguiniani. » Entre émolument, cordes et
lard, le bourreau toucha cinq sous (3).

Troisième reçu, datant du 27 juin 1338. Cette fois il s'agissait
d'un prétendu sorcier qui, naturellement, niait être sorcier : Pro
« lardando eumdem, coronatorum solidos duos et denarios sex,
« et pro lardo, denarios decem, et pro corda, denarios duos (4). »

Les 15 et 20 décembre 1340, quittances du même : « Quia
« lardavi Hugonem Thesacii, de Fayencia, et Petrum Johannis,
« de Barjamono ; pro tribus libris lardi, unum solidum et qua-
« tuor denarios coronatorum. — Quia lardavi Anthonium Mo-
« the, de Draguiniano, et Petrum Rostagni, de Fayencia (5). »
Enfin, le 19 juillet 1341 : « Quia Guillelmum, de Castro Veteri,
« lardavi, in executione cujusdam interlocutorie (6). » Voilà de
quoi convaincre les plus incrédules.

(1) Il y avait, monnaie provençale, couronnée et réforciate, différentes
de valeur entre elles.
(2) ARCHIVES DES BOUCHES-DU-RHONE. Série B. 2, n° 369, f° 440.
(3) IBIDEM. Série B. 2, n° 369, f° 447 v°.
(4) IBIDEM Série B. 2, n° 370, f° 135 v°.
(5) IBIDEM. Série B. 2, n° 371, f°° 164 v°, 165.
(6) IBIDEM. Série B. 2, n° 371, f° 168 v°.

12. — La torture n'était qu'un moyen d'instruction. Quant aux peines, elles étaient pécuniaires, ou corporelles. On n'a rien à dire de l'amende, si ce n'est que le juge la proportionnait à la gravité du délit, ainsi qu'à la situation personnelle et de fortune du prévenu. En cette matière, comme en fait de peines corporelles, il agissait à sa volonté, par la raison qu'il n'existait pas de code pénal. Ces dernières étaient très-variées.

13. — En premier lieu, on ne condamnait jamais à l'emprisonnement, parce qu'il aurait fallu nourrir les condamnés, pendant leur détention et que le fisc y répugnait, en vue de ses intérêts. Il trouvait que c'était bien assez d'entretenir les accusés détenus préventivement.

14. — La peine la plus douce était la mise au pilori. Le 21 décembre 1336, reçu du bourreau de Draguignan : « Quare bea-« tricem Nachalessam, de Lonacis, die sabatis proxime prete-« rito, in custello (1) posui, ad hoc sententialiter condempnatam, « suis demeritis, per dominum Johannem Belhome, judicem « Draguiniani. » Il en coûta douze sous et six deniers couronnés (2). « Ad palum (3) posui », dit un autre reçu de la même année (4). Inutile de multiplier les exemples. Quelquefois, une marque rappelait la nature du délit. Par exemple, au voleur de poule, on pendait une poule au cou : « Pro gallina empta », porte certain reçu du bourreau.

15. — Mais il était un autre genre de peine fort original, dont les suites n'étaient pas très-redoutables et qui était pratiqué ailleurs qu'à Draguignan. On plongeait, jusqu'à trois fois consécutives, le condamné dans le bassin de la fontaine. Le reçu

---

(1) *Custellum*, *costellum* et *postellum*, signifient pilori.
(2) Archives des Bouches-du-Rhone. Série B. 2, n° 369, f° 409.
(3) Pieu. Provencal, *pal*.
(4) Archives des Bouches-du-Rhone. Série B. 2, n° 369, f° 408 v°.

suivant, constant d'acte public, du 22 avril 1337, en fait foi. C'est toujours le bourreau qui parle : « Recognovit se recepisse,
« pro executione per eum facta in personis Rostagni Graulias,
« de Draguiniano, et Boneti, de Comis, quos die sabbati pro-
« xime lapsa ad cathenam posuit et in fonte abeuratorii (1) ter
« ipsos submersit, ad id condempnatos per dominum Johannem
« Belhome, judicem Draguiniani, eorum exigentibus demeritis,
« coronatorum solidos quinque. » Il y avait eu exposition préalable au pilori (2).

Nouveau reçu, du 5 mars 1341 : « Quia Petrum Radice et
« Antonium Cervelle, habitatores Draguiniani, delatos de in-
« vocatione et blasphematione beate Virginis Marie, cum ba-
« nasta (3), ter quemlibet ipsorum in auberatorio fontium dicte
« terre, scito in platea, coram regiam curiam, submersi; recepi
« duos solidos et sex denarios. Pro uno canestello (4) empto
« ad opus dicte executionis submergendi, cum alia esset penitus
« devastata, duodecim denarios; et pro cordis necessariis ad
« ligandum dictum canestellum cuidam trabe cum fit ipsa sub-
« mersio, octo denarios. » La fin du reçu prouve que l'on infligeait fréquemment cette peine, puisque l'ancienne corbeille dont on se servait pour immerger les condamnés était usée. Remarquez que ceux-ci durent se féliciter de l'indulgence du juge, car, ordinairement, on perçait la langue aux blasphémateurs, avec un fer rouge, et d'autres fois, on la leur coupait entièrement (5).

Troisième reçu, du 9 mars 1342 : « Quia Guillelmum Capioni,
« de Castro Duplo, delato de injuriis factis cuidam infanti
« volentis eumdem submergi in bedali varcubie, ter in aube-

---

(1) Abreuvoir.
(2) ARCHIVES DES BOUCHES-DU-RHONE. Série B. 2, n° 369, f° 412 v°.
(3) Corbeille.
(4) Corbeille.
(5) ARCHIVES DES BOUCHES-DU-RHONE. Série B. 2, n° 371, f° 394 v°.

« ratorium Draguiniani, in banastum, submergi (1). » On pense que ces exemples suffiront, mais il serait facile d'en produire d'autres.

16. — Venait ensuite la fustigation publique. On y recourait souvent. Cette peine était ou principale, ou accessoire à une peine plus forte. Elle fut principale quand, le 24 mars 1329, on fouetta Jacques Nègre, du Puget-Theniers (2). Elle fut accessoire, le 17 juillet 1337, jour où le bourreau fouetta, par la ville de Draguignan, le nommé Marin Margaillan et lui perça la langue (3).

Les adultères étaient punis de la peine du fouet; un reçu du 4 avril 1338 l'atteste : « Quia, hodie, in executione cujusdam
« sententie late per judicem Draguiniani, contra Bertrandum
« de Tholosa et Hugam Robaudam, uxorem Bertrandi Robaudi,
« de Caliano, pro adulterio commisso per eos, predictos Ber-
« trando et Hugam, per Castrum Draguiniani, usque ad locum
« deputatum, fustigavi et usque ad sanguinis effusionem. » La sentence portait que l'on fouetterait les condamnés, depuis tel endroit jusqu'à tel autre, et il fallait que le sang coulât. On n'était pas tendre, alors (4) !

17. — On mutilait les criminels, c'est-à-dire, qu'on leur coupait l'oreille, la main, le pied, la langue. Quelquefois on perçait ce dernier organe avec un fer rouge, ou bien on l'arrachait au moyen de tenailles. Cette peine était appliquée principalement aux faux témoins et aux blasphémateurs. Ils avaient abusé de leur langue, on les en privait.

L'histoire de l'espèce humaine est un long martyrologe. Sans

---

(1) ARCHIVES DES BOUCHES-DU-RHONE. Série B. 2, n° 371, f° 395.
(2) IBIDEM. Série B. 2, n° 369, f° 103.
(3) IBIDEM Série B. 2, n° 369, f° 413.
(4) IBIDEM Série B. 2, n° 370, f° 133.

doute, tous les êtres de la création souffrent, c'est leur lot, mais l'homme seul souffre par le fait de son semblable. On frappait brutalement les malfaiteurs, sans s'inquiéter si la peine était proportionnée au délit. On espérait les amener à résipiscence par la crainte du châtiment. Erreur! Les malfaiteurs pullulaient, et la cruauté avec laquelle on les traitait produisait des résultats contraires à ceux qu'on attendait. On serait porté à croire qu'elle excitait au crime.

18. — La mutilation était pratiquée ordinairement sur les voleurs. Le 24 mars 1329, quittance du bourreau, portant : « Quia Bertrando Alberti, de Lonacis (*Lorgues*), aurem dex- « tram abscissi et a capite suo totaliter separavi, ad id per « dominum Johannem de Tabia, judicem Draguiniani, con- « dempnato, pro demeritis suis puniendis. » Le bourreau toucha cinq sous réforciats. Il faut savoir que le juge désignait l'oreille ou le membre à amputer. Tantôt on prenait à droite, tantôt à gauche. Après l'opération, le bourreau faisait l'office de médecin. Il pansait la plaie avec de l'étoupe (1).

On coupait la main droite ou gauche, *ad libitum*, de même du pied. On lit dans un reçu, du 6 juin 1330 : « Et quia ma- « num sinistram Raymundo Saracan, de Flayosco, sibi abs- « cissi (2). » Le 23 décembre 1340, amputation du pied : « Quia pedem amputavi Petro Johannis, de Barjamono, accu- « sato de diversis furtis. » L'émolument du bourreau fut de cinq sous couronnés (3).

Une quittance, du 12 octobre 1341, nous apprend que, pendant que l'on menait pendre Jean André, meurtrier d'un nonce (huissier), il y eut une espèce d'émeute, et l'on jeta des pierres

---

(1) ARCHIVES DES BOUCHES-DU-RHONE. Série B. 2, n° 369, f° 103.
(2) IBIDEM. Série B. 2, n° 369, f° 105 v°.
(3) IBIDEM. Série B. 2, n° 371, f° 165.

au sous-viguier, qui présidait à l'exécution ; Audibert Feutrier, l'un des émeutiers, tira même le couteau contre le sous-viguier et s'efforça de délivrer le patient. Pour ce fait, il fut condamné à perdre le poing droit, et le perdit, en effet. Le 18 du même mois, un de ses camarades subit le même traitement ; un autre fut fustigé (1).

Le 28 août 1342, un bigame eut la main gauche coupée : « Quia amputavi Gaufridi Blanc, fusterio (2), de Salernis, manum « sinistram, quia existens conjugatus in loco de Sallono, quam- « dam mulierem, nomine Catherinam, de Draguiniano, duxit « in uxorem (3). »

On faisait l'amputation avec un instrument tranchant, quel qu'il fût, hache ou couperet. On mettait le membre sur un bloc, le bourreau frappait et le membre tombait. Mais on n'appelait pas de chirurgien pour panser l'énorme blessure. Le bourreau tenait tout prêt un fer rougi au feu, l'appliquait sur la plaie et la cautérisait. On trouve, dans les inventaires du mobilier des prisons, la hache, ou couperet, et le fer (*ferrum ad cauterisandum*). L'expression est technique. Après le supplice, on mettait le patient en liberté, en lui disant, peut-être : Va te faire pendre ailleurs. En effet, ce traitement, qui fait frémir, n'empêchait pas la récidive. Le 31 septembre 1342, on pendit un voleur endurci (*latro famosus*) qui n'avait qu'un pied. La Justice lui avait pris l'autre, et l'on ne serait pas en peine de citer des cas où elle les avait pris tous les deux (4).

On perçait la langue avec un fer rouge ou on l'extirpait avec des tenailles (*tenalhas ad extrahendum linguas*), dit un inven-

---

(1) ARCHIVES DES BOUCHES-DU-RHONE. Série B. 2, n° 371, f° 170 v°.
(2) Charpentier.
(3) ARCHIVES DES BOUCHES-DU-RHONE. Série B. 2, n° 371, f° 396 v°.
(4) IBIDEM. Série B. 2. n° 371, f° 397.

taire. Quant à la perforation, en voici la preuve. Elle date du 5 avril 1337 : « Monnetus Gaufridi, executor justiciarum cor-
« poralium curie regie Draguiniani, confessus fuit habuisse,
« pro executione per eum facta hodie in persona Petitoni, judei
« de Draguiniano, cujus, cum ferro calido, linguam perforavit,
« ad id condempnatus, quia falsum tulerat testimonium (1). »
Autre opération semblable, le 7 juin suivant (2). Ce châtiment était aussi réservé aux blasphémateurs.

19. — Il y avait quatre manières d'infliger la peine capitale. Pendaison, décapitation, combustion et noyade. Le résultat était le même, seulement les moyens d'y arriver différaient.

Le 6 juin 1330, le bourreau reçut dix sous réforciats :
« Quare Guillelmum Pascalis, de Peyresco, laqueo suspendidit
« in furchis Draguiniani (3). » Le 12 août 1338, Pierre Gantelme, de Draguignan, voleur, fut pendu : « Quia multa furta
« et aliarum rerum commiserat, eumdem Petrum, per collum,
« laqueo, in furchis curie regie, suspendi, taliter quod ibidem
« suos dies ultimos ipse Petrus clausit extremos. » La corde coûta dix deniers (4).

20. — La pendaison était d'occurence journalière, mais on rencontre plus rarement la décapitation. On n'en a trouvé que deux exemples, s'appliquant à d'autres pays. L'un de 1341 :
« Pro executione facta in persona Guillelmi Lesderii, cui scissi
« caput et a corpore separavi, propter homicidium. » L'autre est de 1336.

21. — On brûlait vifs particulièrement les hérétiques et les sorciers. Un reçu, du 26 septembre 1327, donne des détails pré-

---

(1) ARCHIVES DES BOUCHES-DU-RHONE. Série B. 2, n° 369, f° 402.
(2) IBIDEM. Série B. 2, n° 369, f° 413 v°.
(3) IBIDEM. Série B. 2, n° 369, f° 105 v°.
(4) IBIDEM. Série B. 2, n° 370, f° 137 v°.

cis sur une exécution de cette sorte : « Ego, Martinus Ricolsi,
« executor justicie curie Draguiniani, fateor recepisse, a Jacobo
« Manesqui, clavario, quare dudum Guillelman, de Turretis,
« fachureriam (1), in igne combursi, ad id per dominum Ray-
« mundum de Apulia, judicem Draguiniani, pro suis demeritis,
« condempnatam, reforciatorum parvorum (2) solidos decem. »
Il en coûta, en outre, deux sous pour cordes et cinq sous réforciats aux nonces assistant le bourreau. Quant au bûcher, il y entra vingt-cinq charges de bois, à raison de dix deniers par charge (3). Le 6 juillet 1338, Jacques Mosti, sorcier, à l'égal de l'autre, fut brûlé vif : « Quia eumdem, lignis, ad palum, com-
« buri, taliter quod inibi suos dies claudit extremos. » Les frais s'élevèrent à dix-sept sous, quatre deniers couronnés (4).

Si l'on veut savoir en quoi consistaient les pratiques de la sorcellerie, nous pouvons en donner un exemple, pris à Brignoles et datant de 1323. Il paraît qu'une femme de cette ville avait perdu l'amour de son mari, ou qu'elle ne l'avait jamais eu, situation produisant des résultats identiques, c'est-à-dire indifférences, dédain et, dans certaine classe, injures et coups. Pour s'attirer cet amour ou, pour le reconquérir, sur le conseil d'une amie, elle s'adressa à la sorcière en vogue, — *fachureria* — laquelle lui enseigna le charme dont la description suit : « Adeo
« ut vir suus diligeret eam nec eamdem male tractaret, posuit
« sex denarios in una parapcide (5) et immisit intus; nec
« non et dicta alasacia sardinessa (l'entremetteuse) accepit ali-
« quos denarios in bursa sua et posuit eos in quadam parapcide,
« ubi erat aqua, et subsequenter prefata Raymunda (la sor-

---

(1) Sorcière.
(2) Il y avait grands et petits réforciats.
(3) Archives des Bouches-du-Rhone. Série B. 2, n° 369, f° 188 et v°.
(4) Ibidem. Série B. 2, n° 370, f° 136 v°.
(5) Bouteille.

« cière) ipsa patiente posuit supra caput ejusdem parapcidem
« ipsum, cum denarios. » Ce latin est assez entortillé ; on y
voit, néanmoins, que trois personnes prirent part à l'opération
magique : 1° la femme, qui introduisit six deniers dans une
bouteille ; 2° l'entremetteuse qui, de son côté, mit six autres
deniers dans une seconde bouteille pleine d'eau ; et 3° la sorcière, laquelle plaça cette seconde bouteille sur la tête de la
femme rebutée et frappée. C'était peu compliqué et, surtout,
efficace. Cette séance de magie valut une amende de dix sous
réforciats à la femme et une autre de vingt sous, même monnaie, à l'entremetteuse. Quant à la sorcière, il n'en fut pas autrement question (1).

C'était pour des pauvretés pareilles, trop souvent répétées,
qu'on brûlait des malheureuses assez peu sorcières, pour n'avoir pas su flairer le bûcher qui les attendait. On appliquait, cependant, cette peine à d'autres délits. Par exemple, en 1340,
une femme, poursuivie pour infanticide, fut condamnée à être
brûlée. Les apprêts étaient faits, le bûcher dressé, quand elle
appella. Il fallut le démolir et rentrer le bois. Cela coûta deux
sous et six deniers couronnés (2).

22. — La noyade était fréquemment appliquée. On mettait
les condamnés dans un sac et on les jetait à l'eau. A Marseille,
la mer les recevait ; à Tarascon, le Rhône ; à Sisteron, la Durance ; à Apt, le Calavon ; et, à Draguignan, la Nartubie, que
certains documents nomment *Varcubia*. Après avoir lu la pièce
suivante, les habitants de cette dernière ville pourront même
emplacer le lieu du supplice, car le gouffre *Vadazeriem* doit
exister encore.

Il s'agit d'un reçu du bourreau, en date du 5 octobre 1327.

---

(1) ARCHIVES DES BOUCHES-DU-RHONE. Série B. 2, n° 389, f° 347.
(2) IBIDEM. Série B. 2, n° 371, f° 164 v°.

Il toucha dix sous reforciats pour avoir noyé Jacques de Nice, habitant Grasse, homicide, voleur de grands chemins et ravisseur de vierges, à ce condamné par Raymond d'Apulia, juge de Draguignan : « Quia, ipsa die, de nocte, in quodam fluvio sub-
« mersi Jacobum de Nicia, de Grassa, in gurgite Vadazeriem,
« territorii Draguiniani. » — Un second reçu, fait le même jour, par Jean Veyrier, apothicaire, nous renseigne sur la quantité et le prix de la toile employée à faire le sac dans lequel on noya le condamné : « Fateor habuisse, a Jacobo Manesqui,
« clavario, solvente mihi de fiscali pecunia sui officii, pro duabus
« cannis (1) et dimidia lini emptis et habitis a me pro uno
« saco facto ad opus submergendi prononimatum Jacobum de
« Nicia, ad rationem trium solidorum longe (2) monete pro
« qualibet canna, solidorum septem, denarios sex dicte mo-
« nete ; et pro duabus staquis (3) roncini, duobus ligaminibus et
« una larderia (4) cordarum, pro predicto malefico in dicto saco
« ligando, ad rationem octo denariorum, pro quolibet pecia (5),
« parvorum ; nec non et pro dicto saco faciendo ad pretium
« factum, dicte monete, denariorum octo. Quorum omnium est
« summa, dicte monete, solidorum duodecim et denariorum
« duorum, valentes reforciatorum solidos octo, denarium unum
« et obolo. » — Par conséquent, entre sac, cordes, bourreau et nonces, l'exécution coûta 18 sous, un denier et une obole réforciats. Notez que la monnaie réforciate valait un cinquième de plus que la monnaie dite provençale. N'oubliez pas que dans les pièces transcrites on suit scrupuleusement l'ancienne orthographe (6).

(1) Canne. Mesure d'environ deux mètres.
(2) Il y avait la monnaie longue et petite.
(3) Probablement un licol. Attache.
(4) Rondelle de cordes.
(5) Pièce.
(6) ARCHIVES DES BOUCHES-DU-RHONE. Série B. 2, n° 369, f° 190.

Il résulte, de cet acte, que le pharmacien Veyrier était, en même temps, marchand toilier. Cela ne doit pas surprendre, car la profession de pharmacien était libre et ouverte à qui en voulait. Mais ces industriels avaient une préférence très-marquée pour l'épicerie et la confiserie. C'était chez eux qu'on se pourvoyait de poivre, muscade, cannelle, sucre et confitures, si bien que les chalands avaient à se garder de quelque substitution désagréable ou dangereuse.

Ces exemples doivent suffire. On a, peut-être, insisté plus qu'il ne fallait sur ce sujet, mais nous ne jugeons guère que par comparaison, et les coutumes de cette époque diffèrent tellement des nôtres, qu'en les retraçant, le lecteur serait demeuré incrédule, si on ne lui avait mis les preuves répétées sous les yeux.

23. — Les doutes étant ainsi levés, une réflexion se présente naturellement à l'esprit. On sait que l'appel était ouvert contre toutes les sentences du juge et on demandera comment il pouvait se faire que les condamnés à être mutilés, pendus, brûlés ou noyés, acceptassent stoïquement le sort qu'on leur faisait et ne se pourvussent pas devant le juge supérieur, car tous les jugements ci-dessus rapportés furent exécutés incontinent, *de plano*, après leur prononciation. Ce mystère est facilement explicable.

Sans doute, l'appel était ouvert. Les moyens de réformation ne manquaient pas ; ils étaient même trop nombreux. D'abord, le juge de Draguignan connaissait de l'appel des sentences émanant des justices seigneuriales qui existaient dans la viguerie, à moins que le baron n'eût, soit premiers et seconds appeaux, soit les premiers seulement, car certains seigneurs jouissaient de ce privilége, dans leurs fiefs.

Quant au juge du comte, on appelait de sa décision, à Aix, devant le juge des premières appellations ; de celui-ci, on allait au juge mage ; ensuite, au sénéchal, en conseil ; et l'on finissait par recourir au comte. Comme on voit, les moyens de faire réformer les jugements étaient nombreux.

Mais le droit d'appel rencontrait un obstacle majeur, quand il s'agissait de l'exercer. On n'y était admis qu'autant que le juge dont était appel, autrement dit le juge *a quo*, l'avait déclaré recevable. Alors, ce magistrat délivrait à l'appelant apostoles ou lettres dimissoires (*apostoli seu litteræ dimissoriæ*), actes par lesquels il se déssaisissait et renvoyait partie et matière devant le juge supérieur. Cette manière de procéder rend suffisamment raison de l'apparente indifférence que les gens mettaient à se laisser mutiler, pendre, brûler ou noyer sans protester contre le jugement les condamnant à l'un de ces supplices. Une seule fois, parmi les condamnations rapportées ci-dessus, l'appel fut tardivement reçu, si bien qu'on dut démolir le bûcher déjà dressé.

24. — Les juges ne siégeaient pas, ainsi qu'ils font aujourd'hui, tant de fois par semaine et à jour fixe. Ils tenaient des parlements, au moins, quatre fois par an et plus, si c'était nécessaire. Pendant leur durée, ils expédiaient toutes les affaires, tant civiles que criminelles, portées devant eux. Quant à ce, ils avaient quelques rapports avec les juges de circuit anglais, car la féodalité dut produire et produisit, en effet, par toute l'Europe, des résultats identiques. L'ouverture des parlements était annoncée par des publications faites à son de trompe : « Cum « magna tuba », prévenant les plaideurs que tous ceux qui désiraient entendre leurs jugements de condamnation ou d'absolution eussent à se présenter, à tel jour et telle heure, devant le juge. Celui-ci sentenciait au fur et à mesure, sans donner de motifs, se bornant à un simple dispositif, et ses jugemens étaient ensuite portés sur un cartulaire, ou registre, tenu par le notaire-greffier, qui en dressait acte, avec l'assistance de deux témoins.

C'était de cette façon que l'on authentiquait les décisions de la justice.

25. — Telle était la manière d'agir du juge de Draguignan qui ne faisait, en cela, que suivre les exemples donnés par ses prédécesseurs ou par ses contemporains, car il n'avait rien inventé. Le temps, d'ailleurs, n'était pas aux innovations. Après lui, venait le greffier, lequel était invariablement pris parmi les notaires en exercice, car l'intervention d'un officier public pouvait, seule, donner le cachet de l'authenticité aux actes du juge. Cet office était annuel et les devoirs du titulaire, qui furent toujours les mêmes, sont tellement connus qu'il serait oiseux d'en parler.

26. — Il existait un quatrième officier, connu sous le nom de clavaire : « Clavarii qui, a justis clavibus, exigendi, conser- « vandi fiscalis pecunia, nomen eorum officii receperunt », dit le statut du 5 novembre 1352 (1). Par ainsi, la principale fonction du clavaire consistait à percevoir les revenus du trésor. On versait dans sa caisse tout ce qui échéait au fisc, à quelque titre que ce fût. Droits de justice, cens, redevances, à l'exception des fermages qui, paraît-il, étaient payés à année, entre les mains du trésorier général. Sur ses recettes, le clavaire payait les traitements des officiers de la viguerie, les frais de justice, ainsi que toutes autres dépenses d'intérêt général. Il versait le restant à la caisse du trésorier. A cet effet, il faisait le voyage d'Aix. On le défrayait en lui allouant trois ou quatre sous par jour.

Très-anciennement, dans les pays de vignobles, les censitaires acquittaient leurs redevances en nature. Le clavaire les recevait et les déposait dans la maison du comte, car, dans chaque viguerie ou bailliage, celui-ci possédait un édifice, simplement appelé maison du comte (*domus domini comitis*), dans laquelle

(1) ARCHIVES DES BOUCHES-DU-RHONE. *Scallæ rectœ*, f° 39.

siégeait le tribunal. Cette maison était pourvue des ustensiles nécessaires à la manipulation du vin. Le clavaire recevait les raisins, les mettait dans la cuve, transvasait le vin dans les tonneaux et le vendait ensuite, au mieux de l'intérêt du trésor. Mais cette manière patriarcale d'agir fut plus tard abandonnée. Les redevances en nature disparurent, soit que le comte y eût renoncé, soit que les vassaux s'en fussent rachetés.

L'office du clavaire était bis-annuel et nécessitait un cautionnement fait devant la cour des Comptes. Mais le titulaire avait d'autres obligations. Dans la viguerie, il exerçait les fonctions de procureur fiscal, c'est-à-dire qu'il prenait en mains les intérêts du trésor et se rendait partie toutes les fois que le fisc était en cause. Sous ce rapport, il a quelque ressemblance avec le ministère public actuel.

Au vis-à-vis du comte, le clavaire était une espèce de factotum qui s'employait au service du maître. Par exemple, quand le comte, seul ou en famille, se rendait à Saint-Maximin, la ville était obligée de lui fournir des draps de lit ; c'était le clavaire qui en faisait la réquisition. A ce propos, nous dirons que les officiers voulurent imiter le comte, mais le privilége de Saint-Maximin, du 17 août 1295, le leur défendit. Ils purent requérir des draps de lit, à condition d'en payer l'usage (1). Même chose pour Brignoles. Les communes de la viguerie étaient tenues de fournir du bois de chauffage au comte, à sa femme et à ses enfants, quand ils recevaient leurs visites. Au clavaire, incombait la charge de faire l'exaction.

27. — Tels étaient les officiers qui administraient la viguerie de Draguignan, ainsi que toutes les autres vigueries et bailliages. Chacun d'eux, avant d'entrer en fonctions, était soumis au serment professionnel prêté devant le sénéchal ou devant la cour

(1) ARCHIVES DES BOUCHES-DU-RHONE. *Armorum.* f° 102.

des Comptes. Ils étaient ensuite reçus et installés par le conseil municipal qui exigeait d'eux un second serment, consistant dans la promesse jurée d'observer et garder les priviléges, franchises, libertés et coutumes de la ville. Les conseils étaient jaloux de cette formalité. Faute de la remplir, ils refusaient de reconnaître l'officier, en sa qualité.

28. — Tous étaient salariés par le trésor, à l'exception du greffier qui, autrefois touchait des émoluments, mais qui, en vertu du statut du 16 avril 1324, dut, à l'avenir, se contenter du casuel de son office (1). Il y avait, cependant, certains profits dont ces officiers ne devaient pas se montrer fort jaloux. Par exemple, une ordonnance du sénéchal, datée du Puget-Théniers le 4 septembre 1289, prescrivant aux officiers de Grasse de faire publier divers statuts rendus, à Nice, par le comte, le 9 avril précédent, leur ordonna de veiller à l'exécution de ces statuts et d'en observer les dispositions, sous peine, pour le viguier et pour le juge, de 25 livres d'amende, de 15 livres, pour le clavaire, de 10 livres pour les notaires, et de 60 sous pour les huissiers. Mais, si notaires et huissiers ne pouvaient payer l'amende, on devait les fustiger par les rues : « Vel, si solvere « non poterunt, per civitatem Grasse fustigentur, ne aliquid « contra statuta predicta adeant attemptare. » Or, les statuts dont s'agissait n'ayant rien de particulier à Grasse et s'appliquant à la Provence entière, il s'ensuit que même notification dut être faite aux autres vigueries et bailliages et que, partout, greffiers et huissiers furent menacés de recevoir publiquement les étrivières. On inculquait, à rebours, le respect de la loi (2).

29. — Il y avait un autre fonctionnaire, mais celui-là très-subalterne, qui avait nom sous-viguier. C'était une espèce d'of-

---

(1) ARCHIVES DES BOUCHES-DU-RHONE. Série B. 2, n° 147, f° 58.
(2) IBIDEM. *Perg amenorum*, f° 84.

ficier de police, aux ordres du viguier et du juge. Il avait charge de constater les délits, d'en arrêter les auteurs, d'accompagner le viguier, quand celui-ci remplissait un acte de sa fonction ayant trait à la police, et de faire les messages qu'il lui confiait. Par la nature de leurs devoirs, les sous-viguiers s'attirèrent la répulsion universelle, répulsion méritée par leur conduite et par les vexations qu'ils faisaient subir aux citoyens. Ce fut, au point que, le statut du 20 avril 1324, fait par Robert, révoqua tous les sous-viguiers, sauf ceux de Marseille et d'Avignon. Mais les habitudes l'emportèrent sur le statut. Supprimés, en droit, en fait, ils continuèrent à exister. La reine Jeanne méconnut les sages volontés de son aïeul (1).

Cet officier, car il avait droit à ce titre, était nommé, annuellement, par le sénéchal, assisté du conseil. Ainsi le voulait le statut du 26 septembre 1365, édicté par Jeanne. D'autres fois, le comte le nommait directement. Disons que dans les grandes villes, et principalement à Marseille, la charge était gérée par un membre de la noblesse (2).

Le sous-viguier avait, pour insignes, une masse qu'il portait dans l'exercice de ses fonctions. Le fait est attesté par une sentence du juge de Toulon, datant de 1466, laquelle condamna à 5 sous couronnés d'amende un individu qui avait dérobé la masse du sous-viguier : « Quia cepit massam subvicarii eamque « occultavit per certos dies, in vilipendium curie (3). » Porter indûment cette masse, constituait un délit puni d'une grosse amende. En 1505, le juge d'Hyères condamna à 150 sous provençaux : « Quia, sine licentia curie, sive viguerii, portavit mas- « sam subvicarii (4). »

(1) ARCHIVES DES BOUCHES-DU-RHONE. *Viridis*, f° 82 v°.
(2) IBIDEM. *Viridis*, f° 203.
(3) IBIDEM. Série B. 2, n° 421, f° 190 v°.
(4) IBIDEM. Série B. 2, n° 445, f° 329 v°.

Le sous-viguier, étant officier de police, avait dans ses attributions le service du guet, alors que le viguier n'y vaquait pas lui-même. Les archers ou nonces du viguier étaient sous ses ordres et, dans une ville voisine, à Saint-Maximin, deux conseillers municipaux devaient l'accompagner dans ses rondes de nuit, à l'effet de tempérer son zèle (1). A Draguignan, il abusait de son pouvoir pour extorquer de l'argent aux habitants. Un document, datant du 31 août 1346, nous apprend que, dans cette ville et à cette époque, la milice bourgeoise montait la garde, on ne sait à quelle occasion. Le sous-viguier faisait ses rondes de nuit, comme d'habitude, et il amendait de cinq sous les factionnaires trouvés dormant ; en outre, il les conduisait en prison et, pour ce faire, il exigeait encore d'eux autres 5 sous. Il fallait que les factionnaires aimassent beaucoup à dormir debout, car le sous-viguier leur infligea si fréquemment des amendes que le conseil de la commune finit par s'en émouvoir et décida que le juge prononcerait sur les contraventions constatées envers les dormeurs et que le clavaire percevrait les amendes. Par suite, le sous-viguier se trouva privé de ces émoluments illicites (2).

Cet officier avait un traitement fixe, payé par le trésor, sur les revenus de la viguerie ou bailliage, mais il était, en outre, salarié pour quelques actes de son ministère. Ainsi, portant des lettres, soit du viguier, soit de tout autre fonctionnaire, il touchait 15 deniers par lieue. Par chaque arrestation, il percevait 4 deniers sur les habitants de sa résidence et 8 deniers sur les étrangers. Un statut de novembre 1440 le voulait ainsi (3). Plus tard, un autre statut de 1469 lui alloua 1 gros pour le premier

---

(1) ARCHIVES DES BOUCHES-DU-RHONE. *Armorum*, f° 116.
(2) IBIDEM. Série B. 2, n° 673, f° 86. Juge mage.
(3) IBIDEM. Recueil des priviléges, f° 88.

cas et 5 gros pour le second (1). Remplissant l'office d'huissier, ce qui, en certain cas, lui était permis, il en avait les émoluments. Enfin, il assistait l'exécuteur des hautes œuvres dans ses opérations. Par exemple, le 25 août 1337, le bourreau de Draguignan pendit un malfaiteur au pas de Map (*ad passum Mapis*). Il fut assisté du sous-viguier, de huit nonces et du crieur public. Le premier toucha 5 sous, les autres eurent 8 deniers chacun, le tout, en monnaie couronnée (2).

30. — Enfin, les mandats et ordonnances de justice étaient exécutés par les huissiers que l'on désignait sous les noms de *nuntii, cursores, messagerii*, termes définissant la fonction. Les messagers, entre autres, devaient leur existence à ce que, alors, il n'y avait pas d'administration des postes. Il fallait, par conséquent, que les officiers eussent des agents spéciaux pour porter leurs messages, soit dans la viguerie, soit au dehors. Il s'ensuivait que les relations entre fonctionnaires étaient difficiles et rares. Nous avons vu la lettre d'un sénéchal, adressée au clavaire de la viguerie de Tarascon, lui recommandant d'expédier un messager, s'il ne trouvait pas occasion de lui faire parvenir sa réponse.

31. — Nous avons rapidement esquissé la manière dont la ville de Draguignan était administrée, car, si l'on voulait tout dire, ce travail excéderait les bornes d'une notice. Nous arrivons maintenant à son administration municipale, tâche que le défaut de documents spéciaux rend difficile à remplir. En effet, ainsi qu'on l'a déjà fait remarquer, la charte organisant la commune de Draguignan n'existe pas aux archives des Bouches-du-Rhône, bien que toutes les probabilités tendent à nous faire croire que, soit dans le cours du XIIIe siècle, soit pendant le XIVe, époques

---

(1) ARCHIVES DES BOUCHES-DU-RHONE. Recueil des priviléges, f° 14 et v^o.
(2) IBIDEM. Série B. 2, n° 369, f° 415 v°.

où de nombreuses concessions et des priviléges importants furent accordés aux communes relevant directement du comte, celle de Draguignan ne fut pas oubliée et qu'elle dut aussi avoir sa charte municipale. En cherchant dans ses archives, on pourra la trouver transcrite au registre des priviléges, recueil que d'autres villes ont conservé et que Draguignan a eu, parce que un statut en ordonna la confection. A défaut, les procès-verbaux d'élection du conseil communal renseigneront suffisamment sur le mode suivi. Mais pareille recherche n'est pas à la portée de tout le monde. Elle ne peut être utilement faite que par un habitant de la localité.

En cet état, n'ayant pas de preuves à fournir, nous en sommes réduit aux conjectures. Pour cela, nous consulterons les chartes municipales de quelques villes voisines, nous verrons comment on s'y comportait, et, comme tous les actes de cette espèce ont, entre eux, des rapports étroits, peut-être parviendrons-nous à nous faire une idée, non point certaine, mais conjecturale, de l'organisation municipale de Draguignan.

32. — Prenons Saint-Maximin pour exemple. La constitution communale, certaine, régulière de cette ville date du 17 août 1295. Nous disons régulière, car il ne faudrait pas croire qu'antérieurement les communes ne fussent pas organisées d'une manière quelconque. Cela serait impossible. Cette expression signifie que le pouvoir était intervenu, soit pour légaliser l'ordre de choses existant, soit pour en établir un nouveau.

Ce statut nous apprend comment se composait le conseil municipal, quel était le nombre de ses membres et de quelle manière on le renouvelait. Laissons-le parler : « Concedimus ut,
« anno quolibet, statuantur decem homines, de sufficientibus
« et legalibus dicte terre, per ipsius terre baiulos, qui erunt,
« pro tempore, eligendis, super ordinandis et statuendis, cum
« assensu et voluntate baiulorum ipsorum, omnibus et singulis

« que nostrum et heredum nostrorum honorem respiciant, et
« bonum statum ac commodum eorumdem ; de mutandi deinde
« in fine anni cujuslibet, cum consilio precedenti anno elec-
« torum. »

Cela signifie que le bailli choisit, d'abord, dix probes hommes qui formaient le conseil municipal et administraient la commune, et, qu'à la fin de l'année, il nommait encore les nouveaux conseillers, mais, cette fois, avec le concours des anciens, « cum « consilio precedenti anni electorum. » En fait, le conseil municipal se renouvelait de lui-même, sous la présidence et du consentement du bailli. Par conséquent, celui-ci intervenait directement dans l'élection, bien que les privilèges de plusieurs autres communes ne lui conférassent que la présidence de l'assemblée électorale.

Le statut ajoute : « Et cum dicti baiuli per aliquem aut ali-
« quos ex predictis consiliariis requirantur, teneantur consi-
« lium ipsum, voce preconia, facere congregari ; ita tamen quod
« dicti baiuli circa hoc rationabili causa requirantur ; dicti que
« consiliarii, juramento astricti, in loco ad dictum consilium
« assignato venire teneantur et in consilio ipso, sub juramento
« similiter, eorum bonum et legale consilium adhibere (1). »

Jusque là, il n'est pas question des syndics qui, plus tard, prirent le nom de consuls et puis celui de maires. La raison en est, qu'à cette époque les conseils municipaux n'avaient pas de syndics en titre et qu'on les créait au fur et à mesure des besoins. Par exemple, la commune avait-elle une affaire litigieuse ou non à suivre, le conseil municipal s'assemblait et nommait un ou deux syndics, quelquefois plus, qu'il chargeait de mener cette affaire à bien. Le procès terminé ou le différent apaisé, les pouvoirs de ces syndics ou procureurs finissaient. Il est à

(1) ARCHIVES DES BOUCHES-DU-RHONE. *Armorum*, f° 102.

remarquer qu'ils étaient toujours institués par procuration notariée, et que cette habitude était tellement invétérée que, lorsqu'on procéda, par la suite, à l'élection annuelle des syndics, le procès-verbal la constatant fut invariablement accompagné d'une procuration générale donnant à ces officiers municipaux pouvoir de gérer les affaires de la commune.

Cet état de choses dura longtemps, mais il fut légèrement modifié par le statut de René, du 16 avril 1436. En premier lieu, l'élection du conseil, qui était faite en novembre, le jour de Sainte-Catherine, temps inopportun, à cause du froid, porte la requête du conseil de Saint-Maximin, l'élection, disons-nous, fut transférée au 1er mai de chaque année, ainsi qu'il était d'usage partout. En second lieu, le nombre des conseillers fut augmenté par le maintien des syndics sortants dans le conseil nouveau. Depuis lors, en effet, ils y figurèrent toujours, sous les noms de syndics vieux (*sindici veteres*); on appelait les autres syndics modernes (*sindici moderni*). Le statut s'exprime ainsi :

« Quod cum, inter ceteros ac universos dicte ville homines,
« sindici ipsius sint periti, cognoscentes, planiusque de ville
« ejusdem negotiis informati, eidem placeret consilio ordinare
« quod, ville prefate sindici, qui tantum duo esse consueverunt,
« finito sui sindicatus anno, pro anno immediate secuturo re-
« tineantur et ordinentur consiliarii ville predicte, ultra et
« preter numerum solitum et consuetum eorumdem, qui esse
« decem consueverunt ; ita ut, deinceps, numero sint duo-
« decim. » On répondit : *Placet* (1).

33. — Que le conseil municipal de Saint-Maximin se renouvelât lui-même, la chose ne peut faire l'ombre d'un doute. Mais ce système électoral, beaucoup trop restreint, fut élargi par l'effet d'un usage à l'origine duquel on ne peut remonter. Tout ce

(1) ARCHIVES DES BOUCHES-DU-RHONE. *Lilii*, f° 147.

qu'on peut en dire, c'est qu'il fut adopté dans plusieurs villes de Provence. D'après cet usage, le conseil s'adjoignait un certain nombre d'électeurs, connus sous le nom de *los citas*, c'est-à-dire, les cités, parce que le conseil les désignait et les faisait convoquer. Pour eux, il n'y avait ni règle, ni cens, le conseil les choisissait ainsi qu'il l'entendait. Leur nombre, par conséquent, était illimité et nous avons trouvé qu'à Forcalquier, entre autres, il variait quelquefois de moitié, d'une année à l'autre. Leur existence, loin de Saint-Maximin, prouve que l'adjonction des cités était presque universelle. Mais elle produisit des inconvénients auxquels remédièrent d'autres statuts du 21 avril 1508. Ils abolirent les cités. On y lit : « Quod, licet, per antiqua
« statuta dicti loci, non soleant eligi, annis singulis, circa regi-
« nem et administrationem dicte universitatis, nisi decem con-
« siliarii, sindicis et thesaurario inclusis ; imo, occurrente
« necessitate, in arduis pertractandis, solent accenseri et vocare
« plures, pro eorum arbitrio, ex oppidanis et incolis ejusdem
« loci, appellatos vulgariter los citas, ex qua vocatione genera-
« tur in eadem universitate livor et odium, qua se malit unus
« se vocari potius quam alienum : hiis et aliis justis causis, sta-
« tuerunt quod, deinceps, die sotita et loco consueto, in pre-
« sentia baiuli ejusdem loci, in capite, vel ejus locumtenentis,
« si baiulus idem fuerit absens, et de cujus absentia in preludio
« electionis fiet attestatio et actus, eligentur duodecim consilia-
« rii, tam originarii quam incole, legales ; et sic admittitur duo
« quorum unus adjungetur estimator, et sic erunt tres estima-
« tores ; alter vero adjungetur auditor compotorum, et sic erunt
« duo auditores compotorum ; aliis officiis in suo robore perma-
« nentibus, qui sunt duodecim consiliarii, facient et repre-
« sentabunt consilium dicte universitatis, et poterunt facere et
« exercebunt omnia et singula que poterant, faciebant et exer-
« cebant, prisco tempore, decem consiliarii : penitus sublata

« et deinceps interdicta vocatione seu convocatione predictorum
« los citas, tanquam dicte reipublice noxia et dispendiosa. »

Ainsi, à l'avenir, en place de l'assemblée électorale à laquelle on appelait les cités, le conseil municipal, agissant sous la présidence du bailli, dut se renouveler lui-même et procéder à la nomination de ses officiers. Mais il ne lui fut permis de connaître que des affaires ordinaires et courantes, les questions ardues devant être soumises à une assemblée composée du conseil moderne et du conseil vieux. Le statut est formel : « Quod, in
« arduoribus tractandis, dictum consilium, loco dictorum appel-
« latorum los citas, deinceps tenebitur convocare vetus consi-
« lium, quod consistit in duodecim, et sic erunt vetus et novum
« consilium viginti quatuor personatus, sine quibus, aut sta-
« tim numero decem et octo, nichil concludatur seu fiat ; et de
« nominibus et cognominibus absentium et absentie causa sic
« reddi possit, propter quam integra convocatio fieri non pote-
« rit, fiet attestatio sive actus, in preludio ordinandorum, per
« notarium dicte universitatis ; quibus observatis, parem vim
« habeant quod decernetur ab ipsis decem octo ac si omnes
« viginti quatuor fuissent convocati et ordinassent. »

34. — Le statut dit comment se renouvelait le conseil : « Et
« ut fraus vitetur circa electionis modum, statuerunt quod, die
« ultima aprilis solita, summà mane celebrata et audita missa
« sancti Spiritus, dicti duodecim consiliarii, qui veteres appella-
« buntur, sive vetus consilium, representabunt in presentia et
« conspectu dicti baiuli, sive ejus locum tenentis, ut supra,
« sedentis, Deum et eorum conscientias, habendo dumtaxat ad
« publicam utilitatem respectus, unus post alium, alta et intel-
« ligibili voce, sine interruptione et clamoribus, ut consuerint,
« omnique illicito, duodecim novos consiliarios, novum consi-
« lium representantes, et quod novum consilium appellabitur ;
« qua electione facta, instabunt tales novos consiliarios vocari

« coram eodem baiulo, ad diem sequentem, que erit prima die
« may, in solito loco, et ibidem jurant dictum novum consilium
« et singuli ejusdem de bene et legaliter exercendo, ad hono-
« rem Dei, christianissimi nostri Domini comitis et rei publice
« dicti loci, omnia ea que incumbent bonis et probis consiliariis,
« et, specialiter, quod de eligendo, cum dicto veteri consilio,
« novos sindicos et thesaurarium et alios officiales solitos, cum
« adjunctis extimatore et auditore, ut supra. De dictis tamen
« novis consiliariis et sindicis prius esse non posset qui prius
« consiliarius antea fuerit et mox exibuit ; missam que sancti
« Spiritus audient dicti veteres et novi consiliarii et, non diver-
« tendo ad alios actus, reintrabunt et ad ipsam electionem no-
« vorum sindicorum et thesaurarii, ac aliorum officiorum pro-
« cedent ; qua facta, omnes ipsi novi sindici, thesaurarius et
« officiales jurabunt, in manibus dicti baiuli, de bene et fideliter
« exercendo et adimplendo que eorum officiis incumbunt, etiam
« ultra precedens juramentum, propter novas qualitates offi-
« ciorum predictorum. »

La votation avait lieu à haute et intelligible voix, mais cela ne s'appliquait qu'au bailli lequel devait nécessairement entendre et comprendre ce qu'on lui disait. Pour les autres personnes, elle était secrète, quoique faite en leur présence. Le statut, se contredisant, en apparence, dit : « Quod baiulus recipiat elec-
« tiones et voces unius cujuscumque ex dictis veteribus et novis
« consiliariis, voce submissa, ne eligens audiatur, licet videatur
« ab aliis eligere debentibus. » Le vote était donc secret. Après l'opération, acte en était dressé par le notaire du conseil, car le greffier des municipalités était constamment choisi parmi les notaires.

35. — Ce statut est essentiel, par la raison qu'il contient, en quelque sorte, un corps de doctrine applicable, sauf de rares exceptions, à la Provence entière. Mais il ne se borne pas à dire

quel sera le nombre des membres du conseil et quel mode on suivra dans leur élection, il s'occupe, en outre, de certaines conditions mises à leur éligibilité. Il faut savoir qu'un usage, généralement suivi, voulait que les membres des conseils municipaux ne pussent être réélus aux mêmes fonctions qu'après un certain temps, variant selon les priviléges des diverses communes. Ordinairement, il fallait un intervalle de cinq ans. Dans une de ses dispositions, le statut du 21 avril 1508 déclarait inéligibles les membres sortants : « De dictis tamen novis consiliariis et « sindicis prius esse non posset qui prius antea consiliarius « fuerit. » Mais il revint là-dessus, car, plus loin, on y lit : « Statuerunt ut officia sint communia et partiantur, neque de « pugno in pugnum cadent, quod hacthenus dispendiosam dis- « cordiam genuit et fovit, quod qui fuerit consiliarius uno anno « non possit promoveri, de tribus revolutis, ad ejusdem consi- « liaratus officium, sed expectare debeat usque ad quartum « annum ; et qui fuerit sindicus et thesaurarius non promo- « veatur, nisi revolutis quinque annis ; cum pena cassationis et « irritationis, ex nunc, si secus fiat et attemptetur, et alia arbi- « traria per supremam curiam parlamenti a contraveniente ir- « remissibiliter. »

36. — Le statut contient une disposition relative aux incompatibilités. Ne pouvaient faire parti du même conseil ceux qui étaient unis par les liens du sang, tels que : père, fils, frères, oncles, neveux et cousins-germains. Les débiteurs liquides de la commune en étaient exclus. L'élection faite au mépris de la prohibition devait être cassée, et le membre écarté remplacé dans la forme ordinaire (1).

37. — Telle était la constitution municipale de Saint-Maximin. On voit que le mode de votation était oral et que les élec-

(1) ARCHIVES DES BOUCHES-DU-RHONE. *Corvus,* f° 216.

teurs appartenaient à une classe priviligiée, c'est-à-dire que les riches seuls y prenaient part. Néanmoins, on est porté à croire qu'autrefois les élections se faisaient en assemblée populaire. Il existe des procès-verbaux de nomination de syndics ou procureurs spéciaux faits de cette manière. Quoiqu'il en soit, la votation orale était nouvelle. Plus anciennement, on procédait aux élections au moyen de bulletins. Mais ce mode qui offrait des inconvénients fut proscrit par divers statuts particuliers et l'on revint à l'ancien procédé. La charte municipale de Fréjus, datant du 29 octobre 1427, porte que, dorénavant, le conseil ancien et le nouveau, auquel s'adjoindraient vingt probes hommes appelés et cités, en présence du bailli, éliraient, chaque année, les syndics, les procureurs et défenseurs de la commune, de telle sorte que, tout ce qui serait fait, quant à ce, par la plus saine partie des conseils vieux et moderne, avec l'adjonction des vingt probes hommes, serait valable. Par conséquent, les cités, abolis à Saint-Maximin, continuèrent à exister à Fréjus (1).

38. — La preuve que, dans l'origine, les conseils municipaux étaient nommés en assemblée populaire, se trouve dans le statut d'Hyères, du 18 novembre 1427. Il y est dit que, chaque année, à Saint-Michel, en présence du viguier, les syndics et le conseil, avec l'adjonction de vingt probes hommes, éliraient les syndics et conseillers modernes, n'ayant pas été en charge depuis cinq ans, qui furent ensuite réduits à trois, lesquels syndics et conseillers nommeraient les officiers du conseil, à l'exclusion des assemblées populaires que l'on repoussait, à cause des scandales qu'elles avaient fréquemment occasionnés (2).

Il ne faudrait pas croire qu'on pratiquât le suffrage universel.

---

(1) ARCHIVES DES BOUCHES-DU-RHONE. *Crucis sive novi,* f° 245 v°.
(2) IBIDEM. *Crucis sive novi.* f° 224 v°.

En fait, ces assemblées prétendues populaires se composaient de tous les chefs de famille possédant biens. Ce qu'on appelle la plèbe en était exclue.

39. — Sauf une exception dont il sera parlé tout à l'heure, la nomination des membres des conseils municipaux était faite en assemblée électorale, dont la composition variait, selon le lieu où on y procédait. A Grasse, par exemple, les habitants, se passant de l'intervention du comte, eurent le bon sens de rédiger eux-mêmes leur statut municipal et d'en faire conster par acte notarié. Cette pièce remarquable, attestant la liberté dont jouissaient les municipes, est du 9 novembre 1320. Le notaire qui en dressa acte se nommait Giraud Eyssautier.

Parler de libertés municipales, jure avec le régime féodal, et, cependant cette liberté existait; elle était telle que, depuis lors, nous avons grandement rétrogradé. Déjà, on doit en avoir le soupçon. Ce qui va suivre le changera en certitude. Voici le statut en question avec sa rubrique.

« Statutum seu constitutio facta, in publico parlamento, per
« homines universitatis Grasse.

« Statutum si quidem fuit quod quandocumque et quotiens
« cumque contingerit, in civitati Grasse, pro quocumque nego-
« tio tangente, quoscumque homines convocari seu congregari
« pro consilio habendo, vel aliquid faciendo, vel nominando seu
« eligendo arbitros, regardatores, ambaxatores, defensores, au-
« ditores, vel receptorem pecunie, vel operarium cujuscumque
« operis pertinentis ad commune Grasse; quod, ad hoc facien-
« dum et explicandum, quatuor vel quinque homines de sin-
« gulis artificiis et aliis, sic quod saltim inter omnes quadraginta
« numero habeantur, et quod, congregati cives, jurent fideliter,
« absque gratia, odio, timore et amore, consulere, facere et ex-
« plicari id propter quod congregati fuerint, et juramento pres-
« tito super quacumque nominatione, vel electione facienda,

« quisque congregatorum eligentium voluntatem suam deponat
« seu demonstret per signa lapidum albarum et nigrarum,
« vel fabarum albarum et nigrarum, ita quod sententiam volun-
« tatis cujusque per talia signa procedat, et ille in quem ma-
« jor pars ibidem presentium per talia signa voluntatem de
« providendo consenserit, electus intelligatur et electus sit,
« et habeatur ipsa electio firma et rata et quemadmodum
« haberetur si, nemine discrepante, per universitatem predic-
« tam facta foret, dum tamen congregati ibidem numero qua-
« draginta, ad minus, presentes existant; et, ita statuentes,
« constituerunt quod per alium modum electio, si fuerit, non
« procedat nec valeat. »

L'acte mentionne ensuite les divers métiers auxquels devaient appartenir les électeurs : « Nomina artificiorum de quibus ho-
« mines vocandi sunt, sunt hec : videlicet, advocati, notarii,
« draperii, cerdones (1), laboratores, burgenses divites, merca-
« torum diversarum mercium, medeci. » Il les nomme successivement et dit que trois cent treize personnes figuraient à l'assemblée, sans compter ceux qu'on n'inscrivit pas, parce que c'eût été trop long, (*propter prolixitatem*). Il constate, en outre, qu'auparavant, l'élection appartenait à un nombre restreint d'électeurs désignés par le viguier, qu'il en résulta des abus, c'est pourquoi le mode fut changé (2).

40. — Le statut de Cuers, datant du 7 septembre 1339, procédait d'une autre façon. Le premier conseil municipal fut élu, en assemblée publique, le jour de Saint-Michel. Les membres étaient au nombre de six, dont deux nobles et quatre plébéiens. L'année suivante, à la même époque, les conseillers sortants désignaient leurs successeurs. Le conseil, ainsi constitué, était

---

(1) Tailleurs ou artisans de bas étage. (V. Ducange. *Glossaire*, v° cerdo.)
(2) Archives des Bouches-du-Rhone Série B. 2, n° 456, f° 20.

présidé par le bailli et s'assemblait quand il voulait. Il pouvait, sans opposition quelconque, convoquer des parlements. Quant aux syndics, ils étaient au nombre de trois, demeuraient en charge pendant six ans et pouvaient être prorogés dans leur office. Le statut ne s'explique pas sur la forme de leur élection. On doit croire qu'on y procédait en parlement (1).

41. — Très-anciennement, à Fréjus, on élisait le conseil municipal et les syndics en assemblée populaire (*ad totalis populi clamorem*), dit le statut du 29 octobre 1427. Mais ce mode fut changé, à la demande de la commune, représentée auprès du comte par Antoine Rosaire, son procureur, sous le prétexte que les électeurs agissaient par caprice, sans suivre les conseils de la raison. Parlant du corps électoral, la requête, mentionnée au statut, porte : « Qui potius voluntate quam rationis instinctu « movetur. » En conséquence, on adopta le système suivi à Hyères, lequel était adopté dans les communes voisines de Fréjus « *juxta ritum et consentudinem aliorum locorum circum-* « *vicinorum.* » Dès lors, à partir de 1427, les conseils vieux et moderne, auxquels s'adjoignirent vingt probes hommes, appelés et cités, firent les élections (2).

L'ancien statut de Fréjus existe aux archives. Il est à la date du 7 octobre 1235. Mais l'analyser nous mènerait trop loin. Contentons-nous de citer quelques usages assez singuliers qu'on suivait dans cette ville. Annuellement, le 30 novembre, les membres du chapitre de Fréjus, c'est-à-dire, les chanoines et bénéficiers, chantaient les vêpres dans l'église de Saint-André, sise au palais, et, le lendemain, l'un d'eux y célébrait la messe. Dans ces deux occasions, le clavaire leur servait et collation et dîner. Ses comptes, pour les années 1472 et 1474, constatent

---

(1) ARCHIVES DES BOUCHES-DU-RHONE. Série B. 2, n° 422, f° 6.
(2) IBIDEM. *Crucis sive novi*, f° 245 v°.

que les frais de ces deux repas s'élevèrent à 12 sous. Mais n'oubliez pas que c'étaient des sous d'argent (1). Des offices semblables étaient célébrés, dans la même église ou chapelle, lors de la fête de Saint-Luc. Il y avait aussi collation et dîner : « *Per lo beure del matin*, » dit le clavaire, dans son compte de 1475 (2). Enfin, le clavaire faisait encore les frais du reveillon servi à l'Évêché, la veille de la Noël : « *Pro metter lo guacha fuech* (3) », dit-il. Voici quelles furent ses fournitures en 1472 : un flambeau de cire de quatre livres, un quart de vin pimenté, un cent de gaufres (*neulo*), des noisettes, pommes et autres fruits (4). En 1473, les fournitures furent plus considérables. On peut en donner le nombre et le prix : 1° deux flambeaux de cire, pesant 7 livres, 1 florin, 12 sous ; 2° quatre quarts vin pimenté ; 3° deux cents gaufres, 4 sous ; 4° pommes, 2 sous ; 5° noisettes, 2 sous ; 6° une douzaine de verres, 1 sou, 4 deniers ; 7° donné aux trompettes et aux tambourineurs, 4 sous. Tels étaient les réveillons de Monseigneur de Fréjus (5). Mais ce dignitaire ecclésiastique donnait, quelquefois. Par exemple, il était obligé, chaque année, de fournir un porc au vice-vicaire de Besse (6).

42. — Que l'on nous pardonne ces citations, en faveur de la singularité des faits. Maintenant, revenant à notre sujet, nous dirons que les constitutions municipales de Saint-Maximin, de Fréjus et d'Hyères paraissent avoir servi de modèle aux consti-

---

(1) Archives des Bouches-du-Rhone. Série B. 2, n°s 382, f° 209 v°, 384, f° 160 v°.
(2) Ibidem. Série B. 2, n° 384, f° 309. — Littéralement, le boire du matin.
(3) Ce mot signifie regarde le feu.
(4) Ibidem. Série B. 2, n° 382, f° 24.
(5) Ibidem. Série B. 2, n° 384, f° 160 v°.
(6) Ibidem. Série B. 2, n° 384, f° 13 v°.

tutions des autres villes de Provence. Celle de Forcalquier, par exemple, est calquée sur leurs dispositions. Le corps électoral s'y composait aussi des conseils vieux et moderne et des cités en nombre illimité. Son statut, qui est du 23 juin 1385, ne s'en explique pas, mais les procès-verbaux d'élection conservés aux archives de la ville attestent que tel était l'usage.

Il y avait, cependant, des villes qui s'en écartaient beaucoup, Manosque est du nombre. Son statut, datant de la veille des ides de février 1206, porte que soixante hommes, des meilleurs et des plus sages, savoir, quarante, du bourg et vingt, du château, s'assembleront et éliront douze consuls, lesquels auront charge d'administrer la commune. Le conseil municipal de cette ville se composait, par conséquent, de douze personnes qui nommaient les officiers municipaux. Leur charge était annuelle, mais ils se renouvelaient eux-mêmes, sans avoir besoin de recourir aux soixante probes hommes. En effet, il est dit expressément dans le statut que, chaque année, les douze consuls éliront leurs successeurs (1).

43. — Il ne faudrait pas croire que les conseils municipaux eussent été créés, tout d'une pièce, par les statuts que nous venons de rapporter. Ces conseils existaient bien antérieurement, car on ne concevrait pas une société sans administration, seulement, ils fonctionnaient sous une autre forme et avaient pour durée la gestion de l'affaire à laquelle ils avaient été commis. Les statuts qui intervinrent tardivement leur donnèrent l'existence légale et, ce qui valait mieux, la permanence. Dès ce moment ce furent des fondés de pouvoir généraux représentant leurs concitoyens dans toutes les questions d'intérêt communal. Nous en avons un exemple à Sisteron : un acte de la reine Jeanne, du 14 juin 1378, accorde aux habitants de cette ville le

---

(1) ARCHIVES DES BOUCHES-DU-RHONE. *Lividi*, f° 159.

droit de tenir conseil pendant dix ans, en présence du bailli ou juge (1). Mais la commune n'y date réellement que du 15 octobre 1439, jour où le roi René la constitua. Les dispositions de cet acte sont trop singulières pour être omises. Il veut que dès l'abord les habitants divisés en quatre quartiers, choisissent quarante conseillers à dix par quartier, auxquels la gestion des affaires communales sera dévolue et qui nommeront les officiers municipaux. Ces conseillers étaient institués à vie et, l'un d'eux venant à mourir, il devait être immédiatement remplacé, afin que le nombre quarante fut toujours complet. Ce statut dérogea à l'ancien usage, d'après lequel on élisait annuellement douze conseillers, ayant charge de nommer les officiers municipaux. Le changement introduit consista à augmenter le nombre de ces conseillers et à les rendre inamovibles, leurs pouvoirs restant les mêmes (2).

44. — Mais de tous les modes de nomination, tant du conseil que de ses officiers, le plus original fut celui établi à Aix, le 27 juillet 1426. On recourut au sort, manière d'agir qui fut quelques temps en usage après la réunion de la Provence à la France, car, *nihil novi sub sole*. Le statut dit, qu'anciennement, l'élection du conseil était confiée à certains probes hommes pris dans les divers quartiers de la ville, ainsi qu'on le pratiquait ailleurs. Mais, que ce mode ayant produit des inconvénients, on adopta le vote à scrutin secret par bulletin ; que cela n'empêcha pas les brigues de se renouveler avec accompagnement de discordes. Pour y obvier on recourut à l'expédient suivant : le gouverneur des comtés dut choisir cent dix hommes pour conseillers, sur lesquels trente, chaque année, seraient tirés au sort; cette liste durait deux ans. En conséquence le

(1) ARCHIVES DES BOUCHES-DU-RHONE. Série B. 2, n° 440 f° 138.
(2) IBIDEM. *Rosa*, f° 37.

conseil municipal se composait de trente membres. Quant aux officiers le gouverneur choisissait six notables, inscrivait leurs noms sur six bulletins séparés, et les mettait dans un sac ; on tirait au hasard et celui dont le nom sortait devenait assesseur. Les syndics étaient au nombre de trois. Dix-huit bulletins étaient mis dans le sac ; on proclamait syndics les trois sortants. Le tirage pour le trésorier et pour le notaire se faisait séparément. Il portait sur six noms pour chacun ; voilà de quelle manière se formait le conseil municipal d'Aix (1).

45. — On a rapporté les institutions municipales de plusieurs villes prises dans diverses parties de la Provence, afin que le lecteur, les comparant entre elles, pût se faire une idée du système au moyen duquel les conseils municipaux se constituaient et se renouvelaient. On pourrait en donner d'autres, mais ce serait inutile car, à l'exception de quelques différences saillantes les statuts rendus sur cette matière se ressemblent plus ou moins. Mais la question capitale reste entière, à savoir quelle était la constitution municipale de Draguignan ? Nous ne pouvons répondre à cette question, par la raison que le défaut de documents nous empêche d'arriver à la certitude ; cependant il nous sera permis de hasarder quelques conjectures et nous dirons timidement, mais non sans y être autorisé, que la constitution de cette ville ne devait pas s'écarter beaucoup de celle des villes voisines, et qu'on ne court pas grand risque en la modelant sur celle de Saint-Maximin, de Fréjus et d'Hyères. Songez que, de l'aveu de plusieurs statuts, le mode qu'on y suivait était généralement adopté.

Maintenant, laissant de côté la question d'origine et tenant pour constant le fait de l'existence du conseil municipal de Draguignan, voyons comment il se composait, c'est-à-dire quel était

---

(1) ARCHIVES DES BOUCHES-DU-RHONE. *Crucis sive novi*, f° 254.

le nombre des conseillers et de ses officiers. Si la chose est possible, nous rechercherons, plus tard, de quelle manière il se comportait.

Le nombre de ses conseillers nous est inconnu ; mais, d'après ce que nous avons vu ailleurs, c'est, tout au plus, s'il atteignait la trentaine. Il est même très-probable qu'il était inférieur à ce chiffre.

Faute de pouvoir consulter les archives locales, nous ne sommes guère mieux renseigné sur le nombre, ainsi que sur la qualité de ses officiers municipaux. Cependant, jugeant de ce qui devait être, d'après ce qui existait dans d'autres villes comtales, nous pourrons indiquer les diverses fonctions municipales que d'anciens usages avaient consacrés.

46. — En première ligne se présentent les syndics, chefs de l'administration communale, représentant nos maires actuels, sauf qu'ils ne tenaient pas leurs pouvoirs de l'autorité centrale et qu'ils les devaient uniquement au suffrage de leurs concitoyens. Partout le conseil municipal les nommait, soit seul, soit avec l'adjonction du conseil vieux et des cités. L'office était annuel, mais l'usage s'introduisit de maintenir les syndics sortants au conseil moderne, afin qu'ils l'éclairassent de leur expérience. Dans les procès-verbaux des délibérations ils figurent toujours après les syndics modernes, avec la qualification de consuls vieux, et sont en tête du conseil municipal ; après leur nomination, les syndics prêtaient serment de bien remplir leurs fonctions, soit devant l'assemblée électorale, soit devant le conseil municipal. Pour n'y pas revenir, nous dirons que cette formalité était imposée à tous les officiers. Aux uns et aux autres la commune payait des gages, car on tenait pour principe que tout travail méritait salaire.

47. — Ordinairement, deux syndics administraient la commune. Mais certaines villes en avaient davantage ; le conseil

municipal d'Arles, par exemple, en nommait trois. Il en était de même à Draguignan, ainsi qu'il est prouvé par l'ordonnance du roi, d'août 1514. Cet acte, statuant sur la requête des habitants déclara que les trois syndics se nommeraient à l'avenir consuls, avec mêmes droits, ainsi qu'on le pratiquait à Arles, Marseille et Aix. Le changement de dénomination dont s'agit date de cette époque et devint universel (1).

48. — Leur marque distinctive était le chaperon. Ce mot a eu plusieurs significations, à propos desquelles nous renverrons au dictionnaire de Littré. Il nous suffira de dire, que vers le commencement du XVIe siècle, les chaperons des consuls de Forcalquier coûtèrent dix écus (2).

49. — Les syndics usaient fréquemment du privilége que les fonctionnaires publics s'étaient arrogé en vertu d'un ancien usage. Ils se donnaient des lieutenants avec attribution de leurs pouvoirs. Il n'est pas rare en parcourant les registres des délibérations d'un conseil municipal, d'y rencontrer la mention d'un vice-syndic.

50. — Il serait superflu de parler des attributions et des devoirs des syndics, puisque entre nos maires et eux la différence consiste dans le nom ; au fond la similitude des fonctions est parfaite. Nous dirons seulement que les syndics avaient un privilége précieux résultant de la Constitution provençale. Ils avaient entrée aux États en qualité de députés de leurs communes. En Provence ils formaient l'assemblée du tiers-état. Ce droit était basé sur la coutume plutôt que sur la loi; car nous ne connaissons pas de statut qui l'ait consacré, mais le fait est positif; on ignore ce qui se pratiquait à Draguignan ; à Forcalquier que l'on connaît mieux, le premier syndic représentait la ville et le se-

---

(1) ARCHIVES DES BOUCHES-DU-RHONE. *Turturis*, f° 111.
(2) V. LITTRÉ. (*Dictionnaire*, v° chaperon.)

cond la viguerie. Le conseil municipal les désignait et leur donnait ensuite procuration, les autorisant à agir dans l'intérêt public. Ces députés voyageaient aux frais de la ville et en recevaient une indemnité de séjour, proportionnée à leur position sociale, car les nobles touchaient plus que les bourgeois. A leur retour, ils rendaient au conseil un compte détaillé des affaires traitées dans la session.

51. — Il y avait d'autres officiers élus en assemblée électorale. Le plus important était le trésorier communal. Cela tenait principalement au système financier alors en vogue ; système que nous allons essayer d'esquisser.

52. — Premier point : dans toutes nos recherches, qui ont été fort longues, nous n'avons pas trouvé traces d'impôt foncier, tel qu'on le comprend aujourd'hui. Nous avons vu des cadastres, suivant la propriété dans ses mutations et la rendant plus certaine, mais rien qui, de près ou de loin, ressemblât à des registres tenus dans le double but d'établir l'impôt et de le percevoir. Il y a mieux, supposez qu'un impôt de cette nature eût existé, le receveur aurait manqué. En effet, les vigueries et bailliages n'avaient pas de receveurs particuliers, et les fonds perçus au profit du trésor passaient directement de la caisse de celui qui les avait reçus dans celle du trésorier-général, résidant à Aix. Plus tard, à la demande des états, on créa des offices de trésorier de viguerie, mais cela n'eut lieu que dans la seconde moitié du XVe siècle.

Ainsi, pas de registres, pas de receveurs, pas le moindre document pouvant faire soupçonner l'existence d'un impôt foncier. Comment donc s'alimentait le trésor ? Par l'impôt indirect, répondrons-nous, et par les redevances de toute nature qui grevaient, soit les propriétés, soit les personnes.

Ces redevances disparurent peu à peu, soit que les débiteurs les eussent rachetées, soit que le comte les eût remises. Il ne persista que celles servies aux seigneurs de fiefs. Les péages, lesdes et cosses eurent le même sort. Le comte y renonça en faveur des communes. Il ne lui resta que les droits de justice qui, sous le nom de droits d'enregistrement, ont persévéré jusqu'à nos jours et ne sont pas prêts à disparaître. La matière imposable manquant, on comprend qu'il n'y eut pas de receveurs.

Le trésor public avait, dans chaque viguerie et bailliage, un agent spécial, chargé de percevoir les droits de justice, tels que lates (1) et amendes. Cet agent était le clavaire, dont nous avons déjà parlé. Mais, dans la plupart des vigueries, les perceptions de cet agent constituaient une faible ressource, attendu que, sur ses recettes, il payait le traitement des officiers, les frais de justice et toutes autres dépenses faites dans l'intérêt public; par exemple, la collation au chapitre de Fréjus et le reveillon de l'évêque.

En cet état, on sera curieux de savoir comment s'y prenait le trésor public pour soutirer de l'argent aux contribuables. Il usait d'un procédé fort simple et, pour ainsi dire, primitif. Annuellement ou presque annuellement, sur la demande du comte, les états lui faisaient don d'une certaine somme, calculée sur les besoins du trésor, autant que sur la possibilité d'en obtenir le payement. Tantôt, c'était 50,000 florins, tantôt, 100,000. Quelque fois les ordres privilégiés, clergé et noblesse, y contribuaient; souvent le fardeau tombait en entier sur les communes; alors les députés du tiers, que cela touchait particulièrement, liardaient, marchandaient et défendaient de leur mieux les intérêts de leurs commettants. Mais la mesure passait.

Le don fait, la somme convenue, on la répartissait sur les vi-

---

(1) Droit que demandeur et défendeur acquittaient lors de l'introduction d'un procès. La *lesde* et la *cosse* étaient des espèces de droits d'octroi. Quant au péage, chacun sait ce que ce mot signifie.

gueries et bailliages, lesquels, à leur tour, faisaient la même opération pour les communes de leur ressort. La base de l'impôt étant le feu, le nombre de feux existant en Provence étant fixé par les états et connu, par conséquent, au moyen d'une simple opération d'arithmétique, on savait, tout de suite, combien chaque commune avait à payer. Si, par exemple, le feu était taxé à 10 florins, que la commune eût cinquante feux, c'étaient 500 florins qu'elle devait verser dans la caisse du trésorier général, car les fonds ayant cette provenance ne passaient pas par les mains des clavaires.

Tout cela allait de soi, mais les voies et moyens ne ressemblaient en rien à ceux d'aujourd'hui. Quand les syndics connaissaient la quote-part afférente à leur commune, ainsi que les termes de payement, lequel se faisait ordinairement par quartiers, c'est-à-dire, de trois en trois mois, ils assemblaient le conseil municipal afin d'aviser aux moyens de se procurer des fonds. Si, les reliquats de son trésorier, ainsi que les ressources courantes, lui permettaient de faire face au payement des termes à échoir, la commune soldait; sinon, le conseil, pour nous servir des expressions alors usitées, mettait sus une rève, c'est-à-dire, établissait un impôt municipal destiné à lui procurer les fonds dont elle avait besoin. Cet impôt portait sur divers objets de consommation, tels que farines, viande et vin. Il atteignait même les éleveurs de bestiaux que l'on nommait nourriguiers (1). Moutons, brebis et porcs étaient taxés à tant par tête. Il lui fallait, pour cela, l'autorisation de la cour des Comptes ; mais les sommes à percevoir devant entrer dans les caisses de l'État, cette autorisation était immédiatement accordée.

Voilà pour l'impôt et son assiette. Quant au mode de perception, il y en avait de deux sortes ; régie ou fermage. On répu-

(1) Nourrisseurs.

gnait à la régie, aussi n'y recourait-on qu'en cas de nécessité, alors qu'il ne se présentait pas de fermier. Mais, ordinairement, le recouvrement de la rève était mis à ferme. On le délivrait aux enchères publiques, solennellement annoncées et tenues sous la présidence du viguier lequel, à cette occasion, touchait un émolument.

Telle était la manière d'agir. Quant aux fonds produits par la rève, ils entraient dans la caisse du trésorier municipal et, de là, passaient directement dans celle du trésorier général. Les frais du versement définitif étaient, comme de raison, à la charge de la commune. Elle supportait les frais de transport, ceux du séjour, et tenait compte à son trésorier de la perte occasionnée par le change.

56. — Au moyen de ces explications, on comprend quelle était l'importance des fonctions du trésorier municipal, puisque, en sa qualité d'agent de la commune, il joignait celle d'auxiliaire du trésor. Aussi mettait-on grand soin à le choisir. Les préférences étaient pour ceux qui exerçaient le négoce, gens qui ont toujours passé pour experts dans les affaires aboutissant à un maniement d'argent.

Ce trésorier avait des gages fixes, gages variant selon le temps et les lieux. On lui allouait encore une remise de tant pour cent sur ses rentrées. Cet article était ordinairement débattu entre lui et le conseil. Quelquefois, il se présentait plusieurs compétiteurs. Alors, on donnait la préférence à celui qui, responsabilité égale, faisait le meilleur marché.

On obtenait, au préalable, l'assentiment de la personne qu'on entendait nommer ; mais, en certaines circonstances, le conseil imposait sa volonté. Il fallait accepter, sous peine de poursuites judiciaires. On ne serait pas embarrassé pour donner des exemples de trésoriers récalcitrants traduits en justice, à la requête du conseil.

Comme toutes les charges municipales, celle du trésorier était annuelle. Au bout de l'année, il rendait compte de sa gestion à une commission instituée à cet effet. Il en sera bientôt question.

54. — Le troisième officier municipal était le greffier. Il était annuel, assermenté et gagé, à l'instar des autres officiers. Quant à l'annualité, il est évident que l'assemblée électorale, ne constituant le corps municipal que pour une année, ne pouvait conférer des pouvoirs au delà de ce terme.

Le greffier était toujours pris dans le corps du notariat. C'était une règle sans exception. Il tenait la plume, rédigeait les délibérations du conseil et en signait les procès-verbaux. Si, quelquefois, dans le cours de la séance, le conseil consentait un acte quelconque, le greffier le recevait, en sa qualité de notaire. Les archives des communes contiennent de nombreux exemples de ce fait.

55. — On nommait une commission dont les membres étaient connus sous le titre d'auditeurs des comptes (*auditores compotorum*). Ils étaient au nombre de deux ou trois, auxquels s'adjoignaient les syndics en exercice. Leur mission consistait à recevoir et épurer les comptes du trésorier et, par conséquent, à statuer sur la validité des pièces produites. Ils avaient un traitement fixe, plus tant par vacation. Les auditeurs des comptes faisaient ordinairement partie du conseil municipal.

56. — On constituait des experts en titre, appelés autrefois *cominaux*. Ils statuaient sur l'étendue et la valeur des dommages faits aux champs, et si, s'agissant d'une entreprise d'intérêt public, le conseil désirait acquérir une propriété par parcelle ou en entier, c'étaient encore les experts qui en fixaient le prix. En un mot, ils avaient toutes les attributions afférentes à des experts d'office. Ces agents étaient gagés sur le budget communal.

57. — Venaient ensuite les vérificateurs des poids et mesures que le latin du moyen âge désigne sous le nom de *allealatores*, d'où l'on fit le verbe *allealare*, c'est-à-dire, vérifier, mettre à la loi. On leur donnait un traitement fixe. Il y aurait beaucoup à dire sur ces officiers, mais cela nous mènerait trop loin.

58. — Après eux, on trouve les vérificateurs des victuailles, fonctions importantes au premier chef, puisque, ainsi que l'indique leur titre, ils avaient pour devoir de veiller à ce qu'on n'exposât en vente que des comestibles de bonne qualité. Ils étaient gagés, mais ils percevaient, en outre, une certaine quotité des amendes infligées, sur leur rapport.

59. — Certaines communes avaient des fabriciens, sous le nom de *operatorii ecclesiarum*. Le nom seul définit la fonction.

60. — Enfin, au bas de l'échelle se trouvait le valet de ville, personnage ne manquant pas d'importance. Le conseil le nommait. Il était assermenté, gagé, et, tous les deux ans, recevait un habillement complet.

Telle fut, jusqu'à la réunion, la composition des corps municipaux dans les villes comtales et libres. De toutes ces fonctions, quelques-unes disparurent. Ainsi, petit à petit, cominalat et vérification des poids et mesures, de même que la vérification des victuailles, tombèrent en désuétude. Sauf le trésorier communal et les adjoints, les municipalités se constituèrent, à peu près, sur le même pied qu'aujourd'hui. Les priviléges s'éteignirent et la plus parfaite égalité régna entre elles.

61. — Il faut voir, maintenant, de quelle manière se comportait le conseil municipal de Draguignan, c'est-à-dire comment il gouvernait ses administrés. Ceci est la partie la plus intéressante de la présente étude, qui le serait bien davantage si nous possédions des documents plus nombreux. Nous donnerons

ceux qui sont en notre possession, laissant à d'autres le soin de compléter un travail que nous ne pouvons qu'ébaucher.

L'acte le plus saillant de ce conseil consiste dans une ordonnance de police municipale prise par lui, le 23 juin 1428, approuvée par le comte. L'intitulé est en latin, mais le corps de la pièce est rédigé en provençal. Nous allons en faire l'analyse :

Art. 1. — Défendu à toute personne, de Draguignan ou étrangère, de jouer ou faire jouer aux dés, à l'eysuch ni aux noybles (1), de quelque manière que ce soit, dans la ville ou son terroir, en public ou en privé, sous peine, pour chaque contrevenant et pour chaque fois, de 25 livres le jour et de 50 livres la nuit, avec confiscation de tout l'argent trouvé sur les joueurs. Les amendes étaient attribuées, savoir : deux tiers au fisc et un tiers au dénonciateur. Le délinquant qui ne pouvait payer l'amende, devait être mis au pilori, sur la place du marché, pendant toute une journée de samedi.

Art. 2. — Sont exceptés de la prohibition : les jeux de l'arc et de l'arbalète, donnés en public et suivis de distribution de prix (*joyas*), ou autres jeux convenables ; de même que les parties faites en bonne compagnie.

Art. 3. — Défense à toute personne, sinon au maître ou à la maîtresse de la maison (il s'agissait probablement d'une auberge), de tenir en lieu accessible, où chacun pourrait les prendre, les instruments servant à certains jeux, tels que : tables, grandes et petites (taulier de taulas ou taulons), ni de les prêter à quelqu'un, à moins que ce ne fût au jeux des staxs, mais on devait retenir les taulons. La peine de la contravention était de 10 livres d'amende, applicables comme dessus. Il est difficile de savoir à quels jeux s'appliquait cet article.

Art. 4. — Toute personne voyant jouer aux dés ou aux noy-

---

(1) Il s'agit, peut-être, de certains jeux de dés.

bles, ou à tout autre jeu défendu, devait dénoncer le fait au viguier et au juge, ou à leurs lieutenants, ainsi qu'aux syndics, dans les dix heures, si le délit a été commis de jour, et dans les deux heures, après le soleil levé, s'il a eu lieu la nuit; à peine, pour le contrevenant, de 10 livres d'amende, applicables comme dessus. Mais si plusieurs personnes avaient été témoins de la contravention, il suffisait que l'une d'elles l'eût dénoncée. Dans ce cas, les autres assistants ne pouvaient être poursuivis.

Art. 5. — Nul ne pouvait jouer au palet, à la raie (*à la rega*), ni à la pelote, ou à autres jeux tolérés, soit dans la ville, soit dans son terroir, les jours de dimanche et de fête, jusques à ce que la grand'messe eût été dite à la grande église, et ce, sous peine de 10 livres d'amende, applicables comme dessus.

Art. 6. — Aucune fille publique (*fenna falhida*) femme déchue, qui s'était livrée à plusieurs hommes, ne pouvait loger à Draguignan, si ce n'est dans la maison désignée par l'autorité pour recevoir les femmes de cette sorte (*si non tant solament a l'ostal comun per so deputat et ordenat*). Les filles publiques devaient porter un signe apparent, d'autre couleur que celle de la robe, annonçant qu'elles étaient publiques, et ce, à peine de 10 livres d'amende, applicables comme dessus. Celles qui ne pouvaient payer étaient corrigées sans merci, c'est-à-dire, fouettées jusqu'au sang.

Il ne faudrait pas que les habitants de Draguignan rougissent du fait dévoilé par l'ordonnance, car, à cette époque et bien antérieurement, des établissements du genre en question existaient dans presque toutes les villes. Mais, partout, les femmes publiques portaient sur leur personne un signe servant à les faire reconnaître. Quelquefois ce signe était attaché au chapeau que l'on appelait alors (*capel de proenza*).

Art. 7. — On ne pouvait, à l'occasion des contraventions susdites, appliquer peines ordinaires ou extraordinaires. Celles infligées devaient rentrer dans les dispositions de l'ordonnance. Les simples jurons n'y étaient pas compris.

Art. 8. — Le clavaire devait exiger du contrevenant et payer au dénonciateur le tiers de l'amende qui lui revenait ; mais le dénonciateur pouvait la recouvrer lui-même et, pour cela il avait action en justice.

Art. 9. — Les officiers du tribunal (*cort*) présents et à venir, devaient faire observer l'ordonnance et ne permettre à personne de l'enfreindre, sous peine de 100 livres d'amende (1).

62. — L'autorité municipale s'occupait particulièrement à défendre les jeux de hasard. Le privilége de Draguignan, datant du 3 février 1442, renouvelle la prohibition portée par celui de 1428. Il défend absolument les jeux de dès, dans les maisons particulières, ainsi que dans les tavernes, alors qu'on jouait de l'argent : « Causa lucri, sive a l'eyssuch (2). » Mais le jeu était permis, comme récréation, quand il s'agissait de boire : « Nisi hoc « fieret cause solatii et otii vitandi, ad effectum bibendi et re- « creationem capiendi. » Le jeu illicite entraînait l'amende de 100 livres couronnées, plus la confiscation de l'argent trouvé sur les joueurs. La maison dans laquelle on jouait était également confisquée.

Ce privilége contient plusieurs autres dispositions qui sont aujourd'hui sans intérêt. Par exemple, la franchise des péages, passages, pulvérages, usatiques, lesdes et cosses ; l'exemption des lates ; la vérification des poids et mesures, dont les officiers du comte ne devaient pas se mêler ; la taxe des commissaires envoyés en recouvrement des deniers du fisc, laquelle ne devait pas dépasser 16 deniers par lieue ; l'abolition du droit de chasse, consistant dans l'obligation imposée au chasseur de remettre au

---

(1) ARCHIVES DES BOUCHES-DU-RHONE *Crucis, sive novi*, f° 240 v°.
(2) *Eyssuch* signifie sec. Quand on buvait, la partie était mouillée.

fisc un quartier de la bête tuée ; la défense de distraire les habitants de leurs juges naturels, et autres, qui n'ont plus d'objet. Mais il est un usage méritant d'être rappelé, usage qui, du reste, n'était pas particulier à Draguignan. Tout propriétaire trouvant un troupeau étranger sur son terrain, avait le droit de procéder, à l'instant et par lui-même, à la saisie d'une bête, quel que fût le genre du troupeau surpris en flagrant délit. Cette saisie garantissait au propriétaire le payement de ses dommages-intérêts. Mais il devait remettre la bête aux officiers. Après la remise, l'affaire suivait son cours (1).

63. — Il existe un autre privilége concédé le 13 mai 1403, à la prière de la municipalité. Nous ne releverons que quelques-unes de ses dispositions, car il est inutile de connaître les autres. L'une d'elles veut que, en cas d'absence du viguier, le conseil municipal soit présidé par le juge ou par son lieutenant. Même faculté est donnée au lieutenant du viguier. Il en était ainsi partout.

Les officiers majeurs ou mineurs venant à Draguignan avaient la prétention de forcer, indifféremment, les habitants à leur fournir logement. Il fut dit qu'ils seraient logés, d'ordre des syndics ou du conseil.

Enfin, tout officier enfreignant les dispositions du privilége, et qui ne révoquait pas, dans les dix jours, la mesure contraire par lui prise, était passible de 25 livres d'amende, dont moitié applicable au fisc et moitié à la commune (2).

64. — Draguignan eut sa part des discordes civiles qui troublèrent la Provence sous le règne de Jeanne. Un peu avant l'année 1360, il fut pris par les rebelles qui ruinèrent le château, ne laissant debout que la tour : « Quando emuli fuerunt in

---

(1) ARCHIVES DES BOUCHES-DU-RHONE. Triolet, f° 81.
(2) IBIDEM. *Armorum*, f° 14.

« castro Draguiniani », dit la note dont nous extrayons ce fait (1). Il paraît qu'on ne répara pas l'édifice, car, en 1403, la ville louait une prison (2).

65. — Il existait dans la viguerie des terres qui étaient sous la juridiction du monastère de la Manarre, d'Hyères. On rencontre souvent les expressions suivantes : « Homo aut mulier « Manarre. — Larem fovere sub domino Manarre. » — Cela signifie que les vassaux ressortissaient du juge du monastère. Mais, de quel ordre relevait cet établissement ? C'est ce que nous n'avons pu savoir. Nous avons voulu, néanmoins, enregistrer le fait (3).

66. — La citation de ce dernier fait terminera notre travail. Il nous resterait encore beaucoup à dire, mais il faudrait alors entreprendre l'histoire complète de la ville de Draguignan, travail qui excéderait les bornes d'une simple notice et pour lequel temps et documents nous feraient défaut. Aux curieux de chronique locale nous dirons que, s'ils veulent lire le règlement fait, le 20 février 1470, par les maîtres compagnons et valets tailleurs de Draguignan, règlement revêtu de l'approbation du sénéchal, ils le trouveront aux archives qui contiennent les titres de toutes les communes de Provence. C'est là qu'existe l'histoire de notre pays. Il ne s'agit que de savoir l'y chercher (4).

---

(1) ARCHIVES DES BOUCHES-DU-RHONE. Série B. 2, n° 367, f° 2 v°.
(2) IBIDEM. Série B. 2, n° 367 f° 251.
(3) IBIDEM. Série B. 2, n° 378, f° 32.
(4) IBIDEM. Juge mage, f° 644 v°

LES DE FERRY

ET

LES D'ESCRIVAN

VERRIERS PROVENÇAUX

PAR ROBERT REBOUL

I.

On n'ignore pas que certaines professions donnaient la noblesse à ceux qui les exerçaient. Longtemps on a prétendu que la profession de verrier entraînait avec elle cette prérogative. Il paraît que c'est là une erreur dont l'origine pourrait bien être mise sur le compte du poète François Maynard. Ce charmant esprit, dit dans son épigramme, contre le poète Saint-Amand :

> Votre noblesse est mince,
> Car ce n'est pas d'un prince,
> Daphnis, que vous sortez ;
> *Gentilhomme de verre,*
> Si vous tombez à terre,
> Adieu vos qualités.

M. A. Sauzay, dans son excellent livre sur la verrerie (1), cite un arrêt rendu par la cour des Aides de Paris, en septembre 1597, duquel il résulte « qu'à l'occasion de l'exercice et du « trafic de la verrerie, les verriers ne peuvent prétendre avoir « acquis le degré de noblesse, comme aussi les habitants des

---

(1) *La Verrerie depuis les temps les plus reculés jusqu'à nos jours.* Paris, Hachette 1869, 2ᵉ édit. in-12, illustré.

« lieux ne peuvent prétendre que les verriers fassent acte déro-
« geant à noblesse ». Il établit fort bien, par d'autres preuves
et des raisons solides, que les nobles ne craignant plus la loi
de dérogeance se livrèrent à cette industrie nouvelle ; et c'est
là la véritable origine des gentilshommes verriers.

La noblesse des de Ferry et des d'Escrivan ne s'appuie pas
sur la malice du poète, et, sans vouloir l'imiter, c'est rendre
hommage à ces deux familles en disant que chez elles la profession de verrier s'est transmise de génération en génération
jusqu'à nos jours, et que la qualité de gentilhomme verrier,
malgré sa fragilité, a été dignement conservée.

Nous ne prétendons pas traiter ici de l'histoire des verriers
provençaux et de la verrerie. Le temps et les documents nous
en ont manqué, et nous craignons que bien des lecteurs jugent
ce travail comme fatigant et sans utilité. Nous pensons néanmoins fixer l'attention des érudits en donnant des faits fondés
sur des documents authentiques inédits et que nous ne laisserons plus retomber dans la poussière des archives. Il y a aussi
une question d'industrie qui, sans être affirmativement résolue,
paraîtra du moins un peu plus éclaircie.

L'histoire de la verrerie, en Provence, est à faire. Si cette
notice peut mettre sur la voie un de nos savants, peut-être aurons-nous eu raison de fatiguer ici le lecteur.

II.

La maison de Ferry (1) est l'une des plus anciennes de Provence. Elle est originaire d'Italie. Le plus ancien membre qu'on

---

(1) Elle est désignée dans les anciens titres : de Ferré, de Ferre, de
Ferres, de Ferri, Ferrié, Ferrier, de Fer, Fero, de Ferry. Nous adoptons
cette dernière désignation comme étant celle qui a prévalu dans les titres
et actes modernes de cette famille.

ait pu découvrir, est Jean de Ferry, né en 1333, écuyer de la ville de Lanteo ou Lanta, diocèse de Nole, dans l'ancienne province de la Pouille. Son fils, Nicolas de Ferry, écuyer, vivait en 1400. Il eut deux enfants : Perrin de Ferry, qui résidait en Italie, et Benoît de Ferry, qui vint se fixer en Provence.

Lorsque René d'Anjou, roi de Naples et de Sicile, comte de Provence, fut chassé de ses états d'Italie par Alphonse, roi d'Aragon, Benoît de Ferry s'attacha à la destinée de ce prince et le suivit en Provence. « Le Roy René voulant reconnaître
« par des biensfaits l'affection et l'attachement que Benoît de
« Ferre luy avait témoigné en le suivant dans sa comté de Pro-
« vence, luy accorda la franchise des tailles des biens dont il
« avait déjà fait acquisition ou qu'il pourrait acquérir jusques à
« la concurrence d'un demy feu, comme aussy la franchise de
« tous dons, subcides, impost, gabelles et autres droits, tant à
« raison de ses fonds qu'il avait acquis dans la communauté
« d'Agoult, que du commerce de ses verres, tant dès le présent
« que pour l'avenir, priviléges et immunités qui devaient se
« transporter à ses enfans, et d'yceux à leur postérité (1). Pour
« toutes ces franchises et immunités accordées par ce prince
« au dit Benoît de Ferre et à postérité, on ne sçaurait douter du
« rang et de la noblesse du dit Benoît de Ferre, puisqu'on sçait
« que les souverains n'ont jamais accordé des priviléges de
« franchises de tailles des biens fonds qu'à des familles nobles
« de race, où qu'ils ont eu noble avant et lors même qui leur
« ont accordé des immunités et franchises (2). »

C'est près du village de Goult et de l'abbaye de Valsainte que

---

(1) V. aux *pièces justificatives*.
(2) *Extrait des titres de noblesse*. Arch. dép. des B.-du-Rh. Série B. Cour des Comptes, n° 127, f° 299.

Benoît de Ferry établit des verreries et donna la plus grande étendue à cette industrie naissante dans notre contrée.

Dès ce moment, la famille de Ferry se voua à la fabrication du verre, et presque tous les établissements de ce genre qui ont existé en Provence ont été créés et possédés par elle.

Par lettres patentes du roi René, en date du 15 juillet 1476 (1), Nicolas II de Ferry est nommé verrier du roi et officier de sa maison. C'était le fils aîné de Benoît. Ses deux autres frères, Jean et Galiot, exerçaient aussi la profession de verrier. Les faveurs royales furent continuées à cette famille : Charles VIII (2), François Ier (3), Charles IX (4), Louis XIII (5) confirmèrent et accordèrent des priviléges.

Les trois enfants de Benoît de Ferry formèrent trois branches, dont deux en Provence et une en Dauphiné, laquelle vint ensuite se réunir aux deux premières. De la branche de Nicolas « sont sortis plusieurs grands hommes, dont la France a
« tiré de grands services, soit dans la guerre que pour l'église
« et dans le génie (6) ». Deux des fils de Galiot s'allièrent à l'illustre maison de Simiane, à laquelle Pauline de Grignan, petite-fille de Mme de Sévigné, tenait par son mari Louis de Simiane, lieutenant-général en Provence. L'aîné, François de

---

(1) V. aux *pièces justificatives*.

(2) Lettres patentes accordées à Benoît de Ferry, à ses enfants et descendants « maîtres des verreries de Goult, Pourcieux, Roquefeuil, en « Prouence », données à Tours, le 16 juin 1490.

(3) Lettres patentes données à Paris, le 23 février 1516.

(4) Lettres patentes du 27 février 1565.

(5) Lettres patentes accordées à Charles et François de Ferry, données à Paris au mois de juin 1613.

(6) On peut citer : Jean de Ferry, chef du Gobelet du roi Louis XIV et employé au cabinet des Antiques ; Antoine de Ferry, ingénieur en chef du canal du Languedoc ; le fameux géographe Nicolas de Ferry, connu sous le nom de Fer. — *Extrait des titres de noblesse*. Arch. des B-du-Rh. Série B. Cour des Comptes, n° 127, f° 299.

Ferry, épousa Catherine de Simiane (1) ; et Jean de Ferry, Antoinette de Simiane, sœur de la précédente.

Telle est l'origine des de Ferry (2).

III.

Les historiens provençaux anciens comme les modernes ne s'accordent pas sur l'introduction de la verrerie en Provence. Leurs témoignages sur cette matière semblent calqués les uns sur les autres. Pourtant, les modernes nous ont donné des aperçus nouveaux et des faits intéressants, nous les citerons de préférence. On doit nous pardonner ces citations à cause de leur importance dans la question. Il est essentiel, à défaut de documents originaux, de faire voir les versions d'auteurs différents.

« Le XVe siècle fut l'époque où les verreries furent établies
« en Provence. Le Roi René commença par établir des verre-
« ries à deux lieues d'Apt, près de l'abbaye de Valsainte et de
« Goult, il fit venir des verriers, et il se plaisait à les voir tra-
« vailler. Il existe près de Goult une maison que l'on nomme
« encore la verrerie, quoiqu'on n'y travaille plus. Dans cette
« maison est une chambre, appelée la chambre du Roi René.
« Les premiers verriers venus en Provence portaient le nom de
« Ferré ou Ferry. » C'est l'opinion d'un homme grave, le président Fauris de Saint-Vincens (3).

---

(1) Contrat du 28 octobre 1510, notaire Pierre Frilet, à Apt.

(2) *Histoire généalogique de la famille de Ferry*, par Joseph de Ferry, écuyer. Manuscrit autographe, inédit, en notre pouvoir. — *Arbre historique et généalogique de la famille de Ferres*, dressé et rédigé par J. Kapeller, professeur en la science du blason à la seigneurie de la ville de Marseille. Arch. des B.-du-Rh. Série B. Cour des Comptes, n° 127, f° 299.

(3) *Mémoire sur l'état du commerce en Provence, au moyen âge.* V. *Ruche provençale*, t 6, p 210.

Dans sa *Quatorzième lettre sur Marseille* (1), le docteur Lautard nous fait connaître que la ville de Marseille était, au xv⁰ siècle, un riche entrepôt de verrerie, et que cette curieuse branche d'industrie fut introduite en Provence par le roi René. La première fabrique de verre fut établie, par ses ordres, dans le village de Goult, près d'Apt.

« On doit particulièrement au Roi René, dit le vicomte de
« Villeneuve-Bargemont (2), l'établissement de la première
« verrerie connue. Ce fut à Goult que René plaça cette manu-
« facture, et s'y fit construire un appartement, afin d'observer
« avec attention le travail des ouvriers. Ce local se montrait
« encore aux voyageurs en 1790 sous le nom de chambre du
« Roi René. Ce bon Roi accorda des lettres de noblesse au chef
« de cette fabrique, nommé Ferre ou Ferry, et dont la famille
« a possédé longtemps en Provence la plupart des usines de ce
« genre. »

Le comte de Quatrebarbes, dans son *Histoire de René d'Anjou* (3), s'exprime ainsi : « Le bon René pensait que l'in-
« dustrie et le commerce, exercés avec honneur et probité,
« méritaient bien du pays. C'est ainsi qu'il donna des lettres
« d'anoblissement à une famille Ferry, originaire du Dauphiné,
« qui introduisit la première en Provence l'art de fondre et de
« couler le verre. Il venait la visiter familièrement à la manu-
« facture de Goult, donnait lui-même le dessin de vitraux,
« *moult bien variolés* et encourageait, par son exemple et sa
« présence, les artistes employés à les colorer. Leurs honorables
« descendants n'ont pas cessé d'exercer à Marseille la même
« profession. »

---

(1) *Ruche provençale*, t. 3, p. 198.
(2) *Histoire de René d'Anjou*, t. 3, p. 32-33.
(3) Angers, 1853, in-12, p. 223.

Cet honorable historien a commis quelques erreurs qu'il est bon de relever. René ne donna point des lettres d'anoblissement aux de Ferry, mais des lettres patentes conférant des priviléges matériels, tels que ceux de l'exemption des impôts. Les Ferry sont originaires d'Italie. Benoît de Ferry, le premier verrier, naquit en Italie ; il épousa, à Apt, Mariette Marcel (1), et de cette union naquirent à Goult : Nicolas de Ferry, verrier du roi René, Jean et Galiot de Ferry. Jean de Ferry alla fonder une verrerie à Salles, en Dauphiné, vers l'an 1500. La profession de verrier fut exercée par cette famille non-seulement à Marseille, mais à Simiane, à Apt, à Roquefeuil, à Pourcieux, à Gémenos, à Roquevaire, à Toulon, à Mazaugues, à Belgentier, à La Roque-Brussanne, à Méounes, à Rians, à Fréjus, à Valsainte, etc.

« Reconnaissants de la protection éclairée du bon Roi, ajoute
« M. de Quatrebarbes (2), les frères Ferry lui avaient fait pré-
« sent d'un grand verre à boire, dont la forme et la hauteur
« étaient celles d'un calice. La coupe pouvait contenir la pinte
« de Paris. Sur les parois intérieures, l'artiste avait peint un
« Christ sur la croix ; la Madeleine était à ses pieds, et on lisait
« au bord du vase, en caractères gothiques, cette curieuse
« légende :

« Qui bien beurra (3),
« Dieu voira ;
« Qui beurra tout d'une haleine,
« Voira Dieu et la Magdeleine. »

Le président de Saint-Vincens nous apprend que ce verre historique était conservé dans le cabinet de Fabri Borrilly, à

---

(1) Nous n'avons pas retrouvé la date du contrat. Il fit son testament le 9 avril 1476 (Elzéard Guérin, notaire à Apt) dans lequel il donne la qualité de nobles à son frère, à son aïeul et à ses enfants.
(2) Ouv. cité, p. 224.
(3) Boira.

Aix, et il assure l'y avoir vu lui-même. Les comptes de la dépense du roi René, déposés à la chambre des Comptes à Aix, attestent que ce prince employa 100 florins à acheter des verres peints pour les envoyer à Paris au roi Louis XI, son neveu, et qu'il prit ces verres à la verrerie de Goult (1).

Un auteur consciencieux, plein de savoir, M. Mortreuil, l'homme le plus compétent en ces matières, toujours fondé sur les documents originaux, nous explique (2) qu'autrefois, « sous « le nom de *faïenciers*, on distinguait les membres d'une cor- « poration qui comprenait les *verriers* et les *émailleurs* ». Suivant lui, « Marseille ne paraît jamais avoir possédé de maî- « trise en ce genre. Quant aux verreries, Marseille en a été dé- « pourvue avant 1699. Toutefois, Marseille avait, bien anté- « rieurement, des industriels désignés sous le nom de verriers ; « je trouve dans un acte de 1321 un Guillaume Agrène, qualifié « de *veirerius*, et même, dans un acte plus ancien, du 13 dé- « cembre 1309, Pierre, autre verrier, loue à Pierre Succa la « moitié d'un établi attenant à son habitation, située dans la « partie de la rue Négrel, où l'on vendait les cruches et les « coupes de verre, *amforæ et cupa vitræ* ».

Augustin Fabre (3) n'est pas de l'avis de M. Mortreuil, et nous sommes disposés à croire qu'il est dans l'erreur. D'abord, il affirme que « le vicomte de Villeneuve-Bargemont a commis « une erreur en disant que la verrerie créée par le Roi René à

---

(1) *Mémoire* cité.
Si l'on en croit le docteur Lautard, ces verres peints seraient l'œuvre de Guillaume et Claude, peintres célèbres de Marseille. V. *Ruche provençale*, t. 3, p. 200.

(2) V. *Tribune artistique et littéraire du Midi*, 2ᵉ année, n° 6, juin 1858, p. 110.

(3) *Notice historique sur les anciennes rues de Marseille démolies en 1862.* Marseille, 1862, in-8°, p. 115.

« Goult, sous la direction d'un nommé Ferri, fut le premier
« établissement de ce genre en Provence ; et que d'autres assu-
« rent que c'est à Reillane que revient l'honneur d'avoir pos-
« sédé la première verrerie provençale favorisée par René (1) ».
Il donne ensuite la certitude qu'il y avait depuis longtemps à
Marseille des fabriques de verre. « Le verrier Bernard Raim-
« baud, dit-il, figure comme témoin dans un acte fait en cette
« ville le 14 septembre 1315, et *Guillaume Agrène, le maître*
« *de la fabrique de verre*, est mentionné, comme partie con-
« tractante, dans un autre acte du 8 octobre 1325. Agrène de-
« meurait dans sa fabrique même que nous voyons dès lors en
« pleine activité. »

On voit qu'Augustin Fabre n'a pas su distinguer le marchand
de verre d'avec le fabricant. Cela est évident. On sait, d'ailleurs,
que cet estimable auteur s'illusionnait souvent sur la portée des
actes de cette époque, et son enthousiasme, irréfléchi pour Marseille, l'avait induit quelquefois en erreur.

Un curieux opuscule va nous donner la confirmation de l'opinion de M. de Mortreuil. « Si René ne créa pas la verrerie en
« Provence, dit M. J.-B. Gaut (2), il lui donna une vive impul-
« sion par l'établissement de plusieurs usines, entre autres celles
« de Goult. La famille des Ferry, qui dirigeait cette exploitation,
« fut exemptée des tailles. »

---

(1) C'est l'avis de M. l'abbé Féraud. « C'est à Reillane, dit-il, que revient
« l'honneur d'avoir possédé le premier établissement de verrerie qu'ait
« eu la Provence. Le Roi René le fit régir par la famille Ferri, qu'il
« anoblit à cette occasion. Cette verrerie a joui pendant longtemps
« d'une certaine célébrité. Elle fut transférée dans le siècle dernier sur
« la commune de Valsainte, où elle est encore présentement. » *Histoire,
Géographie et Statistique du département des Basses-Alpes*. Digne,
Vial, 1861, in-8°, p. 592.

(2) *Le roi René, esquisse historique*. Aix, Rèmondet-Aubin, 1869, gr.
in-8°, p. 30.

M. Gaut ne fait-il pas amende honorable de cette assertion, en disant, au bas de la page, en note : « Un règlement de 1348 « fait connaître qu'à cette date il existait déjà des verriers « *vitrarii*; mais cette charte ajoute : *seu venditores vitro-* « *rum*, soit des marchands de verre, ce qui pourrait faire sup- « poser qu'il n'y avait pas encore de fabricants ? »

Le comte de Villeneuve-Flayosc pense « que les Chartreux « paraissent avoir importé en Provence l'art de faire le verre. « L'auteur de l'histoire manuscrite de la ville d'Apt affirme que « le premier établissement d'une verrerie ne remonte qu'au roi « René, vers le milieu du xv⁰ siècle, et que la famille de Ferry « fournit les premiers chefs-d'œuvre de verrerie. Cependant il « y avait, dès 1348, un règlement pour les *verriers* ou les *vi-* « *triers*; il y avait, dès cette époque, des vases de nuit en « verre ; et en 1285, les Chartreux recevaient de l'évêque de « Marseille l'autorisation de faire du verre dans la forêt d'Orves. « Aux Chartreux, donc, revient l'honneur d'avoir le plus an- « cien titre de verriers que l'histoire de Provence ait offert « jusqu'ici. Dans les bois placés à l'orient de Méounes, dans la « direction indiquée par le quartier des Planes, à 5,000 mètres « de Méounes, on trouve sur la carte de Cassini une cons- « truction appelée la *verrerie*. Ne serait-ce point là l'établisse- « ment fondé par les Chartreux, les plus anciens verriers de la « Provence (1) ? »

Nous affirmerions volontiers que cette verrerie de Méounes est l'œuvre des de Ferry établis à la Roque-Brussanne ou à Belgentier. Nous n'avons pas trouvé aux archives de ces deux pays des documents certains qui auraient pu fournir la preuve de cette affirmation, mais ce qui nous fortifie dans notre opi-

(1) *Notice sur le Monastère de Montrieux*. Brignoles, Vian, 1870, in-18, p. 139-140.

nion, c'est que nous voyons à Belgentier plusieurs de Ferry, *écuyers*, *nobles verriers*, entre autres Antoine de Ferry, qui épousa en premières noces Catherine Vincenty (1) et en secondes noces Catherine-Rose Bourgogne, de Méounes (mariage célébré à Belgentier, le 12 février 1736).

IV.

L'établissement des de Ferry dans notre contrée est constaté d'une manière authentique par les actes notariés et par ceux de l'état civil, où ils prennent la qualité d'écuyer, noble verrier, et maître verrier. Les généalogistes, les historiens qui font mention de cette famille, ont augmenté les erreurs en se copiant les uns les autres. Des papiers domestiques et des recherches dans les dépôts publics vont nous permettre, en corrigeant ces erreurs, de faire connaître les de Ferry, verriers, établis dans le Var, et jusqu'ici ignorés des historiens.

Les trois branches formées par les enfants de Benoît de Ferry, se subdivisèrent en une série de branches dont quelques-unes ont encore des représentants. Nous citerons, parmi ces branches, les Ferry-du-Plantier (2), les Ferry-du-Pommier (3), les Ferry-Fontnouvelle (4), les Ferry-du-Verger, les Ferry-Chénerille, les Ferry-du-Vallon, les Ferry-Lalobine, les Ferry-Fontjolly, les Ferry-Vachère, les Ferry-Lacoste, les Ferry-Mont-

(1) Contrat de mariage du 4 août 1723, notaire Maurel à Saint-Maximin. Il naquit à Saint-Maximin.

(2) Représentés par Mme Marie-Thérèse de Ferry, épouse de M. de Tournadre, ingénieur en chef des Hautes-Alpes.

(3) Le seul représentant de cette branche est M. Louis-Édouard de Ferry-du-Pommier, qui a épousé sa cousine (une de Ferry), veuve du célèbre romancier Ponson du Terrail.

(4) Représentés par le colonel en retraite de Ferry-Fontnouvelle, de Simiane.

justin, les Ferry-du-Puits, les Ferry-Vaunière, les Ferry-Lacombe et les Ferry-du-Clapier.

V.

Lors de la recherche des usurpateurs des titres de noblesse, les descendants de Jean de Ferry furent attaqués, en Dauphiné, sous le prétexte qu'ils avaient usurpé la qualité *d'anciens nobles*. Hector de Ferry et Amos de Ferry, oncle et neveu, fournirent leurs preuves au commissaire député par le roi pour la vérification des titres nobiliaires, et un arrêt du parlement de Grenoble, en date du 22 mai 1670, suivi d'un édit du roi, en date du 13 septembre 1673, les déclara « nobles et issus de no- « ble race et lignée (1) ».

Hector de Ferry, fut le père de Daniel de Ferry (2), seigneur de la Combe, qui fonda une verrerie près Tretz, à son domaine de la Combe et une autre verrerie à la Roque-Brussanne. Ce fut la première fabrique de verre qui exista dans ce pays. Le lieu où elle avait été construite porte encore le nom de la *Verrerie*, la *Veirièro*. Il y existait alors beaucoup de bois et c'était la chose la plus utile à un établissement de ce genre.

Daniel de Ferry transmit cette propriété à l'aîné de ses enfants, Jean-François de Ferry-Lacombe (3), premier consul et intendant de la santé pendant la peste de 1720. La Roque-Brussanne doit inscrire le nom de ce noble verrier dans les annales

---

(1) *Extrait des titres de noblesse.* Arch. dép. des B.-du-Rh., série B., cour des Comptes, n° 127, f° 299.

(2) Époux de Marguerite de Coullomb. Contrat de mariage du 6 décembre 1666, notaire Ponson à Simiane.

(3) Né à la Roque-Brussanne, en 1668, où il mourut le 8 octobre 1745. Le 18 juillet 1707, il épousa Magdeleine d'Escrivan; le contrat de mariage reçu par le notaire Brémond, est de la veille.

du vrai patriotisme. Comme Marseille elle doit être fière de son chevalier Roze. Toujours préoccupé des moyens à prendre pour conjurer ce terrible fléau, par son courage, par sa présence d'esprit, par un admirable dévouement, ce premier consul rendit d'éminents services en cette circonstance. Sur sa proposition, l'assemblée tenue à l'occasion de la peste prit des mesures sévères. Elle délibéra « de mettre en quarantaine des familles ré-
« fugiées dans des cabanes avec ordre d'ensevelir les morts sur
« les lieux »; commit six individus (les noms ne sont pas portés sur le registre) pour accomplir cette triste besogne, « les-
« quels seront obeisent au sieur premier consul sous peine
« detre pandu conformement à la déclaration du roy »; et donna l'ordre « quy sera fait une potance quy sera plantée à la
« place d'Orbitelle a lendroit plus convenable, et que tous les
« chiens et chats seront tués par ceux quy les ont (1) ».

Le consul de Ferry légua la verrerie (2) à son fils Joseph-Pons de Ferry-Lacombe, né au Revest de Bion, le 14 mai 1708, et marié avec Elizabeth de Ferry, de Saint-Maximin (3). Cet établissement était arrivé à cette époque à sa plus complète prospérité. Joseph-Pons de Ferry y associa ses enfants, parmi lesquels nous mentionnerons Joseph-Daniel de Ferry-Lacombe, seigneur de Rousset, écuyer. Il avait épousé en secondes noces, Marguerite Jauffret (4) et il avait figuré aux assemblées générales de la noblesse tenues pour l'élection des députés aux États généraux de 1789 (5). Il mourut en octobre 1820, au domaine

(1) Registre des délibérations, n° 17, 26 août 1721, p. 190.
(2) Testament du 30 octobre 1743, Béraud, notaire à la Roque-Brussanne.
(3) Mariage du 16 août 1736.
(4) Fille de André Jauffret, sire de Fiossac et de Claire Roquier. Le mariage fut célébré à la Roque-Brussanne, le 19 septembre 1782.
(5) *Catalogue des gentilshommes de Provence,* par de la Roque et de Barthélemy. Paris, 1861, in-8°.

de Lacombe, emportant les regrets de tous ceux qu'il avait comblés de bienfaits. C'était l'ami des pauvres et le conciliateur de la contrée. Son unique fille, Marie-Magdeleine Dorothée, avait épousé le fabuliste Jauffret (1).

Mme Jauffret fut le dernier rejeton de cette branche des Ferry-Lacombe.

VI.

I. — Une autre verrerie avait été créée à la Roque-Brussanne, au quartier d'Agnis, par les descendants de Galiot de Ferry, qui vinrent d'abord se fixer à Saint-Maximin.

Thomas de Ferry et François de Ferry, arrière-petits-fils de Galiot, fabriquaient le verre à Saint-Maximin. Ce dernier eut deux enfants. L'un d'eux, Christophe de Ferry (2), marié à Françoise Massis (3), vint à la Roque-Brussanne fonder la verrerie d'Agnis. A son décès, elle passa entre les mains de son frère Jacques-Joseph de Ferry (4) qui la transmit à son fils Jean-Baptiste de Ferry (5), marié avec Élisabeth de Monténard (6).

Pendant la peste de 1720, Jean-Baptiste de Ferry, aida de son dévouement le premier consul de Ferry, son parent. Il eut pour enfants : Jean-Baptiste-André, né à Saint-Maximin ; Marie-Éli-

---

(1) Le mariage a été célébré le 8 octobre 1793. L'acte est écrit en entier de la main de Mgr Jauffret.

(2) Né à Valsainte, le 18 septembre 1658, mort à la Roque-Brussanne, le 5 février 1701.

(3) A la Roque-Brussanne, le 21 février 1691.

(4) Né à Saint-Maximin, le 16 janvier 1656, marié à Magdeleine Maurel ; contrat du 15 septembre 1687, notaire Vincenty. Il mourut à Saint-Julien près Tourves, le 8 octobre 1708.

(5) Écuyer, né à Saint-Maximin, le 9 novembre 1692, mort le 14 avril 1761.

(6) Contrat du 7 août 1719, notaire Maurel à Saint-Maximin.

zabeth (1); Jacques (2); Joseph Pons (3), qui résidait à la Seyne, près Toulon, en 1790; Joseph Paul (4); Joseph (5); Rosalie (6); Magdeleine, épouse de Gaspard Ollivier (7) et Marie-Radegonde Élisabeth.

II. — Les de Ferry-Vaunière descendaient aussi de Galiot. Ils allèrent s'établir à Marseille et à Pourrières. Augustin Fabre prétend que vers 1720, Janvier de Ferry (8) voulant créer une fabrique de verre à Marseille, il en fut empêché par les échevins, sous le prétexte que la fabrique dirigée par la dame de Bon, associée à son neveu Joseph d'Escrivan, suffisait, et qu'une seconde verrerie nuirait à la consommation du bois (9). Nous ne pouvons éclaircir ce point faute de documents certains. Mais nous ferons observer qu'une demoiselle Marguerite de Ferry-Vaunière (10) avait épousé Louis de Bon, de Marseille. N'y a-t-il pas là une indication à faire supposer que la fabrique dont parle Augustin Fabre serait l'œuvre des de Ferry ?

Janvier de Ferry, seigneur de Vaunière, avait épousé Françoise d'Escrivan (11). Il établit une verrerie à Mazaugues (12)

---

(1) Née à la Roque-Brussanne, le 10 mai 1732.
(2) Né à la Roque-Brussanne, le 6 mai 1734, mort jeune.
(3) Né au même lieu, le 24 avril 1737.
(4) Mort jeune.
(5) Ibid.
(6) Née le 21 avril 1740.
(7) Contrat du 24 septembre 1758, notaire Béraud à la Roque-Brussanne.
(8) Fils de Melchion de Ferry-Vaunière, verrier à Pourrières.
(9) V. *Notice historique sur les anciennes rues de Marseille*, p. 119.
(10) Fille de Joseph de Ferry, verrier, de Goult, et de Anne-Marie de Ferry, sœur de Marc de Ferry, verrier.
(11) Contrat du 7 août 1703, Amic, notaire à Puget-Ville.
(12) Nous pensons que cette usine était établie au lieu dit la Verrière, ferme qui dépendait jadis de la commune de Meynarguettes, et aujourd'hui de Mazaugues.

dépendant du canton de la Roque-Brussanne. Il testa le 13 octobre 1734, devant M⁰ Abran, notaire à Mazaugues. Ses deux enfants, César-Melchion de Ferry-Vaunière (1) et Pierre de Ferry-Vaunière (2), exercèrent la profession de verrier. César habitait Marseille avec sa famille, et Pierre faisait valoir la verrerie de Mazaugues. Un arrêt du parlement de Provence en date du 3 juin 1749, analysé dans les archives des de Ferry, porte « con-
« firmation de la taxe de 7 francs par jour contenue dans la
« parcelle des dépens comme ancien noble, remise au greffe de
« la Cour, le 20 décembre 1748, en faveur de noble Pierre de
« Ferry-Vaunière, écuyer et maître de la verrerie de Mazau-
« gues, contre les consuls et communauté de la Roque-Brus-
« sanne (3) ».

Les enfants de Pierre de Ferry, au nombre de trois, allèrent résider à Marseille, où leurs descendants existent encore. Parmi eux, nous mentionnerons Gaillard de Ferry, commandeur de la Légion d'honneur, agent du ministère des Affaires étrangères, mort il y a trois ou quatre ans.

Les verreries de la Roque-Brussanne et de Mazaugues n'existent plus depuis environ quatre-vingt-dix ans ; elles furent abandonnées par suite de la disette des bois.

VII.

Les mêmes causes pourraient peut-être s'appliquer aux ver-

---

(1) Il avait épousé Élisabeth L'Hermitte, fille du commandant de l'artillerie, au fort Saint-Louis à Toulon. Contrat du 5 janvier 1730, notaire Pomet à Toulon.

(2) Époux de Marguerite de Ferry-Lacombe. Mariage célébré à la Roque-Brussanne, le 6 septembre 1735 ; le contrat est du 3 septembre, notaire Béraud.

(3) Notes autographes de Joseph de Ferry, écuyer de la ville de Saint-Maximin.

reries de Toulon et de Belgentier, établies par Benoît de Ferry-la-Blache (1) et Joseph de Ferry-du-Clapier (2). La verrerie de Toulon se trouvait en dehors de la porte d'Italie, et elle devait encore fonctionner en 1835. Cette usine paraît avoir eu une grande importance, si j'en juge par la colonie de verriers qui la géraient. Peut-être en existait-il d'autres ? c'est ce que je n'ai pu découvrir. Je dois me borner à donner ici le catalogue de ces *nobles verriers.*

Benoît de Ferry-la-Blache eut pour enfants :

1º Benoît-Pierre, né à Toulon, le 21 novembre 1751.

2º Dominique-Benoît, né à Toulon, le 3 mars 1754.

3º Chrisostôme, né à Toulon, le 29 octobre 1755.

4º Jean Joseph, né à Toulon, le 11 mai 1759.

5º Joseph-Barthélemy (3).

Joseph de Ferry-du-Clapier fut le père de :

1º François, dit le Turc (4).

2º Jean-Joseph, dit le Turquet, résidant à Belgentier (5), où il épousa Élisabeth d'Escrivan, et de laquelle il eut : Joseph-Antoine de Ferry-du-Clapier, né à Belgentier, le 1er avril 1752, époux de Jeanne-Marguerite-Perpétue-Désirée d'Escrivan, fabricant de verre, gentilhomme représentant de la noblesse de Toulon aux élections des députés pour les États généraux tenus en 1789 (6), décédé à Toulon à la verrerie, quartier du Champ-

(1) Epoux de Suzanne-Claire de Ferry.

(2) Il épousa, à Toulon, Rose-Thérèse d'Alibert.

(3) Marié avec Elisabeth Bouffier. De cette union : Benoît-Joseph, né à Toulon, le 11 mai 1771 ; Henri-Louis-Barthélemy, né à Toulon, le 8 avril 1775, et Henri-Benoit, né à Toulon, le 17 février 1777.

(4) Il épousa, à Toulon, Anne-Claire Reboul, et eut pour fils Jean-Joseph, né à Toulon, le 17 juillet 1744, décédé le 10 nivôse, an XIII.

(5) Mort à Belgentier, le 2 septembre 1778.

(6) De La Roque et de Barthélemy. *Catalogue des gentilshommes de Provence....*

de-Mars, le 16 juillet 1835 (1), François-Calixte, né à Belgentier, le 15 avril 1750, et Jean-Joseph-Sylvain de Ferry, verrier, époux de Nanette Maurel (mariage du 20 décembre 1769). Dans ce pays, nous voyons encore Dominique de Ferry, verrier, marié le 8 janvier 1784 avec Marguerite de Ferry, et Antoine de Ferry, verrier, époux de Catherine-Rose Bourgogne (mariage du 12 février 1736).

Un autre Joseph de Ferry exerçait à Toulon la profession de verrier (2), qu'il transmit à son fils Joseph-Jérôme, né à Toulon, le 29 septembre 1752. Son frère Toussaint de Ferry, époux de Suzanne d'Escrivan, devait être aussi son associé. Ce dernier avait eu pour enfants : Louis-César (3), Jérôme (4), Auguste (5), André (6) et Charlotte (7).

Il existe encore, à Toulon et à Marseille, des descendants de ces honorables verriers.

(1) Représenté aujourd'hui par Joseph-Calixte Silvain de Ferry, contrôleur des douanes, et Irénée-Antoinette de Ferry, supérieure du Sacré-Cœur à Marseille. Ces derniers ont vendu le domaine où se trouvait la verrerie, à M. Martin, par acte du 3 juillet 1858, notaire Me Gas, à Toulon.

(2) Il avait épousé Anne-Marguerite-Dorothée Icard, le 21 juillet 1744 (paroisse Sainte-Marie).

(3) Marié avec Marie-Anne Gensollen, de Solliès-Pont. De ce mariage : Toussaint-Jérôme, né à Toulon, le 4 février 1728, et Suzanne, épouse de Ferry-la-Blache.

(4) Marié avec une demoiselle Daudoir. Il fut le père de André-Toussaint, né à Toulon, le 14 janvier 1742.

(5) Il avait épousé Françoise de Rougemont ; il eut une fille Marguerite-Désirée-Ursule, épouse de M. Estoupan, capitaine marin, décédée à la verrerie du Champ-de-Mars, le 14 octobre 1812.

(6) Epoux de Marie-Anne d'Escrivan.

(7) Epouse Grougnard, en premières noces, et Louis Audibert, en deuxièmes noces.

VIII.

La famille d'Escrivan est aussi originaire d'Italie. Il est curieux de la voir se confondre avec celle des de Ferry, par les alliances et par la même industrie.

Raymond d'Escrivan, né en Italie, vint se fixer en Provence dans la dernière moitié du XVIe siècle. Dans son testament, en date du 9 août 1591, il est qualifié noble; il institue pour ses héritiers Pierre d'Escrivan, son fils, et François d'Escrivan, son petit-fils. Ce dernier était verrier à la Roque-Brussanne, où il épousa, le 3 mars 1670, Jeanne Trouche ou Touche. Sa famille se composait de cinq enfants : Magdeleine d'Escrivan, épouse du premier consul de Ferry ; Magdeleine d'Escrivan, épouse de Joseph de Ferry, écuyer à Saint-Maximin ; Marie-Anne d'Escrivan, épouse de André de Ferry, verrier à Pourcieux ; Joseph d'Escrivan, verrier à Marseille (1), et Gaspard d'Escrivan, verrier à la Roque-Brussanne.

Gaspard d'Escrivan eut une nombreuse famille. Il pourrait bien se faire qu'on lui dût la création d'une verrerie autre que celles des de Ferry. Il avait épousé Thérèse de Guiot (2). Voici quels étaient ses enfants, tous nés à la Roque-Brussanne : Jeanne-Thérèse, née le 10 août 1724, épouse de Jean-Joseph Rouquier, bourgeois (3) ; Jean-Antoine, né le 12 mars 1726 ; Paule, née le 1er avril 1728 ; Gaspard, né le 31 janvier 1730, écuyer, verrier, marié avec Claire-Pauline de Castellane-Mazaugues (4) ; Pons-Victor, né le 12 septembre 1731, écuyer,

---

(1) V. ci-dessus p. 305.
(2) Mariage du 27 janvier 1721.
(3) Mariage célébré le 8 janvier 1748.
(4) Mariage célébré à Mazaugues. De cette union naquirent, à la Ro-

verrier, époux de Françoise Béraud (1) ; Joseph-Siméon, né le 19 mars 1733 ; Marguerite-Félicité, née le 8 août 1734 ; Marie-Sylvie, née le 20 mars 1736, et Coulombe-Radegonde, née le 23 mai 1739.

Le défaut de titres ne me permet pas d'établir une généalogie régulière des autres d'Escrivan de la Roque-Brussanne. Un François d'Escrivan, écuyer, verrier, époux de Lucrèce de Villeneuve-de-Rougemont, avait pour enfants : Élisabeth, qui épousa Joseph de Ferry, verrier à Belgentier ; Noël (2), marié avec Suzanne Nielle (3), et Charles, verrier (4).

César d'Escrivan, écuyer, verrier, marié à Claire Nielly, était le père de Suzanne, épouse de Toussaint de Ferry, verrier à Toulon, et de Françoise, épouse de Janvier de Ferry-Vaunière, verrier à Mazaugues.

Je vois encore François-Dominique-Pierre d'Escrivan, écuyer, verrier, fils de Louis-Toussaint et de Catherine Aymar, résidant à Fréjus. Il épousa Perpétue-Marguerite-Magdeleine de Ferry-Lacombe (5).

Des d'Escrivan, *nobles verriers*, étaient fixés à Toulon. Les registres de l'état civil font mention de Jean-Joseph d'Escrivan, époux Bosq, père de Esprit-Pierre, né le 29 juin 1728 ; de

---

que-Brussanne : Joseph-Hippolyte-Thimothée, le 18 janvier 1763 ; Catherine-Charlotte, le 22 avril 1771, et Pierre dit de la Rouvière, employé à l'état-major à Bordeaux.

(1) Mariage célébré le 8 juillet 1771. Pons-Victor fut le père de Paul-Mathieu, mort à la Roque-Brussanne, le 13 juin 1782.

(2) Qualifié de *noble verrier* dans deux actes de naissance des 24 mars 1691 et 2 février 1705.

(3) Mariage célébré à la Roque-Brussanne, le 31 juillet 1691.

(4) Aussi qualifié *noble verrier* dans un acte de naissance du 22 juillet 1705.

(5) Mariage célébré à la Roque-Brussanne, le 23 juillet 1765. L'époux est assisté de Jean d'Escrivan, *noble verrier*.

Claude d'Escrivan, père de Jean-François-Pascal, né le 5 avril 1760.

Il existe encore à Marseille un d'Escrivan, âgé de soixante-dix ans, ancien verrier, marié avec Zénaïde de Bouillane-Colombe, fille de Philémon de Bouillane-Colombe, fabricant de verre à Marseille. M. d'Escrivan a un fils, Henri, aussi verrier.

Les armes des de Ferry sont : *de gueules à trois anneaux d'or*, et celles des d'Escrivan : *d'argent, à l'arbre de sinople fruité d'or.*

PIÈCES JUSTIFICATIVES

I.

Franchise d'impôts accordée aux de Ferry, par le roi René.

Pro universitate de Agouto diminutio et diffalcassio medii fossi, in vim afranquimenti dati quibus dam veyreriis habitatoribus dicti loci.

Anno incarnationis Domini millesimo quadringentesimo septuagesimo septimo, die vero decima septima mensis febroarii, magnificus et egregius vir dominus Johannes Matharoni, miles, dominus de Podionerio, et magister Rationalis, dixit verum esse quod litere diffalcationis medii loci castri de Agouto, ipso existente in Civitate Avinionensi propter pestem tunc presentem Civitatem urgentem, pro parte universitatis de Agouto, fuerunt sibi, [et infra tempus statuti; datum ut supra] presentate ad effectus illas faciendi regestrari atque archivari. Et, quia tunc non erat tutus accessus ad presentem civitatem, ordinavit nunc illas per me honoratum de Mari, Rationalem et Archivarium, regestrari et archivari.

Tenor dictarum literarum.

RENATUS, Dei gracia, Jherusalem, Aragonum, utriusque Sicilie, Valencie, Majoricarum, Sardinie et Corcice Rex, Ducatuum Andegaire et Barri Dux, Comictatuumque Barchinonie, Provincie, Forcalquerii ac Pedemontis Comes : Magnificis, egregiis et nobilibus viris, magno Presidenti et Magistris Rationalibus Archivi nostri et Camere Compotorum Aquensi, Thesaurario quoque nostro generali patrie nostre predicte Provincie, et suis in officio ipso successoribus, necnon collectoribus et receptoribus quarumcumque talliarum et subsidiorum nostrorum ac officialibus Civitatis nostre Apte et loci de Agouto, cuilibetque, vel locatenentibus vestrum, ad quos vel quem spectare poterit et presentes pervenerint, presentibus scilicet et futuris fidelibus nostris dilectis, gratiam et bonam voluntatem. Universitas hominum loci predicti de Agouto nostre majestati supplicationem quamdam obtulit continens (*sic*), humiliter et devote supplicando, quod fideles nostri, tam Benedictus *Ferri, Nicholaus, Johannes et Galiotus*, ipsius Benedicti filii, quam, post ejusdem Benedicti decessum, ipsi fratres, a tempore eis per nos concesse immunitatis et franquesie a contributione quarumcumque talliarum, donorum et subsidiorum nostrorum, quocumque tempore indicendorum et indicendarum, multa et varia bona in dicto loco de Agouto et ejus territorio aquisiverunt, que contributoria sunt, et comperuintur taxata, secundum solidum et libram acthenus abservatam in loco ipso, ad florenos decem vel circiter, quos dicta universitas multipliciter oppressa hucusque annuatim exsolvit cohacta, et onus pro dictis veyreriis substinuit, non sine magno dispendio et interesse loci ejusdem et singularum personarum illius, obstante dicta franquesia et exemptione predictis patri et filiis heredibusque eorum artem predictam veyrarie excrcencium concessa, sicuti sic et plenius in literis desuper confectis nobis originaliter exhibitis continetur, datis in nostro Aquensi regali palacio die quartadecima mensis augusti anni millesimi quadringentesimi septuagesimi, dignaremur propitia locum ipsum a predicto onere liberare, et de focis corum summam predictam pro futuro extenuare. Nos igitur, animadvertentes quod, ubi curia nostra ex integro quotam focorum dicti loci perciperet, sicut faciebat ante dictam exemptionem, censeremus (*sic*) potuis sinnilationem egisse quam liberalitatem exærcuisse, quod non convenit principi, valentes igitur graciam predictam sive exemptionem dictis veyreriis concessam et elargitam liberalem et nulli quam nostre Curie noxivam esse, de focis ideo dicti loci de Agouto medium focum, ut universitas ipsa et singulares illius persone de onere, ad quod tenerentur bona per dictos veyrerios absque (*sic*) nunc acquisita, se liberatam atque exoneratam censeat, dunimus tenore presencuim de certa nostra sciencia et auctoritate regia qua pollere dinos cimus (*sic*), cumque nostri nobis assistentis consilii deliberatione detrahendi, diffalcandi et extenuandi, detrahimusque diffalcamus et extenuamus per presentes, efficaciter et incomutabiliter valituras, ita quod deinceps et quandui bona predicta aut alia equiralencia in manu dictorum veyreriorum suorumque heredum, et successorum artem veyrarie exercencium, erunt et per eos possidebuntur, locus predictus de Agouto pro medio foco focorum ad quos nunc est aut esse contingerit, sic ut predicitur, per nos detracto, liber, quitius, immunis francusque et exemptus sit et esse debeat, absque ulla contributione pro illo in quibusquis talliis, subsidiis, donis et oneribus qualitercumque occurentibus in futurum, per dictum locum fienda, et ad quam contributionem locum predictum pro dicto medio foco minime astringi volumus. Quocirca, fidelitati cujuslibet vestrum harumdem presencium serie, de sciencia et auctoritate jandictis, precipimus et mandamus expresse quatinus vos, magnus presidens et magistri Rationales predicti, dictum medium focum a libro sive cartulario generali focorum hujus nostre patrie abradendo et penitus removendo et abolendo, sic quod amplius non appareat, dictum locum tam vos, quam ceteri alii ad quos pertinuerit, amodo teneatis atque teneri faciatis et jubeatis pro ipso medio foco francum, liberum et inmunem, nil contra formam presencium facturi aut fieri permissuri, ymo expresse prohibituri, sub pena quinquaginta marcharum argenti fini, comodis nostris fiscalibus irremisibiliter applicanda casu contrario. Sic enim fieri volumus; et expresse jubemus per presentes singulis vicibus remaneant apud presentantem. Datum in nostra villa Tharasconis sub nostre proprie manus subscriptione, die decima nona mensis julii, anno Domini millesimo quadringentesimo septuagesimo sexto. — RENÉ. — Visa per me vivandum Bonifacii judicem majorem : tarenos VIII.— Per Regem magno Provincie Senescallo, magno presidente Archivi, domino Johanne Jarente, et aliis presentibus. — *Girardin.* — Regestrata Britonis.

(Archiv. dép. des Bouches-du-Rhône, série B. cour des Comptes, n° 18, reg. *Aquila,* f° 39, v°.)

II.

Lettres d'affranchissement.

Pro magistro Benedicto Ferri et suorum liberorum litere misse per serenissimum dominum nostrum Regem Renatum continentes quod, non obstante lapsu temporis archivationis literarum franquesie eidem magistro Benedicto concessarum, archiventur. — Tenor extrincecus. — A noz amez et féaulx conseillers, les gens de nostre Chambre des Comptes et Archif d'Aix. De par le Roy. Et hic sequitur tenor intrincecus. —Noz amez et féaulx maistre Benier (Benoit) Ferry et ses enfans, verriers de la verrerie d'Agout (de Goult), nous ont fait dire et remonstrer que combien que autresfoiz leur ayons donné et octroyé noz lettres d'affranchissement et immunité de tailles, peaiges, passaiges, et autres choses, néantmoins ilz doubtent, parce que nosdites lettres n'ont esté archivées en nostre Archif dedens temps deu, que on ne les vueille souffrir joyr de nostre dite franchise, et pour ce que nostre voulenté est nos dittes lettres leur estre fructueuses et de valleur, vous mandons expressément par cesdites, icelles archiver et entériner et en faire et souffrir lez dessuditz (joyr) de la dite franchise selon leur forme et teneur, non obstant ledit laps de temps, dont les avons relevez et relevons par cesdites présentes. Donné en nostre bastide lez Marseille, le xxiᵉ jour de février, l'an de la Nativité Nostre Seigneur mil ccccLxxvIII. — RENÉ. — *Merlin.*

Tenor literarum afranquimenti dicti magistri Benedecti Ferry. — RENATUS Dei gracia Jherusalem, utriusque Sicilie, Aragonum, Valencie, etc ; Conces universis et singulis tam presentibus quam futuris fidelibus nostris dilectis graciam et bonam voluntatem. Consuerit princeps suis providere fidelibus, et si gracie plenitudo suadeat, obsequiorum gratitudo quodam modo impellit. Sane pro parte fidelium nostrorum Benedicti Ferry, Nicholai, Johannis et Galeoti Ferry, filiorum dicti Benedicti, habitatorum de Agouto, oblata culmini nostro quedam humilis supplicatio tenorem continuit per omnia subsequentem. Serenissime Rex, pro parte nobilium magistrorum Benedicti Ferry, Nicholay, Galeoti, Johannis Ferry, filiorum dicti Benedicti et successorum suorum habitatorum castri de Agouto humillime vestre sacre majestati exponitur quod ab evo eorum consanguines artem fabricandi vasa vitrea exercuerunt et in eadem magistri periti fuerunt, ipsique nunc dictam artem exercent in qua eciam sunt periti, ut eorum opera vitrea testantur. Quibus consanguineis et prefato Benedicto et suis ratione nobilitatis dicte artis que libertatibus et franchesiis per universum orbem gaudere solet et inmunis ab omni servitute taliarum, pedagiorum, trabagiorum et quarumcumque impositionum existit, et ut ipsi aiunt, vestra sacra majestas prelibata dicto Benedicto et successoribus ejus literas et inmunitatum a quocumque servitutis onere, quas se perdidisse fatentur ; et quia ipsi a tributorum, pedagiorum, taliarum angariarumque ac subcidiorum et impositionum prepositis et officialibus vexantur et compelluntur soluere et servire ac si essent rustici ; hinc est quod merito prefate sacre Regie majestati coguntur supplicare ut ipsis et successoribus eorum antedictis contra consuetudinem vexatis super predictis molestiis de remedio provideatur opportuno. Quapropter ipsi supranominati eadem humillime supplicant pro se et suis ut ipsa Sacra Majestas, eisdem et suis litteras privilegiales quibus a dictis angariis et servitulibus inmunes et exempti fiant et omnibus officiariis precipiatur ut libere ipsos vivere et negociari, ise et redire cum suis operibus permittant, et nullo modo venare aut molestare attentent nec pro eorum bonis ratione taliarum inquietari permittant. Super cujusquidem supplicationis continencia et tenore habita nostri nobis assistentis consilii deliberatione matura volentes dictos patrem et filios ac ipsorum quemlibet ita quod suas similibus immumtalibus libertatibus et franquesiis uti, frui et gaudere quibus alii veyrerii castri de porcilis utuntur, fruuntur et gaudent ex concessione dudum per nostram majestatem eis facta constantibus literis patentibus nobis et nostro generali locumtenenti provincie et gentibus nostri Consilii propterea exhibitis et ostensis. Sub datum in civitate nostra Aquensi die vicesima tercia mensis decembris millesimo quadringentesimo quadragesimo septimo. Eosdem igitur patrem et filios supplicantes ac ipsorum quemlibet et heredes suos quoscumque artem memoratam veyrarie exercentes semper fraude cessante et non alios ab omni taliarum sine collectarum regiarum nostrarum tam inditarum quam indicendarum in futurum, pedagiorumque lestarum et aliarum quarumcumque impositionum solutione quovismodo et quibuscumque personis nostre ditioni predictorum Comictatuum nostrorum Provincie et Forcalquerii terrarumque illis adjacensiis mediate et immediate subjectarum debitis et in futurum delendis liberamus tenore presentium et de certa nostra scientia ac cum dicti nostri Consilii deliberatione predictis penitus et perpetuo affranquimus francos que liberos et inmunes esse volumus et harum serie decernimus pariter et jubemus ita quidem quod dicti supplicantes pater et filii veyrerii ac ipsorum quilibet et heredes sui quicumque artem veyrarie memoratam exercentes et non alii ire et redire per itinera quecumque et passus quoscumque transire, stare, pernoctare et morari possint et valeant in quibuscumque civitatibus, villis, castris, opidis et locis aliis universis et singulis nostre ditioni mediate et immediate subiectis cum ipsorum animalibus oneratis vel non oneratis, mersibus et mercansiis quibuscumque sine alia pedagii dacii seu gabelle solutione aliquali, armaque qucumsque quamvis prohibita portare de die vel de nocte, libere et impune ad cautelam et deffensionem personarum suarum et cujuslibet earum, non tamen ad alicujus offensam, mandantes propterea magno nostro Prouincie Seneschallo, generalique nostro locum tenenti Prouincie et aliis quibuscumque officialibus nostri Theseurariis, Capitaneis, Rectoribus, Vicariis, Bajulis portuumque poncium, passuum districtuum et quarumcumque juris dictionum, custodibus jurium gabellarum, taliarum sine colectarum nostrarum regiarum pedagiorum ac lesdarum et omnium aliarum impositionum quarumcumque inditarum jam vel in futurum forsitam indicendarum nouarum scilicet et antiquarum exactoribus et receptoribus aliisque quibusuis personis et officialibus nostris per dictos nostros Prouincie et Forcalquerii Comitatus et terras eis adjacentes ubilibet Constitutis quacumque denominatione notentur ad quos spectat et presentes pervenerunt presentibus videlicet et futuris eorumque cuilibet vel locatenentibus ipsorum vigore presencium de nostra sciencia predicta districtius injungentes sub obtentu gracie nostre, quatinus forma et mente presencium diligenter attentis et in singulis suis partibus efficaciter observatis nil in contrarium facere aut attentare presumant Quinymo eosdem patrem et filios suosque heredes et intercessores quos cumque dictam tamen artem exercentes ut predicitur et non alios hiis nostris literis et contentis in eis ut et gaudere sine aliqua contradictione permittant quantum dicti Seneschallus et alii officiales majores habent graciam nostram caram et collectores predictorum jurium et alii minores penam centum marcharum argenti fini cupiunt irremisibiliter evitare audentes forsam in contrarium aliquid attentare viriliter et prethure viribus compescendo in quorum omnium testimonium presentes nostras literas prefatis supplicantibus fieri fecimus et sigillo nostro muniri. Datum in nostro Aquensi regali palacio sub nostre proprie manus subscriptione die quartadecima mensis Augusti anno a nativitate Domini millesimo quadringentesimo septuagesimo. — RENE. — Visa per me vivandum Bonifacii judicem maiorem. — Regestratu de Vernouen. — Per Regem Comite Troye judice majore Prouincie et aliis presentibus. — *Jo. Legay.*

(*Archiv. dép. des Bouches-du-Rhone,* série B. cour des Comptes, n° 18, f° 40, reg. *Aquila.*)

III.

Lettre du roi René.

Littera alia pro dicto Benedicto (lege : Nicholao), retentionis in familiarem veyrerium.

RENÉ, par la grace de Dieu, Roy de Jhérusalem, de Sicile, d'Arragon, de l'isle de Sicile, Valence, Maillorques, Sardaigne et Corseigne, duc d'Anjou, de Bar, etc., conte de Barcelonne, de Prouvence, de Forcalquier et de Pimont, etc., à tous ceulx qui ces présentes lettres verront, salut.

Savoir faisons que, pour la bonne relation que faite nous a esté de la personne de *Nicolas Ferre*, de la verrerie de Dagaut (de Goult), confians à plain de ses discrétion, loyauté, prodomie et bonne diligence, icelui, pour les dites causes et aultres à ce nous mouvans, avons retenu et retenons par ces dites présentes en office de nostre verrier, pour icelui avoir, tenir et doresenavant exercer, aux droitz, honneurs, prérogatives, prééminences, libertés et franchises acoustumez. Si donnons en mandament par ces dites présentes à nostre très chier et féal grant séneschal de cestuy nostredit pays de Prouvence, Jehan Cosse, conte de Troie, et à tous les autres officiers, justiciers, et subgitz de cestuy nostredit pays, que le susdit *Nicolas Ferrier* (sic) aient, tiennent et réputent pour nostre verrier, et de celui office, ensemble les ditz droiz, honnours, prérogatives, prééminences, libertez et franchises acoustumez, le facent, souffrent et laissent doresenavant jouyr et user plainement, tout ainsi que font et ont acoustumé faire par le passé noz autrez officiers, serviteurs et familliers. Car tel est nostre plesir. En tesmoing de ce, nous avons fait mettre nostre scel à cesdites présentes. Donné en nostre ville de Tharascon, le xve jour de juillet, l'an de grace mil quatre cens septante et six. — RENÉ. — Par le Roy le grant seneschal de Prouvence et autres présens. — *Girardin.* — Visa per me Vivandum Bonifacii judicem majorem. Regestrata, De Chassanhes.

(Archiv. dép. des Bouches-du-Rhône, série B, cour des Comptes, reg. *Aquila* f° 41, r°.)

IV.

Preuves de noblesse.
(Extrait.)

I. — François Dugué, chevalier, conseiller ordinaire du Roy en ses conseils d'Etat et privé et direction de ses finances, intendant de la justice, police et finance de la ville de Lyon, provinces de Lionnois, Forets, Beaujollois et Dauphiné, commissaire departy par Sa Majesté pour l'exécution de ses ordres en ditte province et en cette partie par arrest du conseil du 22 mars 1667, pour la vériffication des titres de Noblesse dans l'étandue des dittes provinces, en exécution des déclarations de Sa Majesté.

Entre Hector et Amos de Ferre, oncle et neveu, le dit Hector demeurant au lieu de Portes et le dit Amos au lieu de Poët-Laval, élection de Montelimar, opposants à l'exécution des Rolles amandes arrêtés au Conseil en suite des jugemens pour nous randus contre iceux, et demandeur suivant leur requête ; d'une part. Et Maître Ambroise Dutiger comis pour Sa Majesté à la recherche des usurpateurs du titre de Noblesse en Dauphiné, deffandeur, d'autre part ; etc ;

Attendu qu'ils n'avoient peu recouvrer leurs titres et pièces justificatives de leur Noblesse, lorsque les jugemens ont été randus, pour être entre les mains de divers particuliers qui faisaient difficulté de les leur remettre pour les produire pardevant nous, etc. ;

Vu l'inventaire de production des dits demandeurs, contenant les faits de leur généalogie ; lesquels ont toujours vecu noblement sans faire acte dérogeant à la dite qualité et ont jouy de tous les priviléges, exemptions et immunités dont jouissent les anciens gentilhommes du royaume ; et pour justifier par les dits demandeurs que les conclusions par eux prises en la ditte requête et en leur inventaire sont très justes et raisonnables, ils produisent les titres ci-après :

Et commenceant par la branche du dit noble Amos de Ferres et pour l'établissement du premier degré, scavoir qu'il est fils de Gaspard de Ferres, ils nous raportent deux pièces. La première c'est le contract de mariage du dit noble Amos de Ferres avec D^{lle} Geneviève de Boine, du vingt-deuxième décembre mil six cens soixante quatre, receu et expédié par Dufour, notaire royal, par lequel il est qualifié noble fils naturel et légitime du dit noble Gaspard de Ferres ; la seconde est la dation de tutelle défférée aux enfans du dit noble Gaspard de Ferres pardevant Dufour, notaire royal du Poët-Laval, le 28 décembre 1652, dans laquelle il est encore fait mention du dit noble Amos de Ferres et de François son frère, qualifiés nobles enfans naturels et légitimes du dit noble Gaspard de Ferres; le contract de mariage du dit noble François de Ferres, sieur de La Verrière, avec D^lle Marie de Maurice, du 2 juin 1662, receu et expédié par Monier, notaire royal, dans lequel le dit François est encore qualifié noble fils naturel et légitime du dit Gaspard de Ferres.

Sur le second degré et pour faire voir que le dit Gaspard et Hector de Ferres, l'un des comparants, étoient fils de Bernard de Ferres, ils nous raportent deux pièces. La première c'est le testament de demoiselle Françoise d'Esparron, veuve du dit noble Bernard de Ferres, du 8 février 1632, receu et expédié par Mionet, notaire royal, dans lequel le dit Gaspard, Hector et Jozué de Ferres sont légataires qualifiés nobles ses enfans naturels et légitimes. Le contract de mariage du dit noble Gaspard de Ferres avec D^lle Anne Merlin, du 10e may 1627, receu et expédié par Achard, notaire royal, par lequel il est de même qualifié.

Sur le troisième degré et pour faire voir que le dit Bernard étoit fils de Claude de Ferres, ils raportent le contrat de mariage du dit noble Bernard de Ferres avec la ditte demoiselle Françoise d'Esparron, du 12e aoust 1579, étant en original receu et signé par Aymé, notaire royal, dans du portocole d'icelluy, par lequel il est qualifié noble et fils du dit noble Claude de Ferres et de D^lle Loize (Louise) de Bologne (Boulogne).

Pour prouver le quatrième degré et faire voir que le dit Claude étoit fils de Reymond de Ferres, ils nous raportent deux pièces. La première est le contract de mariage du dit noble Claude de Ferres avec la ditte D^lle Louise de Boulogne, le 10e février 1549, étant en original receu par Marquis, notaire royal, par lequel il est qualifié noble, fils naturel et légitime du dit noble Reymond de Ferres ; et la deuxième est le testament en parchemin de D^lle Louise Comte, femme du dit noble Reymond de

Ferres, du 2ᵉ aoust 1548, receu et expédié par Marquis, notaire royal, par lequel il institue son héritier universel le dit noble Claude Ferres, qualifié son fils naturel et légitime, etc ;

Nous, intendant et commissaire susdit, suivant le pouvoir à nous donné par Sa Majesté, faisant droit sur l'instance, avons déclaré les dits Hector et Amos de Ferres nobles et issus de noble race et lignée, et ordonné que tant eux que leur postérité nais ou à naître en loyal mariage, jouiront des priviléges, exemptions et immunités accordées aux gentilshommes du royaume tant et si longuement qu'ils vivront noblement et ne faisant acte derogeant à Noblesse ; à cet effect ils seront inscrits dans le Catalogue des véritables nobles de la province de Dauphiné.

Fait à Lyon, le vingt-deuxième may mil six cens soixante-dix. Extrait : Baromy, greffier. Collationné par nous, conseiller secrétaire du Roy Maison couronne de France, en la Chancelarie de ce pays de Provence. Signé : Pelissier-Chanteraine.

II. — Louis, par la grâce de Dieu, Roy de France et de Navarre, Dauphin de Viennois, comte de Valentinois et Diois à tous ceux qui ces presantes verront salut. Sçavoir faisons que procès civil auroit été meu et intanté par devant notre Cour de Parlement de Dauphiné en la Chambre de l'Edit, entre noble Charles de Ferres, sieur de La Calmette, et les Consuls et Communauté de La Touche ; etc ; etc ;

Lettres d'exemption concédées par René, comte de Prouence à Benoit de Ferres, l'un des ayeuls du dit Charles de Ferres sieur de La Calmette, du 14 avril 1470, par lesquelles il fut affranchi de toutes tailles, subcides, impost, gabelles, et autres droits, tant à raison de ses fonds qu'il avoit acquis dans la communauté d'Agoult, que du commerce de ses verres ; autres lettres concédées par le même René comte de Prouence aux habitans de la même communauté d'Agoult le 19 juillet 1476, portant déchargement d'un demy feu, deux divers actes d'acquisition passés au profit du dit Benoit de Ferré deux années avant la ditte exemption où il est qualifié noble ez années 1468 et 1474, testament du même Benoit de Ferré du 9 avril 1476 dans lequel il est non seulement qualifié noble, mais en deux endroits du dit testament il donna la même qualité à Perrin de Ferré, son frère, habitant en Italie et à Jean de Ferré, son ayeul ; testament de Jean de Ferre fils de Benoit du 5 juillet 1503, ou il est de même qualifié noble ; acte d'échange passé par Jean de Ferre le 11 avril 1505 ; autre acte d'acquisition fait par Bernard de Ferres du 16 novembre 1580 ; etc ;

Ouy le raport de notre amé et feal Jean de Rosans sieur de Salcon, conseiller en notre cour..... Si donnons en mandement au premier notre huissier ou sergent, mettre le présent arrest à deüe et entière exécution.... En témoin de quoy nous avons fait mettre notre scel aux dittes présantes données à Grenoble le sept septembre, l'an de grâce mil six cens septante trois, et de notre règne le trentième. Par la cour en la Chambre de l'Edit : Perrin.

III. — Les armoiries de cette famille posées à plusieurs endroits de leur biens fonds, comme dans une de leur chapelle de l'Eglise de Menerbe, vilage du comtat Venassin, et sur un moulin, prouvent la Noblesse de cette famille, eu égard au temps où elles furent posées, dans lequel temps il n'étoit permis qu'aux seuls qualifiés nobles qui eussent des armoiries et permission de les exposer en des lieux publics.

(Arch. dép. des Bouches-du-Rhône. Série B. Cour des Comptes, n° 127, f° 299.)

AGRANDISSEMENTS ET FORTIFICATIONS

DE LA VILLE DE TOULON

Par M. OCTAVE TEISSIER

La recherche des origines est une étude remplie d'attrait ; mais à combien de déceptions ne nous expose-t-elle pas ? Presque toujours, lorsque nous parvenons à soulever les voiles du passé, la vérité se montre à nous si humble, si triste, et j'oserai même dire si laide, que nous regrettons d'avoir détruit l'œuvre de la tradition et de la légende.

J'ai éprouvé quelque chose de semblable, quand, après avoir débarrassé le berceau de Toulon des splendeurs imaginaires dont l'avaient doté ses trop poétiques historiens (1), je me suis trouvé en présence de la plus décevante réalité.

On ne saurait, en effet, rien imaginer de plus modeste, que les commencements de notre ville. Quelques centaines de cultivateurs, réunis à un égal nombre de marins, parmi lesquels

---

(1) Voyez, aux archives de la ville, la très-naïve chronique intitulée : *Las causas antiquas de l'antiqua ciutat de Tholon*. Voyez, également, le *Recueil des antiquités curieuses de Toulon*, imprimé, en 1688, chez Claude du Tour ; les *Mémoires de Trévoux*, novembre 1723, et l'*Essai sur l'origine de Toulon*, publié, en 1827, par M. l'abbé H. Vidal.

s'étaient glissés plus d'un pirate (1), constituèrent, évidemment, le premier noyau de la population toulonnaise.

Pendant plusieurs siècles, tous les chefs de famille, formant un conseil de prud'hommes (*probi homines*), administrèrent ce petit bourg maritime, qui tenait tout entier dans l'espace occupé aujourd'hui par une demi-douzaine de rues.

En 1543, Toulon avait encore l'aspect d'un village (2). Mais, peu d'années après, les faubourgs groupés autour de la petite cité du moyen âge, avaient pris un tel développement, qu'il fallut songer à les englober dans une nouvelle enceinte. D'ailleurs les vieux remparts tombaient en ruines, et il était urgent de les remplacer. Un ingénieur provençal, nommé Saint-Remy, qui s'était acquis une grande réputation, fut envoyé à Toulon par Henri II, « pour faire le pourtraict et exemplaire des nouveaulx foussés, murailhes, bellovards et plattes-formes requizes pour la tuition et deffence de la dicte ville et le port d'icelle (3) ».

Ce projet, modifié en 1585, par l'ingénieur Herculles, ne fut exécuté qu'en 1589, par le capitaine Pierre Hubac, sous la direction d'un troisième ingénieur, dont le nom n'est pas indiqué, mais qui, d'après les termes mêmes du marché passé avec l'entrepreneur, devait tracer, sur le terrain, la figure des bastions et des courtines (4).

---

(1) V. mon *Histoire de Toulon au moyen âge*, p. 123.

(2) Il suffit, pour s'en convaincre, de jeter un regard sur la photographie ci-jointe, représentant « le mouillage de la flotte de Barberousse devant Toulon, en 1543 ».

(3) Délibération du conseil général de la communauté de Toulon, en date du 17 janvier 1552. (Arch. comm., série BB, registre 48, f° 151, v°.)

(4) Cette opération avait déjà été faite en 1585, par l'ingénieur Herculles. En 1589, il est ordonné à Pierre Hubac de se conformer « aux instructions de l'ingénieur », ce qui indique bien qu'il ne fit qu'exécuter les travaux, quoiqu'il fût lui-même un ingénieur de mérite. Nostradamus est donc dans l'erreur quand il dit, que « Peyre Vbach, homme de quelque entendement,

A cette époque, les plans linéaires étaient peu connus, quoique Girolamo Cataneo eût publié, depuis plus de quinze ans, un traité des fortifications, dans lequel les ouvrages, au lieu d'être figurés en perspective, comme cela avait lieu dans les écrits antérieurs, étaient projetés sur un plan et dessinés suivant une échelle (1). Pierre Hubac n'eut donc à sa disposition que des « pourtraicts », et, en effet, on en trouva une caisse pleine, après sa mort, dans sa chambre à coucher (2). A défaut de ces « pourtraits », qui ont disparu, j'ai dû, pour déterminer la ligne des fortifications de 1589, m'aider des renseignements contenus dans le procès-verbal de réception des travaux, exécutés à cette époque, et dont une copie existe encore dans les archives de la ville. Ces fortifications sont d'ailleurs parfaitement indiquées dans les divers plans qui furent adressés au ministre Colbert, par M. d'Infreville, intendant de la marine à Toulon, vers le milieu du XVIIe siècle (3).

L'enceinte de la ville était à peu près achevée, en 1596 ; mais la construction du port ne fut commencée que quatre ans après,

---

originaire du lieu, traça pour lors (1589), le premier dessein des fortifications, tel qu'il fut presque de point en point suivi et continué jusques en l'estat qu'on le void pour le jourd'hui, du costé de terre, à cinq bastions et deux portes ». (*Histoire et chronique de Provence*, Avignon, 1614, p. 956.)

(1) *Nuovo ragionamento del fabricare le fortezze, si per prattica, come per theorica, di Girolamo Cataneo novarese*. Brescia MDLXXI. Cet ouvrage est extrêmement rare et ne paraît pas avoir été consulté par l'auteur des *Études sur le passé et l'avenir de l'artillerie*.

(2) « A la chambre à plain-pied s'est trouvé... un banc de noyer à caisse, n'y ayant que de pourtraicts et de brouillards de papier. » *Inventaire des biens du feu cappitaine Pierre Hubac, du 17 août 1595.* (Arch. comm. série PP, art. 307.)

(3) M. Ch. Ferlin, agent-voyer cantonal, dont l'intelligente collaboration m'a été très-utile, a copié avec un soin extrême l'un de ces plans, faisant connaître l'état des lieux, avant que l'on eût touché à l'enceinte de 1589. Ce plan, qui porte la date de 1666, est publié en tête de la présente notice.

en vertu d'un arrêt de la cour des Comptes de Provence, en date du 30 juin 1599, prescrivant aux consuls de Toulon, de réserver, dans la partie ouest de la darse, les terrains nécessaires pour établir un arsenal, ou « magasin royal ». L'ingénieur Raymond de Bonnefons fut chargé de modifier les projets primitifs, d'après lesquels le port devait être défendu par deux bastions semblables à ceux qui entouraient la ville. Il y substitua des ouvrages mieux étudiés et plus appropriés à leur nouvelle destination (1).

L'arsenal et le port de Toulon, fondés sous le règne d'Henri IV, rendirent, sous le règne suivant, de grands services à la marine militaire, organisée par le cardinal Richelieu. Mais, bientôt, le parc royal (c'est ainsi que l'on nommait l'arsenal), devint insuffisant. Dès le milieu du XVIIe siècle, des projets, tendant à l'agrandir et à le compléter, furent soumis, par les intendants de la marine, à Colbert, le digne successeur de Richelieu et de Mazarin.

Le chevalier de Clerville, commissaire général des fortifications et le célèbre sculpteur Pierre Puget, qui signait S. A. P. (sculpteur, architecte, peintre), présentèrent tour à tour et concurremment divers projets que le ministre ne crut pas devoir adopter. Cependant, quelques établissements construits sur les plans de Puget furent conservés, au grand déplaisir du chevalier de Clerville, qui le jalousait et le détestait cordialement. Vauban, qui devait plus tard, pour l'honneur de Toulon, arrêter les plans définitifs de l'arsenal, n'hésita pas à emprunter au grand artiste ses plus heureuses inspirations. Puget eut, en effet, le premier,

---

(1) Voici ce qu'en disait Vauban, en 1679 : « A l'égard de la darse, c'est la plus belle pièce d'eau et le plus beau dessein de port qui soit peut-être dans la Méditerranée ; la clôture en est simple et en assez mauvais état, quoique le dessein en fut excellent, et fort bien exécuté en premier lieu. » (*Mémoire du 9 mars 1679.*)

la pensée de construire un second port, tandis que Clerville et les autres ingénieurs, voulaient simplement élargir l'ancienne darse et prolonger les établissements dans l'intérieur, au lieu de les aligner devant la mer.

Cet arsenal, dit *de Vauban*, qui fut l'œuvre de deux hommes de génie, a été, pendant tout le siècle dernier, l'objet de l'admiration des étrangers. Depuis quelques années, sa physionomie primitive a été profondément modifiée par les annexes considérables qui en ont quadruplé l'étendue.

La ville de Toulon, elle-même, a reçu, en 1852, un dernier agrandissement, qui a doublé sa contenance superficielle. Et, aujourd'hui, les quelques rues qui constituaient le Toulon primitif, n'occupent pas la dixième partie de la nouvelle enceinte.

Je ne dirai rien de plus, ici, sur ces accroissements successifs qui ont fait d'un bourg de pêcheurs, une fort belle ville, et d'une plage sans abri, un des plus beaux ports de la Méditerranée. Il suffit de considérer le plan d'ensemble qui accompagne ce travail, pour en apprécier la marche progressive et les résultats définitifs.

Je ne terminerai point, cependant, la tâche laborieuse que je me suis imposée, sans adresser mes bien vifs remerciements aux administrateurs et aux amis des études historiques, qui ont bien voulu m'en faciliter l'accomplissement. J'ai trouvé, auprès de M. Raoulx, directeur des travaux hydrauliques, qui mieux que personne connaît l'histoire et la topographie de l'arsenal, un accueil rempli d'affectueuse bienveillance. M. le capitaine de frégate Rostan, ancien élève de l'École polytechnique, et l'un des membres les plus distingués de la Société académique du Var, a eu la bonté de dépouiller, dans l'intérêt de cette étude, toutes les archives du Dépôt des cartes et plans de la marine, et M. l'amiral Jurien de La Gravière, directeur général de ce dépôt, a mis à ma disposition les documents les plus précieux. Enfin, M. le colonel du génie Le Masson a bien voulu me permettre de consulter les anciens plans de la direction des fortifications.

C'est ainsi, et grâce à ce concours obligeant des personnes les plus compétentes, que je suis parvenu à reconstituer les anciennes enceintes de Toulon, et à réunir quelques renseignements historiques, d'un réel intérêt, sur les agrandissements successifs de cette ville.

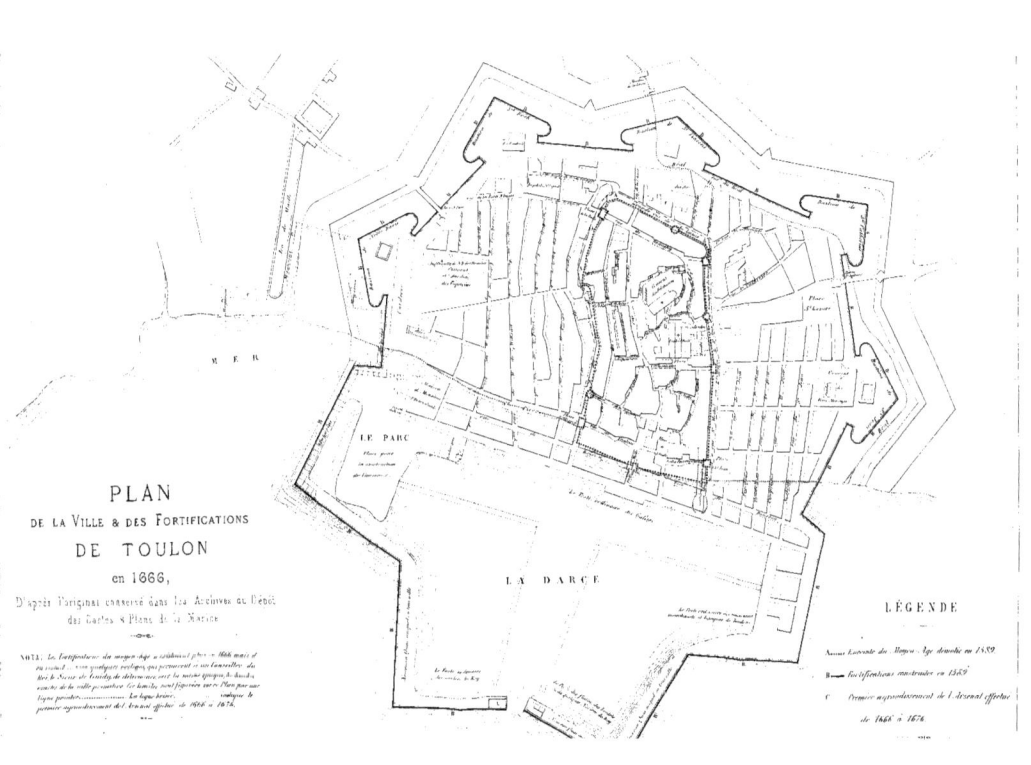

PLAN
DE LA VILLE & DES FORTIFICATIONS
DE TOULON
en 1666,

CHAPITRE PREMIER

TOULON PENDANT LE MOYEN AGE

Toulon, situé au fond d'une vaste baie, ne fut, pendant tout le moyen âge, qu'une très-petite ville, ou, pour être plus exact, qu'un simple bourg maritime. La plage qui lui servait de port, était ouverte et presque sans abri. Cependant, comme les abords en étaient très-faciles, et que la rade offrait un excellent mouillage, les navigateurs ne craignaient pas de s'en approcher ; ils venaient jeter l'ancre près d'un quai étroit, qui longeait les remparts (1).

L'enceinte de Toulon formait un quadrilatère allongé, dont la base, baignée par la mer, ne mesurait que 180 mètres. Les fossés profonds qui l'entouraient à l'ouest, au nord et à l'est, sont représentés aujourd'hui par la rue d'Alger, la place Blancard, la rue de la Miséricorde, la place Puget et le cours Lafayette.

---

(1) Le quai actuel n'existait pas ; la mer s'avançait jusqu'au milieu de la rue Bourbon, et venait battre le rempart, qui s'étendait depuis l'angle formé par la rue d'Alger (ancienne rue des Chaudronniers), jusqu'à la place Saint-Jean. (V. le plan de 1666.)

Cette délimitation est parfaitement indiquée dans un état des lieux, qui fut dressé, en 1668, par le sieur de Guidy, conseiller du roi. Ce conseiller avait pour mission de constater les véritables limites de l'ancien bourg du moyen âge, et de rechercher les immeubles qui pouvaient être grevés d'un droit féodal.

A l'époque où ce document fut rédigé, il existait encore de nombreux vestiges des anciennes fortifications. On citait plusieurs vieillards qui avaient assisté, dans leur jeunesse, au déplacement des remparts et à la démolition des dernières tours. Il ne fut donc pas difficile aux experts qui accompagnaient le commissaire enquêteur, de lui montrer les limites de la vieille enceinte; et, nous-mêmes, nous n'avons qu'à suivre ce personnage dans sa visite, pour connaître, d'une manière très-précise, l'étendue et la configuration du modeste bourg, qui fut le berceau de notre ville.

« Nous sommes allés, disait-il, à la place d'Armes, dite de Saint-Jean, et à la maison d'Henri Marquisan, où les sapiteurs (experts), nous on dit que lors de l'ancienne ville, et auparavant l'agrandissement d'icelle, il y avait, en cet endroit, une forteresse royale joignant les murs de la ville ; laquelle forteresse et dépendances contenaient depuis la maison dudit Marquisan (1), jusques à partie de celle du sieur lieutenant de Ricard, qui avait appartenu à Alexandre de Cuers (2), icelle partie comprise, et, par derrière jusques aux vieilles prisons, où est à présent bastie la maison de M. Cabasson, avocat (3).

(1) La maison de Marquisan était située à l'angle de la rue des Bons-Frères et de la place Saint-Jean, là même où s'élève aujourd'hui la maison des Frères des Ecoles chrétiennes.

(2) La partie de l'immeuble du sieur Alexandre de Cuers, non comprise dans le château royal, porte actuellement le n° 70 de la rue Bourbon ; le surplus a été démoli, en 1606, pour former la rue Méridienne.

(3) Maison n° 3 ou 5 de la rue des Bons-Frères. La forteresse, démolie en 1606, n'occupait donc que l'île de maisons comprise entre la place Saint-

« Les sapiteurs nous ont conduit le long de la grande rue Saint-Michel (1), tirant de midi à septentrion, et nous on dit que dans cette rue estoient autrefois les fossés de la vieille ville, où les maisons que nous voyons, à gauche, du costé du couchant, ont esté toutes advancées sur les murailles vieilles et barbacannes de l'ancienne enceinte (2).

« Et étant arrivés proche la font dite de Saint-Michel et la vieille rue semblablement appelée (3), tirant à la grande église, les sapiteurs nous ont dit qu'autrefois, il y avoit, à huit pas, dans ladite rue, et vis-à-vis les maisons appartenant au sieur Pascal Garnier, du costé du septentrion (4), et de celle d'Antoine Isnard, du costé du midi (5), faisant les deux coins de ladite rue, l'ancienne porte de Saint-Michel avant l'agrandissement. Ce qui nous a esté confirmé par le sieur Garnier, lequel nous a dit estre âgé de soixante-douze ans, et d'avoir fait abattre lui-même une partie de la tour qui estoit à la porte Saint-Michel et joignant sa maison (6).

Jean, et les rues Bourbon, Méridienne et des Bons-Frères ; mais le vieux palais royal du moyen âge s'étendait jusqu'à la rue Magnaque.

(1) Le cours Lafayette.

(2) Ces mêmes limites sont indiquées dans un procès-verbal de vérification, rédigé en 1590. (Arch. comm., série DD. art 51.)

(3) Il y avait en ce moment, deux rues appelées de *Saint-Michel* : la rue Magnaque, qui portait depuis le moyen âge, le nom de *carriera de Sanct-Michael*, et la grande rue construite sur les anciens remparts. La vieille rue Saint-Michel ne reçut le nom de Magnaque qu'en 1728. (*Cadastre*.)

(4) Rue Traverse-Cathédrale, maison n° 14, formant l'angle du cours Lafayette, possédée, en 1698, par M. Nicolas Garnier. (*Dénombrement des maisons de la ville de Tolon*, f° 106.) Nicolas Garnier, avocat, fils de Pascal et de Marguerite Légier, avait épousé le 18 juin, Mlle Anne de Ricard de Tourtour.

(5) Même rue, maison n° 15, formant l'autre coin de la rue Lafayette, possédée, en 1698, par M. Antoine Isnard. (*Dénombrement*, f° 111.)

(6) M. Pascal Garnier, propriétaire de la maison n° 14, dont il vient d'être parlé.

« Suivant toujours la nouvelle rue Saint-Michel, où estoient autrefois les vieux fossés, tirant vers le septentrion, et estant contre l'Évêché, les sapiteurs nous ont fait observer que les murailles de la porte sont encore des vieux murs des barbacannes, y paraissant plusieurs meurtrières ; comme aussi, en la muraille de cloison du jardin dudit Évêché, faisant face à la rue, y paraît aussi deux meurtrières.

« Et, montant tousjours du costé du septentrion, le long de ladite rue, arrivés au derrière de la maison du sieur Chautard, juge de Tollon (1), les sapiteurs nous ont fait observer que les fondements des murailles de ladite maison, qui paraissent par l'ouverture d'une fenêtre grillée de fer, sont des anciennes murailles de la ville, et que là finissait la barbacanne.

« Laquelle ancienne muraille paraît aussi aux maisons joignant celles du juge, jusqu'à celle du nommé Jauffret (2) qui fait coin et face au septentrion, vis-à-vis la fontaine de Saint-Éloy (3), comme aussi aux maisons qui suivent, tirant du costé du couchant, à main gauche, et le long de la rue, que les sapiteurs nous ont dit être la continuation des vieux fossés.

« Et arrivés à la maison de Charles de Cuers et de M. Jacques Durand (4), les sapiteurs nous ont fait observer que ces maisons ont été basties sur les anciennes murailles ; ce qui se justifie d'autant plus par la maison des hoirs de Michel Asquier (5), où parait un vieux mur, depuis le bas jusqu'en haut, de la façade de la muraille, reste d'une vieille tour.

(1) Rue Lafayette, n° 49. (*Histoire de Toulon au moyen âge*. Preuves, p. 60).

(2) Rue Lafayette, n° 27. (*Dénombrement* de 1698, f° 92. *Idem* de 1707, f° 115 v°).

(3) Cette fontaine était située sur la petite place de Lirette à l'entrée de la nouvelle rue de Lorgues.

(4) Maison n° 25 de la rue Lafayette. (Tous les cadastres de 1698 à 1780.)

(5) Maison n° 19. (*Dénombrement* de 1698, f° 92.)

« Et toujours continuant, au bout de la rue, du costé où est la maison de Jehan Bourguignon, on nous a fait aussi observer que ceste maison est bastie sur les anciennes murailles, paraissant des créneaux et restes d'un vieux cordon, avec diverses meurtrières.

« Et estant descendus à la place de la Halle (1) et à l'entrée de la rue de Bonnefoy, les sapiteurs nous ont déclaré qu'au milieu de ceste rue, et entre les maisons de Pierre Alexis, cordonnier, du costé du midy, et de celle du dit Jehan Bourguignon, de septentrion (2), estoit autrefois la porte appelée d'Amon, et que sur icelle, il y avoit une tour, ce qui nous a esté confirmé par les possesseurs des dites maisons.

« De là, les sapiteurs nous ont conduit à la rue où estoient les vieux fossés (rue d'Alger), tirant du portal d'Amon, de septentrion, jusques à la rue des Templiers (3), visant à la place du Nouveau-Palais (4), où les sapiteurs nous ont dit que, dans ceste rue, il y avoit une maison qui avoit issue dans les fossés, qu'on appeloit le Trou de Mauronne (5), duquel les habitants

---

(1) Place Puget.
(2) La maison de Pierre Alexis était située devant celle qui porte aujourd'hui le n° 1 de la rue Bonnefoi ; elle a été démolie vers la fin du dernier siècle. — La maison de Jehan Bourguignon (n° 2 de la rue Bonnefoi), appartient actuellement à M. Burgevin.
(3) Rue des Bonnetières.
(4) Place Saint-Pierre, près de laquelle on venait de bâtir l'ancien palais de justice, affecté aujourd'hui au prétoire de la justice de paix et aux bureaux de la police.
(5) Depuis le moyen âge jusqu'à la fin du xvie siècle, une famille connue sous le nom de *Maure*, dont on a fait plus tard *Maurel,* a possédé diverses maisons dans cette rue. (V. mon *Histoire de Toulon au moyen âge.*) Il est probable qu'une fille ou la femme de Henric Maure (propriétaire en 1442), appelée selon l'usage MAURONNE, habita pendant longues années la maison située rue des Bonnetières, n° 2, qui avait, en effet, une issue dans la rue d'Alger, soit dans les fossés. Vers le milieu du xviie siècle, cette maison devint la propriété de la fille d'un sieur Bourguet, et cette femme, dite *La Bourguette,* épousa le sieur Domenge.

se servoient de passage ; et nous estant advancés dans la dite rue des Templiers, du costé de septentrion, et à l'endroit où estoit le dit Trou de Mauronne, sommes entrés dans la maison de Magdeleine Bourguette, veuve de Jehan Domenge, de Tollon ; où nous avons vu les vieux murs de la ville, tirant de midy à septentrion, contre lesquels il y a quatre arcs de pierre froide de cinq à cinq pans de distance, prenant leurs pieds dans les murs, tirant de levant au couchant ; y ayant envoyé quérir la dite Bourguette, elle nous a dit estre de quatre-vingts et quelques années, et que la muraille estoit le reste d'une tour (1) contre le dit Trou de Mauronne, et qu'elle a ouy dire que, sous les dits arcs, passait autrefois le béal du moulin, lequel estoit au mesme endroit où est à présent la maison du nommé Raymond, faisant le coin de la rue des Maureaux (2).

« De là, continuant tousjours vers le midy, les sapiteurs nous ont conduit à la place Saint-Pierre, à l'entrée de la rue dite de Trabuc (3), où ils nous ont dit qu'au commencement de ceste rue et au milieu d'icelle, il y avoit une porte appelée le Portalet, qui fermoit la vieille ville du costé du levant (couchant), et que la mer alloit battre contre la dite porte, laquelle se trouvait entre les deux coins, où sont présentement les maisons d'Antoine

---

(1) Cette tour est mentionnée, en ces termes, dans un procès-verbal qui fut dressé en 1590, au moment de la démolition des remparts : « Avons mesuré la maison de patron Pierre Maure, ayant délaissé à mesure la tour, pour cause qu'elle se doibt abastre pour faire passer la rue. » Cette maison porte aujourd'hui le n° 1 de la rue des Bonnetières. La maison située en face, c'est-à-dire celle où était le Trou de Mauronne, est ainsi mentionnée dans le même procès-verbal de 1590 : « Avoir mesuré la maison de M. Jehan Raisson, à présent consul, et avoir trouvé 7 cannes en face, rabattu au préalable et desduit le lieu que prend et doibt passer la rue. » (Arch. comm., série DD, art. 51.)

(2) Rue Sainte-Claire, n° 35.

(3) Rue des Marchands.

Gineste, maistre-chirurgien, du costé du midy (1), et celle des hoirs de Joseph Beaussier, du costé de septentrion (2).

« Et tousjours continuant vers midy, nous ont conduit à la rue dite de Bourbon, de la nouvelle enceinte, où estant, avons suivy ceste rue vers levant, jusques au coing de la maison de Louis Antelme (3), et les sapiteurs nous ont dit qu'en cet endroit estoit la porte du Môle, nous ayant fait observer que la muraille de l'ancienne ville paroît au coing, depuis le bas jusques en haut, et qu'elle a esté démolie pour faire l'ouverture de la rue.

« De là, nous avons continué la rue Bourbon et sommes entrés dans la place de l'Huile, autresfois dite la place du Palays, où les sapiteurs nous ont dit qu'au devant la dite place, du costé du midy, estoit le vieux palays, joignant les anciennes murailles ; et de cet endroit, tirant vers le levant, sommes entrés dans la rue dite des Prisons-Vieilles (4), qui estoient contigues avec la forteresse royale, ci-dessus, par où nous avons commencé ; où les sapiteurs nous ont dit, qu'au milieu de la dite rue estoit une porte de la ville, entre les maisons appartenant à présent au sieur François Bonnegrace et Jean-Baptiste Simon (5), et que du costé du levant, hors de ladite porte, cet endroit estoit

---

(1) Rue des Marchands, n° 1.
(2) Rue des Marchands, n° 2.
(3) Maison située rue Bourbon, n° 64. — Pierre Puget, qui la fit reconstruire en 1672, l'avait acquise de son oncle par alliance, Louis Antelme.
(4) Cette prison occupait l'emplacement des maisons portant aujourd'hui le n° 7 de la rue des Bons-Frères et les n°ˢ 78 et 80 de la rue Bourbon. (*Cadastre* de 1632, f°ˢ 134, 136 et 159.)
(5) Soit, entre les n°ˢ 4 et 5 de la rue des Bons-Frères. — Jean-Baptiste Simon possédait déjà, en 1632, la maison et le four, situés sur la petite place de la prison, aujourd'hui rue des Bons-Frères, n° 4. (*Cadastre* de 1632, f° 170.)

volté (voûté) du couchant au levant, et du costé de la maison du sieur lieutenant Ricard, il y avoit un pesquier (1).

« Cela fait, les sapiteurs nous ont conduit à la place d'Armes, dite de Saint-Jean, et ont dit qu'ils avaient parachevé leur monstrée de l'enceinte de l'ancienne ville de Tollon (2). »

Les murailles qui entouraient la ville du moyen âge, et dont les sapiteurs viennent de nous faire connaître l'exacte délimitation, s'élevaient à 10 mètres au-dessus du sol, y compris les créneaux et les parapets (3) ; elles avaient 3 mètres d'épaisseur dans les fondations et 50 centimètres au sommet (4).

Autour de cette enceinte se groupaient huit *borcs*, ou faubourgs (5), savoir :

A l'ouest, le *borc del* PORTALET, comprenant la place Saint-Pierre et les rues y aboutissant, et le *borc dels* PRÉDICADOS (rue du Canon et toutes les traverses montant vers la rue Royale).

Au nord, le *borc d'*AMONT (place Puget, rue du Pradel et partie de la rue Royale) ; le *borc de* DONA-BORGUA, dont on a fait *Donnebourg* (de la place du Théâtre à la rue Fougassière),

---

(1) Quand on combla le pesquier, en 1590, cette maison, située rue des Bons-Frères, appartenait à MM. de Cuers. « Premièrement, ont mesuré la la maison de François de Cuers, sise au quartier du Bellovard, joignant la tour du Chasteau-Vieulx, et, par devant le pesquier du dit chasteau, avons treuvé avoir 6 pans, tant eau que fange, de profond, et la dite maison avoir 3 cannes et demie de face et huit cannes 5 pans de long, jusques à la muraille du dit pesquier. » *Procès-verbal* de 1590. (Arch. comm., série DD, art 51.)

(2) *Procès-verbal de reconnaissance des directes du Roy*, dressé par Dominique Guidy, chevalier, conseiller du Roy, trésorier général de ses finances au bureau de la généralité de ce pays de Provence, un des commissaires-députés par Sa Majesté pour la réunion de ses domaines, (novembre 1668). (Arch. comm. de Toulon, série CC, art. 86.)

(3) *Quinque cannarum super terram, computatis parapietis et merletis*. Charte du 19 juin 1336. (Arch. comm., série DD, 52.)

(4) *Ibidem*. (Arch. comm., série DD, art. 52.)

(5) *Lexique roman de Raynouard*, t. II, p. 237.

et le *borc de la* Lauza ou de la Roca-Blava (1), entre les rues Fougassière et de Lirette.

A l'est, le *borc de* Morance (de la rue de Lirette à la rue de la Visitation) ; le *borc de* Saint-Lazer, et plus tard de *Sainte-Catherine* (rues du Champ-de-Mars, de la Visitation, de Saint-Bernard et la partie nord de la place d'Italie), et le *borc de* Sanct-Michael, appelé plus tard de *Saint-Jean* (de la place d'Italie à la place Saint-Jean).

A l'intérieur, la ville avait un aspect assez sombre. Un grand nombre de maisons, soutenues par des piliers, se joignaient par des poutres sur la tête des passants ; ailleurs, des portiques, des ponts, des voûtes prolongées, formaient ces passages couverts, que l'on voit encore à Alger, et qui inspirent une sorte d'appréhension quand on y pénètre pour la première fois. Joignons, à ces détails d'architecture, des rues étroites, tortueuses et sans issues, *carrieretas perdudas* (2), le tout parsemé de cloaques (*sueillas*), et nous aurons la physionomie peu flattée, mais vraie, de notre ville pendant le moyen âge.

Toulon ne possédait aucun monument ; mais on ne pouvait faire un pas, dans ses rues, sans rencontrer une église, une chapelle ou un établissement religieux.

En entrant dans la ville, après avoir franchi le portal de la Mar, on voyait, à droite, la chapelle de l'*Annonciation*, qui appartenait à la très-ancienne famille des Thomas, seigneurs de Milhaud et de Châteauneuf (3).

---

(1) *Lauza*, carrière ; *Roca-Blava*, roche bleue. (*Dictionn.* de Ducange.)

(2) La rue des Juifs, aujourd'hui fermée par la rue d'Astour, était une de ces *carrieras perdudas* ; voyez aussi l'impasse située derrière la rue des Beaux-Esprits.

(3) Cette chapelle était située entre la rue de l'Hôtel de ville et la place à l'Huile, sur l'emplacement des trois maisons qui portent aujourd'hui, dans la rue des Marchands, les nos 26, 28 et 30.

Un peu plus haut, dans la même direction, toujours à droite, et au fond d'une impasse, s'élevait l'église de Saint-André (*la gleiza de Sanct-Andrieu*).

L'archidiaconat, situé presque en face de l'impasse de Saint-Andrieu, communiquait, par un jardin avec le cabiscolat, qui avait son entrée sur la place de la Cathédrale.

La Cathédrale, resserrée entre le palais épiscopal et le chapitre ne faisait pas grande figure. Orientée de l'est à l'ouest, et limitée par ces deux édifices, elle n'avait pas la moitié de son étendue actuelle.

Derrière le chapitre et la Cathédrale, mais séparé par des constructions et un passage voûté, se développait le vaste couvent des Prêcheurs, bâti sur l'emplacement de l'ancien palais des comtes de Provence (1).

Une antique chapelle, dédiée à saint Vincent, occupait, non loin du couvent des Prêcheurs, la place qui porte encore le nom de ce saint.

A l'extrémité de la rue Bonnefoi (de Bonafé) qui elle-même faisait suite à la place Saint-Vincent, et en descendant la rue des Maurels (aujourd'hui de l'Oratoire) on trouvait, à gauche, l'hôpital du Saint-Esprit (2).

Tels étaient, avec le palais royal, ou château de la Mer, situé entre la place Saint-Jean et la place à l'Huile, avec l'*hostal de la villa*, le palais épiscopal et le chapitre, les seuls édifices de l'ancienne *ciutat de Tholon*.

A part quelques maisons plus spacieuses que les autres, et entourées d'un jardin ou d'une cour, toutes les habitations étaient

---

(1) V. mon *Histoire de Toulon au moyen âge*, notice topographique, p. 22.

(2) Cet ancien hospice, qui fut ensuite affecté à un collège des Pères de l'Oratoire, est aujourd'hui remplacé par les prisons et le tribunal civil.

petites et peu élevées. Les estimateurs en comptèrent quatre cent vingt, en 1442, quand ils firent le recensement général des immeubles soumis à l'allivrement. Si nous plaçons six à huit personnes dans chaque maison et autant dans les logements peu nombreux des faubourgs, nous arrivons à un total de trois à quatre mille habitants. Ce chiffre me paraît exact. Il ne fut dépassé que vers le milieu du XVIe siècle, lorsque les rois de France, nouveaux comtes de Provence, songèrent à tirer profit de l'excellente situation et de la parfaite sûreté du port de Toulon.

CHAPITRE II

TOULON EN 1543

Le dimanche, 16 septembre 1543, fut pour les consuls de Toulon et pour la population tout entière, un jour d'émotion et d'anxiété. Une lettre de François Ier, arrivée dans la matinée, avait ordonné à tous les habitants, hommes, femmes et enfants, d'abandonner leurs foyers, afin d'offrir une plus large hospitalité à l'armée navale de Barberousse, qui venait de combattre pour la France (1) : « Il est mandé et commandé, disait le roi, à toutes personnes généralement du dict Thoulon, de desloger et vuyder la dicte ville, personnes et biens, tout incontinent, pour loger l'armée navale du sieur Barberousse, *a peyne de la hart* (2). »

Tous les chefs de famille réunis en assemblée générale furent

---

(1) « Suivant les conventions arrêtées entre le Divan et le capitaine Paulin, ambassadeur de François Ier, dit M. Henri Martin, le vieux Barberousse était parti de Constantinople avec 110 galères et de nombreux transports chargés de 15,000 soldats turcs. — L'escadre française, commandée par François de Bourbon, comte d'Enghien, se réunit le 10 août 1543 à la flotte de Barberousse pour aller débarquer un corps d'armée turc et provençal sous les murs de Nice... » « Après que cette ville eut capitulé, la flotte confédérée retourna en Provence, où la ville et le port de Toulon furent abandonnés à Barberousse pour l'hivernement de son armée navale. » (*Histoire de France*, t. VIII. p. 291.)

(2) Lettre du 8 septembre analysée dans la délibération du 16 septembre 1543. (Arch. comm., série BB, art. 47, f° 247.)

MOUILLAGE DE LA FLOTTE DE BARBEROUSSE DEVANT TOULON EN 1543
(D'après un très-ancien tableau appartenant à la famille du Consul BRUN)

mis en demeure par les consuls, de se conformer à l'ordre rigoureux, et sans précédent dans l'histoire, qui venait de leur être notifié. On comprend le trouble qui dut s'emparer des délibérants, quand on leur posa cette terrible alternative, ou de désobéir au roi et d'encourir « la peine de la hart » (pendaison), ou de livrer la ville et leurs propres maisons aux hommes de sac et de corde, qui composaient l'armée navale du redoutable musulman, dont le nom seul suffisait pour jeter l'épouvante dans tous les cœurs. Quand la première émotion causée par la lecture de la lettre de François Ier, fut un peu apaisée, les plus calmes proposèrent d'envoyer une députation auprès du comte d'Enghien, chef de l'escadre française et du capitaine Paulin, ambassadeur de Sa Majesté Très-Chrétienne, qui étaient en ce moment à Antibes avec Barberousse.

Le premier consul et deux conseillers, délégués par l'assemblée générale de la communauté, partirent dans la soirée du même jour, et se rendirent, en effet, à Antibes, où ils furent accueillis avec bonté par l'ambassadeur et le comte d'Enghien. Ce dernier, prenant la parole, leur dit : « Que pour loger l'armée du dict seigneur Barberousse à Thoulon, point n'estoit besoing de bouger du dict lieu, mais seulement les enfants et les femmes qui s'en vouldroyent en aller; que estoit necessaire y demeurer les chiefs de maisons et artisans, et qu'on y mettroyt telle polixe que n'y auroyt desordre, ny inconvénient (1). »

Les chefs de famille restèrent donc à Toulon, mais leurs femmes et leurs filles quittèrent la ville, et, grâce à cette sage précaution, nos aïeules échappèrent aux insultes des musulmans, quoiqu'en ait dit M. Michelet (2).

(1) Délibération du 25 septembre 1543, dans laquelle les députés rendent compte de leur mission. (Arch. comm., série BB, art. 47, f° 248.)

(2) « Mis par nous dans Toulon, dit M. Michelet, les Algériens firent en Provence même leur récolte de filles. » (*Histoire de France*, t. VIII, p. 488.)

La flotte turque, composée de cent dix galères, vint mouiller dans la rade de Toulon, le 29 septembre 1543 ; elle y demeura jusqu'à la fin du mois de mars de l'année suivante. Les vaisseaux français qui l'accompagnaient ne s'y arrêtèrent qu'un jour, et continuèrent leur route vers Marseille (1).

La photographie que je joins à cette étude, représente le port de Toulon, au moment de l'arrivée des deux flottes.

A l'époque où fut exécuté ce tableau, dont je ne puis donner, à mon grand regret, qu'une reproduction de seconde main (2), les remparts du moyen âge, qui fermaient la ville du côté de la mer, avaient déjà disparu. Mais le nouveau quai, la rue Bourbon, et toutes les rues situées aujourd'hui à l'ouest de la place Saint-Pierre et à l'est de la place Saint-Jean n'existaient pas encore. Les maisons dont nous voyons les façades avaient leur entrée dans la rue des Marchands, sur la place à l'Huile ou dans la rue des Bons-Frères (3).

Sur le second plan, nous remarquons les deux tours de l'ancien château et le vieux clocher de la Cathédrale, posé sur la tour dite des Phocéens (4); un peu plus loin, apparaissent les massifs d'arbres qui environnaient la ville du moyen âge, et la séparaient de ses faubourgs (5).

(1) BOUCHE. (*Histoire de Provence*, t. II, p. 599). — *Mémoires de Du Bellay*, année 1543.

(2) Cette photographie a été faite d'après un ancien tableau peint à l'huile, qui n'est lui-même que la copie d'un tableau qui ornait autrefois la grande salle de l'Hôtel de ville.

(3) Ces rues portaient, en 1543, les noms de *carriera del Trabuc* et de place *del Palays*. (V. le plan joint à mon *Histoire de Toulon au moyen âge.*)

(4) Cette tour, dont on peut voir encore des vestiges très-apparents, dans les combles de la Cathédrale, ne remonte pas au delà du moyen âge et il a fallu l'imagination de l'auteur des *Causes antiques*, pour la transformer en tour phocéenne.

(5) « La ville de Tholon est environnée d'arbres fort grands et en quan-

Ce tableau est vraiment précieux pour l'étude de l'histoire de Toulon. Il fait revivre un passé déjà très-éloigné, et s'il nous rappelle notre bien modeste origine, il nous dit aussi que nos ancêtres, mettant en pratique leur vieille devise : « *Parva concordiâ crescunt* » se sont unis pour faire prospérer la petite cité du moyen âge, qui est devenue par leurs soins, une ville de premier ordre, dotée d'un magnifique arsenal et d'un port incomparable.

J'ai voulu, dans l'intérêt de la vérité historique vérifier l'authenticité de ce document, et je me suis livré à des recherches qui m'ont complétement rassuré.

A une date que je ne puis préciser, les consuls de Toulon firent faire ce qu'ils appelaient « une veüe figurée » du mouillage de la flotte turque, et suspendirent ce tableau dans la grande salle de l'Hôtel de ville. C'était une manière adroite de rappeler aux personnages qui venaient les visiter, que la rade de Toulon, dont ils étaient très-fiers, pouvait contenir une quantité considérable de vaisseaux, et qu'il était urgent de faire des sacrifices pour agrandir et fortifier une ville qui possédait le plus beau port du monde, objet de la convoitise des étrangers (1).

Pendant le séjour de l'armée navale de Barberousse dans le port de Toulon, le consul Honorat Brun fut député à Marseille, pour obtenir, du gouverneur de Provence, la confirmation de l'autorisation donnée aux Toulonnais de demeurer dans leur

---

tité jusques tout joignant les murailles. » *Procès-verbal d'enquête* du 18 octobre 1585. (Arch. comm., série FF, art. 306, f° 77.)

(1) « La ville de Tholon, disaient-ils, en 1585, estant veüe ordinairement par les estrangers, quand ils traversent d'Espagne en Ytallie et au contraire, avec grand nombre de gallères et aultres vaisseaulx de guerre, que la voyant leur estre tant propre et comode, et en si maulvais équipaige qu'elle ne soyt par eulx regardée d'un œil plain d'ambition et de désir pour s'en saisir et emparer aussitost que la moindre occasion se présenteroit. » *Procès-verbal* du 18 octobre 1585. (Arch. comm., série FF, art. 305.)

ville, nonobstant les lettres patentes du roi (1). Il fut chargé, en outre, de l'approvisionnement de la flotte turque et de l'acquisition des cadeaux que la communauté crut devoir offrir au chef musulman (2).

Or ce même Honorat Brun, réélu trois fois consul, en 1552, 1565 et 1571, voulut sans doute conserver le souvenir de ce mémorable événement, et fit peindre le beau tableau, dit de Barberousse, que nos pères ont longtemps admiré (3). Ce qui me porte à le croire, c'est que l'un de ses descendants en a fait faire, dans les premières années du dernier siècle, une fort jolie copie, qui est encore entre les mains de la famille Brun (4).

C'est sur cette copie, l'original ayant été détruit pendant la Révolution (5), que l'on a exécuté la photographie dont je viens

---

(1) « *Despensso facho per anar à Marseilho trobar mons de Grignan, per aver lettres de licencio per poder demourar chasque cap de maison à Thoulon.* » Parcelle du consul Brun. (Arch. comm., série BB. art. 47, fos 248 et suiv.)

(2) *Aven comprats tres conils privats, vious, per dounar à Barbo-Rousso ; item dos gallinos ambe de fruchs ; item dos corbos plenos de mingranos.* (Parcelle du consul Brun.)

(3) « On a pu se faire une idée de la position de Toulon à cette époque, dit l'auteur des *Guerres maritimes de la France,* par un tableau représentant la flotte de Barberousse, qu'on voyait encore à la maison de ville, avant 1793. Le dessin était à vue d'oiseau. En avant, étaient les deux tours ; les galères de l'amiral ottoman, ornées de flammes et de banderoles, étaient mouillées au centre ; et au fond, on apercevait Toulon, tel qu'il vient d'être décrit, avec l'église et l'ancienne tour de l'Horloge. Le tableau était encore curieux par d'anciens vers à la louange de Barberousse, et il était remarquable de voir à quel point on avait pris la peine de flatter ce redoutable auxiliaire. » (T. Ier, p. 16.)

(4) Cette famille est représentée aujourd'hui par Mme Cauvin du Bourguet, née Bérard, veuve du général Cauvin du Bourguet, qui était petit-fils, par sa mère, de M. Brun Boissière. (V. à l'*appendice* les renseignements généalogiques, qui établissent que M. Brun Boissière était un descendant du consul Honorat Brun.)

(5) « Ce tableau, dit M. Henry, dans un mémoire publié par la Société

de parler, et qui nous met en présence de la ville de « Tholon » telle qu'elle était vers le milieu du xvie siècle.

Il est assez difficile de reconnaître, dans ce très-petit village, dans cette plage étroite, la grande ville que nous voyons aujourd'hui, avec ses trois ports et ses formidables fortifications. Et, cependant, si nous consultons le cadastre de 1550, nous ne trouvons pas une maison de plus sur ce même quai. La ville s'étend, il est vrai, dans l'intérieur ; mais, en bien cherchant, en additionnant avec soin tous les édifices, toutes les maisons renfermées entre les collines et la mer, nous n'arrivons qu'à un chiffre de quatre cent cinquante habitations dans l'ancienne enceinte et une centaine dans les faubourgs ; ce qui donne une population de cinq mille âmes environ. Or, le bourg maritime figuré dans le dessin de 1543, ne devait pas contenir un plus grand nombre d'habitants.

académique du Var, ce tableau que j'ai vu, dans mon enfance, dans la grande salle de l'Hôtel de ville, et qui, en 1793, à la reprise de Toulon sur les coalisés, a dû être lacéré comme tous ceux qui couvraient les murs de cette même salle, représentait la flotte turque au mouillage, en face de la ville, qu'on voyait au fond du tableau. Une inscription en quatre quatrains, peints au bas de cette toile, en expliquait le sujet ; ma mémoire n'en a retenu que le premier, le voici :

> « Cette flotte, à bande ramée,
> « Dont le vent en poulpe est si doux,
> « C'est Barberousse et son armée
> « Qui vient nous secourir très-tous. »

(V. le *Bulletin de la Société des sciences, arts et belles-lettres du Var*, année 1847, p. 62.)

CHAPITRE III

AGRANDISSEMENT DE 1589

Les guerres d'Italie, entreprises par Charles VIII et ses successeurs, après la réunion de la Provence à la France, donnèrent lieu à des armements considérables dans les divers ports de la Méditerranée (1). Sous l'influence de ces armements, la population de Toulon prit un tel développement, qu'il fallut, pour la loger, bâtir une seconde ville autour des anciens remparts (2).

Les Toulonnais sollicitaient, depuis longtemps déjà, la démolition de ces remparts, qui ne protégeaient plus personne et ne servaient qu'à gêner la circulation, lorsque, dans les premiers jours du mois de janvier 1552, le comte de Tende, gouverneur de Provence, leur proposa au nom du roi de faire construire une nouvelle enceinte, sous la condition que la communauté de Toulon contribuerait à la dépense pour une somme de 10,000 écus.

Cette proposition fut tout d'abord accueillie avec reconnaissance. Mais quand il fallut voter les fonds, le conseil général,

---

(1) « Tous les embarquements qui sont esté faicts aultrefois pour mander gens en Ytallie et en Corsègue, (écrivaient les consuls de Toulon, en 1586), se trouvent avoir esté faicts audict Thollon et non ailheurs. » *Mémoire du 19 février 1586*, f° 109. (Arch. comm., série FF., art. 306.)

(2) « L'abondance des maisons que despuis ont esté basties aux faulxbourgs, disaient les consuls, comprennent plus que la vieille ville. » (*Ibid.*)

fit les plus tristes réflexions sur l'état des finances communales. Il fut constaté que la ville ne pouvait s'engager à payer que 10,000 livres : « A esté d'advis et a conclud et arresté que, quant seroit le bon plaisir du Roy, nostre souverain Sire, fère la dicte ampliation et fortification de la ville de Thoulon, suyvant le pourtraict et exemplaire faict et monstré au conseil par le sieur de Sainct-Rhemy, commissaire des fortifications (1), que la dicte communaulté, manans et habitants dudict Thoulon, des tailhes, revenus et deniers commungs fera force de fornir à la dicte ampliation et fortification jusques à dix mil livres tournois (2). »

Ces 10,000 livres ne représentaient que le tiers de la somme demandée. L'offre parut insuffisante ; et comme le trésor royal était hors d'état de combler la différence, le projet d'agrandissement fut abandonné.

Trente ans après, la municipalité toulonnaise prit elle-même l'initiative d'une nouvelle combinaison : elle offrit de faire toute la dépense sous certaines conditions énumérées dans un mé-

(1) Ce *pourtraict* comprenait : « Les nouveaulx foussés, murailhes belloards, et plattes formes, requizes pour la tuition et déffence de la dicte ville et le port d'icelle. »
Le sieur de Saint-Rhémy, qui proposait, des 1552, d'entourer la ville de bastions (à peu près inconnus jusqu'alors), était un ingénieur provençal de grand mérite ; l'auteur des *Mémoires sur la vie du maréchal de Villeville*, en parle au sujet de la défense de Metz, et dit : « Le sieur de Saint Remy, gentilhomme français, natif de Provence, y estoit, et en répputation d'estre le plus suffisant ingénieur en matière de fortification et d'admirables inventions d'artifices de feu, qu'on eut sceu trouver dans toute l'Europe ; qui redonde grandement à la gloire française, car les Italiens s'attribuent la science des fortifications, sur tout le reste de la chrétienté, encore par une bonne desbordée, vantance et trop audacieuse présomption, ils s'en disent inventeurs. » (*Etude sur le passé et l'avenir de l'artillerie*, t. II, p. 169).

(2) Délibération du conseil général de la communauté, du 17 janvier 1552. (Arch. comm., série DD. art. 52.)

moire, qui fut porté au roi Henri III par deux députés : Claude Provins, consul, et Cabasson, capitaine de ville (1).

Sur le rapport de M. de Bellièvre, le roi décida, en conseil, que les propositions de la communauté de Toulon seraient soumises à une commission présidée par le duc d'Angoulême.

Cet ordre portait la date du 13 mai 1585 ; cependant l'enquête ne fut commencée que cinq mois après. Il est probable que les troubles de la Ligue, qui agitaient la Provence, ne permirent pas au gouverneur de s'en occuper plus tôt.

Le duc d'Angoulême se rendit à Toulon, le 10 octobre. Il était accompagné d'un trésorier général de France, M. Henri de Serre, du procureur général de la cour des Comptes de Provence et de deux procureurs du pays : MM. Arnoux Joannis et Jean Rambert. Cette commission fonctionna pendant huit jours. Elle entendit d'abord les observations qui lui furent présentées par les consuls des communautés environnantes, sur différents articles du projet. — Les deux procureurs du pays appuyèrent leurs réclamations et protestèrent, en outre, contre l'exemption d'impôts sollicitée par les Toulonnais. Ils disaient que les charges, dont on demandait l'exonération en faveur de Toulon, seraient supportées par les autres communautés, puisqu'il faudrait toujours payer la totalité des sommes exigées au nom du roi, soit pour l'entretien des troupes, soit pour les autres dépenses de l'Etat ou de la province.

Après avoir donné acte aux consuls et aux procureurs du pays de leur protestations, le Grand Prieur fit appeler deux ingénieurs, deux architectes, deux maçons et deux fabricants

---

(1) « A présent que se treuvent un peu soulagées par le benefice de la paix, qu'il a plu à Dieu leur envoyer par la prudence et bonne conduicte de Vostre Majesté ; ils auraient pris les derniers arrements (errements ?) de leur bonne volonté et proposé le faict en leur conseil tenu exprès le 9 février 1585, par les plus notables et apparens. »

de chaux (1) ; il leur annonça qu'ils procéderaient avec les autres membres de la commission, à la visite des lieux où devaient être construites les fortifications, conformément au plan dressé « par le seigneur Herculles ». Déjà, l'évêque de Marseille, celui de Toulon, les consuls et divers notables de la ville avaient été invités par le président à assister à cette visite.

La commission se transporta avec son nombreux cortége sur tous les points indiqués par l'ingénieur :

« Au mesme instant, sommes allés au lieu appelé le quartier de *Saint-Jean*, où illec arrivés, ayant faict déployer la carte du dessaing du dict sieur Herculles, avons trouvé estre d'avis de faire un bastion à chaulx, pierre et sable, sur le rivage de la mer.

« De là sommes venus au chemin appelé le chemin de *Sainct-Lazare* le vieulx, où nous avons trouvé d'après le dessaing du sieur Herculles estre nécessaire d'y faire un second bastion, respondant à celui de Sainct-Jean.

« De là sommes allés au lieu appelé *Sainct-Philip*, où le dessain est, suivant la carte, d'y faire un troisième bastillon, respondant à celui de Saint-Lazare ;

« Et de là au lieu appelé *la Lauze*, où est dessain d'y faire un quatriesme bastion respondant à celui de Sainct-Philip ;

« Et de là au lieu appelé *Notre-Dame*, où le dessain est d'y faire un cinquiesme bastion, respondant à celui de la Lauze ;

« Et de là sommes allés au lieu appelé *Sainte-Peyronne*, près la mer, où le dessain du sieur Herculles est d'y faire le sixiesme bastion, respondant tant à celui de Notre-Dame, qu'à celui de Sainct-Jean (2). »

(1) MM. Jean de Sépède, ingénieur du roi à Marseille, capitaine Guillaume Daumas, ingénieur, Sauvadour et Estienne Geoffroy, architectes, Estienne Roux et Anthoine Gros, maçons, Augustin Borgarel et Honoré Gibert, gippiers.
(2) Arch. comm., série FF. art. 306.

Ces opérations étant terminées, le président de la commission invita les ingénieurs, les architectes, les maçons et les fabricants de chaux, à mesurer les diverses parties des fortifications, et à dresser le devis des travaux.

Il fut constaté : 1° que les bastions, tels qu'ils étaient indiqués par le seigneur Herculles, auraient 50 cannes de contour; 2° que le fossé de 10 cannes de largeur et de 4 cannes de profondeur, entourant tous les ouvrages, mesurerait 1000 cannes ; 3° que ce fossé serait revêtu d'une muraille de 7 cannes de hauteur, de 1 canne d'épaisseur dans les fondations et de 6 pans au sommet avec un cordon de pierre de taille au milieu ; 4° qu'il serait revêtu, à l'extérieur, d'une muraille de 2 pans d'épaisseur, soutenant la terre de la contrescarpe ; 5° que deux casemates seraient construites dans le fossé ; 6° que le môle ou quai, d'une longueur de 540 cannes, aurait 2 cannes de largeur, et serait soutenu par une muraille de 2 cannes 1/2 de hauteur, ayant 1 canne 1/2 d'épaisseur au fond de la mer, et 6 pans au sommet (1).

(1) « Nous ont rapporté s'estre transportés es environs de ladicte ville de Thollon et de ses faubourgs, aux fins de voir, cognoistre et mesurer le terroir et lieu de ladicte ville et endroits ou se doibvent faire les dicts bastions, murailhes, fossés et cazematles pour la fortification d'icelle ; où ils ont trouvé estre nécessaire la munir et y fère six grands bastions à chaux, pierre et sable, deux d'iceulx eslancés et distraicts de terre, cinquante cannes de courtine dans la mer, pour la déffense et seureté du port de ladicte ville, et quatre aultres bastions en terre es environs d'icelle, de la largeur et rondeur de cinquante cannes chescuns en assiette ; pour deffense de laquelle est necessaire la tourner d'ung fossé de dix cannes de largeur et quatre cannes de proffond ; lequel contiendra et enfermera ladicte ville jusques au rivage de la mer, de la coste du levant jusques au couchant. Lequel fossé ont trouvé avoir de longueur en rond, y compris l'entour des quatre bastions, mile cannes; lesquels fault fossoier, jecter la terre de dedans dehors ladicte ville et revestir en après icelle d'une grande muraille à chaulx et sable de l'espesseur d'une canne au plus bas du fondement, revenant au plus hault à six pans, de la hauteur de sept

Ces renseignements, complétés par le prix de revient pour chaque nature d'ouvrage, furent consignés dans le procès-verbal d'enquête que toutes les parties signèrent, et que le duc d'Angoulême emporta à Aix, après avoir séjourné plus d'une semaine à Toulon.

La cour des Comptes, consultée sur le projet qui venait d'être si soigneusement étudié, donna un avis favorable, conforme, d'ailleurs à l'opinion émise déjà par le procureur général, qui avait assisté à l'enquête. Mais les procureurs du pays, successeurs de MM. Joannis et Rambert, ne se bornèrent pas à confirmer les protestations formulées par ces derniers, sur la question financière ; ils critiquèrent avec la plus grande vivacité le projet lui-même. Les fortifications, d'après ces administrateurs, étaient plus nuisibles qu'utiles.— Leur raisonnement spécieux et quelque peu paradoxal, ne manquait pas d'originalité.

« La quantité des villes fortifiées, disaient-ils, apporte plus tost incommodité que assurance, parce que tant plus il y a de danger et despences à les conserver. Aussi une d'icelles estant perdue, plus difficultueusement l'ennemy en peult estre chassé.

« Comme l'expérience nous a bien monstré au faict de Thollon mesme, parce que du temps de l'empereur Charles cin-

---

cannes, avec son cordon de pierre de taille au milieu ; lequel fossé fault aussy revestir d'aultre murailhe de deux pans de large par dehors pour fere la contrescarpe, pour soubstenir la terre dudict fossé, de la hauteur d'icelle, estant aussi necessaire munir et fere dans lesdicts fossés et entre deux bastions deux cazemattes pour secourir lesdits bastions et défendre lesdicts fossés. Aussy est nécessaire faire un mole ou cay avec une murailhe d'une canne et demy d'espesseur au fonds dans la mer, revenant à six pans au dessus, ayant deux cannes et demy d'aulteur, tirant despuis le bastion du costé de levant, jusques au bastion de couchant, contenant, ledit cay de longueur, d'un bastion à l'aultre, cinq cent quarante cannes, lequel fault qu'il soict de la largeur de deux cannes pour la commodité du port de la dicte ville. » *Procès-verbal du duc d'Angoulême et pièces à l'appui,* 18 octobre 1585. (Arch. comm., série FF. art. 306.)

quiesme, si la ville eust esté fortiffiée, il ne l'eust pas moings emportée par la puissante armée qu'il avoit, et le peu de moyens qu'on avoit de la secourir. Mais peult estre, ne l'eust-il pas quittée ; ains, adjoutant quelque chose à la fortiffication l'eust tenue ; mais la trouvant nullement tenable la quitta aussitost.

« La ville de Thollon, pour la guerre de l'estranger ne peult jamais estre assez bonne, et pour les guerres civiles elle l'est trop. »

Cette dernière objection était remplie d'actualité, car à cette époque, où chaque ville se prononçait, tantôt pour la Ligue, tantôt pour le roi, les fortifications gênaient singulièrement le parti qui n'en disposait pas.

Sans s'arrêter aux protestations des procureurs du pays, le duc d'Angoulême s'empressa d'envoyer le résultat de l'enquête, avec un avis favorable, à son frère le roi Henri III. Les Toulonnais attendaient tous les jours la décision souveraine, qui allait leur permettre enfin de commencer les travaux des fortifications, lorsque la mort du Grand Prieur (2 juin 1586), fit ajourner l'expédition de cette importante affaire. Sur les vives instances des procureurs du pays, qui avaient eu l'habileté de s'assurer l'appui du Parlement, le roi crut devoir, en effet, renvoyer le dossier de l'enquête à « son cousin » le duc d'Épernon, récemment pourvu du gouvernement de Provence.

« Mon cousin, lui écrivait-il le 15 juillet, depuis votre partement, j'ay fait voir en mon conseil l'advis de feu mon frère, le Grand Prieur, sur la requête qui m'avait été présentée par la communaulté de ma ville de Tholon, touchant la fortification d'icelle ; sur quoy, il a esté ordonné ce que vous verrez par les apostilles escrites sur les articles dudit avis, que j'ai voulu vous envoier devant que d'en faire faire aucune expédition, ni en bailler rien par escrit aux délégués de la dicte ville, pour autant que j'ay esté adverty que les gens de mon parlement et les procureurs du pays de Provence prétendent estre grévès par le dit advis..... En voulant bien faire aux habitants de Tholon, je n'entends préjudicier aux aultres et veulx que vous différiez à les faire jouyr des dites exemptions (1). »

Le duc d'Epernon avait promis aux députés de Toulon, qu'il avait vus à Paris, de leur faire obtenir une décision favorable avant son départ (2); mais il paraît que le parlement de Provence et les procureurs du pays avaient eu plus d'influence que lui.

Cependant les Toulonnais savaient qu'ils pouvaient compter sur le bon vouloir du nouveau gouverneur. Ils lui firent grand accueil, deux mois après, quand il vint à Toulon. On le reçut sous un dais; le conseil lui vota un magnifique présent (3). Il n'est pas douteux que, grâce à son appui, la communauté n'eût obtenu gain de cause, dans un bref délai, si la peste, qui faisait déjà des ravages dans les autres villes de Provence, ne s'était subitement déclarée à Toulon : « Au mois de mars 1587, lisons-nous en marge du registre des élections, la contagion commença à paraître dans cette ville, apportée d'Ollioules, laquelle s'alluma grandement vers avril. En mai, le premier consul, François Ripert, gaigna au pied. Au commencement, ses deux collègues,

(1) Arch. comm., série AA. art. 36.
(2) Les députés de Toulon, écrivaient de Paris, le 12 juillet 1586 : « Après avoir remis le dernier du mois passé l'advis de feu Mgr le Grand Prieur es mains de M. de Villeroy, nous avons poursuivi et poursuivons prestement la confirmation dudit advis, et n'avons d'aultre adresse pour cest effect que la faveur de Mgr le duc de Pernon, auquel tous nos seigneurs du Conseil nous renvoyent, pour estre luy à présent gouverneur de Provence; nous ayant offert baulcoup de faveur, ne nous pouvant aulcunement assurer de l'issue de nos affaires, bien que ledit sieur du Pernon nous aye promis nous faire despecher avant son despart pour Provence. — Pierre Motet; B. de Pinzin; Rodeillat. »
(3) Délibérations du conseil des 7 et 28 septembre et du 19 octobre 1586, f°s 234, 236, 241.

de Cuers (1) et Cordeil, moururent ; et parce que, au mois de juin, le mal estait grand en la ville déserte d'habitants, au 15 de juin, ledit Ripert fit faire une grande assemblée d'habitants aux champs, épars par le terroir, pour procéder à une nouvelle élection de consuls et autres officiers politiques (2). »

Bien que tous les électeurs, le premier consul en tête, eussent pris la clé des champs, la peste ne continua pas moins à faire de nombreuses victimes. Il périt de ce mal affreux, pendant l'année 1587, près de quatorze cents personnes (3). L'année suivante, on eut soin de transporter tous les malades dans une infirmerie établie au Mourillon, et, grâce à cette excellente mesure l'épidémie s'éteignit peu après. Le conseil municipal, pour exciter le zèle des chirurgiens attachés à l'infirmerie, avait eu l'ingénieuse pensée de leur allouer une rémunération exceptionelle pour chaque guérison obtenue (4). Du reste, ils avaient déjà donné des preuves de leur dévouement ; plusieurs d'entre eux étaient morts en soignant les pestiférés (5).

L'épidémie avait à peine disparu, que les Toulonnais furent mis en émoi par l'arrivée d'une flotte ennemie. Le consul Cabasson fit connaître au conseil, le 17 avril 1589, que depuis quelques jours les galères du duc de Savoie rodaient autour de Toulon, dans le but évident de tenter une descente, et qu'il était urgent de placer des canons sur la tour de *Pichoye* pour repousser l'ennemi dans le cas où il oserait se présenter. Mal-

---

(1) Bernard de Cuers, l'un des signataires du mémoire en réponse aux remontrances des procureurs du pays.

(2) Arch. comm., livre vert, série BB. art. 12.

(3) *Inventaire des Arch. comm. de Toulon*, p. 317.

(4) Le prix des soins donnés aux pestiférés était ainsi fixé : un écu par malade qui succombait et six écus pour chaque guérison. (Délibération du 30 octobre 1588, f° 239, v°).

(5) Arch. comm., série GG, art. 38.

heureusement, la ville n'avait pas de canons et la tour de *Pichoye* ne lui appartenait pas (1). Les consuls furent autorisés à acquérir cette tour, et le conseiller Pierre Hubac reçut la mission d'aller, à Marseille, acheter deux canons de 25 à 30 quintaux (2).

Cependant, le parti de la Ligue, qui avait fait alliance avec le duc de Savoie, s'emparait chaque jour de quelque nouvelle place, et les Toulonnais, toujours dévoués à la cause royale, s'efforçaient de mettre leur ville en état de défense. Ils votaient, le 10 août, les fonds nécessaires pour construire un ravelin devant la porte de Saint-Lazare et « des barricades autour des faubourgs ».

Le 16 du même mois, le conseil, averti que le duc de La Valette, gouverneur pour le roi en Provence, s'avançait vers Toulon (après avoir repris divers villages aux ligueurs), s'empressa de lui envoyer une députation « pour l'assurer, en luy faisant la révérence », qu'ils avaient toujours été, qu'ils étaient et seraient dans l'avenir « les très-humbles, très-obéissants serviteurs et subjects du Roy, voulant tous vivre et mourir pour son service (3) ».

Le duc de La Valette entra dans Toulon le 19 août (4). Dès le lendemain, il s'entendit avec les consuls sur la nécessité de fortifier leur ville. Il offrit de payer la moitié de la dépense, si la

---

(1) La tour du Môle, située sur le quai, à l'entrée de la rue actuelle de l'Hôtel de ville, appartenait, à cette époque, au sieur Pichoye.
(2) « La dicte assemblée a délibéré tout d'ung commun accord, que la dicte tour de Pichoie sera achetée à la meilheure comodité que faire se pourra aux dépens de la ville, et aussi de se transporter à Marseille et là achepter deux canons d'environ 25 à 30 quintaux, pour les loger dans la tour, pour thuission et défense de la ville, et à ces fins ont commis sieur Pierre Hubac pour les aller achepter. » (Reg. des délibérations, f° 350.)
(3) Reg. des délibérations, f°s 372 373.
(4) G. LAMBERT. *Histoire des Guerres de Religion en Provence.*

communauté consentait à faire construire immédiatement deux bastions, aux deux extrémités du quai.

Cette proposition fut adoptée par le conseil (1) ; mais après un examen plus attentif de l'état des lieux, le gouverneur comprit qu'il fallait entourer la ville d'un système complet de fortifications, c'est-à-dire, revenir à l'ancien projet, qui avait été soumis, en 1585, à la commission d'enquête, présidée par le duc d'Angoulême.

Du reste, tout était prêt. Les plans du seigneur Herculles ne laissaient rien à désirer, et les devis, approuvés par la commission d'enquête, n'attendaient, pour être exécutés, que la sanction royale.

Le duc de La Valette, sachant bien qu'il ne serait pas désavoué par Henri IV, dont il venait de proclamer la royauté, prit sur lui toute la responsabilité de la décision. Il ne consulta ni le parlement, ni les procureurs du pays, et il fit bien ; car ces derniers n'auraient pas manqué de lui objecter, qu'en mettant à la charge des Toulonnais les frais de construction de la nouvelle enceinte, il leur accordait, implicitement, toutes les exemptions, toutes les immunités, qu'ils demandaient à titre de compensation et que le roi lui-même n'avait pas osé leur concéder, en présence des protestations de l'administration provinciale.

Mais la question ne fut pas soulevée ; et, d'ailleurs, dans les circonstances actuelles, le duc de La Valette ne s'y serait pas arrêté. Il fallait agir, et agir promptement. Le 16 septembre, le gouverneur passa, avec le capitaine Pierre Hubac, un traité, ou prix fait, pour la construction des fossés ; et le lendemain, le conseil, qui avait hâte d'engager l'affaire, imposait une taxe de 25 p. 0/0 sur toute l'huile récoltée par les habitants, pour en affecter le produit aux paiement des travaux. Le 8 novembre

---

(1) Délibération du 23 août 1589.

suivant, un deuxième traité obligeait le même entrepreneur à construire, dans un bref délai, les bastions et les murs de la nouvelle enceinte.

Ces fortifications, commencées dès le mois de septembre 1589, étaient à peu près terminées, en 1595, quand l'entrepreneur Pierre Hubac vint à mourir. Un procès intenté à la ville par ses héritiers donna lieu à diverses expertises, dans lesquelles on releva, avec un soin extrême, tous les détails de la nouvelle enceinte. Au moyen de ces documents, nous pouvons reconstituer et remettre en quelque sorte, sur pied, les fortifications dites de Henri IV, qui n'existent plus aujourd'hui. Nous aurons ainsi un spécimen exact du système employé pour fortifier les places vers la fin du XVIe siècle.

Les conditions du marché pour l'établissement des fossés se résumaient ainsi :

« A esté de pache, avec ledit cappitaine Hubac, qu'il fera tous les fossés nécessaires, autour de la fortification, de 2 cannes d'haulteur et 11 cannes de largeur ; et ce, jusques à la dicte haulteur de 2 cannes, excepté là où se pourrait trouver par trop abondance d'eau.

« A esté de pache aussy, que le dict cappitaine Hubac fera porter ladite terre sortant des fossés dans les bastions, courtines ou contrescarpes où besoing sera et ainsy que par l'ingénieur (1) luy sera commandé. A esté aussy de pache, que le cappitaine Hubac, en faisant porter la dicte terre, fera fassiner et abattre la terre à ses propres coutz et despens, comme lui sera particulièrement ordonné par le dict ingénieur, à condition, touttefois,

---

(1) Le nom de cet ingénieur n'est indiqué nulle part. Je suppose que le seigneur Herculles, qui avait fourni le plan dont il a été parlé ci-dessus, fut chargé d'en surveiller l'exécution ; cependant ce premier projet subit plusieurs modifications essentielles.

que mon dit sieur (de La Valette) se chargera de fère porter sur le lieu où elle se debvra mettre en besoigne la fassine et bois à ce nécessaires. — Et ce pour le prix et somme de chaque canne carrée du dict fossé, sçavoir de haulteur, longueur et largeur, de 3 livres 10 solz, pour chescune des dictes cannes. »

Le marché relatif à la construction des ouvrages de ces fortifications renfermait les conditions suivantes :

« 1° A esté de pache que le dict cappitaine Hubac fera toutes les murailles nécessaires en terre ferme, conditionnées de *cinq pieds de roy* au fondement et *trois pieds de roy* au plus hault ;

« 2° Ladicte muraille bien et duement massonnée à chaulx et sable, de la hauteur de *quatre cannes* (1).

« 3° Sera tenu de fere toutes encognures de pierre de taille.

« 4° Toutes les dictes murailles, embouchées par dehors tant seulement, et tous les contreforts nécessaires de trois en trois cannes, lesquels seront mesurés à la susdite proportion.

« 5° Pour le prix et somme de chescune canne de haulteur longueur et largeur, de 18 livres tournois.

« 6° Mondit sieur de La Valette, fera cruzer touts les fondements sans diminution dudict prix.

« 7° Le dict cappitaine Hubac pourra fere venir deux cents travailleurs des lieux voisins, lesquels fera travailler en donnant à raison de sept solz par jour pour chescun, et sur l'exécution de ladite commission, le sieur gouverneur de la ville y fera prêter main forte (2). »

Les travaux furent immédiatement entrepris et poursuivis presque sans interruption, jusqu'en 1595. La mort du capitaine Hubac, (13 août), les fit suspendre, au moment où l'enceinte

---

(1) Le projet du seigneur Herculles portait cette hauteur à 7 cannes, et en cours d'exécution, ce chiffre de 4 cannes fut réduit à 3 1/2.

(2) Arch. comm., série FF, art. 306.

était à peu près achevée. — Voici, d'après un procès-verbal qui fut dressé, peu de temps après, par le trésorier général Antoine de Serre, quelles étaient les dimensions des divers ouvrages en cours d'exécution (1).

BASTION DE NOTRE-DAME (2). — Courtine du bastion de Notre-Dame, depuis le rivage de la mer, jusqu'au flanc du bastion, 32 cannes.

Bastion, 112 cannes (3).

Deux casemattes à faire dans les flancs du bastion (4).

Trois guérites à cul de lampe et « encoignure » du bastion construites en pierre de taille dure.

---

(1) « Nous sommes acheminés, disait ce fonctionnaire, le vendredi, 6 septembre 1596, du costé de la mer, et avons commencé à visiter la dicte fortification, etc. » Procès-verbal du sieur de Serre, trésorier général de France, f° 20. (Arch. comm., série FF, art. 306.)

(2) Le rédacteur du procès-verbal se sert quelquefois du mot *Bastion*; mais l'expresion *Balloard*, *Ballovard*, ou *Bellovard*, revient plus souvent sous sa plume. Le bastion de Notre-Dame était situé là où existe aujourd'hui le Champ de Bataille. La pointe de cet ouvrage, d'après un ancien plan conservé dans les archives de la direction des travaux hydrauliques, s'avançait jusqu'à l'hôtel de la préfecture maritime.

(3) Le flanc du côté de la mer . . . . 5 cannes
L'Orillon . . . . 16 —
La face . . . . 37 —
La face du côté du nord . . . . 35 —
L'Orillon vers la porte N.-D. . . . . . 15 —
Le flanc   —   . . . . . 4 —
                                    _____
                                    112 cannes.

(4) « Auquel Bellovard s'est trouvé manquer les deux cazemattes, qui se doibvent faire dans le flanc. Lesquelles fault ayent 8 cannes de longueur par le dernier et 5 de largeur vers le flanc, et 3 cannes de parapet, qui aura 3 cannes 1/2 d'haulteur, y compris le fondement, de l'épaisseur d'une canne au fondement, qu'est au plus hault 4 pans ; auxquelles est nécessaire y faire une voute à chescun, pour descendre aux cazemattes et une aultre pour y venir.

« Et de mesme sera l'aultre cazematte dudit Bellovard, dans lequel

Courtine située entre le bastion et la porte de Notre-Dame, 29 cannes.

Porte Notre-Dame. — « La tour du Portal » et la voûte située au-dessus, 112 cannes carrées de muraille de l'épaisseur de 2 pans (1).

La porte, construite en grandes pierres de taille, ainsi que la voûte, 2 cannes de hauteur, sur 2 cannes de largeur.

Corps de garde. — Maison à deux étages, servant de corps de garde, couverte en tuiles, 112 cannes de muraille de 2 pans d'épaisseur.

Pont-levis. — Pont-levis de 20 cannes 1/2 de longueur sur 3 cannes de largeur, soutenu par huit piliers ayant chacun 3 cannes de largeur, 2 cannes de hauteur et 2 pans d'épaisseur. Le milieu du pont est à claire-voie (2), et soutenu par deux piliers en pierre de taille « à l'un desquels est la postelle pour sortir de la ville ».

Bastion de Saint-Roch (3). — Courtine située entre la porte de Notre-Dame et le bastion de Saint-Roch, 38 cannes de longueur.

---

s'est trouvé une maison servant pour magasin à tenir les munitions de guerre, de la longueur de 10 cannes à chescun cousté et de largeur de 2 1/2 et 3 cannes d'haulteur, revenant à 75 cannes carrées de muraille de l'espesseur de 2 pans, couverte de plastre. » (Fos 22 et 23.)

(1) « Les encoigneures de laquelle tour sont de pierre dure de taille, avec son arc doubleau et meurtrières sur la porte de mesme pierre, ayant un trélis fer servant de sarrazine, laquelle tour est couverte de plastre et tuilles par-dessus avec deux portes et fenestrages. »

(2) « Un cledis », bois au milieu.

(3) Les divers bastions portaient le nom des chapelles près desquelles ils avaient été construits. Le bastion de *Notre-Dame* devait son nom à la chapelle de Notre-Dame d'Humilité, située sur l'emplacement occupé aujourd'hui par l'église de Saint-Louis ; les autres bastions avaient emprunté leurs noms aux chapelles de Saint-Roch, Saint-Vincent, Sainte-Catherine et Saint-Jean.

Bastion de Saint-Roch, 122 cannes de contour (1), avec ses trois guérites en pierre de taille.

Au milieu du bastion, une maison servant de corps de garde, de 36 cannes « en rond » et de 2 cannes de hauteur.

Deux casemattes non encore construites, de 11 cannes de longueur, 5 cannes de largeur du côté du flanc, 8 cannes de l'autre côté, et 3 cannes 1/2 de hauteur ; ayant chacune deux passages voûtés, l'un pour monter, l'autre pour descendre (2).

BASTION DE SAINT-VINCENT. — Courtine située entre les bastions de Saint-Roch et de Saint-Vincent, 77 cannes.

Bastion, 116 cannes (3).

Les deux flancs, élevés à 1 canne au-dessus du cordon, ont chacun deux canonnières à treillis et une porte en pierre de taille pour descendre dans le fossé (4).

Ce bastion est muni de ses trois guérites en pierre de taille,

(1) Le flanc regardant la porte Notre-Dame 5 cannes
L'Orillon — — . 17 —
La face — — . 38 — 1/2
L'autre face. . . . . 39 —
L'Orillon . . . . 16 — 1/2
Le flanc. . . . . 5 —
                                        ———
                                        121

(2) « Auxquelles est nécessaire y faire une dessante voultée à chescune et une aultre voultée qui viendra par dessoubs le terre-plein. » (F° 28.)

(3) Le flanc regardant le bastion Saint-Roch. 4 cannes 1/2
L'Orillon — — . 16 — 1/2
La face — — . 36 — 1/2
L'autre face . . . . 36 — 1/2
L'Orillon regardant le bastion de Sainte-
   Catherine . . . . 16 — 1/2
Le flanc regardant le bastion de Sainte-
   Catherine . . . . 4 — 1/2
                                        ———
                                        115 cannes.

(4) « Lesquels flancs sont montés une canne de muraille par-dessus le cordon, estant les dicts flancs à leur perfection, à chescun desquels y

et de deux casemattes, ayant chacune trois voûtes, dont l'une pour descendre et les deux autres « pour loger de l'artillerie dessoubs terre (1) ».

La maison servant de corps de garde et le magasin destiné à renfermer des munitions de guerre, ont en tout 100 cannes de muraille de 2 pans d'épaisseur, soit 25 cannes carrées de grosse muraille.

BASTION DE SAINTE-CATHERINE. — Courtine dite de la Fontaine (2), située entre les bastions de Saint-Vincent et de Sainte-Catherine, 98 cannes 1/2.

Bastion de Sainte-Catherine, muni de ses trois guérites de pierre de taille, 120 cannes (3).

L'un des flancs du bastion renferme une porte pour descendre dans le fossé, et l'autre est muni de deux canonnières en pierre de taille, avec leur treillis de fer.

Une maison à deux étages, couverte en tuiles, et servant de corps de garde, a été construite au milieu de ce bastion.

Les deux casemattes, non encore faites, doivent avoir 11 cannes de longueur, 5 cannes de largeur du côté des flancs et 8 de

---

a deux canonnières trelissées et une porte de pierre dure de taille pour dessandre au fossé. » (F° 30.)

(1) Il est encore question de ces voûtes dans le mesurage de terrepleins. « Et pour entrer dans les cazemattes est nécessaire y faire trois voultes pour passer soubs le terre-plein, qui doibvent avoir, la plus grande, 30 cannes de longueur et les deux aultres 10 cannes chescune. » (F° 31.)

(2) Ainsi appelée sans doute parce que le béal la traversait d'un bout à l'autre.

(3)
Le flanc du côté de Saint-Vincent	. . .	5 cannes		
L'Orillon —	—	. . . .	17 —	1/2
La face —	—	. . . .	40 —	1/2
L'autre face.		38 —		
L'Orillon du côté de Saint-Jean	. . . . .	15 —	1/2	
Le flanc —	—	. . . .	4 —	

120 cannes.

l'autre ; elles auront chacune deux voûtes de 30 cannes, l'une pour descendre et l'autre pour monter.

PORTE DE SAINT-LAZARE (1). — Courtine située entre le bastion de Sainte-Catherine et la porte de Saint-Lazare, 18 cannes.

La porte Saint-Lazare est revêtue de grandes pierres de taille « à la rustique », ainsi que la guérite, qui sert de meurtrière, et « la sarrasine » en treillis de fer. Le corps de garde et le magasin pour renfermer les armes et les attelages de l'artillerie sont construits ; mais la tour, qui doit surmonter la porte, est encore à faire.

Le pont-levis, avec ses deux piliers en pierres de taille et sa claire-voie au milieu, sa poterne et ses chaînes, 20 cannes 1/2 de longueur et 3 cannes de largeur (2). Soutenu comme celui de la porte Notre-Dame, par huit piliers de 2 cannes de hauteur.

BASTION DE SAINT-JEAN. — La courtine située entre la porte de Saint-Lazare et le bastion de Saint-Jean, 48 cannes.

Bastion de Saint-Jean, avec ses trois guérites en pierres de taille, 121 cannes (3).

---

(1) Cette porte, appelée quelquefois de Saint-Ladre, tenait son nom de l'ancien hôpital des lépreux, (donné plus tard aux Pères de la Merci), qui était situé à l'embranchement de la route de la Valette et le chemin de l'Égoutier.

(2) « Au sortir de laquelle porte il y a un pont traversant le fossé, sur lequel il y a deux ponts-levis, qui ont en tout 20 cannes 1/2 de longueur, et 3 cannes de largeur, avec un clédis bois ; au milieu sont deux pilliers. Les ponts à lever soubstenus par deux grands pilliers de pierre dure de taille, a un desquels est la poserle avec son petit pont ayant chescun leur chaines et bras pour les hausser. » (F° 36.)

(3)
Le flanc regardant la porte Saint-Lazarre	4 cannes	1/2
L'Orillon — — .	16 —	1/2
La face — — .	40 —	1/2
L'autre face............	38 —	1/2
L'Orillon du côté de la mer	17 —	
Le flanc —	4 —	
	121 cannes.	

La porte pour descendre dans les fossés a été construite dans l'un des flancs du bastion ; mais le corps de garde n'est pas encore bâti.

Les deux casemattes font également défaut. Elles auront chacune trois voûtes (1).

Courtine située entre le bastion de Saint-Jean et le rivage de la mer, 51 cannes (2).

Tous ces travaux, terminés ou en cours d'exécution, en 1596, furent complétés, plus tard (3), par deux môles construits à droite et à gauche du quai et formant, avec les bastions de la ville et la tenaille du port, une série d'angles rentrants et sortants, qui donnaient à l'ensemble des fortifications la forme d'une étoile.

C'était assurément une des fortifications les mieux ordonnées et les plus complètes qui eussent été construites depuis l'invention du système des bastions. Les premières applications de l'art moderne avaient été faites en Italie sous la direction de San-Michele, et les places de Vérone et de Turin étaient citées comme des merveilles du genre ; mais en France, rien de pareil n'avait encore été essayé (4), quand l'ingénieur Saint-

---

(1) « Pour auxquelles dessandre y convient faire une voulte à chescune, et une aultre voulte qui viendra par dessoubs le terre-plain, la grande aura 30 cannes de longueur et les autres deux, 10 cannes. » (F° 38.)

(2) « Avoir mesuré la partie de la courtine qui va dans la mer, du cousté d'Oriant, et trouvé avoir 51 cannes de longueur jusques au triaugle de pierre seche fait dans la mer. » (F° 39.)

(3) Par un contrat en date 28 octobre 1605, M. Augustin Bourgarel, de Marseille, fût chargé de cette entreprise.

(4) « Les boulevards ne sont encore au commencement du XVIe siècle, dit M. Viollet-Laduc, que des fortifications isolées se défendant par elles-mêmes, mais se protégeant mal les unes les autres. Le principe : *Ce qui défend doit être défendu*, n'est pas encore appliqué. Ce n'est guère que vers le milieu de ce siècle que l'on commence à protéger les places autant par le tracé des ouvrages saillants, l'ouverture des angles de leurs faces

Remy (1) présenta à Henri II : *le pourtraict des nouvaulx foussés, murailhes, belloards et platte-formes de la ville de Thollon* (janvier 1552).

Castriotto, qui fut ensuite nommé ingénieur général du royaume (2), dut revoir les plans de Saint-Remy et en confier l'exécution à un de ses compatriotes, « le seigneur Herculles », qui vint à Toulon, avec le duc d'Angoulême, en 1585 ; et lorsque, quatre ans après, le duc de La Valette passa divers marchés avec le capitaine Hubac, pour la construction des fossés et des bastions, il se borna à lui recommander de se conformer aux instructions de l'ingénieur du roi. Tout fait donc supposer que les fortifications de 1589 furent construites d'après les plans de Saint-Remy, modifiés par Castriotto, et sous la surveillance du seigneur Herculles.

Ces plans n'ont pas été conservés ; mais, en 1666, quand l'administration de la marine fit faire des études pour un projet d'agrandissement de l'arsenal, un ingénieur (le sieur Gombert, très-probablement) dressa le plan de la vieille darse et de la ville elle-même. Or, à cette époque, il n'avait été apporté aucune modification aux travaux exécutés en 1589, et l'enceinte, construite sur les dessins de Saint-Remy ou du seigneur Herculles, existait encore dans son état primitif. Le plan de 1666, que je joins à cette étude, nous donne donc la ligne exacte des fortifications du xvie siècle, dites de Henri IV (3).

---

et de leurs flancs, que par la solidité des constructions. » (*Dictionnaire de l'architecture française du* xie *au* xvie *siècle*, t. ii, p. 230.)

(1) Voir ci-dessus la note de la page 349.

(2) *Études sur le passé et l'avenir de l'artillerie*, par Louis-Napoléon Bonaparte, t. ii, p. 223.

(3) Ce plan avait été dressé par les soins de l'administration de la marine, pour étudier les divers agrandissements de l'arsenal.

CHAPITRE IV

FONDATION DE L'ARSENAL

(1599-1666)

Henri IV avait concédé aux Toulonnais, par lettres patentes du mois d'octobre 1595, tous les terrains, sans exception aucune, qu'ils pourraient conquérir sur la mer, en construisant l'enceinte du port (1) ; mais, la cour des Comptes, appelée quatre ans après à enregistrer le don royal, décida qu'une partie de ces mêmes terrains serait réservée pour bâtir un arsenal (2).

A cette époque le port, ou plutôt la petite rade de Toulon, n'était qu'une plage sans abri et sans fortifications (3). Il fallait donc tout fonder dans la mer : le quai, les bastions, les magasins, tout jusqu'au chantier pour la construction des navires. C'était une œuvre considérable et très-coûteuse. La municipalité, déjà obérée, ne se pressa pas de l'entreprendre. En vain le

---

(1) « Permettons, accordons et octroyons aux consuls, manans et habitans de la ville de Tholon, qu'ils puissent et leur soyt loysible faire faire une ou plusieurs rues dans la darsène et port du dict Tholon, et y bastir et construire des maisons le long d'icelles, et, pour cet effect, qu'ils puissent disposer des places y estans, les bailler et faire vendre au plus offrant. » (Arch. comm., série DD, art. 50.)

(2) « Pour servir à la construction et fabrique des vaisseaux et pour bastir un arsenal ou magazin. » Arrêt de la cour des Comptes de Provence, du 30 juin 1599. (Arch. comm., série DD, art. 50.)

(3) Voyez, ci-dessus, chapitre II, la photographie d'un tableau représentant le port de Toulon en 1543.

gouverneur de Provence insistait-il ; on lui répondait que les ressources de la ville étaient complétement épuisées (1). Ce ne fut que dans les premiers jours de 1604, que les consuls, après avoir obtenu la promesse d'un envoi de fonds, se mirent en mesure de commencer ces travaux importants.

Le plan des bastions et des autres ouvrages à construire dans la darse, qui avait été dressé en 1585, fut modifié par l'ingénieur Raymond de Bonnefons. Les consuls confièrent au même ingénieur le soin de tracer les diverses rues à ouvrir dans les nouveaux quartiers conquis sur la mer (2). La cour des Comptes, de son côté, délégua un de ses conseillers, pour déterminer les terrains qui devaient être réservés, en vertu de l'arrêt du 30 juin 1599, pour fonder l'arsenal maritime.

Le choix de l'emplacement destiné au chantier de construction fut l'objet d'un examen attentif : « Nous aurions avisé, lisons-nous dans le procès-verbal rédigé par le conseiller Garnier de Montfuron, n'y avoir lieu plus propre, ni plus commode, pour la fabrique des vaisseaux, que l'espace qui est entre la courtine de la porte de Notre-Dame, jusques à la mer, où conviendra faire un bastion. Ayant, au surplus fait sonder le dit espace, nous avons trouvé n'y avoir que trois pans d'eau et sept pans de boue ; lequel contient 40 cannes de large et 30 au long de la dite courtine (3). » Recherchant ensuite le lieu le plus conve-

---

(1) « M. Ricard est député vers le duc de Guise, pour lui démontrer l'impossibilité dans laquelle se trouve la ville de faire la dépense qu'occasionneront les travaux de défense ordonnés par le roi. » Délibération du conseil de ville du 25 novembre 1603. (Arch. comm., série BB, art. 50, f° 108.)

(2) Délibérations des 2 et 12 septembre 1606, dans lesquelles il est rappelé que ce plan a été fait par l'ingénieur du roi, Raymond de Bonnefons.

(3) Rapport du 3 janvier 1604. — Le même conseiller fit sonder la partie du port qui devait être comblée pour construire des rues, et il fut constaté : que la mer venait baigner la rue actuelle de l'Arsenal et la place

nable pour établir l'arsenal, le conseiller ajoute : « La place où sera construit un arsenal ne peut estre plus commodément ordonné que dans l'espace qui est entre la porte de Nostre-Dame et la mer, pour la commodité des gallères, chargement et deschargement des attraits de toute sorte des vaisseaux (1). »

Les terrains désignés par le conseiller de la cour des Comptes étaient situés à l'ouest de la vieille darse (voir le plan de 1666), dans la partie comprise entre les bâtimens affectés au bureau des armements et le canal dit de Mange-Garry ; ils se prolongeaient jusqu'à la direction des constructions navales, qui a été évidemment bâtie sur les anciennes fortifications (2).

Les travaux du port furent entrepris peu de temps après, sur un ordre que le duc de Guise, qui était venu à Toulon, remit

---

Saint-Pierre, qu'elle contournait la rue des Marchands et remplissait la rue Bourbon et partie de la place Saint-Jean. Il y avait 1^m 25^c d'eau et près de 3^m de boue devant la porte de l'arsenal, et de là jusqu'au *Séquan* (le milieu de la rue de l'Arsenal), 1^m 25^c d'eau et du gravier au fond ; du Séquan à l'angle de la rue Neuve, 2^m d'eau et 0,50^c de boue ; à la *Savonnière* (entre la rue Neuve et l'église Saint-Pierre) 1^m, 75^c d'eau et 0,75^c de boue ; à l'entrée de la rue des Marchands, 1^m 25^c d'eau et du gravier au fond ; dans la rue Bourbon, jusqu'à la maison de M. Fournier, 1^m, 25^c d'eau et du gravier au fond, et de là jusqu'à la place Saint-Jean 1^m, 50^c d'eau et du gravier. De la place Saint-Jean jusqu'aux fortifications, 1^m d'eau et 2^m de boue. (Arch. comm., série D, art. 49.)

(1) *Procès-verbal de procédure faict par nous Anthoine Garnier, sieur de Montfuron, conseiller du Roy en la cour des Comptes, député sur l'exécution de l'arrêt donné sur la vérification des lettres patentes, portant permission de faire et dresser des rues dans la darsène du port de Tholon et y construire un quai.* (Arch. comm., série DD, art 49.)

(2) M. l'ingénieur Raoulx, directeur des travaux hydrauliques, qui a une parfaite connaissance de la topographie de l'arsenal, a retrouvé la trace des anciennes fortifications sur divers points, notamment sur l'emplacement occupé par l'horloge, sur la place qui fait face à ce bâtiment et plus loin, près de l'hôpital du bagne. Du reste, il suffit de jeter un regard sur le plan de 1666 pour constater que les fortifications construites sous Henri IV, suivaient la ligne actuelle du bâtiment de l'horloge.

lui-même aux consuls : « Ayant reconnu nécessaire, disait-il, que la courtine du bastion Nostre-Dame soit advancée et continuée du costé du bastion qui se doit faire dans la mer, nous mandons et ordonnons aux consuls que, selon le plan et desseing qu'en sera faict par le sieur de Bonnefons, ingénieur de Sa Majesté, ils ayent, en la plus grande diligence que faire se pourra, à y faire travailler. — Fait à Tholon, le 29 juillet 1604. Signé : Charles de Lorraine (1). »

L'année suivante, l'administration de la marine adjugea au sieur Augustin Bourgarel les travaux qui restaient à faire pour compléter l'enceinte du port. L'adjudication fut prononcée, le 28 octobre, par MM. Anthoine Darenne, conseiller du roi et commissaire général de la marine du Levant, en présence de M⁰ Félix, sieur de La Reynarde, conseiller du roi et contrôleur général de la marine, du sieur Raymond de Bonnefons, ingénieur du roi, et du sieur Valserre, premier consul de la ville de Toulon. L'entrepreneur reçut, à titre d'avance, une somme de 1500 livres, qui lui fut comptée, séance tenante, par M. Honoré Serre, trésorier général de la marine et des fortifications (2).

En 1609, la darse était parfaitement protégée par une ceinture de fortifications, et prête à recevoir les plus gros navires. Le 26 novembre de cette même année, Henri IV ordonna d'y placer les galères royales qui étaient en ce moment à Marseille (3).

---

(1) Arch. comm., série DD. art. 52.
(2) *Ibid.* Série FF. art. 306.
(3) « Chers et bien amés, écrivait-il aux consuls, ayant jugé à propos, pour nostre service, de tenir, pour quelque temps, nos gallères, qui sont au port de Marseille, en celuy de nostre ville de Tholon, nous mandons présentement au sieur comte de Joigny, général de nos gallères, de les y faire mener ; dont nous avons bien vollu vous advertir, affin que vous ayez à pourvoir et donner ordre à ce que sera nécessaire pour les y recevoir. Paris, le 26 novembre 1609. Henry. » (Arch. comm., reg. des délibérations. Séance du 26 décembre 1609.)

Le chantier que l'on avait ménagé dans la partie ouest de la darse (1), fut naturellement affecté à la réparation des galères. On y construisit ensuite des navires neufs, et bientôt les armements ayant pris un plus grand essor, il fallut édifier des magasins pour renfermer le matériel et les approvisionnements des vaisseaux. Dès ce moment l'arsenal maritime de Toulon fut réellement fondé.

Jusqu'alors les constructions navales avaient été faites pour le compte des seigneurs ou capitaines, qui louaient leurs vaisseaux au roi, armés et équipés, le plus souvent en les commandant eux-mêmes (2). Richelieu décida, par un règlement du 29 mars 1631, que l'État posséderait sa marine en toute propriété (3).

Sous l'impulsion donnée au commerce et à l'industrie par l'armement des flottes qui se réunissaient dans le nouveau port (4), la marine marchande ne tarda pas à prendre elle-même un assez grand développement. En 1633, quand M. de Séguiran, envoyé par Richelieu, pour inspecter les côtes de Pro-

---

(1) Cet emplacement, situé dans l'arsenal actuel, entre le bureau des armements et le canal de Mange-Garry, est occupé par le chantier des bâtiments de servitude.

(2) *Notice sur la sculpture navale*, par M. V. Brun, commissaire général de la marine.

(3) En 1628, on construisait encore dans le port de Toulon, pour le compte personnel du prince de Gondy, une très-belle galère, appelée *galère royale neuve*, sur la poupe de laquelle il faisait graver ses armes à côté de celles du roi de France (V à l'Appendice, le *prix-fait* des travaux de sculpture qui furent confiés au capitaine Anthoine Garcin, de Marseille.)

(4) « Il en sortit, en 1622, dit M. Brun, dans ses *Guerres maritimes de la France*, une escadre composée de dix galères et de plusieurs vaisseaux ronds, dont quelques uns venaient du nouvel arsenal, entre autres deux galions dépeints par les historiens du temps comme des montagnes sur mer ; l'un de 1,200 tonneaux et 58 pièces d'artillerie, et l'autre de 1,000 tonneaux et de 46 pièces de fonte. »

vence (1), vint à Toulon, les consuls lui firent connaître que les habitants possédaient soixante-dix navires, dont douze vaisseaux, sept polacres, treize grosses barques et trente-huit tartanes, sans compter cent onze bateaux spécialement affectés à la pêche. Je remarque dans l'état détaillé qu'ils lui remirent, que tous ces navires étaient armés en guerre. Chaque vaisseau portait dix à douze canons et une trentaine de mousquets, chaque polacre, sept canons et onze mousquets ; chaque barque, six canons et douze mousquets ; chaque tartane, trois ou quatre canons et cinq ou six mousquets.

La plupart de ces navires venaient de partir pour l'Italie ou le Levant, avec des chargements évalués, en moyenne, à 44,000 livres pour les vaisseaux portant deux cent cinquante ou trois cents tonneaux; à 15,000 livres, pour les polacres et les barques de cent tonneaux, et de 3,000 à 4,000 livres pour les tartanes de vingt-cinq à trente tonneaux (2). Au total, ces soixante-dix navires, montés par huit cent vingt-six hommes, portaient ensemble, dans chaque voyage, cinq mille six cent neuf tonneaux.

Le mouvement du commerce étranger n'était pas moins important. Il arrivait, chaque année, dans le port de Toulon « une trentaine de vaisseaux flamands, chargés de harengs, merluches, guittran, graisse et plomb, et un pareil nombre de navires

---

(1) « En 1633, désirant avoir l'état au vrai de la puissance navale, militaire et commerciale de la France, Richelieu chargea deux des hommes les plus remarquables de cette époque, MM. Le Roux d'Infreville, commissaire général de la marine, et Henri de Séguiran, premier président de la cour des Comptes de Provence, de parcourir, le premier, les côtes de l'Océan ; le second, celles de la Méditerranée, afin de lui faire un rapport circonstancié sur tout ce qui regardait la marine. » (*Correspondance de H. d'Escoubleau de Sourdis*. Introduction, p. xxx.)

(2) Voyez, à l'Appendice, *l'Estat donné à Monseigneur Henri de Séguiran, sieur du Bouc, conseiller du Roy, premier président*.

anglais ou irlandais, chargés de poisson salé, plomb, étain et peaux de veaux », lesquels emportaient des huiles, des câpres, des amandes, du sel et du riz venant de la côte de Gênes (1).

Les consuls évaluaient à 800,000 livres la valeur des huiles (2), et à 15,000, celle des savons (3), expédiés chaque année en Angleterre, en Flandres, à Rouen, en Espagne, en Sardaigne et à Gênes.

Le commerce toulonnais produisait à l'État une somme annuelle de 80,000 livres : « Nos seigneurs les ministres, disaient les consuls, seront informés que la foraine (la douane), donne d'argent au roy, de ce qui passe par Thollon, 30,000 livres par an pour le peu de négosse qu'il y a. La gabelle du sel lui donne aussi 50,000 livres (4). »

Après avoir pris bonne note de ces diverses indications, M. de Séguiran invita toutes les personnes qui auraient des observations à faire, ou des renseignements à fournir, dans l'intérêt du port de Toulon, à les lui soumettre : « Ayant trouvé, lisons-nous dans son rapport, les principaux gentilshommes, bourgeois et marchands, assemblés dans leur maison de ville, nous leur aurions fait savoir le désir que le roy, et mon dit seigneur le grand-maître (Richelieu), avoient pour le rétablissement, entretien et augmentation du commerce de ceste ville, et comme nous serions bien aise qu'ils en ouvrissent eux-mesmes les moyens, et les expédients, pour l'exécution desquels nous nous rendrions

---

(1) Etat fourni par M. de Séguiran. (*Correspondance de M. de Sourdis*, t. III, p. 274.)

(2) V. à l'Appendice le rapport de M. de Séguiran.

(3) « Il y a à Thollon, huit fabriques qui travaillent jour et nuit à faire du savon de toutes sortes, pour 150,000 livres ; lesquels savons sont portés à Lyon, à Tholose, à Roan et autres endroits du royaume, en Angleterre et en Flandre. » (Rapport de M. de Séguiran.)

(4) *Ibid.*

tousjours leur affectionné médiateur et intercesseur pour eux, envers Sa Majesté et mon dit seigneur... » Le procureur de l'amirauté, mettant à profit cette gracieuse invitation, s'avança vers le premier président, et lui signala l'état déplorable de la darse, qui déjà, à cette époque, était encombrée par les pierres et le gravier provenant de l'Egoutier et du Las. « M. Anthoine Martillot, procureur du siége de l'admirauté, nous aurait remonstré, continuait le président, qu'il y a deux torrents ; l'un du costé du levant, nommé Lesgotier ; l'autre du costé du ponent, en la dite ville, appelé le Las, qui se deschargent dans le port d'icelle ; auroit vu une si grande traînée de pierres, gravier et limons, qu'ils en remplissent le port, en sorte que les marais sont déjà proches des murailles, d'où vient que les grands vaisseaux ne peuvent pas approcher de la darse, qui est une grande incommodité pour le chargement et deschargement d'iceux. »

M. de Séguiran se transporta sur les lieux avec les consuls, et prescrivit, après s'être rendu compte du danger dont le port était menacé, de détourner le cours des deux torrens : « Nous nous serions portés sur les lieux, par diverses fois, et durant plusieurs jours, aurions soigneusement remarqué les endroits propres pour les passages des dits torrents, à ce qu'ils ne puissent dorénavant porter aucun préjudice au port de Tholon, faisant dessein d'en éloigner et divertir les cours ordinaires ; ayant, à cet effet, nommé des experts pour procéder à l'estimation des sommes auxquelles pourrait monter la dépense nécessaire à cet ouvrage, eu égard à l'avantage qu'en recevront les propriétaires possédant des terres le long du rivage des dits torrents, par une juste compensation envers ceux qui souffriront diminution des leurs, par lesquels il conviendra faire passer les dits torrents (1).

(1) Lettre de M. de Séguiran, du 8 février 1633. (*Correspondance de M. de Sourdis*, t. III. p. 270.) — Il ne fut donné aucune suite à ce projet.

Avant de quitter Toulon, M. de Séguiran voulut connaître le nombre exact des pièces d'artillerie dont la municipalité pouvait disposer : « Nous étant enquis, écrivait-il au cardinal de Richelieu, et voulant voir quelles armes et artillerie il y avait dans la ville, appartenant à la communauté, aurions trouvé sur le quai :

« Une batarde, calibre de France, tirant huit pieds et quatre pouces en longueur, sans armes.

« Plus, deux petites pièces d'entre moyenne et faucon, hors de calibre, de sept pieds de longueur, aux armes de France et de la dite ville.

« Dans la maison commune de la dite ville, aurions trouvé 150 canons de mousquets ; plus, 60 mousquets garnis et montés ; 100 livres de grosse poudre ; 130 boulets à canon ; 83 boulets à couleuvrine ; 18 à moyenne et faucon, dix à batarde ; 2 pétards de fonte et quelques autres armes à feu de peu de considération et valeur.

« A un magasin proche de la porte Saint-Lazare, aurions trouvé : 4 milliers 200 livres de grosse poudre et 3 milliers de menue ; 2,100 boulets de canon, 100 boulets à couleuvrine ; 20 milliers de plomb et 360 livres de mèches ; 3 pétards de fonte, plusieurs affuts et rouages, comme aussi plusieurs armes à feu (1). »

Il ne faut pas s'étonner de voir une si grande quantité de munitions de guerre entre les mains de la municipalité. Pendant longtemps les consuls furent seuls chargés de la défense de la

---

Vauban trouva les chose dans le même état en 1679. Il proposa de détourner le cours de ces deux torrents « qui faisaient société pour combler le port ». V. ci-après, chapitre VI, les propositions contenues dans son rapport du 9 mars 1679.

(1) Voyage et inspection de M. de Séguiran. (*Correspondance de M. de Sourdis*, t. III, p. 275.)

ville, et même après qu'on leur eût imposé un commandant militaire, ils conservèrent l'obligation de placer des canons sur les remparts et dans les forts extérieurs, et de fournir des munitions aux milices comme aux troupes régulières.

Les Toulonnais, toujours exposés aux attaques des pirates, ne se mettaient pas en mer sans emporter avec eux une véritable artillerie, et ceux qui restaient dans leurs foyers étaient souvent obligés de prendre les armes pour repousser l'ennemi. En 1609, quand un règlement défendit aux habitants des villes de porter des armes à feu, les consuls firent valoir ces considérations et obtinrent, pour leurs administrés, la faveur de conserver leurs armes. Le duc de Guise, gouverneur de Provence, le leur promit sous la seule condition de n'en pas abuser : « Nous avons permis et accordé aux suppliants le port des armes par eux requis, en l'estendue de leur ville et terroir, à la charge de n'en point abuser. Fait à Marseille, le 23 septembre 1609 (1). »

Ce même gouverneur emprunta aux Toulonnais deux couleuvrines, en 1628 : « Nous, Charles de Lorraine, duc de Guise, gouverneur pour le roi en Provence, admiral des mers du Levant, certifions que les consuls de Toullon, nous ont envoyé les deux couleuvrines de leur ville pour servir sur notre realle en ung voyage que nous allons faire en mer, pour le service du roy, promettant de les leur rendre incontinent après ledit voyage. Fait à Marseille, le 11 octobre 1328. Guyse. »

Ces emprunts étaient très-fréquents. Tantôt on demandait à la ville de la poudre, tantôt des armes. En 1633, le maréchal de Vitry, qui avait succédé au duc de Guise, ordonnait aux consuls de faire porter quatre milliers de poudre et deux milliers de mèches à l'île de Ribaudas (2). L'année suivante il les invita à

---

(1) Arch. comm., série EE, art. 47.
(2) Ordonnance du 26 octobre 1634. (Arch. comm., série EE, art. 47.)

prêter quatorze mousquets avec leurs bandoulières aux patrons de deux tartanes requises pour le service du roi (1).

Le maniement des munitions de guerre, les courses en mer, pendant lesquelles ils faisaient constamment le coup de feu, et l'habitude où ils étaient de prendre les armes à la moindre alerte(2), rendaient les Toulonnais très-belliqueux et, peut-être, trop prompts à recourir à leurs mousquets, quand ils croyaient avoir à se plaindre d'un chef ou d'une autorité quelconque. L'archevêque de Bordeaux, Henri d'Escoubleau, sieur de Sourdis, écrivait de Toulon, le 12 juin 1637, au cardinal de Richelieu : « Le peuple y est fort rude et insolent, pauvre et qui ne peut souffrir domination. Un réduit y serait bien nécessaire, et je voudrais accommoder les deux costés de l'entrée de la darse, de sorte que quand les bourgeois feraient les séditieux, ce qui arrive souvent, prenant les armes contre les garnisons, qu'on put leur montrer quelques canons de cette entrée. Et, en ce cas, quatre ou cinq cents hommes effectifs sont plus que suffisants pour la garde ordinaire. »

Cette idée n'était pas nouvelle; déjà, en 1625, sur la proposition du gouverneur, Solliès de Saint-Cannat, qui vivait en très-mauvaise intelligence avec la population, le roi avait décidé qu'une citadelle serait élevée à l'entrée du port, et que la garde en serait confiée à des « mortes-payes » c'est-à-dire à des vétérans de l'armée. Un ingénieur était même venu à Toulon pour dresser le plan de cet ouvrage, modestement désigné sous le

---

(1) Ordonnance du 2 juin 1635. (*Ibid.*)

(2) « Il est enjoint, — lisons-nous dans un ordre du maréchal de Vitry,— à tous les habitans de ceste ville de se tenir prets avec leurs armes pour se rendre aux logis de leurs capitaines en cas d'alarme pour la défense de la dite ville, et d'aller aux lieux où ils seront destinés, pour cet effet. — Fait à Tholon, ce 20ᵉ jour de mars 1635. Nicolas de l'Hôpital Vitry. » (Arch. comm., série EE, art. 47.)

nom de plate-forme. La communauté ne s'y était pas trompée, elle avait compris le but que se proposait le sieur de Solliès, et, sans perdre un jour, elle avait envoyé des députes au roi, pour le supplier de renoncer à ce projet. Le consul Thomas de Beaulieu et le conseiller Couchon lui exposèrent que le port de Toulon était suffisamment protégé soit par la Grosse-Tour, qui commandait à la grande mer, soit par les batteries établies sur les tenailles qui flanquaient la darse à l'est et à l'ouest ; que la construction de la citadelle donnerait lieu à une dépense considérable, sans utilité aucune « et seulement pour mettre en appréhension continuelle les dits habitants » ; et, qu'en confiant la garde du port à des mercenaires, on compromettrait gravement les intérêts du fisc ; « car, disaient-ils, ce serait un facile moyen pour faire entrer et sortir marchandises de contrebande, prohibées par vos ordonnances, en intéressant un simple soldat ». « Et, d'ailleurs, ajoutaient-ils, la présence des soldats ferait cesser tout commerce, en éloignant les marchands étrangers, qui n'aborrent rien tant que de se mettre soubs ceste sorte de forteresse par où ils sont contraincts de passer, les quelles, sous espesses de garder, ne servent que pour piller et faire rançonner les pauvres marchands et habitants (1). »

La forteresse ne fut pas construite à cette époque. Et, ce que le sieur de Solliès n'avait pu obtenir en 1625, l'archevêque de Bordeaux ne l'obtint pas davantage en 1637. Un demi-siècle plus tard, les consuls détenaient encore la clef de la chaîne, qui fermait le port, malgré les protestations de l'autorité maritime (2).

Il est vrai que, pendant longtemps, la marine marchande et

---

(1) *Requête des consuls et habitans de Tholon.* (Arch. comm., série DD, art. 53.)

(2) Arch. comm., série EE, art. 51.

la marine militaire, furent réunies dans la même darse, et que la municipalité prit une part active aux armements effectués pour le compte de l'Etat. Une simple panne séparait, dans le port, les vaisseaux du roi des navires appartenant au commerce. Cette démarcation se voit très-bien dans le plan ci-joint, qui fut dressé, en 1666, par les soins de l'administration de la marine.

Le même document fait connaître les limites exactes de l'arsenal fondé par Henri IV (1).

L'entrée de cet arsenal était située à l'extrémité du quai, dans le prolongement de la ligne formée par la façade nord du bureau des armements. Le mur de clôture ne s'avançait pas, comme aujourd'hui, jusqu'à la rue Trabuc, il suivait l'alignement de la porte actuelle de l'arsenal, et se dirigeait ensuite, presque en ligne droite, vers les bâtiments de l'horloge et de la direction des travaux, dont l'emplacement était alors occupé par des hangars adossés aux fortifications. Le terrain situé en face de ces hangars et s'avançant vers la mer, servait de chantier de construction ; le même qui est affecté en ce moment aux bâtiments de servitude.

Tel était, dans ses modestes dimensions, l'arsenal dit d'Henri IV, qui vit les commencements de notre marine militaire, et qui fut l'origine des grands établissements maritimes dont la ville de Toulon est fière à juste titre.

(1) Les archives du Dépôt des cartes de la marine ont été mises à ma disposition, avec la plus gracieuse obligeance, par M. l'amiral Jurien de la Gravière. C'est dans ce riche dépôt que M. le commandant P. Rostan, dont la collaboration m'a été extrêmement précieuse, a puisé une grande partie des documents inédits qui m'ont aidé à retrouver les limites de cet arsenal.

CHAPITRE V

PROJETS D'AGRANDISSEMENT DE L'ARSENAL

(1665-1676)

LE CHEVALIER DE CLERVILLE ET PIERRE PUGET

L'intendant Leroux d'Infreville (1), qui, déjà, en 1650, avait un peu agrandi l'arsenal, en y annexant trois maisons situées sur le quai (2), se vit obligé, en 1665, d'en augmenter de nouveau l'étendue, pour satisfaire aux besoins toujours croissants des armements maritimes. Il fit rédiger, vers la fin de la même année, par l'ingénieur attaché au port (3), un projet, dans lequel étaient indiquées toutes les améliorations qui lui paraissaient les plus nécessaires.

En renvoyant ce projet, le 1er janvier 1666, à M. d'Infreville,

---

(1) Louis Le Roux, seigneur d'Infreville et de Saint-Aubin, commissaire général et intendant de la marine, en 1650, revint à Toulon en 1664, avec le titre d'intendant général, en remplacement de Louis Testard de La Guette, qui venait d'être révoqué. (*Lettres et Instructions de Colbert*, publiées par M. Pierre Clément, notre bien regretté compatriote, t. III, p. 2.)

(2) « L'an 1650, et le 20e jour du mois d'aoust, il seroit esté nécessaire d'occuper deux places de maisons, confrontant de midy la rue du quay, de ponent, place de maison, qu'estoit de Jehan Riberque, aussy occupée par le parc, et de tremontane, la rue de Bourbon. » (Arch. comm., série DD, art. 49.)

(3) M. Gombert, sans doute, qui était à cette époque, architecte de la ville et ingénieur de la marine.

Colbert lui fit remarquer qu'il ne s'était pas assez inspiré « de la grandeur du maître, pour qui les travaux devaient être faits »; il l'invita, en conséquence, à prendre, sur cette affaire, l'avis de diverses personnes compétentes, et notamment celui du chevalier de Clerville (1).

Le chevalier de Clerville, commissaire général des fortifications, « qui avait eu l'honneur d'enseigner au Roy les mathématiques, les fortifications et les principes de l'art militaire (2) », jouissait d'une grande faveur à la cour de Louis XIV (3). Il vint

---

(1) « Je vous renvoye, lui écrivait-il, les plans, desseins et devis, concernant le parc, la construction de nouveaux magasins, de la nouvelle corderie et d'un nouveau fourneau pour la fonte de l'artillerie. Il ne m'est pas apparu que celuy qui les avait dressés fut assez habile homme pour se rapporter sur sa foy d'une affaire de cette qualité, qui outre la commodité et la solidité, doit sentir quelque chose de la grandeur du maistre pour qui ces ouvrages sont faits. C'est pourquoy Sa Majesté désire que vous fassiez voir le tout à M. Arnoul et au sieur de Cayron et mesme que vous vous entendiez avec le chevalier de Clerville, qui a esté en Provence pour résoudre le tout. » (*Lettres et Instructions de Colbert*, t. III, 1re partie, p. 30.)

(2) *Provision de la charge de commissaire général des fortifications de France, par le sieur chevalier de Clerville* (Arch. des Bouches-du-Rhône. reg. *oppressa*, f° 338.)

(3) *Lettres et Instructions de Colbert*, publiées par M. Pierre Clément, t. V, p. 3. — On trouve dans cette correspondance (t. V. p. 83 à 86) la preuve du caractère difficile du chevalier de Clerville, qui soulevait des conflits partout où il était envoyé ; et cependant, Colbert le soutenait toujours. Le ministre écrivait, le 2 juin 1673 à l'intendant de Metz : « Quoique ledit chevalier ayt ses défauts, ainsy que tous les autres hommes, et, peut-estre, un peu plus grands... » et plus loin « c'est un homme qui est vieux, chargé de beaucoup d'infirmités, et qui outre cela croit avoir beaucoup de sujets de chagrin ; il est nécessaire que vous compatissiez à tous ses défauts. » — Des mémoires du temps, publiées par M. Féraud, dans le *Bulletin de la Société archéologique de Constantine*, font connaître que le chevalier de Clerville fit manquer, par ses intrigues et son mauvais caractère l'expédition dirigée par le duc de Beaufort, en 1664, contre Bougie. (*Bulletin* de 1870, p. 130 et suiv.)

à Toulon, et, sans ménagement pour les administrateurs de la marine, il prit en main la direction de cette importante affaire. M. d'Infreville, de son côté, affecta de préférer les avis de Pierre Puget, dont la réputation inspirait une certaine jalousie au chevalier ; il lui confia même la construction de divers édifices, qui devaient faire partie du nouvel arsenal, pendant que le commissaire général des fortifications, qui n'avait pas été consulté, continuait ses études sur l'ensemble des travaux.

Au nombre des bâtiments construits sur les dessins de Pierre Puget, figurait une étuve, dont les proportions monumentales et le luxe architectural furent vivement critiqués par Clerville.

Ce magnifique édifice était situé dans la rue de l'Arsenal (devant l'entrée des bureaux des équipages de la flotte) et venait aboutir, en traversant l'ancienne imprimerie Aurel, en face de la porte actuelle de l'arsenal, Il occupait, avec ses annexes, un vaste emplacement de 336 cannes carrées, que M. Deydier (1) avait acquis de la ville (2). M. d'Infreville s'était emparé de cet emplacement « pour le service du Roy », laissant à la communauté le soin d'indemniser le propriétaire dépossédé. Mais l'administration municipale ne se pressa pas d'acquitter la dette de la marine, et M. Deydier (3) lui fit un procès (4). Après avoir

---

(1) Louis Deydier, conseiller du roi, receveur général des décimes du diocèse de Toulon, père de François Deydier, qui devint évêque d'Ascalon.

(2) Par acte du 26 mai 1655, M. Deydier avait cédé à la ville, en échange de cet emplacement, des terrains d'une contenance totale de 324 cannes carrées, situées à l'est du port (quai du Parti), confrontant : « de midy et levant la régale et la courtine des bastions de la mer ; du ponent, le quay, et de tremontane les places restantes du dit sieur Deydier. » (Arch. comm., série DD, art. 49.)

(3) M. André Deydier, conseiller du roi, fils du receveur et frère de l'évêque.

(4) « En l'an 1667, disait-il dans sa requête, Sa Majesté ayant agrandi l'arsenal, aurait renfermé dans iceluy les dictes 336 cannes. »

plaidé pendant huit ans, les consuls se virent obligés de lui compter une somme de 6,750 livres.

En attendant l'approbation des projets présentés par Clerville, M. d'Infreville continuait ses modestes améliorations ; il créait une corderie (1), et, empiétant tous les jours un peu sur les terrains de la ville, trouvait le moyen d'étendre les limites de l'arsenal sans imposer de trop grands sacrifices à l'Etat. Mais le commissaire général des fortifications ne l'entendait pas ainsi ; il écrivait à Colbert que l'intendant entravait ses projets et engageait même l'avenir, en faisant construire loin du port des monuments aussi fastueux qu'inutiles. Le bâtiment de l'étuve, entre autres, lui paraissait mal placé, et il en demandait la démolition. « Je vois bien, disait M. d'Infreville, répondant aux observations que Colbert avait cru devoir lui adresser sur cette construction, que M. le chevalier de Clerville recherche à blasmer le seul bâtiment qu'il a trouvé achevé jusqu'à son entablement, qui est l'ornement du parc et toute sa commodité. Il ne veut pas qu'il reste rien, dans cet agrandissement dont il a formé les desseins, que ce qu'il propose. Je ne dirai rien au contraire, sinon que si Sa Majesté, dans l'étendue de terrain qui sera renfermé dans la nouvelle fortification qu'il a tramée, avait pour agréable de me laisser achever le costé de devers la ville, suivant que je l'ay projeté, et laisser tout le reste à conduire à M. de Clerville, il se trouverait bien de la différence en beauté ; magnificence qui n'augmente presque point la dépense. Je vous supplie de considérer que je vous ai donné une corderie où on travaille depuis trois ans, où toutes sortes d'agrès se mettent en perfection, sans sortir du parc, que j'y ay des magasins pour

---

(1) Cette corderie était située entre le bastion de Notre-Dame et le couvent des Capucins, c'est-à-dire dans le prolongement de la rue de l'Intendance, à l'est du Champ de Bataille. (V. le plan dressé par Puget, en 1676.)

mettre nombre de chanvre, et que cela s'est fait avec peu de dépense (1). »

M. Léon Lagrange, dans son excellente étude biographique sur Pierre Puget, résume très-bien les motifs de l'antagonisme qui s'était établi entre Clerville et le grand artiste marseillais, soutenu par l'intendant de la marine. « Sur ces entrefaites, dit-il, arriva à Toulon un homme qui, seul, osa tenir tête à Puget, si bien, qu'il finit par le dégoûter de l'arsenal et des vaisseaux. — Clerville, commissaire général des fortifications, venait pour s'occuper de la clôture du cap Sépé et de l'agrandissement de l'arsenal. Or, déjà, Puget, regardé comme la plus forte tête de Toulon, avait, sur la demande du duc de Beaufort, donné des plans de l'un et de l'autre travail. Clerville, irrité de l'omnipotence d'un artiste qui empiétait sur ses attributions d'ingénieur, se fit un parti pris d'improuver toutes les idées, toutes les œuvres de Puget. Ce bâtiment de l'étuve, d'une structure belle et magnifique, qui n'est plus qu'à couvrir, il veut la jeter à bas. La muraille de clôture du cap, imaginée par Puget comme une œuvre d'art et d'utilité tout ensemble, c'est-à-dire, ainsi que s'exprime l'intendant « avec un ordre d'architecture « qui contente la vue », il la condamne. Les plans d'agrandissement, dressés par l'artiste dans cet esprit de beauté qui ne l'abandonnait jamais, il les repousse. Il ne veut pas qu'il reste rien à l'arsenal que ce qu'il propose (2). »

Une conférence eut lieu, dans le courant du mois de septembre 1669, entre les divers chefs de service et les ingénieurs de la marine, pour arrêter un projet définitif. Clerville ne voulut

---

(1) Lettre du 15 octobre 1669 adressée à Colbert par M. Le Roux d'Infreville, intendant de la marine. (*Archives de l'Art français.*)

(2) *Pierre Puget, peintre, sculpteur, architecte, décorateur de vaisseaux*, par Léon Lagrange, p. 125.

pas y admettre Puget. « Comme M. de Clerville, disait l'intendant dans une lettre adressée au ministre, n'a pas désiré que le sieur Puget feut appelé en ces conférences, M. le premier président (1) a jugé à propos que ledit Puget mit la main au créon (*sic*) pour trasser un plan qu'il a réduit à moings que le premier projet qu'il en avait fait. Sa Majesté aura de quoi choisir (2). »

Pierre Puget avait donc présenté un premier projet d'agrandissement, qui avait été trouvé trop grandiose. Colbert voulut connaître ses nouveaux plans et en demanda l'envoi (3). Sollicité d'un côté par son génie qui le portait vers les grandes choses, et retenu, de l'autre, par un sage esprit d'économie, le ministre de Louis XIV ne pouvait se décider à prendre un parti. Si les conceptions hardies du grand artiste l'effrayaient, les propositions correctes, mais sans grandeur du chevalier de Clerville ne lui convenaient pas davantage. « Vous devez considérer, écrivait-il à ce dernier, le 4 octobre 1669, que l'arsenal de la marine de Thoulon doit être disposé pour y recevoir au moins cinquante ou soixante vaisseaux, et comme il peut arriver des occasions de guerre qui obligeraient le roy à faire passer toutes ses forces maritimes dans la Méditerranée, il serait nécessaire que cet arsenal servît à un beaucoup plus grand nombre. Si vous joignez à cette raison qui vous paraît bien clairement, que nous ne sommes pas en un règne de petites choses, vous verrez qu'il est impossible que vous puissiez imaginer rien de trop grand ; ce qui doit toutefois avoir sa proportion. »

---

(1) Henri de Forbin, baron d'Oppède, premier président au parlement de Provence.

(2) Lettre du 17 septembre 1669. *(Archives de l'Art français*, t. IV, p. 264.)

(3) Il écrivit de sa main, sur la lettre de M. d'Infreville « Envoyez-moi le dessein du sieur Puget, afin que je puisse l'examiner. » (*Ibid.* p. 265. note.)

Entrant dans le détail même du projet, Colbert faisait remarquer que l'espace manquait presque partout, et tout en approuvant certaines dispositions, il signalait des lacunes importantes. « Je crois vostre pensée tres bonne, ajoutait-il, de diviser l'espace en deux cours. Dans le milieu, je voudrais y establir le logement de l'intendant, du controleur et du garde magasin, qui aurait vue dans les deux cours, afin qu'ils puissent voir, d'un costé, tout le travail qui se ferait dans la première, et de l'autre, les magasins de tous les agrès et marchandises disposés au service. Quoyque je croye bien que vous ayez en quelque sorte trouvé cet ordre, il me semble néanmoins qu'il y pourroit estre ajouté quelque chose : surtout que vous n'avez pas mis dans votre dessein assez de logements et de magasins et que vous n'avez pas considéré cet arsenal pour servir à un aussy grand nombre de vaisseaux, que celuy auquel il est destiné (1). »

Quand cette lettre parvint au chevalier de Clerville, il avait quitté Toulon et se rendait à Montpellier. Il s'arrêta à Salon pour répondre au ministre. Le 18 octobre, il lui adressait un long mémoire rempli de soumission et de flatteries. « Je vous envoye, par ce courrier, lui disait-il, le dernier dessein de l'arsenal de marine projeté à Toulon, lequel j'ai reformé sur les bons avis qu'il vous a plu de me donner par votre lettre du 4 de ce mois, et que j'ai agrandi à proportion du nombre de navires que le roy y pourroit avoir, aussy bien qu'à celle des matériaux qu'il voudrait tenir en réserve. Je n'avais pu venir jusques là, sans vostre secours, Monseigneur : mais à cette heure, que vous avez pris la peine de m'esclairer jusques au fond, des intentions de Sa Majesté et des vostres, je me suis conformé avec toute l'exactitude que le lieu désigné aux bastiments a faire, l'a pu souffrir, et que le milieu dans lequel vous m'avez ordonné de

(1) *Lettres et Instructions de Colbert*, t. v, p. 17.

demeurer, pour n'aller ny à l'excès, ny à la disette, l'a aussy requis..... Je vous avoue icy, toutes les erreurs dans lesquelles j'étais tombé, aussy bien que les raisons qui m'y avaient fait tomber, afin que, par là, vous connaissiez le soin que je prends de profiter de vos bons advis, pour esviter une autre fois, de semblables chutes, et pour rencontrer aussy juste qu'il se pourra le but des intentions du roy et celuy de vos pensées. »

Ainsi, cet ingénieur, qui voulait lutter avec le génie créateur du fougueux artiste, avoue qu'il n'avait produit qu'une œuvre médiocre avant d'avoir reçu les inspirations du ministre. Mais, à cette heure, ses idées s'élargissent, il va se montrer digne du maître « pour lequel, lui a dit Colbert, on ne peut rien imaginer de trop grand ». Il trace aussitôt un magnifique plan, qu'il transmet au ministre avec cette légende prétentieuse : « Dernière pensée du chevalier de Clerville (1). »

Malheureusement, il s'est cru obligé, pour faire ressortir les exagérations rêvées par le célèbre sculpteur, de renfermer l'arsenal dans un périmètre peu étendu, et maintenant, il ne sait plus comment placer, dans un espace restreint, les vastes établissements que lui demande Colbert. Au lieu de fonder un second port, comme l'avait proposé Pierre Puget, il a trouvé plus économique d'élargir un peu celui qui existe, de manière à donner quelques toises de plus au chantier de construction. Ce qui permettra de construire huit navires, là où jusqu'alors on n'a pu en placer que cinq. Il est tout fier de ce progrès, mais, en habile courtisan, il déclare que l'idée de cette amélioration appartient au ministre : « J'ay augmenté, dit-il, en ce dernier projet, une chose qui manquait en tous les autres, c'est-à-dire, une place à bastir trois navires davantage qu'on ne pouvait bas-

---

(1) Ce plan, dont j'ai une copie sous les yeux, existe en original dans la collection des *500 Colbert*, vol. 123, fol. 69.

tir auparavant dans l'ancien chantier où l'on n'en pouvait construire que cinq. Ainsi vous pouvez tirer cette consolation des advis qu'il vous a pleu de me donner la dessus, que quand on vouldra bastir que quatre ou cinq navires, on en sera plus au large, en cette place ; et que quand on en vouldra bastir jusqu'à huit, tout à la fois, on en trouvera de quoy le faire. »

Autour de ce chantier agrandi, Clerville veut grouper tous les établissements de la marine; il tient à placer chaque magasin, chaque bâtiment, dans le lieu le plus favorable. Il serait indispensable (pour ne citer qu'un exemple), de rapprocher l'étuve du lieu d'embarquement, afin d'éviter des frais de transport. Du reste, ce monument surchargé d'ornementations « de colifichets », selon l'expression du sévère ingénieur, a été construit à une grande distance du port et dérange toute la symétrie du plan. Il faudrait en faire le sacrifice. Mais le ministre a ordonné de le conserver. C'est fort embarrassant et il faut tout le génie du commissaire général des fortifications pour tirer parti de ce bâtiment incommode. « Pour ce qui est de l'estuve, écrit-il, construite par les ordres de M. d'Infreville, je l'ay conservée pour un autre usage. Aussy bien ne peut elle servir à celuy auquel elle est destinée, tant à cause des fumées et du goudron qui en saliraient bientost la beauté, qu'à cause de l'esloignement des lieux, où peuvent être embarqués les cordages qui y doivent estre goudronnés. Mais quoyque je n'aye pas peu trouver de symétrie tout à fait advenante à ce bastiment, et que mesme je n'y en aye pas deu chercher, par les raysons suyvantes, j'espère disposer les autres choses, qui sont du même aspect, en telle sorte qu'estant placé tout seul de son espèce, dans le lieu où il demeure, il ne produira point de difformité..... Oultre que, depuis que je vous en ay envoyé une eslévation, on y a tant adjousté de balustrades à travers des pilastres, et pour ainsy dire, tant de colifichets, que la répétition d'une semblable architecture ne respondrait asseurément pas, à la majesté d'un ouvrage destiné à la guerre ; sans compter que vous ne trouverez peut estre pas un bastiment fort régulier, qui commencerait comme celuy ci à s'élever par des arcades basses, qui en soustiennent d'autres, qui sont de deux tiers plus haultes que les précédentes ; ce qui n'est pas dans les bonnes règles et qui ne se voit gueres en aucun autre endroit. »

Après avoir porté ce sévère jugement sur l'œuvre de son trop illustre confrère, Clerville prend texte assez adroitement de la malpropreté de Toulon, pour lancer un coup d'encensoir au ministre : « J'ay vu, lui dit-il, un exemple de l'insensibilité avec laquelle se perpétuent les désordres qu'on laisse durer, ou parce qu'on y est accoustumé, ou parce qu'on s'imagine qu'on n'y peut pas mieux remédier que ceux qui nous ont devancé. C'est celuy des ordures dont on laisse combler la ville de Toulon, en telle sorte que, n'y en ayant guères dans le royaume de plus remplie de fumiers, de mures, de vendanges et d'autres semblables immondices, dont on ne la nettoye jamais; il ne fault pas s'étonner si ce qui s'en escoule avec les pluyes comble éternellement le port. Et si ce que vous avez monstré estre possible pour le nettoyement, aussy bien que pour la police de Paris, semblant impossible aux consuls et aux autres magistrats de Toulon, leur fait voir, sans aulcune émotion, la saleté d'une ville que leurs pères ont veue en cest estat sans y remédier ; parce qu'il ne s'est pas trouvé un seul homme, animé du même esprit d'ordre, que Dieu vous a inspiré, qui les ayt relevé de la letargie, où ils sont demeurés. »

On est assez étonné de trouver, dans un projet d'agrandissement de l'arsenal de Toulon, cette peinture trop exacte, hélas ! de l'état de malpropreté dans lequel les Toulonnais ont toujours vécu. Le chevalier de Clerville explique, il est vrai, que les immondices de la ville sont entraînées vers le port et menacent de l'encombrer. Envisagée à ce point de vue, la question pouvait être de sa compétence, mais son véritable but, en faisant cette excursion dans le domaine de la police municipale était, évidemment, de mettre en relief le génie du ministre dont il désirait gagner les bonnes grâces. Il lui importait, en effet, de disposer Colbert à lire avec intérêt ses propositions pour l'agrandissement de l'arsenal, parce que s'il ne les approuvait pas, Puget aurait plus de chances pour faire accepter ses magnifiques projets, et c'était ce que Clerville redoutait le plus au monde.

Peu de jours après, le 12 novembre 1669, les plans de Puget étaient adressés au ministre avec la triple recommandation du premier président Forbin d'Oppède, de M. Arnoud, intendant des galères, à Marseille, et de M. Le Roux d'Infreville, intendant de la marine, à Toulon : « Après avoir veu et considéré, disaient-ils, les plans et les eslévations de l'arsenal que Sa Majesté veut faire construire à Toulon, faits par M. Puget, et examiné si tout le nécessaire est commode, tant pour la construction, armement et désarmement que pour la conservation des agrés des vaisseaux, s'y trouvait, avons remarqué le tout y estre placé selon la commodité d'iceux. Quant aux ornements, on y a observé de n'en mettre que ce l'on a jugé à propos pour le faire paraître en ouvrage fait pour le Roy, auquel il est aisé d'augmenter ou de diminuer selon la despense qu'on y veut faire ; on a espargné autant que l'on a peu les choses qui se trouvent faites, faisant servir le bâtiment neuf que l'on avait destiné pour l'estuve et qui se peut employer à tout autre ouvrage que l'on voudra, marqué dans le plan. *Signé :* Oppède, d'Infreville, Arnoud (1). »

Ce projet, que l'on peut voir encore au Dépôt des cartes de la marine, est une œuvre remarquable. Au milieu du dessin, s'élève un beau monument, soutenant à droite et à gauche deux

---

(1) Archives du Dépôt des cartes et plans de la marine.

cales de construction. On lit sur le fronton des deux cales de gauche : *Régnant le très auguste et puissant monarque* Lovis XIIII, et sur le fronton de celles de droite : *Fut faict, le présent desain par commandement des puissances, en l'année 1669, par le sieur* Pvget.

S.
A.
P.

Colbert ne fut pas plus satisfait du projet de Puget qu'il ne l'avait été de celui de Clerville ; il ne donna suite ni à l'un ni à l'autre. Du reste, Clerville et Puget quittèrent bientôt après le port de Toulon : le premier, pour aller diriger les travaux des fortifications de Bordeaux (1) ; le second, pour se rendre à Gênes, où il vécut six mois entièrement absorbé par des œuvres artistiques, oubliant l'arsenal, Clerville et tous les ennuis qu'il avait éprouvés à Toulon (2).

Pendant l'absence de Puget, qui dura jusqu'au mois de juin 1670, aucun nouveau projet ne fut mis à l'étude. Seulement, M. Matharel, successeur de l'intendant d'Infreville, avait créé une annexe à l'arsenal, de l'autre côté du rempart, dans les terrains occupés par la contrescarpe et les chemins de ronde. Il n'y avait construit que quelques hangars, mais il ne tarda pas à demander l'élargissement de cet établissement, auquel on avait donné le nom de « petit parc ». « Il faudrait, écrivait-il au ministre le 1er juillet 1670, agrandir le petit parc d'une pièce de pré, qui en est proche, porter le mur qui en ferait l'enceinte jusques à celuy du mail de la ville, ce qui reviendrait à peu de chose (3). »

---

(1) *Lettres et Instructions de Colbert*, t. v, p. 23.
(2) *Puget etc.*, par Léon Lagrange, p. 129.
(3) *Archives de l'Art français*, t. iv, p. 276. — Dans la même lettre, l'intendant fait mention d'un système de grue inventé par Puget. — Le

C'est sur ce même terrain que Vauban établit plus tard l'arsenal, qui a conservé son nom. Mais, à cette époque, ce n'était qu'une plage entourée d'une mince muraille, qui n'offrait aucune sécurité pour la défense (1). Colbert en fit l'observation quand l'intendant lui proposa d'établir une communication entre les deux parcs, en faisant une brèche aux remparts : « Il est nécessaire que vous me donniez, lui écrivit-il, un plus grand éclaircissement sur l'ouverture de la muraille de la ville de Toulon, que vous demandez qui soit faite pour la communication du grand au petit parc, et, pour cet effet, en faire un petit plan, en sorte que l'on puisse voir s'il sera nécessaire de faire un pont sur le fossé ou non, devant vous dire à l'avance que, sans une nécessité indispensable, il est de la dernière conséquence de ne pas ouvrir une ville de la qualité de celle de Toulon (2). »

Ces installations provisoires déplaisaient au ministre, qui avait résolu de fonder à Toulon un établissement « digne de la grandeur du Maître », et dans lequel tous les services pourraient se mouvoir à l'aise. Malheureusement, aucun des projets qui lui avaient été soumis ne lui convenait. Il renvoya les derniers plans de Puget avec de nombreuses annotations et invita l'intendant Matharel à se concerter avec lui pour préparer un nouveau projet mieux étudié (3).

célèbre sculpteur, qui avait la prétention d'être universel, se montrait très-fier de cette invention. Il n'oublia pas, en dessinant, en 1676, la vue de Toulon, qui existe encore dans les archives du Dépôt des cartes et plans de la marine, d'y faire figurer ses grues que l'on voit fonctionner dans le petit parc, à gauche.

(1) V. le plan de 1666, ci-joint, et celui de 1676, dans lequel Puget a fidèlement reproduit les détails de l'arsenal et de ses dépendances. (Dépôt des cartes de la marine.)

(2) *Lettres et Instructions de Colbert*, (lettre du 20 février 1671), t. III, 1re partie, p. 339.

(3) Le 16 décembre 1670, M. Matharel écrivait à Colbert : « Le sieur

Le 13 janvier 1671, M. Matharel annonçait à Colbert que Puget avait rédigé trois nouveaux projets, et le 16, il les lui adressait : « Vous recevrez, par ce courriez, lui disait-il, une boiste de fer-blanc, dans laquelle sont les plans que le sieur Puget a faicts pour l'arsenal. Je crois, Monseigneur, qu'il s'en peut tirer quelque chose de bon, mais en général ils m'ont paru d'une trop grande dépense. »

Puget avait joint à ses plans un mémoire détaillé, que je transcris ci-après, malgré son étendue, parce qu'il fait bien connaître l'état de la question, et que, d'ailleurs, tout ce qui émane de notre grand artiste ne saurait nous être indifférent. Malheureusement, Pierre Puget, dont la pensée était toujours très-vive et souvent fort élevée, ne tenait aucun compte des règles de la grammaire ; il poussait l'indépendance, à l'égard de l'orthographe, jusqu'à se rendre inintelligible. Ce n'est pas sans peine que je suis arrivé à déchiffrer sa lettre, et pour en faciliter la lecture, je dois, en la recopiant, rétablir l'orthographe qui était en usage à l'époque où il écrivait :

« Depuis le temps que je dessine pour l'arsenal de Tollon, plusieurs ont donné des avis pour sa construction. Les uns se voudroient servir de ce qui est desjà faict, ou pour le moins, ne rien desmolir de ce qui se trouve existant, mais l'agrandir seulement de quelques magasins dans le mesme enclos.

« Les gens de mer et matelots sont d'un autre sentiment que les commissaires et intendant pour sa situation même. Selon mon jugement, il n'est point à rejeter leurs pensées, assurant que l'arsenal seroit beaucoup mieux situé du côté du levant, à cause de la fosse qui pourroit estre enserrée. M. Goumbert m'y mena dernièrement expressément, où toute la compagnie

Puget travaille sur vos mémoires et nous concertons ensemble les diverses pensées qui peuvent y entrer. » (*Lettres et Instructions.*)

qu'estoit composée de gens d'assez bon raisonnement, demeurèrent très tous de ce sentiment, et, pour mon avis là dessus, je n'y trouve que trois inconvénients : le premier, que le vent du mistral, qu'est fort incommode, battra en fosse ; le deuxiesme, que le quartier est beaucoup habité de personnes viles, comme pescheurs et mariniers ; le troisiesme, qu'il est assez malsain pour ses maraiscages et la despense excessive pour destourner la rivière nommée l'Esgotier, qu'on ne sauroit creuser ou destourner à moins d'une grande despense ; et, d'ailleurs, que les murailles de la ville, qui, nécessairement, doivent enceindre l'enclos de l'arsenal, sont tout contre de quelques collines, aboutissant à un petit port, qu'on appelle les Vignettes, fort propre au desbarquement des ennemis ; lesquels estant postés sur les dictes collines, incommoderoient fort l'assiette du dit arsenal, mesme seroit facile, avec des artifices à feu, de brusler ce qui s'y trouveroit dedans.

« De l'autre costé, au contraire, l'assiette est favorable pour l'abri du mistral, beaucoup plus esloigné des collines qui pourroient incommoder dans un siége ; ce qu'est plus considérable, la construction ou fabrique tourneroit le dos à une belle plaine, favorable à y faire des belles allées et cours d'eau, aux costés plantés d'arbres. D'ailleurs, on y peut faire venir commodément des fontaines fort utiles et nécessaires pour le dit arsenal, sans incommoder les habitans. Le quartier de la ville, de ce costé, est habité de gens de condition, les rues fort spacieuses, l'avenue beaucoup plus fréquentée, l'air en est plus sain et se pourroit encore purifier. Les ouvriers qui travaillent pour le Roy sont très tous habités au dict quartier. Il me semble que le coulant des opinions des habitans faict l'effet du ruisseau, tous penchent pour ce costé-cy.

« Il est à considérer qu'il sera très-nécessaire de faire creuser un grand bassin pour contenir tous les navires qu'on propose ;

ce qui, sans doute, seroit d'une excessive despense, si le lieu où l'on doit creuser se rencontroit opiniâtre et difficile ; mais ici, tout au contraire, le creusage sera facile, attendu qu'il n'y a que de la vase fort tendre pour l'espace de la longueur de plus de 300 toises, et, pour parvenir facilement à l'exécution, mon sentiment seroit de faire une digue en façon de batardeau, pour tout-à-coup creuser et faire les fondemens à mesure qu'on auroit osté l'eau, et aprester des caisses, y bastir dedans et les placer, après le creusage faict, à la place où sera destiné le fondement, de telle manière que j'ai vu bastir à Gênes.

« Pour ce qui est de la conservation des biens du Roy, et esviter que beaucoup de choses s'évadent aux armements et désarmements, il est bien considéré de tenir tous les vaisseaux dans l'enclos de l'arsenal, par mille millions de raisons, dont je sauterai presque toutes, mais j'en dirai en bref mon sentiment ; savoir : que les vaisseaux, où sont présentement postés, usent autant de cables, en la suite des années que peut durer un vaisseau, comme la valeur même du vaisseau ; il s'évade quantité de choses lors du radoub qui, étant travaillées dans l'enclos, on en oterait le moyen, là quels soins que puissent apporter les intendants beaucoup d'autres officiers ont occasion de faire bien des choses que je n'ose dire ; mais il seroit à conseiller que ce bassin fut si spacieux que les armements et désarmements se feroient dans iceluy ; mesme choisir dans le dit bassin un lieu destiné pour les carénages, afin d'oter le moyen qu'on ne derobe, car, mèsme, il seroit à propos que les marchandises étant une fois entrées dans l'arsenal, comme chanvre et autres choses, ne sortit du dit pour estre travaillé comme on a accoutumé ; toute fabrique se feroit dans le mesme enclos. Enfin me souvenant d'avoir lu dans un livre d'esconomie, où l'on ordonne expressément que les édifices des grands seigneurs ne doivent avoir qu'une porte bien gardée à l'œil du maistre ; ainsy les vaisseaux venant de la campagne viendraient desarmer dans le bassin de l'arsenal, comme encore faisant un armement, ils seraient équipés de tous points dans le mesme bassin que, sortant de l'arsenal n'eust à prendre que son monde seulement.

« Les Romains eurent leur port et arsenal à Ostie. Scamosy, architecte, l'a désigné pour une des belles choses de l'antiquité, où il est remarqué qu'étant situé sur le rivage de la mer, à la plage sablonneuse, pour esviter que la mer ne remplit l'embouchure, y firent une demi lune, forme de croissant, assez distant. Ce qui ne fut pas fait sans grande dépense. Ce fut un arsenal fait artificiellement en rase campagne, en forme exagone selon les dessins qu'en donnent nos auteurs. Tout autour, leurs magasins et galeries pour le dégagement des chambres du premier étage, et une enceinte de murailles avec des tours pour défense. L'embouchure où canal pour se rendre à la mer était en serpentant, plus difficile à remplir qu'estant toute droite ; toutefois à considérer cet édifice d'une puissance romaine, il est à juger que les vaisseaux n'estoient pas fabriqués si grands que les nostres.

« Ainsy à l'imitation de cest arsenal, je pense, à ces derniers dessins que je fais, ne prendre que le fil du quay de Tollon, mon intention estant de donner un bel aspect à l'arsenal. Il est à considérer que la forme en est plus belle, puisque ce qu'il est de plus précieux à Tollon, c'est la promenade du port et le lieu le plus fréquenté. Ainsy, ayant à faire cet édifice, il doit estre à souhaiter qu'il se puisse voir facilement ce qu'il y a de plus beau, que je suppose estre galères des deux costés ; au fond desquels (costés) se trouve la corderie. Et que, estant sur le quay, on puisse voir les deux costés et le fond tout entier. Au contraire, s'alignant avec le quay de Tollon, on perdra la moitié de la vue principalement sur le dessin déjà envoyé.

« Il est à considérer que celuy qui composera, autre que

moy, le plan de cet arsenal, doit observer de faire les choses fort spacieuses, comme place et halle pour la mature, autres halles pour mestre le bois à couvert, principalement le bois du pays, que facilement l'air, le vent et la pluie le gattent et le fendent si fort qu'ils le rendent de nul service. C'est une chose aussy fort nécessaire de mettre toutes les chaloupes a couvert et le lieu bien serré pour que le vent n'y entre, ni le soleil. S'il faut un arsenal pour 40 vaisseaux de guerre, il faut autant de chaloupes, autant de canots et autant de petits basteaux ; il faut y comprendre les lieux pour loger les barques longues, au nombre, pour le moins, de 8 et encore des brigantins. Une autre principale place pour les futailles qui sont au nombre de 12,000 environ ; les coffres, qui seront pour le moins au nombre de 3,000, sans les roues qui sont d'ordinaire séparées ; une place ou halle pour les canons, au nombre de 3,500, tant de fer que de bronze ; les ancres tant neufves que hors de service, à 5 pour chaque vaisseau, feront environ 250. La salle des armes sera encore une des plus grandes portées, après la corderie, l'estuve et le magasin au chanvre ; la batisse principale pour les navires sera encore considérable pour sa largeur et longueur, si pourtant il n'est pas nécessaire de la faire plus grande à y bastir davantage de 3 vaisseaux à la fois ; la fabrique aux voiles doit estre fort spacieuse pour y contenir tous jeux de voiles qui pour un grand nombre, où il est nécessaire placer les caisses à tenir les dictes voiles pour les garantir d'estre rongées des rats. Il sera observé encore, que tout sera construit en voutes, jusques au dessous des toits, pour éviter le danger du feu.....
P. Puget (1). »

Ce mémoire était accompagné de cinq plans, cotés A.B.C.D.E, qui sont conservés dans les archives du Dépôt des cartes et plans

(1) Archives du Dépôt des cartes et plans de la marine.

de la marine. Le premier, représentant la ville et la darse, fait connaître l'état des lieux en 1671 ; les autres contiennent les différents projets proposés par Puget, et d'après lesquels, l'arsenal et la nouvelle darse devaient être construits à l'ouest de l'ancien port, là même où ils sont actuellement.

L'un de ces plans portait la légende suivante :

A. Bassin servant à conduire les vaisseaux devant leurs magasins.
B. Batisse pour les vaisseaux et leurs chantiers.
C. Quay et magasins pour chaque vaisseau.
D. Embouchure pour le grand canal.
E. Logement pour les officiers, une grande partie se trouve en estal.
F. Autre logement pour M. l'intendant.
G. Hangar à tenir des bois du pays.
H. Autre hangar pour loger les bois de Bourgogne.
I. Salles aux armes.
L. Magasin général, et, par-dessus, la salle aux voiles communiquant sur la halle.
M. Hangars pour la mature.
N. Place à travailler la dicte mature.
O. Pour la futaille.
P. Fabrique pour les vituailles.
Q. Logement pour les officiers.
R. Hangars pour les affuts à canon.
S. Corderie au bout de laquelle est l'estuve et magasins aux chanvres.
T. Fonderie.
V. Poudrières.
X. Descharge pour le magasin aux vituailles.
Y. Porte pour entrer dans l'arsenal.
Z. Autre entrée principale.

&ᵃ. Quay advisant devant l'arsenal pour agrément du public.
1. Canal pour y loger les petits bastiments, comme pontons, gabares, audevant duquel se peut loger toutes les *calons*.
2. Lieu à fabriquer les chaloupes.
3. Pour mestre les canots servant aux commissaires et autres officiers.
4. Poudrières.
5. Huttes pour la garde de l'entrée de la darse de l'arsenal.

En adressant ces projets, parfaitement étudiés, Puget, qui connaissait les hésitations du ministre, ne se faisait aucune illusion sur le sort qui leur était réservé : « Celuy qui composera autre que moy le plan de cet arsenal, disait-il, devra observer, etc., etc. » Colbert, en effet, ne prit aucune décision, et provoqua même d'autres études. Le 16 juin 1671, l'intendant Matharel lui écrivait : « Comme je médite souvent sur l'arsenal que vous avez résolu de faire bastir en ce lieu et que je m'en entretiens aussy souvent avec les plus habiles officiers que nous avons icy, il nous vient la dessus diverses pensées, sur lesquelles je fais aussitost travailler le sieur Gombert pour veoir en un plan comme elles pourroient reussir (1). »

Six années s'écoulèrent, pendant lesquelles de nombreux projets furent élaborés, les uns plaçant l'arsenal à l'est et les autres à l'ouest. Pierre Puget reçut l'ordre, en 1676, de dresser des plans pour la construction d'un arsenal et d'une nouvelle darse à l'est de l'ancien port. Il fit aussitôt quelques modifications à ses premiers projets, pour les approprier aux lieux qui lui étaient désignés, et adressa ensuite à Colbert, avec la lettre que je transcris ci-après, un très-beau dessin représentant la ville de Toulon, et le futur arsenal (2) :

---

(1) *Archives de l'Art français*, t. IV, p. 290.
(2) Ce dessin est joint à quelques exemplaires de ce mémoire.

« *A Monseigneur Colbert.*

« Monseigneur,

« Ayant reçu ordre de faire un projet de l'arsenal qui doit être édifié, attenant aux murailles de Thollon, au lieu appelé la Fosse, où l'on arme et désarme les vaisseaux du Roy, je le présente à vostre grandeur, non pas comme une chose qui soit purement de mon invention, mais comme une pensée qui peut estre utile au service, et qui a esté généralement approuvée de tous les anciens officiers de la marine, commandants, capitaines de port, commissaires, maistres d'équipages et gardes magasins, dont j'ay suivy les sentiments et l'intention, autant qu'il m'a esté possible, conformément à la consultation qui fut faicte sur ce sujet, dans laquelle on examina les avantages qu'on peut tirer de l'assiette de ce lieu-là, puisque l'on y pourra construire les vaisseaux, les agrès, armes, munitions, équipes, et mestre enfin, en estat de partir de là à la voile, en quel nombre l'on voudra ; l'enceinte de ce lieu étant suffisante pour contenir une armée navale. Mais, depuis, on a objecté que l'ennemy pourroit faire une descente au lieu nommé les Vignettes, et venir par là brusler les vaisseaux du Roy qui se trouveroient dans le bassin. A quoy l'on répond que ce prétendu port des Vignettes n'estant en effect qu'un canal, où à peine un petit bastiment peut entrer, il est facile de le combler en y coulant un vaisseau à fond, et mesme pour plus de sgureté, on pourroit y eslever à peu de frais une muraille terrassée, qui aboutira aux rochers escarpés quy sont d'un costé et d'autres de ceste descente. Je vous fais ce présent, Monseigneur, avec d'autant plus de confiance, que je suis persuadé que vous le recevrez agréablement, puisque vous êtes le protecteur des beaux arts, et que c'est sous vostre heureux ministère qu'ils ont fleury en France. C'est, Monseigneur, de Vostre Grandeur, le très humble et très obéissant serviteur, P. Puget (1). »

Ce magnifique projet, si gracieusement offert par le grand artiste au protecteur des beaux arts, ne fut pas approuvé. Le Ministre le classa dans ses cartons, où un investigateur intelligent l'a découvert, il y a peu d'années (2).

Colbert voulut sans doute, avant de prendre une décision, faire examiner sur place par un autre lui-même, par son fils, le marquis de Seignelay, tous les projets qui lui avaient été soumis.

Le marquis de Seigneulay, chargé depuis peu de temps du portefeuille de la marine (3) partit pour Toulon dans les premiers jours du mois d'octobre 1676. Sa correspondance avec son père va nous faire connaître la nouvelle phase dans laquelle entra cette interminable question. Il lui écrivait, le 19 octobre : « Je me feray une application principale de voir et examiner sur les lieux le nouveau plan de l'arsenal. » Trois jours après il lui rendait compte en ces termes, de ses premières études sur cet objet important : « J'ay vu et examiné sur le lieu, le plan de l'arsenal, qui a esté projeté par le sieur Arnoul (4) ; je l'ay trouvé d'une grande estendue ; mais ses pensées me paroissent assez bonnes. Il travaille à rendre plus correct le plan qu'il en avait fait, et je le porteray avec moy, avec un mémoire exact qui en expliquera toutes les parties.

---

(1) Archives du Dépôt des cartes et plans de la marine. Communication de M. le commandant P. Rostan.

(2) M. Pierre Margry est le premier archéologue qui se soit occupé de ces dessins ; il a eu la bonté de me les signaler, et M. l'amiral Jurien de La Gravière, directeur du Dépôt, a bien voulu me les faire communiquer.

(3) Colbert obtint pour lui, en 1676, la survivance du ministère de la marine et de la maison du roi.

(4) Intendant de la marine à Toulon. Les idées générales étaient sans doute données par l'intendant, mais les plans et les projets devaient être rédigés et dressés par l'ingénieur du port.

« Comme ce plan m'a paru trop grand, ajoutait le marquis de Seignelay, et que j'ay été bien ayse de faire travailler le sieur Lambert, je luy ay fait lever un plan de l'estat auquel est à présent l'arsenal (1), qui luy a donné la connaissance du terrain, ainsy qu'il est à présent ; je luy ay ensuite ordonné de s'informer et d'interroger exactement chaque ouvrier de ce quy luy seroit nécessaire pour la commodité de son travail, et de s'informer aussy des officiers du port, et d'aller lui mesme sur le lieu pour prendre une connoissance bien exacte de l'estendue que chaque partie du dit arsenal doit avoir, et de la manière dont elle doit être située. Je lui ay fait voir aussy des plans des arsenaux de Venise, d'Amsterdam, de Rochefort, de Brest, quy sont icy, afin de le luy donner une idée générale de ce que c'est qu'un arsenal de marine, des commodités nécessaires pour l'embarquement et le débarquement des marchandises, pour les constructions des vaisseaux et généralement pour tout ce quy regarde les armements et désarmements ; je luy ay fait faire ensuite un mémoire, que j'ay corrigé, de tous les lieux quy estoient nécessaires pour un arsenal, et il travaille à présent à achever un plan qu'il a commencé suivant ces pensées, et dans lequel je luy ay recommandé de conserver tout ce qu'on pourra sauver du vieux, quy ne sera pas grand chose, tout ce quy est à présent sur pied n'estant basti qu'en appentis, à la réserve de l'estuve, d'un pavillon que le sieur Matharel fit bastir pour servir d'entrée à l'arsenal, des fours quy ont esté bastis depuis peu, qu'on pourra conserver, et de la maison de l'intendant. Je laisse icy le dit Lambert pour achever son plan et j'emporteray

---

(1) Colbert, qui annotait toutes les lettres de son fils, met en marge de celle-ci : « Vous aurez vu si Lambert sera capable de travailler. » Le plan de cet ingénieur est conservé dans les archives du Dépôt des cartes de la marine ; il porte la date du mois d'octobre 1676.

avec moy celuy de l'intendant et le sien, afin de les expliquer au Roy et de les faire résoudre à Sa Majesté, estant très-nécessaire de commencer, dès l'année prochaine, les bastimens dont on a le plus de besoin, suivant le plan quy aura esté résolu (1). »

L'ingénieur Lambert que le marquis de Seignelay avait amené de Paris, et auquel on était obligé de tout apprendre, ne fut pas plus heureux que ses confrères. Son projet fut mis de côté. L'année suivante, deux autres ingénieurs vinrent visiter, tour à tour, l'arsenal de Toulon et présentèrent des projets qui subirent le même sort. Le premier, nommé Peyronet, était ingénieur et géographe du roi; le plan qu'il fit est classé dans les archives du Dépôt des cartes de la marine. Le second M. d'Aspremont, ingénieur du roi avait fourni trois plans. Colbert lui écrivait, le 10 mars 1677 : « J'ay reçu, avec vostre lettre du 2 de ce mois, les trois projets pour l'agrandissement de Toulon, que vous m'avez envoyés, avec les mémoires pour leur explication ; mais comme vous ne vous expliquez point de vostre sentiment dans ces mémoires, il sera difficile que le Roy puisse prendre une résolution sur un ouvrage de ceste qualité, avant que vous soyez venu auprès de Sa Majesté (2). »

Colbert hésitant toujours, et cherchant en quelque sorte la perfection, semblait regretter de n'avoir pas pu adopter les plans trop somptueux de Pierre Puget. Mais, bientôt, Vauban allait faire cesser toutes ses incertitudes, en lui présentant un projet à la fois simple et grandiose, qui devait le satisfaire pleinement.

(1) Lettre du 22 octobre 1676, datée de Toulon. (*Lettres et Instructions de Colbert*, t. III, 2ᵉ partie, p. 169 et 371.)
(2) *Lettres et Instructions de Colbert*, t. V. p. 182.

CHAPITRE VI

AGRANDISSEMENT DE LA VILLE ET DE L'ARSENAL

(1679-1701)

VAUBAN

Vers la fin de 1678, Vauban, qui venait d'être nommé commissaire général des fortifications (1), fut envoyé à Toulon, pour donner son avis sur les divers projets d'agrandissement de l'arsenal (2). Il reçut, en même temps, la mission d'examiner, s'il ne serait pas possible d'améliorer ou de compléter les fortifications de la ville, dont la construction remontait à une époque où l'art de fortifier les places n'était pas encore bien connu.

Le célèbre ingénieur trouva les anciens remparts de Toulon dans un assez mauvais état; mais comme il n'y avait pas péril en la demeure, et que, d'ailleurs, il eût été difficile en ce moment, d'affecter à cet objet une somme considérable, il ne proposa pas de les démolir, pour en construire d'autres d'après le

---

(1) En remplacement du chevalier de Clerville, décédé en 1677.

(2) « Vous pouvez juger aysément, écrivait Colbert à M. Arnoul, intendant de la marine à Toulon, le 4 décembre 1678, que sur une matière de cette importance, et qui engage le Roy en une si grande dépense, Sa Majesté ne prendra aucune résolution qu'elle n'ayt fait visiter les lieux par le sieur de Vauban, qui partira bientost d'icy pour s'y rendre. » *(Lettres et Instructions de Colbert*, t. III, 1re partie, (suite), p. 138, t. v, p. 221.)

système qu'il venait d'introduire et qui devait illustrer son nom ; il se borna à indiquer les réparations les plus nécessaires pour les préserver d'une trop prompte destruction (1). Il examina ensuite les nombreux projets relatifs à l'agrandissement de l'arsenal, qui avaient été élaborés depuis plus de dix ans, et il déclara, conformément à l'opinion émise par Pierre Puget (2), que le nouvel établissement devait être construit à l'ouest de l'ancien port.

En adressant au ministre ses propositions pour la construction de cet arsenal, Vauban lui signala l'urgente nécessité de détourner les rivières du Las et de l'Eygoutier, qui semblaient s'être associées, selon son expression, pour combler le port et la rade : « A voir le plan et la manière dont ces ruisseaux sont situés, écrivait-il, le 9 mars 1679, on dirait qu'ils ont fait société pour boucher le havre de Toulon, et qu'ils ont résolu de se joindre entre la ville et la mer à cet effet, et c'est à quoy ils parviendront indubitablement si on continue à les négliger ; car il n'y a qu'à considérer les avances de terre qui se trouvent à l'entrée de leur embouchure, la hauteur des vases, le peu d'eau qu'il y a à l'entour et la quantité de prairies que chacun d'eux a formé, pour bien juger de leurs progrès et du mal qui en résultera s'il n'y est promptement remédié. »

Après avoir indiqué le nouveau cours à donner à ces deux ruisseaux, et avoir beaucoup insisté sur la nécessité d'exécuter ces travaux dans un bref délai (3), Vauban rédigea le premier

---

(1) « Le revêtement de la place, disait Vauban, dans son rapport, s'étant trouvé si faible qu'il n'y a pas moyen de le rehausser davantage sans hasarder de le jeter par terre, nous nous contenterons d'y proposer les réparations suivantes.... » (V. à l'Appendice, le *Mémoire de Vauban*, du 9 mars 1679).

(2) Voyez, ci-dessus, chapitre v, le mémoire adressé à Colbert par Pierre Puget, en lui soumettant, en 1671, divers projets d'agrandissement.

(3) Ces travaux furent, en effet, exécutés peu de temps après, sous sa direction. (Voyez ses mémoires publiées *in extenso* à l'Appendice.)

projet du futur arsenal qui devait porter son nom. Ce projet était accompagné d'un remarquable mémoire, dans lequel il énumérait avec un soin minutieux toutes les considérations qui devaient faire adopter ses propositions pour la répartition des locaux. Il concluait en ces termes : « En un mot, pour bien juger de cette distribution, il n'y a qu'à ouvrir les yeux, et voir si, outre le rapport et la connexité que toutes ces pièces doivent avoir ensemble, le transport des matériaux pesants et nombreux dont on charge les navires, se peut faire de plus près et plus facilement; où il m'assure que c'est sur quoi on aura pleine satisfaction. Au reste, ce n'est pas pour me faire honneur que je dis ceci, puisque ce n'est pas moi qui l'ai fait, mais bien M. Arnoul (1), qui y a mieux réussi que je n'aurais fait, et sans doute mieux que tous les architectes de France ensemble n'auraient pu faire. »

Ce dernier trait, que j'aurais été moins étonné de trouver sous la plume du chevalier de Clerville, semble viser Pierre Puget et les autres architectes qui avaient proposé divers projets. Cependant, le célèbre ingénieur et le grand artiste étaient faits pour s'entendre. Ils ont exprimé l'un et l'autre, à l'occasion du projet d'agrandissement de l'arsenal, les mêmes idées d'ordre, d'économie et de sage prévoyance. Tous les deux ont eu la très-heureuse pensée de créer une seconde darse, pour donner plus d'air et d'espace aux divers établissements de la marine, alors que, presque tous les autres ingénieurs, imitant le chevalier de Clerville, se bornaient à proposer l'élargissement de l'ancien port (2).

Du reste, Vauban reconnaissait, dans un second rapport qu'il adressait au ministre, en 1681, en lui soumettant un nouveau plan de l'arsenal, qu'il s'était inspiré des idées émises avant lui

---

(1) Intendant de la marine.
(2) Voyez, notamment, le projet présenté en 1678, par M. d'Apremont, ingénieur du roi. (Dépôt des cartes et plans de la marine.)

par les auteurs des précédents projets : « Il est à remarquer, disait-il, que ce plan doit être considéré comme un composé de tous ceux qui ont été faits à même fin, dans lesquels on a pris ce qu'on y a trouvé de meilleur, et laissé ce qui paraît défectueux. » Et, se montrant plus modeste qu'en 1679, il ajoutait : « On ne propose pas le plan comme une loi à laquelle il ne soit pas permis de rien changer ; mais comme un desein qui peut avoir besoin de correction et auquel on peut ajouter ou diminuer ce qu'on trouvera de plus juste et de plus raisonnable (1). »

Mais il a soin de démontrer que ses propositions sont parfaitement étudiées, et il suffit de lire le détail qu'il donne de la distribution de la corderie et de ses dépendances, pour être certain que rien n'a été laissé dans l'oubli.

« Tous les bâtiments qui conviennent à la corderie, dit-il, sont situés les uns près des autres comme s'en suit : le magasin des chanvres, avec les peigneurs au-dessus, des mains desquels le chanvre tout préparé passera dans la corderie, où il sera filé chemin faisant, partie en filets goudronnés, pour être mis après en câbles, et partie en cordage de moindre échantillon ; d'où passant après, savoir : le filet goudronné dans le magasin qui lui est destiné, il en sortira de rechef pour être mis en câble, et de là transporté à l'étuve, ou au magasin des cordages goudronnés ; et les autres cordages dans le magasin des cordages blancs, qui se trouve tout contre l'étuve, où ayant été goudronnés et séchés, on les mettra dans le magasin des cordages goudronnés, d'où on pourra les transporter dans les vaisseaux par le moyen des gabares et autres petits bâtiments, qui les viendront prendre à la porte du magasin, sans qu'il y ait un pas de perdu, pour le transport pendant cette fabrique (2). »

---

(1) V. ce mémoire à l'Appendice.
(2) Il est bien évident que la Corderie a été construite après 1681, en

L'année suivante, Vauban présente un troisième projet. On l'a prié de modifier les deux autres, parce qu'il a paru inutile de placer dans l'enceinte du port un hôpital, une boucherie et tous leurs accessoires : l'arsenal ne doit être affecté qu'à la construction des navires et aux approvisionnements nécessaires pour les armements. « Nous sommes enfin convenus, écrivait-il, le 9 mai 1682, d'un desein d'arsenal, qui contente les navigateurs par le grand espace qu'on donne à la darse, et les maîtres charpentiers, par l'ample étendue du chantier de construction, débarrassé de tous les batiments qui peuvent leur nuire, et accomodé d'un canal qui leur facilite l'approche de leurs bois de tous côtés, et l'abord des autres marchandises à leurs magasins (1). »

Ces modifications, immédiatement adoptées, n'avaient pas interrompu le cours des travaux, qui se poursuivaient avec une certaine activité depuis plus d'un an. « Les travaux commencèrent en 1680, lisons-nous dans l'excellent ouvrage publié sur le port de Toulon par M. Brun, commissaire général de la marine ; il fallut démolir les remparts qui entouraient la ville, à l'ouest, depuis la fonderie jusqu'au vieil arsenal, et les reporter plus loin, afin de renfermer dans leur enceinte l'arsenal nouveau. Le procès-verbal des experts, pour l'estimation des terres qui furent prises en cette occasion, la porte à 105,678 livres. C'étaient des jardins, des terres arrosables, quelques maisons, un couvent des Recollets ; il y avait la boucherie appartenant à la commune. Quand on eut séparé la place réservée pour l'arsenal, il fut fait des lots des autres parties de terrain, qui furent

exécution de cet admirable projet, et que Clerville, mort en 1677, n'y a été pour rien. Cependant on a inscrit la date de 1668 sur ce monument et on l'a attribué à tort au chevalier de Clerville.

(1) V. les mémoires de Vauban à l'Appendice.

vendues pour bâtir les maisons formant aujourd'hui le quartier neuf. Les travaux furent dirigés par l'ingénieur Niquet (1), et confiés pour l'exécution au sieur Boyer, architecte de la ville de Paris qui, ayant fait les conditions les plus avantageuses, fut accepté comme entrepreneur. La nouvelle darse fut creusée en même temps qu'on faisait les jetées et que l'on consolidait le terrain sur lequel on devait travailler (2). »

Le même auteur ajoute que ces travaux furent achevés en 1684. C'est une erreur. En 1701, Vauban apportait encore quelques changements au plan primitif. Voici, en effet, ce qu'il écrivait, de Marseille, au Ministre de la marine, le 10 avril de cette même année : « Avant que de partir de Toulon, j'ay fait le projet de l'arsenal, tel qu'il doit être, ce sera la plus belle pièce de l'univers. J'y ay ajouté tout ce quy peut être nécessaire à son achèvement sans rien altérer au vieux dessein, et même de quoy faire de grands couverts, quy n'estoient pas compris dans le premier dessein, non plus que la boulangerie. J'ay marqué quatre calles et chantiers de construction en égale distance et j'en ay reglé les desseins avec M. Langeron, quy m'a paru estre bien au fait sur ses sortes d'ouvrages (3). »

Le plan de Toulon, en 1701, est exactement reproduit dans

---

(1) Niquet était un ingénieur de mérite ; mais son caractère difficile faisait naître des conflits partout où il se trouvait. « Quoyque le nombre d'impertinences que vous avez faites depuis que vous êtes à Toulon, lui écrivait Colbert, le 7 septembre 1681, et qui vous ont attiré l'indignation du Roy et l'ordre que Sa Majesté a donné de vous faire à la Tour, vous rendent indigne de la peine que je prends de vous en expliquer les raisons, je ne laisserai pas de vous dire, qu'enfin le Roy n'a pu souffrir les suites de vostre vanité, qui vous a rendu depuis si longtemps insupportable dans tous les lieux où vous avez travaillé. (*Lettres et Instructions de Colbert*, t. v, p. 230.)

(2) *Les Guerres maritimes de la France*, t. Ier, p. 66.

(3) Archives du Dépôt des cartes et plans de la marine.

le plan d'ensemble que je publie en tête de cette étude. Il représente l'arsenal dans l'état où il était peu de mois après la visite de Vauban; tout ce que nous y voyons est l'œuvre de l'illustre ingénieur. Il y a loin de la simplicité vraiment grandiose de cet établissement aux détails des projets antérieurs. Celui que Vauban avait présenté en 1679, n'offrait certainement pas le même aspect; il était peut-être plus grand, occupait plus d'espace; mais il était trop compliqué et ressemblait trop aux autres projets. Ce dernier aurait pu être signé Puget, s'il n'avait eu l'honneur d'être l'œuvre de Vauban.

Les fortifications élevées sous la direction de Vauban et d'après ses dessins, sont également représentées dans ce plan. Il suffit de jeter un regard sur l'enceinte de la ville, pour se rendre compte de l'œuvre du grand ingénieur. La partie comprise entre l'arsenal et la façe *ouest* du bastion de la Fonderie, fut construite sur ses plans; tandis que l'autre partie, s'étendant depuis la face *est* du même bastion jusqu'à la mer, avait été édifiée sous Henri IV, et ne fut pas touchée à cette époque. On se borna à y faire les réparations indiquées par Vauban pour consolider quelques murailles qui n'offraient pas toute la solidité désirable.

Grâces à ces réparations, la vieille enceinte de Henri IV resta debout pendant longtemps encore. Ce ne fut qu'en 1754, lorsque la partie non reconstruite du bastion de la Fonderie s'écroula, que l'on entreprit d'entourer les anciens remparts d'une nouvelle ceinture. Un rapport, rédigé en 1771, par le directeur des fortifications, renferme sur cette reconstruction des indications fort intéressantes et peu connues, qui trouvent naturellement leur place à la fin de cette étude sur les anciennes enceintes de la ville de Toulon.

« Les ponts compris entre les saillants des bastions du Marais et de la Fonderie, — lisons-nous dans ce rapport, qui porte la date du 29 août, — ayant été construits lors de l'agrandissement de Toulon, sur les plans de M. le Maréchal de Vauban, sont beaux, construits solidement et en très-bon état. Ceux compris entre les saillans du bastion de la Fonderie et le redent de la Ponche Rimade, avaient été construits originairement (sous le règne d'Henri IV), aux dépens de la ville ; mais avec si peu de solidité (1) que la face droite du bastion de la Fonderie s'écroula en 1754. La Cour ordonna de le refaire. On y travailla, en 1755, et on a continué le rétablissement à neuf de cette enceinte jusqu'à la fin de l'année dernière. Cet ouvrage que l'on a fait avec tous les soins et la solidité possibles est poussé aujourd'hui jusqu'au bastion des Minimes, qui est monté à six pieds de hauteur du nouveau revêtement. Il reste encore à mettre ce bastion à sa perfection, à faire la courtine entre les bastions de Saint-Bernard et les Minimes, au milieu de laquelle on ouvrira la nouvelle porte de Saint-Lazare ; ensuite la courtine entre le bastion des Minimes et le redent de la Ponche Rimade, et le flanc et la face de ce redent. Il est d'autant plus nécessaire de reprendre l'année prochaine cet ouvrage, que la ville est en quelque sorte ouverte par le bastion des Minimes (2). »

Il résulte bien clairement de ce document que, contrairement à l'opinion générale admise, les fortifications situées entre l'ancienne Fonderie, le bastion des Minimes et la mer, n'ont pas été reconstruites par Vauban ; mais seulement d'après son système et un demi-siècle après sa mort.

(1) Le rédacteur de ce rapport semble oublier que l'enceinte d'Henri IV avait près de deux siècles d'existence, et que les murs qui tombaient de vétusté pouvaient avoir été construits solidement.

(2) Archives de la Direction des fortifications de Toulon, art. 1er, n° 7.

CHAPITRE VII

AGRANDISSEMENT DE 1852

Dès le commencement du xviii° siècle, et au moment où s'élevaient les dernières maisons du Champ-de-Bataille et de la rue Saint-Roch, la population, l'administration municipale et tous les chefs de service de la guerre et de la marine, exprimèrent le regret unanime que l'on n'eût pas donné plus d'extension à l'agrandissement de 1680. On ne pouvait en accuser le génie de Vauban ; car l'un des premiers, il s'était fait un devoir d'en signaler l'insuffisance. Il avait déclaré que l'accroissement de la population, rendu inévitable par les grands travaux maritimes qui se préparaient, et les avantages indestructibles de la position de Toulon, laisseraient bientôt à l'étroit l'arsenal et la ville. Mais il avait trouvé, ici et à Paris, cette opposition que les grandes idées provoquent presque toujours. Ses plans avaient été modifiés, le périmètre de l'arsenal réduit de la moitié, et alors qu'il n'était plus temps, chacun reconnaissait la justesse de ses observations. — Il fut décidé que la ville serait prolongée à l'est, comme elle venait de l'être à l'ouest.

L'économie du nouveau projet se résumait ainsi : le quartier du Mourillon était relié à la ville par un magnifique quai ; on creusait, près de la vieille darse, un port marchand de quinze hectares, et on reculait les remparts jusqu'au fort Lamalgue.

Les plans et devis présentés par Niquet, directeur des fortifications, ayant été approuvés, on procéda, le 14 décembre 1711, à l'estimation des terrains à acquérir ; mais on reconnut que la dépense était trop forte et ce projet fut abandonné. Du reste les dernières guerres avaient ruiné les finances de l'État, et il était impossible de trouver, en ce moment, de l'argent, même pour les dépenses les plus urgentes.

D'autres projets furent successivement présentés et adoptés en principe ; mais, toujours, la question financière s'opposa à leur exécution.

Pendant tout le siècle dernier et la première moitié de celui-ci, nos édiles renouvelèrent leurs démarches sans obtenir aucun résultat ; et, sans doute, serions-nous encore aujourd'hui enfermés dans les étroites limites des anciennes fortifications, si le prince Louis-Napoléon, président de la République, n'eût désiré, en venant dans notre ville, en 1852, acquérir les sympathies des Toulonnais, et se ménager un accueil enthousiaste.

En effet, le lendemain de son arrivée à Toulon, un avis, placardé sur tous les murs de la ville, annonçait que l'agrandissement depuis si longtemps demandé, venait d'être décrété par le Président de la République. (28 septembre 1852.)

L'ensemble de la ville actuelle se développe sur une étendue superficielle de 76 hectares, et les établissements de la marine n'en occcupent pas moins de 120, soit un total de 196 hectares. Or, il y a quatre siècles, en 1442, l'enceinte de Toulon ne renfermait que 6 hectares !

Ce développement prodigieux, qui a transformé un bourg de pêcheurs en une très-grande ville, est vraiment remarquable ; il fait honneur à l'intelligence d'une population, qui a su profiter d'une magnifique situation maritime, pour appeler à elle une des principales forces militaires de la France.

APPENDICE

PIÈCE N° 1

Prix-fait des travaux de sculpture d'une galère en 1628

Aujourd'huy, 5 janvier 1628, au règne de nostre sire Louys treziesme de ce nom, par la grâce de Dieu, roy de France et de Navarre, pardevant moy, notaire royal de Thollon, establi en personne, M. Pol-Albert de Forbin, chevalier de l'ordre de Saint-Jean de Jérusalem, commandant les galères de France, en l'absence de monseigneur de Gondy, général des galères; lequel a bailhé à prix-fait à capitaine Anthoine Garcin, maistre ouvrier aux œuvres ci-dessous exprimées, de la ville de Marseille, pour faire la poupe de la galère royale neuve qu'on a entrepris construire nouvellement au dit Tholon, suivant le dessaing que le dit Garcin a fait sur un papier par luy présentement exhibé au dit sieur commandant et, par le dit Garcin, retiré.

Premièrement. Le sieur Garcin fera les deux grandes figures, nommées géants ou hercules, pour le soustien du lancement (1) de la poupe; fera le dragan (2); fera les deux pieds

---

(1) *Élancement.* Inclinaison de l'étrave ou de l'étambot. (JAL. *Glossaire nautique.*)

(2) *Dragant.* Nom d'une pièce de bois qu'on plaçait en croix sur le sommet du capion de proue ou étambot de la galère, comme on place la lisse de hourdy du navire à voile; elle déterminait la largeur de la poupe. (JAL.)

d'estra (pieds droits), tous les coustés de la poupe, à savoir : troues, niches avec les quatre monarches (?) dedans; fera le porte-fanal avec les trois fanals ; les deux tenalhes (1), la flèche, la grande jallougie (2), avec son couronnement; fera la petite jalougie de la tymonerie ; fera la traverse d'un bandin à l'autre (3), proche la petite tenalhe, et la jallougie au dessoubs de la dite traverse, qui est au fond de la poupe ; fera les trois escussons du roy, deux de mon dit seigneur le général des galères (M. de Gondy); fera les grands bandins et bandinets embellis et enrichis dedans et dehors ; les consoles au devant des géants, et généralement tout ce quy se voit au dit dessaing, et mesme les deux grands panneaux et le revers de poupe qui parait vide, où il promet faire de batailles, ou autres pièces les plus belles et les plus riches qu'on avisera faire..... Le quel prix-fait est accordé moyennant le prix et somme de deux mille livres.

Acte fait et passé à Thollon, au logis du sieur commandant de Forbin, présent frère Fillandre de Vincheguerre, chevalier de l'ordre de Saint-Jean de Jérusalem, de Jehan Roumieux, sous escrivain sur la dite galère, et de moy Jacques Bosquet, notaire (4).

---

(1) Les *tenailles* de poupe sont deux pièces en forme d'arceau surbaissé, dont l'une est à l'entrée de la poupe, et l'autre à son extrémité, vers le dragant. (JAL. *Glossaire nautique.*)

(2) *Jalousie.* (De l'italien *gelosia*). Balustrade qui fermait la galère à la poupe. (*Ibid.*)

(3) « Les *Bandins* sont les lieux où l'on s'appuie, estant debout dans la poupe, qui portent outre la longueur du corps, d'environ une toise, pour soutenir avec les grandes consoles, en espèce de banc fermé par dehors de petits balustres, qu'ils nomment jalousie de mezze poupe et d'une pièce figurée à jour, qu'ils nomment couronnement. » (DASSIÉ. *L'Architecture navale.* Paris, 1677, 1 vol. in-4°, p. 115.)

(4) Minutes de M⁰ Bosquet. 1628, f° 18, déposées chez M⁰ Gence, notaire à Toulon.

PIÈCE N° 2

Estat donné à Monseigneur de Séguiran, des vaisseaux et barques de Toulon

(1633)

VAISSEAUX. — Ung vaisseau, apellé *Saint-François de Paul*, commandé par capitaine Pierre Tassy, du port de 300 tonneaux, ayant 14 pièces de canon, tant gros que petits, 40 mosquets et 45 hommes ; estant à présent en voyage aux parties de levant, avec des marchandises de la valeur de 50,000 livres pour son chargement.

Ung autre vaisseau apellé *Saint-Paul*, commandé par capitaine François de Cuers, du port de 550 tonneaux, 50 hommes, 35 mosquets, 14 pièces d'artillerie petites ou grandes, est en levant, avec des marchandises de la valeur de 30,000 livres.

Ung autre vaisseau, apellé *Nostre-Dame*, commandé par capitaine Jehan Borralier, estant à présent à Constantinople, de la portée de 300 tonneaux, 14 pièces de canon, 40 hommes, 40 mosquets et 50,000 livres de marchandises.

Ung vaisseau apellé *Saint-Louis*, de 150 tonneaux, commandé par Pierre Jullian, 8 pièces de canon, 20 mosquets, 25 hommes, estant à présent en levant, avec la valeur de 20,000 livres de marchandises.

Ung vaisseau apellé *l'Anonciade*, commandé par Anthoine Blein, de 150 tonneaux, 25 hommes, 8 pièces d'artillerie, 20 mosquets, estant en levant, sans aucuns fonds.

Ung vaisseau apellé *Sainte-Christine*, commandé par Jehan Fornier, du port de 200 tonneaux ; 12 pièces de canon, 25 mosquets, 25 hommes, employé au négosse du bastion de France, avec 40,000 livres en marchandises.

Ung vaisseau apellé *Saint-Charles*, commandé par Honoré Baux, du port de 250 tonneaux, 12 canons, 29 mosquets et 35 hommes, estant en Sardeigne, avec ses vivres et munitions de guerre pour le noliser.

Ung vaisseau apellé *Saint-Jean-Baptiste*, commandé par Honoré Raisson, de 150 tonneaux, 8 pièces de canon, 20 mosquets, 20 hommes, estant à présent dans le port de cette ville.

Ung vaisseau apellé *Saint-Anthoine*, commandé par Anthoine Julian, de 250 tonneaux, 10 pièces de canon, 30 mosquets, 35 hommes, estant à présent dans le port.

Ung vaisseau apellé *Nostre-Dame de l'Anonciade*, commandé par Pierre Barilar, de 200 tonneaux, 8 pièces de canon, 25 hommes, 20 mosquets, dans le port.

Ung vaisseau apellé *Saint-Pierre*, commandé par Pierre Lambot, de 300 tonneaux, 12 pièces de canon, 40 hommes, 35 mosquets, dans le port.

Ung vaisseau neuf, appartenant au cappitaine Pierre Julian de La Brocarde, apellé *Saint-Antoine de Padoue*, lequel n'a point fait encore aulcun voyage, et non équipé ; lequel vaisseau du port de 400 tonneaux, il y faut 24 pièces de canon, 60 hommes, 50 mosquets et 80,000 livres de marchandises pour le faire aller en levant.

POLACRES. — Une polacre apellée *Saint-Charles*, commandée par Antoine Julian, de Claude, du port de 120 tonneaux, 8 canons, 18 hommes, 15 mosquets, estant en levant, ayant en fonds 10,000 livres.

Une autre polacre apellée *Saint-Charles*, commandée par Jehan Parat, de 101 tonneaux, 6 pièces de canon, 20 hommes, 16 mosquets, est en Levant, avec son fonds de 18,000 livres de marchandises.

Une polacre, apellée *Saint-Louis,* commandée par François Panon, du port de 125 tonneaux, 5 canons, 15 mosquets, 20 hommes, estant à Venise se cherchant nolis.

Une autre polacre, commandée par Joseph Sérier, apellée *Saint-Joseph,* du port de 101 tonneaux, 8 pièces de canon, 18 mosquets, 20 hommes, ayant son fonds de 12,000 livres, de retour de Lisbonne à Marseille.

Une autre polacre apellée *Sainte-Marguerite,* commandée par Melchior Fornier, de 120 tonneaux, 6 pièces de canon, 20 hommes, 14 mosquets, est parti de Thollon et est allé à Gênes, chargé de blé.

Une polacre apellée *Saint-Pierre,* commandée par Thomas Isnard, de 104 tonneaux, 10 pièces de canon, 18 mosquets, 22 hommes, partie pour Alexandrie d'Egypte, avec ses marchandises de valeur de 40,000 livres.

Une polacre apellée *Nostre-Dame de Bon-Voyage,* commandée par Jacques Baume, de 115 tonneaux, 6 canons, 20 hommes, 15 mosquets, dans le port.

BARQUES. — Une barque apellée *Nostre-Dame d'Espérance,* commandée par François Vani, de 100 tonneaux, 8 canons, 14 mosquets, 20 hommes, estant à Lisbonne pour gagner sa nollie.

Une barque apellée *Saint-Antoine*, commandée par Anthoine Alardon, 120 tonneaux, 8 canons, 14 mosquets, 20 hommes, est allé en Alexandrie d'Egypte.

Une barque commandée par Charles Martin, 115 tonneaux, 8 canons, 15 mosquets, 22 hommes, partie pour l'Espagne avec 10,000 livres de marchandises de Lyon.

Une barque apellée *Sainte-Marguerite,* commandée par Pierre Just, 80 tonneaux, 6 canons, 12 mosquets, 16 hommes, partie de Tholon avec du blé pour Gênes.

Une barque apellée *Sainte-Anne,* commandée par Cyprien

Domet, 60 tonneaux, 5 canons, 10 mosquets, 14 hommes, est en Sardeigne avec son fonds de 6,000 livres.

Une barque apellée *Sainte-Marguerite*, commandée par Cyprien Daniel, de 100 tonneaux, 8 pièces d'artillerie, 14 mosquets, 20 hommes ; est en Levant, avec 6,000 livres de marchandises.

Une barque apellée *Saint-Honoré*, commandée par Charles Matau, 120 tonneaux, 6 canons, 10 mosquets, 20 hommes, en Esmirne, avec des marchandises valant 8,000 livres.

Une barque apellée *Saint-Charles*, commandée par François Tournier, 50 tonneaux, 15 hommes, 6 canons, 12 mosquets, est au Bastion de France en nolie.

Une barque apellée *Sainte-Claire*, commandée par François Tassy, de 100 tonneaux, 5 canons, 10 mosquets, 18 hommes, est employée au négosse du Bastion de France, avec ses marchandises, de la valeur de 8,000 livres.

Une barque apellée *Sainte-Marie*, commandée par Loys Bertrand, 50 tonneaux, 4 canons, 5 mosquets, 10 hommes, en voyage, cherchant nolie vers Naples.

Une barque apellée *Saint-François*, commandée par André Parat, 60 tonneaux, 7 canons, 10 mosquets, 12 hommes, dans le port, prête à partir avec ses marchandises, valeur de 10,000 livres.

Une barque apellée *Saint-Jehan*, commandée par Jehan Belneil, 100 tonneaux, 6 canons, 10 mosquets, 20 hommes, preste pour aller à Malthe.

Une barque apellée *Sainte-Anne*, commandée par Loys Aubert, 100 tonneaux, 6 canons, 15 mosquets, 18 hommes, preste à partir pour aller chercher nolie.

TARTANES. — Une tartane apellée *Saint-Nicolas*, commandée par Nicolas Bonvoisin, 40 tonneaux, 4 canons, 6 mosquets, 8 hommes, est dehors avec son fonds, valant 4,000 livres.

Une tartane apellée *Sainte-Marguerite*, commandée par Jehan Brémond, 50 tonneaux, 4 canons, 5 mosquets, 10 hommes, chargée de blé pour Gênes.

Une autre tartane apellée *Sainte-Marguerite*, commandée par Pierre Sicard, 35 tonneaux, 6 mosquets, 9 hommes, est à Fréjus, chargée d'huile pour Thoullon.

Une tartane apellée *Saint-Anthoine*, commandée par Honoré Bremond, 40 tonneaux, 6 mosquets, 8 hommes, chargé de blé pour Gênes.

Une tartane apellée *Nostre-Dame de Saint-Rosaire*, commandée par Cyprien Motet, 35 tonneaux, 8 hommes, chargée de savon pour Arles.

Une tartane apellée *Saint-Louis*, 30 tonneaux, 8 hommes, chargée de blé pour Gênes.

Une tartane apellée *Saint-Barthelemy*, commandée par Pierre Roux, Dei Damari, 33 tonneaux, 10 hommes, 4 canons, 6 mosquets, est en voyage avec son chargement de marchandises de 10,000 livres, pour Lisbonne.

Une tartane apellée *Saint-......* commandée par Gaspard Véron, de 40 tonneaux, 11 hommes, chargée de sel pour Marseille.

Une tartane apellée *Sainte-Claire*, commandée par Phelip Bonvoisin, 25 tonneaux, est dans le port.

Une tartane apellée *Sainte-Anne*, commandée par Jehan Laugier, de 30 tonneaux, est dans le port.

Une tartane apellée *Nostre-Dame de Mons*, commandée par Anthoine Tortel, 20 tonneaux, 3 hommes, chargée de bois pour Marseille.

Une tartane apellée *Saint-Anthoine*, commandée par Anthoine Chautard, 15 tonneaux, 3 hommes.

Une tartane apellée *Sainte-Hélène*, commandée par Anthoine Augier, 25 tonneaux, 3 hommes.

Plus 25 tartanes de 10 tonneaux la pièce, qui y va 3 hommes à chascun, qui servent ordinairement à tirer les pierres, chaux et sable, munitions, bois, charbon et autres choses, pour charger et décharger les vaisseaux.

Plus 111 basteaux qui sortent tous les jours avec 5 hommes chascuns, pour la pêcherie du poisson, tant aux mers de Thollon, que aux îles d'Yéres (1).

PIÈCE N° 3

Premier Mémoire du Maréchal de Vauban

(9 mars 1679)

DESCRIPTION DE LA PLACE ET DE SES ENVIRONS.

La fortification de Toulon consiste : en cinq bastions, deux demi-bastions, et le revêtement de la darse qui forme trois angles tenaillés lesquels ont d'assez longues faces ; le revêtement de la darse est tout fondé sur jettées de pierres posées à l'avanture et celui de la fortification, du côté de terre, est sur le terrain solide.

Ce dernier a 18, 20 à 22 pieds de hauteur depuis la fondation jusqu'au cordon, sur 3 à 4 pieds de talus ; et au-dessus du cordon, il y a un petit parapet des Rondes de 10 pieds de haut sur 1 1/2 d'épais ; la plupart des guérites ont été commencées, mais fort peu achevées, et le peu qu'il y en a sont vilaines et

---

(1) Arch. comm. de Toulon, série EE., art. 47. Ce document ne porte aucune date ; mais en marge, on a écrit : certifié à Thollon, le 5 février 1633, ce qui coïncide parfaitement avec le voyage de M. de Séguiran, qui était à Toulon, le 28 janvier et y demeura jusqu'au 14 février 1633. (*Correspondance d'Escoubleau de Sourdis*, t. III, p. 267 à 279.)

mal bâties : Le surplus est fort inégal et n'est qu'à demi formé ; il y a seulement un de ses bastions auquel on fit des parapets il y a cinq ans : tout le reste n'en a point.

Le terre plein est fort étroit et en désordre, et en plusieurs endroits les particuliers ont anticipé sur son épaisseur des bâtiments qui le diminuent encore davantage.

Le fond de son fossé est assez uni, mais il est peu profond et les bords en sont abattus et tous hors d'alignement.

Le parapet du chemin couvert ne paraît plus que comme une levée de terre qui a plus de penchœur d'un côté que d'autre ; au reste le sable qu'on a tiré du fossé et les petits ruisseaux qui y tombent du chemin couvert en quelques endroits, contribuent beaucoup à en abattre les bords et l'achever de gâter entièrement.

Le glacis a fort peu de largeur et les faubourg, bastides et murailles des jardins le ressèrent de si près tout à l'entour, que de derrière on pourrait jetter des pierres dans le fossé de la place sans faire un grand effort ; d'ailleurs les hauteurs des environs commandent presque partout à la place, faute de parapets et d'élévations suffisantes à ses remparts.

Les entrées de la ville ont fort peu de fermeture ; celle qui y est consiste en un pont-levis à bascule, et une porte à chacune, quoiqu'il y ait place pour en prendre d'autres : les deux grands ponts sont de maçonnerie sur arcades assez massives pour nuire à la défense des flancs à la tête desquels il y a des corps de garde pour la sûreté ; mais il n'y a pas seulement une barrière.

De corps de garde, non plus que des guérites il n'y en a qu'aux plattes-formes de l'entrée de la darse et aux deux portes ; encore ces dernières sont en mauvais état.

A l'égard de la darse, c'est la plus belle pièce d'eau et le plus beau dessein de port qui soit peut-être dans la Méditerannée ; la clôture en est simple et en assez mauvais état, quoique le dessein en fut excellent et fort bien exécuté en premier lieu ; mais la mauvaise disposition de l'assiète de Toulon et de ses rues qui charient toutes les immondices de la ville dans la darse à la moindre pluye qu'il fait, l'ont remplie à moitié malgré le travail continuel de trois machines qui sont occupées à les nettoyer, et qui, pour peu qu'elles aient servies, doivent enlever plus de 3,000 toises de vases par année.

Toutes les rues de cette ville sont petites et étroites ; les maisons fort hautes et l'espace tellement rempli de bâtiments qu'on n'y voit pas un jardin ; à peine peut-on même trouver une place de 30 toises carrées, d'ailleurs elle est extraordinairement peuplée pour sa grandeur, et peut-être n'y en a-t-il point en France qui ait plus besoin d'agrandissement que celle-ci.

La rade de Toulon est la plus belle et la plus excellente de la mer Méditerannée, de l'aveu de toutes les nations ; c'est le principal port du royaume et le lieu où le roi tient ordinairement la plus grande partie de ses forces navales. Tous les rois ses prédécesseurs en on fait de même ; cependant c'est une pitié de voir l'indolence avec laquelle on y a vu couler deux méchants ruisseaux qui, depuis le commencement du monde, travaillent à la combler et qui ont fait de si grands progrès et si sensibles, qu'il n'y a plus que de certains canaux par où les grands vaisseaux puissent aborder, et ce comblement va si vite que les bêtes pourraient paître aujourd'hui où l'on carênait les vaisseaux il y a trente ans ; tout le monde voit le mal que cela fait et toute la terre se récrie la dessus ; cependant c'est une merveille de voir le peu d'impression que cela fait et comme on s'est peu mis en peine d'y remédier jusqu'à présent, où même la facilité qu'il y a de les détourner et le peu qui en aurait coûté ; pour moi qui en considère l'effet comme une chose pernicieuse à laquelle il est de la dernière conséquence de remédier, je suis d'avis que, préférablement à tout autre chose, on travaille à leur faire d'autres lits et à les éloigner du port, le plus qu'on pourra, aussi bien que les égoûts de la ville et généralement tout ce qui peut contribuer à son comblement.

Le dessein de leur détour marqué sur le plan général et l'estimation de leur dépense, feront voir que ce n'est pas un ouvrage si difficile qu'on s'était peut-être imaginé ; il est à remarquer qu'on a proposé une alternation sur le détour de l'Égoutier, mais sur lequel il n'y pas à balancer ; il faut prendre le plus long chemin comme celui dont l'excavation coûtera moins et sera plus facile.

On avait aussi proposé un détour du Las, bien plus court, plus facile et à meilleur marché ; mais il ne serait pas raisonnable de s'y arrêter, d'autant que ce ne serait au plus qu'un tant soit peu éloigner le mal dont on ressentirait les incommodités avant qu'il fut vingt ans ; au lieu qu'en éloignant autant qu'il est proposé par ce dessein, de plus de quatre cents ans, Toulon n'en pourra être incommodé.

La grande Tour et l'Eguillette sont des petits forts ou batteries qui croisent sur l'entrée de la petite rade, distans l'un de l'autre de quelques 600 toises, qui est une belle portée pour faire un grand effet sur des vaisseaux qui sont obligés de suivre un canal dont ils n'oseraient s'écarter à peine d'échouer aussitôt à l'un et l'autre bord.

Le premier de ces deux forts qui est la grande Tour est, une très-belle pièce commencée dès le règne de *Louis douze*, à ce que l'on dit ; à plusieurs étages et batteries, mais elle n'a pas été achevée et on s'est amusé à faire des méchantes petites batteries au pied, dont la moitié des embrasures ne voit pas ce qu'elle devrait voir ; son fossé qui était profond et où il y avait de l'eau autrefois, est présentement sec et son revêtement en mauvais état ; mon avis est d'achever totalement cette pièce suivant l'ordre qu'elle a été commencée, de l'élever à peu près de la hauteur du commandement voisin, d'achever le revêtement de son fossé et de continuer pareillement ses batteries basses tout à l'entour du côté de la mer par des jetées sur lesquelles on bâtira, après le revêtement de 8 à 9 pieds au dessus de l'eau, leur faisant un parapet à preuve, derrière lequel on mettrait toutes les pièces en barbe, fermant toutes les embrasures parce qu'elles ne peuvent voir que de certains endroits au lieu que les batteries en barbe peuvent tourner toutes leurs pièces d'un même côté ; remarquez qu'il faudra épauler les batteries et en ôter la vue du côté de la terre, dont il les faudrait aussi séparer pour en ôter tout accès ; je suis même d'avis qu'on en ôte la galerie qui traverse le fossé comme ne servant à rien et pouvant nuire ; et en un mot, que cette fortification soit entièrement isolée par la mer comme elle l'a été ci-devant.

L'Eguillette est un petit fort commencé depuis peu, de l'autre côté de la rade, vis-à-vis la grande Tour : c'est une espèce de grosse tour quarrée avec deux ailes casematées, revêtues de pierres de taille qui s'avancent à droite et à gauche, du côté de terre, pour servir de flancs et couvrir en même temps une grande batterie qu'on a fait au pied du côté de la mer, qui sans cela serait vu des hauteurs à la portée d'un jet de pierre ; cette batterie n'est pas mal située et fait un fort bon effet sur l'entrée de la rade ; la structure en est considérablement avancée, mon avis est de l'achever totalement selon le même dessein sur lequel il a été commencé, sans y rien changer et d'aprofondir autant qu'on pourra son fossé du côté de la terre.

La tour de Balaguier, autrement la petite Tour, est située du même côté, mais plus avancée vers la grande rade ; on l'appelle petite par rapport à la grande qui a 30 toises de diamètre, mais celle-ci ne laisse pas d'être fort grande, belle et bien achevée, sa batterie basse contre la mer fait plusieurs angles et contient 24 pièces de canon sur différentes faces, qui la plupart croisent avec celui de la grande Tour : du côté de la terre elle n'est fermée que par un petit mur de deux pieds d'épais sur dix de hauteur, percé de créneaux à la hauteur de l'homme ; cette clôture fait trois petits angles tenaillés assez mal tournés ; mon avis est de le refermer du côté de terre, de la bastionner comme une petite corne, menant son revêtement de 12 à 15 pieds de haut, et le percer après de créneaux, mais si élevés que l'ennemi ne s'en puisse servir contre ceux du dedans comme il pourrait faire de ceux qui y sont à présent et du surplus l'isoler entièrement pour éviter toutes surprises.

. Ce qu'on appelle Morillon à Toulon est une petite avance de terre du côté de la fosse, vis-à-vis l'angle gauche plus avancée de la darse sur lequel il n'y a rien ; cette fosse est le lieu où l'on carenne les vaisseaux présentement, où il y en a toujours quelqu'un, et en un mot qui peut servir d'avant-port à cette place. C'est pourquoi je suis d'avis d'y faire quelque petite pièce revêtue, bien isolée, en forme d'ouvrage à corne, avec un corps de garde fait en redoute à machicoulis : cela tiendrait les vaisseaux en sûreté, et empêcherait que du côté de terre on ne leur put faire dommage pendant la nuit ; on pourrait même fermer cet endroit-là par une estacade flottante, moyennant quoi ce serait un petit port aussi assuré que celui de la darse et qui serait merveilleux pour ceux à qui on voudrait faire faire quarantaine, et enfin pour les alliés et tout autres qu'on ne voudrait pas laisser entrer dans celui de la ville ; on pourrait même à cette considération percer une petite porte et un quai sur le côté de la ville qui regarde cet endroit et de plus agrandir aisément cette fosse tant qu'on voudrait. Au surplus, le Morillon fortifié, il n'y a pas d'autres accès par terre : tout ce qui paraît prairie étant marais ou vases inaccessibles où on ne peut passer.

A l'égard de l'endroit appelé les Vignettes, où l'on tient que l'on peut faire un grand débarquement, il y a lieu d'espérer que le détour de l'Egoutier le gâtera avec le temps, autrement il est certain que les vaisseaux en peuvent approcher à portée, les galères y mettre presque la proue en terre et les chaloupes aborder facilement.

Il est encore vrai de dire qu'une descente de cinq à six mille hommes qui attaqueraient brusquement Toulon, quand les officiers et matelots dont elle est remplie sont en mer, l'ébranlerait fort, et ce serait un hasard si elle n'en était emportée en l'état qu'elle est, principalement dans ce temps, qu'à peine y trouverait-on cinq cents hommes en état de porter les armes ; c'est ce qui ne sera plus à craindre quand les réparations que nous y proposons seront mises en exécution, outre qu'il serait assez difficile de deviner d'où et par qui pourrait être entrepris une telle descente, c'est pourquoi attendant que cette question soit mieux éclaircie nous ne proposerons rien sur ce chapitre.

INSTRUCTION GÉNÉRALE DES OUVRAGES A FAIRE A TOULON.

1. — Le revêtement de la place, s'étant trouvé si faible qu'il n'y a pas moyen de le rehausser davantage sans hasarder de le jeter par terre, nous nous contentons d'y proposer les réparations suivantes.

2. — Relever le cordon des bastions démolissant tout ce qui est au-dessus et réhausser le revêtement de trois pieds à la pointe, revenant insensiblement à rien sur le retour de l'Orillon ; reposer ensuite ledit cordon sur cette élévation et élever le parapet des ronds dessus, d'un pied et demi d'épais, sur six de hauteur, et le percer de créneaux et de regards tour au tour les premiers espacés de toise en toise sur la hauteur de quatre pieds et demi et les deuxièmes de vingt en vingt toises sur celle de quatre pieds et ouvertes d'un et demi, afin que les rondes puissent voir dans le fossé.

3. — Rétablir et rehausser en même temps toutes les guérites

et leur donner une forme plus raisonnable que les précédentes, en les bâtissant de briques et de pierres de taille à cinq angles seulement sur la longueur de cinq pieds dans œuvre, et non plus, finissant le sommet en dôme égayé d'un pied plus haut que le demi diamètre.

4. — Sabler et mastiquer le chemin des Rondes lui donnant tous les égoûts nécessaires en dehors de la place, afin d'empêcher les eaux de s'y arrêter.

5. — A la distance de six pieds du parapet des rondes, élever le grand parapet bien épierré et qu'il ne soit point mêlé de cailloux s'il est possible, lequel sera soutenu devant et derrière par des petits murs de maçonnerie élevés suivant les talus et les mesures données par les profils.

6. — L'épaisseur de ce parapet sera suffisante de 16 pieds aux bastions, tout compris, et de 12 aux courtines, avec 2 pieds 4 pouces de pente vers le dehors, observant de faire surmonter le revêtement intérieur pour les terres d'un pied au moins ou environ et d'y faire toujours des banquettes réglant après l'élévation du terre-plein sur cette hauteur.

7. — Bien aplanir le sommet dudit terre-plein et l'élargir aux endroits où il ne le sera pas assez, en sorte qu'il y ait au moins 18 pieds aux courtines et 24 aux bastions non compris les banquettes.

8. — Ne point faire de chemins de rondes aux courtines, mais bien appuyer le grand parapet sur celui qui devait servir de parapet des rondes, lequel à cette occasion sera épais d'un pied ou deux plus que celui des bastions.

9. — Revêtir les passages du terre-plein aux guérites, de même que les parapets et y faire de petits escaliers de pierre brute.

10. — Faire des latrines sur toutes les courtines suspendues dans le fossé revêtissant leurs passages au travers du parapet

comme celui des guérites et faisant une petite rampe vis-à-vis, pour empêcher qu'on ne gâte les talus à force d'y monter et descendre.

11. — Faire des batteries en barbe à toutes les pointes des bastions attachées au grand parapet de 8 toises de chaque côté de l'angle sur 4 de large et 4 pieds et demi de hauteur au-dessus du terre-plein ; ensuite de quoi on y fera une plate-forme de charpenterie tout au long de 14 pieds de large sur 4 pouces de pente vers le devant, laquelle sera terminée par un heurtoir joint au grand parapet pour arrêter le roulement des pièces.

12. — Faire des embrasures à chaque flanc et les revêtir de briques et de pierres de Marseille tirées en saison, observant de les bien espacer, de ne leur donner que l'ouverture convenable et de ranger toujours celles de l'orillon le plus près que faire se pourra d'icelui, afin qu'elles en soient couvertes et que cependant elles découvrent jusqu'à la pointe du bastion opposé.

13. — Faire deux corps de garde et tous les bastions éloignés des portes leur donnant vingt-quatre pieds de long sur seize de large avec une petite chambre au bout de 12 pieds sur seize dans œuvre pour l'officier, le tout accompagné des cheminées, tables, lits de camp, portes et fenêtres necessaires et d'une petite galerie de 6 pieds de large au devant pour mettre les armes à couvert.

14. — Ajouter une fermeture à chacune des deux grandes portes, changer la manière de leurs ponts-levis qui ne vaut rien et en faire à bascule, creusant la cave à ce nécessaire entre les deux pieds droits des portes.

15. — Défaire les voûtes des grands ponts, n'y laisser que des piles de maçonnerie et achever le reste de charpenterie, les fermant à la tête par une barrière.

16. — Faire deux petites demi-lunes à la tête de ces deux

ponts suivant le dessin marqué au plan pour couvrir les portes et rendre l'accès plus difficile, les revêtir de maçonnerie suivant les profils qui seront donnés pour cet effet, les terrasser et leur faire des parapets à preuve et les environner d'un fossé revêtu avec un chemin couvert à l'entour, le tout suivant les mesures et figures des mêmes plans et profils.

17. — Revêtir les bords du fossé de la place suivant les mesures des profils en recoupant leurs talus, les élargir et approfondir, transportant le surplus des terres en provenant, aux remparts de la place pour les réhausser et élargir.

18. — Faire une cunette dans le milieu du fossé de 3 toises de large sur 2 pieds de profondeur, pour recevoir les eaux qui tombent dedans, toute celle qui échappe du moulin que d'ailleurs, la traverser à cinq ou six endroits de part et d'autre par des grilles ou planches de bois percées de petits trous, afin que l'eau y passant, toutes les immondices s'y arrêtent et n'aillent point comme elles font contribuer au comblement du port.

19. — Elargir le chemin couvert jusqu'à ce qu'il y ait 3 toises de large non compris les banquettes, élargir aussi son glacis, le bien aplanir, le soumettant partout à la découverte des pièces supérieures, plus revêtir son parapet par dedans et lui faire des banquettes dont l'inférieure sera prise dans l'abaissement du chemin couvert, sinon le laisser en talu des chaussées remettant au besoin pressant de l'accomoder autrement et de surplus le faire figurer comme il est marqué au plan.

20. — Poser une gargouille de pierre ou buze de bois au trou par où passe l'eau du moulin, au flanc droit du bastion du piquet, qui en éloigne la chûte du pied et revêtement, et faire un bon pavé de pierre à ciment au-dessous ou un radier pour l'empêcher de creuser comme elle fait et détourner le courant de ladite eau dans la cunette par un petit canal revêtu de pierres sèches.

21. — Rempiéter l'orillon de ce même bastion et tous les autres endroits du revêtement de la place qui en auront besoin.

22. — Détourner le petit ruisseau qui tombe dans le fossé vis-à-vis la pointe du bastion du piquet où il le gâte, et le faire passer au pied du glacis, chose aisée et très-facile.

23. — Abattre les maisons qui se trouvent plus près de 40 toises de l'esplanade, ou du moins ne pas souffrir qu'on y en bâtisse d'autres, et empêcher aussi qu'à l'avenir on ne prenne du sable dans le fossé de la place.

24. — Abattre et démolir aussi les maisons qui ont empiété dans les remparts de la ville et faire des escaliers joignant les portes pour pouvoir monter dessus et des rampes dans les gorges des bastions pour monter le canon sur le rempart.

25. — Accommoder les corps de garde des portes, en sorte que celui d'en bas puisse servir de jour et celui d'en haut de nuit, et faire des passages au travers sur le terre-plein, afin que ceux qui font ronde, ne soient pas obligés de descendre en bas pour remonter et repasser de l'autre côté comme ils font présentement.

26. — Accommoder le corps de garde d'en bas de la porte Notre-Dame, supprimer la porte du côté de la ville et la faire dans le passage, ne laissant qu'une fenêtre grillée du côté de la rue et attacher des rateliers dans ledit passage joignant le corps de garde pour y pouvoir mettre les armes à couvert.

27. — Porter les immondices de la ville sur la face du demi bastion à gauche attenant la darse, et pour cela en faire une ordonnance et la faire exécuter avec circonspection n'y ayant guère que ce moyen pour pouvoir terrasser cette partie de la ville.

FORTIFICATION DE LA DARSE DU COTÉ DE LA MER.

28. — Élever le revêtement de la vieille darse, s'entend celui qui est demeuré dans cet alignement et qui ne s'est point

renversé, jusqu'à ce qu'il ait 18 pieds au-dessous du cordon et, sur cette hauteur, faire un parapet de maçonnerie de 6 pieds d'épais sur 4 et demi de hauteur, surmonté d'un autre petit parapet élevé au-dessus du grand et percé de créneaux de 6 en 6 pieds, avec des regards de 10 en 10 toises, ce qui se doit entendre des endroits qui ne sont point terrassés, car pour ceux qui le sont il ne faudra que revêtir le parapet de terre par derrière pour le soutenir et élever le parapet des rondes à la hauteur ci-dessus le perçant de créneaux partout, et faire des guérites sur les angles saillants où il en manque.

29. — On ne propose point de réparation ici pour les endroits de la darse qui surtombent en arrière parce qu'ils doivent être démolis.

30. — Réduire les alignements du flanc bas de l'entrée de la darse qui font une avance inutile dans la mer sur celui des grands côtés, rétablir la plate-forme du côté gauche de ladite entrée, la relevant comme ci-devant et lui faire un parapet de 6 pieds d'épais de maçonnerie, y perçant des embrasures pour la défense de l'autre côté de la darse et observant de les revêtir de briques et les angles de pierres de Marseille, de même que les autres embrasures qu'il faudra aussi percer du côté de la mer en aussi grande quantité que l'espace le pourra permettre, afin de croiser sur cette entrée.

31. — Changer les embrasures du flanc bas de l'autre part, les percer, diriger et revêtir comme les précédentes, observant de réduire l'épaisseur des parapets à 6 pieds de maçonnerie, de retrancher ce qui pourrait y nuire du corps de garde qui est sur la plate-forme de main droite, afin que le recul du canon ne soit point empêché et en faire ci-après un autre vis-à-vis, de même grandeur et symétrie sur la plate-forme qu'on rétablit de l'autre côté.

32. — L'extrémité des deux flancs hauts de la darse, de part

et d'autre de l'entrée, étant coupée par des petits magasins qui ne servent de rien et qui empêchent qu'il n'y ait une embrasure de plus à chacun, les démolir et en leur place prolonger leur parapet et y faire lesdites embrasures qui, avec les deux autres des mêmes flancs et celles des flancs bas au-dessous, feront cinq pour la défense de chaque côté de la darse opposée à la mer, outre celles qui croiseront sur l'entrée qui seront en bien plus grand nombre.

33. — Fonder les quais de la darse sur le bord de la jetée et non sur pilotis qui ne peuvent rien valoir en ces endroits-là, et les faire de maçonnerie en parement de grosses pierres de taille piquées sur les joints et grossièrement taillées sur les faces, les élever de 2 pieds au-dessus de la plus haute eau, et les terminer par une pièce de bois de 10 à 12 pouces d'écarie en chaussée le long du bord et tenue par des clefs de bois de dix en dix pieds attachées en queue d'aronde dans le bord et par des ancres en fer, lesquelles clefs seront retenues par d'autres pièces de bois posées exprès dans le derrière du quai où elles seront enchassées et attachées au-dessous du pavé ou des bâtiments, afin qu'elles ne puissent branler.

34. — Hausser et réparer la face droite de la darse qui n'est point terrassée, comme il a été proposé par le 28e article, observant de plus de dégager le derrière de toutes les embrasures à fleur d'eau et de les mettre à l'état de s'en pouvoir servir au besoin.

35. — Depuis l'angle plus avancé de la darse du côté de main droite jusqu'à l'angle flanqué du bastion de Notre-Dame, cette partie de la ville devant être démolie pour servir à l'agrandissement de la darse et du port, nous n'en parlerons qu'à son chapitre.

FOND DE LA DARSE.

36. — La vieille darse n'est pas à beaucoup près de la profondeur qu'elle a été par le passé, soit que les ruisseaux du Las et de l'Egoutier aient contribué à son comblement, ou que les égouts de la ville aient fait cet effet comme on n'en peut pas douter, ou qu'enfin les machines qui doivent travailler au nettoyement de ce port n'y aient pas été employées avec toutes les diligences nécessaires ; tant y a que ce port qui n'a peut être pas son pareil dans toute la Méditerrannée, n'a présentement que 18 pieds d'eau au plus profond, 15, 14, 13, 12, 10, 9 et 8 partout ailleurs ; pour le mettre à une raisonnable profondeur, en sorte que les gros navires y puissent entrer et sortir tout chargés, il est nécessaire de l'approfondir encore de 6 pieds réduits, et pour cet effet, afin que la chose se puisse faire avec ordre et non confusément comme elle se pratique présentement, ajouter une machine aux trois qui y travaillent à présent, en augmenter les gabarres et au lieu de trois qu'on occupe à chaque machine y en employer quatre et les percer par le fond comme celles de Marseille, afin qu'elles puissent décharger leurs vases tout d'un coup et avec plus de vitesse.

37. — Changer après le marché, et le donner à un homme intelligent et ouvrier, qui soustraite avec d'autres ouvriers particuliers, si bon lui semble, pour chaque machine, se chargeant de les diriger et de l'entretien des machines et gabarres, moyennant quoi chacun étant poussé par son propre intérêt fera merveille de diligenter.

38. — Marquer après cela, sur chaque gabarre, le port de sa charge, après l'avoir toisé fort exactement à plusieurs fois, avec des clous et tenir un homme fidèle sur les pontons des machines qui tienne registre de toutes les voitures qui s'en feront et de

l'état auquel elles partiront, moyennant quoi on saura journellement le nombre de toises qu'elles en porteront.

39. — Outre ce que dessus, il est nécessaire que ce même homme ait toujours la sonde à la main, pour voir continuellement l'état de ses profondeurs, que ces machines travaillent toujours ensemble, rangées sur un même front, et que les lieux à approfondir leur soient marqués par des cordages, perches ou cannes d'une mesure égale avec des pièces mises au bout, qui leur marqueront précisément l'égalité ou l'inégalité du fond ; tout ceci étant observé et qu'il est fort aisé de faire, on trouvera que la profondeur de la darse deviendra un ouvrage facile et de très-peu de dépense, à comparaison du passé, ainsi qu'il paraît par l'estimation qui a été faite en détail de la toise cube de vase.

40. — A l'égard des endroits où on transportera les vases, parties seront voiturées aux lieux où on doit faire les atterrissements de l'arsenal, le surplus à l'entour et au pied du revêtement de la nouvelle darse pour y faire une borne et appuyer d'autant mieux la jetée.

41. — Pour ce qui est des égoûts de la ville qui tombent dans le havre, il y a deux moyens à mettre en pratique pour en diminuer les mauvais effets ; le premier est de faire de grands trous sur le bord du quai à tous les égoûts des rues, avec des détours comme ceux qu'on y a déjà faits, et de les bien griller à chaque détour, avec des grandes plaques de fer percées de quantité de petits trous, gros à passer le doigt, et non plus ; moyennant quoi toutes les grandes immondices demeureront dessus les trous, qu'il faudra avoir soin de nettoyer de temps en temps ; et pour empêcher que les allants et les venants ne soient incommodés de ces trous, les griller près à près par-dessus.

42. — L'autre moyen à mettre en pratique à même temps que le précédent, est d'avoir cinq ou six banneaux ou tombereaux d'entretien dans la ville, qui ne feront autre chose que

d'en ramasser les ordures par les rues et par les places, comme à Paris et dans les villes bien policées, et de les transporter dans les endroits de la fortification qui lui seront marqués ; ces mêmes banneaux auront soin aussi de vider les trous des égoûts quand ils seront pleins ; ces deux moyens quoique nécessaires à l'entretien du port, ne seront qu'accessoires à un plus grand, sans quoi il ne faut pas s'attendre de le pouvoir jamais bien nettoyer, ni encore moins l'entretenir dans sa profondeur requise.

43. — Le plus grand est de faire deux canaux de 5 à 6 pieds de large chacun, savoir : l'un le long du quai, profond de 2 pieds et revêtu par les deux côtés, sur lequel il faudrait faire quantité de ponts et lui donner ses décharges dans le côté de la ville dans lequel on ferait un grand trou pour en recevoir les immondices, et l'autre dans le ruisseau de la rue de Bourbon, qui est à peu près parallèle au quai, et qui aurait son débouchement par les mêmes endroits que l'autre ; ces deux canaux recevraient toutes les eaux de la ville, par conséquent toutes les ordures, qui de cette façon seraient conduites dans le fossé sans tomber dans ce port, sur quoi il est à remarquer que celui d'en bas, ou du quai, ne recevra d'eau que par le débordement de l'autre, et de cette façon peu d'immondices, de sorte que leur communication par les trous pourrait servir le plus souvent à laisser aller les eaux dans la darse, à laquelle on dit qu'elles sont nécessaires pour faire mourir les vers qui percent le bois des vaisseaux ; or la raison pour laquelle on propose deux canaux est qu'un n'y pourrait pas suffire pendant les grosses pluies fort fréquentes en ce pays.

L'ENCEINTE DE LA NOUVELLE DARSE.

44. — La tracer sur terre dans les marais et dans la mer suivant le dessin marqué au plan ; sur terre par des perches de sapin plantées à tous les angles ; dans les marais par un pilot à

chaque angle, et à la mer par trois ou quatre liés ensemble; en suite de quoi on y attachera des perches de sapin avec des petites banderolles pour marquer les angles ; on en plantera aussi le long des faces et courtines pour rendre les alignements plus sensibles, et même il sera bon de marquer la largeur de la jetée de part et d'autre, afin de se pouvoir conduire avec plus de certitude.

45. — Ces mesures prises, faire travailler trois ou quatre machines de front, de la façon de celles de Toulon, pour creuser en canal les fondements de la jetée de quelques 9 à 10 pieds de profondeur sur 9 à 10 toises de large, les faisant suivre par un autre de front composé des machines de Marseille qui achèveront de mettre le fond et l'unir, ensuite de quoi on commencera ladite jetée à pierre perdue, les plus grosses qu'on pourra charger dans les bateaux, lesquelles seront déchargées le plus également qu'il sera possible, premièrement par l'alignement de la magistrale; après, selon la largeur marquée par les autres alignements, prenant bien garde de n'en pas sortir et de la conduire toujours également, ce qui sera aisé à connaître par les sondes.

46. — Les plus grosses pierres sont toujours les meilleures pour ces jetées, c'est pourquoi il faudra aussi avoir de la petite de toutes les sortes en quantité et en jeter souvent pour remplir les vides qui restent entre les autres, et même il sera bon d'y répandre de gros graviers, des cailloux ronds, petits et gros comme ils se trouveront ; il faudra même être très-soigneux d'y faire jeter toutes les grosses et petites écailles des pierres des mêmes débris, qui se font dans les bateaux, en chargeant et déchargeant à tous les voyages qui s'en feront et de cette manière il n'y aura jamais de déchet à la pierre et la jetée se bâtira fort solidement.

47. — Quand la dite jetée sera élevée à bon 7 pieds près de

la superficie de l'eau, il sera temps de commencer à arranger les pierres avec un peu plus de soin avec des pinces de fer, au moyen desquelles on pourra faire entrer les petites dans les vides des grosses et les mouvoir à droite et à gauche pour commencer à en égaler la superficie et les placer un peu plus solidement ; mais quands elles seront élevées à quatre pieds près de la dite superficie, pour lors il faudra faire entrer des hommes dans l'eau, qui à l'aide de la main et de la pince les arrangent plus soigneusement, ce sera pour lors qu'il faudra faire le service de la grosse et menue pierre à propos et y faire couler de gros mortier fait de moitié de sable et gros gravier mêlé ensemble, et très-bien mélanger après avec autant de chaux vive et de pouzolane, en sorte que le tout fasse un très-bon mortier mêlé de quantité de petites pierres et cailloux gros comme des noix, un peu plus un peu moins, qu'il faudra faire couler avec un couloir fait en auge, fermé par les quatre côtés et par le bout d'en bas, joignant lequel il y aura une ouverture dans l'un des côtés qui se tirera par le haut comme une écluse, et ce afin de pouvoir porter le mortier à l'endroit où on voudra l'employer tout d'un coup et empêcher par ce moyen la dissipation que l'eau en ferait si on le jetait dedans sans autre précaution.

48. — A mesure que la jetée s'élèvera, on aura plus de facilité à faire cet arrangement, lequel sera enfin élevé et parfaitement mis à niveau à la hauteur d'un pied et demi près de la superficie de la plus basse eau, sur laquelle hauteur, il la faudra achever sur toute la largeur qu'elle doit avoir avant que de passer outre ; ensuite de quoi et après l'avoir laissé reposer 5 ou 6 mois, voir une année, on assurera la fondation par une grille de charpenterie de bois de chêne, ipreau ou sapin rouge coupé en saison, de 10 à 12 pouces d'écarie, bien chevillées sur les entailles, laquelle sera assise bien de niveau suivant les ali-

gnements, ce qui sera aisé à faire, si après avoir bien préparé son assiette on la fait flotter toute assemblée dessus jusqu'à ce qu'elle soit dans ledit alignement, où l'arrêtant il n'y aura plus qu'à la charger de pierres peu à peu jusqu'à ce que d'elle-même elle s'enfonce tout doucement dans sa place.

49. — Cela fait, il faudra remplir les ouvertures de très-bonne maçonnerie de pierres plates et posées de champ, en mortier composé de deux tiers de sable et d'un tiers de chaux vive, et de pouzolane mêlée moitié par moitié.

50. — L'élévation de la jetée sera continuée en même temps et les environs de la grille maçonnés de part et d'autre, afin de l'enchasser dans sa fondation, ensuite de quoi on fondra en retraite de 6 pouces sur le devant et derrière de ladite grille aux gros blocs ou libages de 7 à 8 pouces d'épaisseur sur 15 à 18 de long faisant parement de pierre dure piquée sur les joints et grossièrement taillée sur les faces, le tout posé à bain de mortier, composé comme ci-dessus, et les vides d'entre les blocs soigneusement garnis de moëllons arrangés à la main et pressés du marteau jusqu'à ce que la pierre ayant trouvé son joint, demeure en repos et n'obéisse plus, ce qui sera diligemment observé dans toute la maçonnerie sèche, remarquant que quand on sera sorti de l'eau pour lors il ne faudra plus employer de pouzolane, mais seulement faire les mortiers de deux tiers de sable et d'un tiers de chaux vive bien démêlé.

51. — La fondation étant élevée à 1 pied au-dessus de la grille on fera de rechef retraite de 6 pouces devant et derrière, réduisant toute l'épaisseur de la maçonnerie à 10 pieds, ensuite de quoi on fera parement comme il a été dit ci-dessus garnissant le milieu de bons gros moëllons toujours mis à la main et en bain de mortier conditionné comme ci-dessus.

52. — La maçonnerie étant de rechef à 1 pied de hauteur, comme il est marqué par le profil, on fermera la dernière re-

traite égale aux précédentes, réduisant toute l'épaisseur du revêtement à 9 pieds de roi, ensuite de quoi et après avoir redressé les alignements on fera parement net premièrement par deux assises de pierres dures de 10 à 12 pouces de hauteur chacune et de 15 à 20 de queue piquées sur les joints et grossièrement taillées sur les faces et ensuite par assises réglées et continuées de moëllons choisis bien mêlés et d'échantillon depuis 5 jusqu'à 9 pouces d'épaisseur sur 10 à 12 et 15 de queue, observant de n'y employer que de celui qui sera tiré près la tour de Balaguier et la bastide de Ricard, rejetant la pierre moresque comme de nulle valeur pour ces sortes d'ouvrages.

53. — Le parement intérieur sera élevé à plomb et fait de moëllons bruts par assises de hasard, mais l'extérieur valuera de 1 pied sur 6 jusqu'à la hauteur du cordon.

54. — Sur chaque pied et demi de hauteur on rasera la maçonnerie de niveau sur toute l'épaisseur du revêtement, ensuite on fera une assise comme de deux briques d'épais bien cuites et choisies en parement devant et derrière pour en marquer les liaisons, lesquelles assises n'auront que deux briques de longueur au premier talus, réduites à une et demi au second, continuant toute l'élévation du mur en cet ordre jusqu'à l'élévation de 17 pieds 3 pouces au-dessus de la dernière retraite, sur laquelle hauteur on posera un cordon en pierre de taille de 9 pouces d'épais. Rasant après toute la maçonnerie à cette élévation au-dessus de laquelle on élèvera le grand parapet à plomb, faisant parement net des deux côtés de l'épaisseur de 6 pieds de roi sur la hauteur de quatre et demi par dedans avec une pente de 10 pouces vers le dehors.

55. — Tout le corps de ce parapet sera de maçonnerie, savoir : le dedans de moëllons, le parement de devant et derrière de briques posées en liaisons réduites de deux à une, et celui du glacis de briques aussi, mais posées de champ en mortier

fin avec les joints cirés et bien refaits, observant de terminer le bord extérieur de ce parapet par une cuizaise de pierres de Marseille de 2 pieds de face sur 1 pied 1/2 de hauteur, choisies et toisées en saison, proprement taillées et posées en liaison avec la brique ci-dessus.

56. — Tous les angles saillants seront formés de pierres de tailles dures, taillées au gros poinçon sur les faces, et piquées sur les joints talués comme ce revêtemant et posées de surplus emboulissées et parement sur la largeur de 3 pieds réduits de part et d'autre de l'angle, non plus.

57. — Tous les contre-forts du revêtement qui doit servir à la nouvelle darse seront espacés de 18 pieds de milieu en milieu ; leur épaisseur de 3 pieds à la racine comme à la queue, la longueur de 8 pieds sur la hauteur du revêtement ; la maçonnerie sera de moëllons faisant parement des deux côtés posés par assises de hasard, mais réglée de pied et demi en pied et demi par des liaisons de briques comme celles du revêtement, le niveau de laquelle sera observé et celui de ses contre-forts.

58. — Tous les contre-forts seront joints l'un à l'autre par une voûte faite à plein ceintre, dont l'arrachement commencera sept pieds et demi au dessus du rez-de-chaussée.

59. — La dite voûte sera de briques d'un pied et demi d'épais, les reins de laquelle seront garnis de maçonnerie jusqu'à la hauteur de 4 pieds au-dessus de l'arrachement et le surplus de gravier seulement soutenu par le petit mur de derrière, dont l'élévation sera continué pour servir de clôture au magasin, ensuite de quoi on pavera le chemin des Rondes de sable et gravier mastiqué de chaux.

60. — Les extrémités des contreforts seront prolongées de 12 pieds par un mur de 2 pieds d'épais, élevé à plomb des deux côtés jusqu'au toit pour servir de mur de refend au magasin des vaisseaux et le tout formé par un autre mur de face de même

épaisseur, dans lequel seront percées les portes et fenêtres comme il est marqué aux élévations et profils donnés pour cet effet ; on observera aussi d'y faire un plancher à la hauteur marquée par ledit profil et un petit renfort à l'endroit de la voûte qui portera sur les extrémités des contre-forts qui doivent soutenir le petit mur de derrière.

61. — Tous les murs étant élevés et rasés à la hauteur marquée par les élévations et profils, on posera la charpenterie de la toiture dessus, qui sera de chêne et de sapin coupé en saison et ensuite la couverture qui sera plate et faite de tuiles creuses garnies de faîtières et cornières nécessaires posées en mortier composé de sable fin et de chaux vive suivant l'usage du pays.

62. — Après l'ouvrage achevé et couvert, on aura soin de crépir et bien enduire les murs dedans et dehors le mortier fait de sable fin blanc et chaux vive, en sorte que le tout soit d'une belle apparence et contente la vue.

63. — Tout le long du front qui est posé à la mer et entre les contre-forts, on pratiquera des embrasures pour battre à fleur d'eau, de la figure et distance les unes des autres marquées au plan et profil ; leur largeur au plus étroit sera de 18 à 20 pouces sur 2 pieds et demi de hauteur, et, au plus large, de 3 pieds et demi sur la hauteur de 4 et demi, en ce compris l'abaissement de 6 pouces.

64. — Le bord extérieur sera revêtu de pierres dures bien piquées sur les joints taillés sur les faces et le dedans aussi bien que l'intérieur des briques choisies et non sujettes à se dissoudre par les eaux, et après qu'elles seront faites, on aura soin de les mûrer sur l'épaisseur de 3 pieds pour n'être ouvertes que dans le temps de besoin.

65. — A 15 pieds de distance pris parallèlement au magasin on bâtira le revêtement des quais 2 pieds environ en retraite du bord de la jetée sur laquelle ils seront fondés 2 pieds sous l'eau

au moins et élevé de 2 et demi au-dessus sur l'épaisseur de 3, le composé de leur maçonnerie sera de moëllons mis à la main en bain de mortier composé comme dit est au 47e article, le parement dedans l'eau sera fait de grosses pierres piquées, jointoyées et grossièrement taillées sur les faces et celui qui sera hors de l'eau de pierres de taille piquées aussi sur les joints et mieux taillées sur les faces, le tout posé dans les alignements par assises égales et bien ordonnées, observant de faire deux retraites de demi pied chacune sous la superficie de l'eau par égale hauteur.

66. — Le bord supérieur des quais sera laminé par une pièce de bois de chêne de 10 à 12 pouces en carré posée le long suivant les alignements du parement serrée et soutenue par d'autres pièces de bois traversant de 7 à 8 pouces carrés entaillés à queue d'aronde espacés de 10 en 10 pieds, tenues par des poteaux qu'on aura enchassés, en faisant la jetée de 7 à 8 pieds de profondeur, lesquels poteaux seront liés ensemble et assemblés par une ventrière gissant parallèlement à la pièce du bord auxquels seront attachés par entailles des clefs ou traverses et le tout tenu et chevillé par des chevilles de fer à tête ronde de 1 pouce carré de tige, observant d'ébarbeller celles qui attacheront la pièce du bord avec les queues d'aronde; cela fait, le quai sera achevé, le dedans comblé de blocailles et le sommet bien uni et couvert de gravier et gros sable de 3 à 4 pouces d'épais, observant de laisser toujours un peu de pente vers le dehors pour l'écoulement des eaux.

67. — Le dedans des magasins sera aussi rempli de même, rehaussé de demi pied de plus et pavé ou planché si on le juge nécessaire.

68. — On pourra suivre cet ordre tout le long du côté de la mer et courtine du front attenant jusqu'à l'angle rentrant gauche du bastion du milieu, après quoi n'y faisant plus de maga-

sin, il ne sera pas nécessaire de tenir la jetée si large, ainsi il la faudra diminuer de 2 toises et demi, continuer la voûte sur les contre-forts et hausser le petit mur de derrière, de même que si on voulait faire des magasins et ce afin d'ôter la vue du parc à ceux du rempart qui n'y auront que faire joint que dans les endroits où il n'y aura point de magasins, ils serviront à y faire des hangars ou appentis très utiles.

69. — Par le 45e article, il a été dit que la fondation de la jetée du grand front serait approfondie avec les machines, il faudra continuer cette manœuvre aux deux autres fronts du marais, de même que la jetée, tant qu'on ne pourra pas en découvrir le bon fond ni la mettre à sec par les épuisements, mais le front opposé à la campagne et une partie de celui qui retourne sur les marais pouvant être fondé à sec, on observera très-soigneusement de bien égaler le fond, de l'assurer aux endroits où on le trouvera un tant soit peu plus faible qu'aux autres par une dose ou deux et plus s'il est nécessaire de 5 à 6 pouces d'épais sur 12 à 14 de large, d'employer toujours de la pouzolane dans toute la maçonnerie qui doit tremper dans l'eau et se conduire par les élévations du revêtement comme il a été dit au 50, 51 et 52 article, en un mot en tous les lieux où l'on pourra fonder à sec, en épuisant les eaux le faire ; mais où on ne le pourra, fonder par jetée y observant les proportions ci-devant écrites.

70. — Les contreforts de ce revêtement auront 8 pieds de long, 5 d'épais à la racine, réduite à 3 à la queue seront espacés de 15 et 15 pieds de milieu en milieu et élevés à plomb, au surplus les mesures du revêtement seront observées à chaque fond sur les profils qui leur seront destinés sur lesquels on aura soin d'en écrire les noms.

71. — Derrière les deux orillons du front qui regarde la hauteur faire deux portes de sortie percées en rampes d'escalier depuis le haut jusqu'en bas, des guérites sur tous les angles

saillants du corps de la place, des latrines à toutes les courtines et quatre corps de garde à la nouvelle enceinte, savoir : un dans chaque pointe des bastions de 20 à 24 pieds carrés qu'il faudra totalement séparer de la darse, en sorte qu'il n'ait vue que sur le rempart.

72. — C'est par la même raison et par celle de gagner de l'espace qu'il sera bon de revêtir le derrière du rempart à l'endroit où il doit être terrassé et de l'élever jusqu'à ce que la vue et les moyens d'entrer dans l'arsenal soient ôtés à ceux qui se promèneront dessus, ce qui doit être continué tout à l'entour dudit arsenal, suivant qu'on le trouvera marqué au plan.

73. — Le fond du marais le plus près de la terre doit être terrassé et celui de la terre aussi, mais on observera à celui du marais de faire auparavant vider les vases plus liquides, le long de la jetée de la largeur de 3 à 4 toises sur la profondeur de 8 à 10 pieds, remplissant après ce vide de terre sèche, blocailles et gravier et de toutes les immondices qui sortiront de l'arsenal auxquelles on pourra ajouter quelques parties qui proviendront de l'agrandissement du fort, après qu'elles auront été quelque temps desséchées.

74. — Les terrassements du fond de la terre ferme aussi bien que du marais se fera par lits de terre, retirés, étendus derrière le revêtement de la largeur de 16 à 18 pieds sur l'épaisseur de 8 à 9 pouces, battues du long et du large jusqu'à ce que la terre ne refoule plus, ensuite de quoi on en fera d'autres qui seront battues de même et ainsi de suite jusqu'à l'élévation du rempart, le sommet duquel sera mis à l'uni et le parapet établi au-dessus dans la forme et manière marquée aux profils, les mesures desquels seront exactement observées, et parce qu'il ne se trouve point de gazons, ni fascines qui vaillent en ce pays-ci, il les faudra revêtir devant et derrière d'un petit mur fait comme on l'a marqué aux mêmes profils, observant de ne point faire de

chemins de rondes aux courtines pour éviter la trop grande largeur du rempart et de revêtir aussi tous les passages des parapets aux guérites et latrines.

75. — Les terres provenant de l'excavation des fossés, seront employés la plus grande partie à former les remparts de la nouvelle enceinte et le surplus au parapet du petit chemin couvert qu'on fera le long de son fossé, les bords duquel il sera bon de soutenir par un petit revêtement : le profil en fera voir les mesures ; et à l'égard des glacis, leur donner simplement l'étendue nécessaire à leur découverte, et bien aplanir la superficie les soumettant entièrement au feu des bastions ; au surplus il ne sera pas nécessaire si l'on ne veut, d'en revêtir les parapets, il suffira de les laisser en talus de chaussée, c'est-à-dire à une terre coulante jusqu'à ce qu'on croie en pouvoir avoir à faire.

76. — Voilà à peu près tout ce qui peut regarder la fortification de l'enceinte de la nouvelle darse sur laquelle il a été proposé de s'éclaircir un peu amplement à cause de la nouveauté de l'ouvrage : nous parlerons de son approfondissement après.

DISPOSITIONS DU DEDANS DE LA DARSE.

77. — L'approfondissement du havre ne se pouvant faire qu'avec des machines, il faudra avant toutes choses en faire faire ; j'estime que 8 de la façon de celles de Toulon, qu'on pourra fortifier davantage et de 4 de celles de Marseille suffiront pour cet ouvrage, il y en a une à 4 cuillères qu'on dit être à la façon de celles de Venise qu'on y pourra ajouter si elle réussit, il ne se peut qu'elle ne soit d'un grand service, mais elle est si composée qu'il est à craindre qu'on emploie autant de temps à ses propres refections qu'en l'ouvrage même ; chaque machine aurait besoin de 4 gabares pour le transport des vases ou de ces bateaux qu'ils appellent des bettes, auxquels il sera

bon de faire des ouvertures par les fonds afin qu'elles puissent se décharger tout d'un coup.

78. — Après avoir fait la distribution du terrain nécessaire aux places et bâtiments qui doivent composer l'arsenal, tracé les espaces qu'on doit donner à chacune, réglé les canaux et le bassin et leur rive, on fera l'approfondissement de ce dernier par le moyen des machines à tenailles devant et celles de Marseille après, pour que les premières approfondissent et les autres unissent le fond.

79. — Cet approfondissement sera poussé jusqu'à 24 pieds de profond dans tout l'espace où se doivent ranger les grands vaisseaux, diminuant à 22, 20, 18, 15 et 12 pieds à mesure qu'on approchera des places et lieux destinés pour les bâtiments de l'arsenal et employer les vases qui proviendront de cet approfondissement partie aux endroits qu'on voudra atterrir et partie dans le bastion du milieu, partout au pied de la jetée du grand fort pour servir de borne à son revêtement du côté de la mer et le plus qu'on pourra au terrassement des remparts.

80. — Outre l'espace réservé aux vaisseaux, on fera aussi un canal de 10 toises de large sur 8 à 9 pieds de profondeur avec un pont-levis dessus pour servir à la voiture des munitions et ustensiles et séparer la ville de l'arsenal.

81. — La partie de la vieille darse qui se trouve comprise dans l'espace qu'il faudra mettre à bas, sera démolie et les matériaux employés à la construction de la nouvelle ; et quand la fondation sera entièrement arrachée et les pierres de la jetée aussi tirées tant qu'on pourra atteindre de la main, c'est-à-dire de 3 à 4 pieds sous l'eau ou environ, le surplus de la dite jetée sera tiré avec les machines à tenailles et même avec celles de Marseille et les pierres transportées à la nouvelle jetée, que si les tenailles ordinaires avec lesquelles ont puise les vases au fond de l'eau ne suffisent pas, on en pourra faire d'autres à 2,

3 dents de chaque côté, mais plus crochues et qui seront mieux.

82. — Dans tous les endroits où il sera nécessaire de faire des quais pour soutenir les bords du terrain, on le fera par des pilotis de 9 à 12 pouces de gros espacés tant pleins que vides; battus et enfoncés dans le terrain et chaperonnés après par une pièce de bois de 10 à 12 pouces d'écarie à la hauteur du rez-de-chaussée, laquelle sera tenue par des clefs de charpenterie entaillées en queue d'aronde, espacés de 10 en 10 pieds, attachées à d'autres pilotis plantés bien avant dans les terres et assemblés par une ventrière qui sera aussi accrochée par les mêmes clefs ; le tout attaché avec liens et chevilles de fer, spécialement la pièce du bord. Les plans et profils en feront voir la façon et mesure.

83. — Ensuite de ce que dessus on fera couler des vieilles planches de bordages derrière les pilotis, le plus bas qu'on pourra, lesquelles y seront jointes l'une l'autre jusqu'à la pièce du bord, le tout pour soutenir les terres et les empêcher de couler que si on les pouvait fasciner par derrière elles se soutiendraient beaucoup mieux.

84. — La hauteur des quais sera de 2 pieds et demi ou environ au-dessus de la grande eau et non plus, on observera de les sabler par-dessus et n'en faire qu'aux lieux où on en aura besoin pour éviter la dépense.

85. — On fera aussi les murs et fermétures pour séparer entièrement le port de la ville avec laquelle il ne faudra avoir de communication que par un pont-levis bâti sur le canal au bout duquel on fera un petit corps de garde en manière de consigne pour observer de là ceux qui entreront et sortiront dans ledit port.

86. — On pourra faire trois magasins dans l'enclos de l'arsenal, tous trois éloignés des fabriques et autres bâtiments, et

placés assez solitairement, savoir : un dans le centre du bastion du marais, l'autre dans celui du bastion neuf, et le 3ᵉ dans le bastion Notre-Dame, leur donnant 10 toises de long sur 6 de large dans œuvre ; ils pourraient contenir 150 francs de poudre chacun. En les bâtissant on observera : premièrement de fonder celui du marais sur jetée bien faite et affermir d'une année sur laquelle on aura posé une grille avec toutes les précautions énoncées à l'article. Secondement de donner 6 pieds d'épaisseur aux longs côtés et 4 par les bouts avec des piliers de pierre de taille dans le milieu et les pilastres sur les côtés sur lesquels seront portés doubleaux aussi de pierre de taille. Troisièmement de les voûter en plein cintre de 3 briques d'épaisseur garnissant les reins des voûtes, de maçonnerie ordinaire, et de faire tous les évents, portes et fenêtres marqués par les profils, couvrant après de tuiles creuses à la façon du pays et les environnant d'une petite muraille d'un pied et demi réduit d'épais sur 9 à 10 de hauteur à la distance de 3 toises comme il est porté à leur plan ; au surplus les plans et profils particuliers qui en seront donnés expliqueront les formes et figures aussi bien que les mesures de ces bâtiments sur lesquels il est bon de savoir qu'on ne les saurait bâtir trop solidement ni avec assez de circonspection contre le feu, la bombe et le canon ; j'ose pourtant assurer que ceux-ci ne le sauraient être davantage et que hors le feu du ciel contre lequel il n'y a pas de remède, ils n'auront à craindre que l'indiscrétion d'un mal avisé, au reste je ne dis rien ici de la fondation des deux autres parce qu'ils seront à bon fond.

87. — Il y aura encore deux autres endroits joignant l'entrée de la darse très-bien couverts qui sont les vieux corps de garde enfoncés dans le centre de la plate-forme, lesquels on pourra convertir en magasins, les voûter comme les précédents, il ne sera pas mal aisé d'y tenir des poudres en sûreté dans les

besoins pressés sans crainte qu'il arrive d'accident quand même on ferait les jours du feu à l'entour.

88. — La grande tour étant achevée sera encore un fort bon magasin qui ne sera pas trop éloigné de la place et où les poudres seront en sûreté.

89. — Que s'il en faut faire un si grand amas que tous les magasins que nous venons d'indiquer ne les puissent contenir, ou que l'on craigne les effets du tonnerre qui est fort fréquent en ce lieu, on en pourrait bâtir un fort grand à la Goubran, lieu solitaire, presque isolé et qu'il est aisé d'isoler tout à fait et de rendre très-sûr.

90. — Tous les bâtiments et couverts de l'arsenal seront construits suivant la distribution marquée au plan général et leur aisance et commodité accommodées aux besoins qu'ils auront les uns des autres et la facilité du service, observant que les fondations qui se trouveront en pays sec, soient faites à l'ordinaire, celles qui se trouveront en pays marécageux et à demi mouillés, assurées par grilles, faites de dosses de charpenterie de 6 pouces d'épais sur 12 de large et celles qui se feront dans les lieux atterris sur d'autres grilles de charpenterie plus solides composées de pilotis de chambre qui n'entreront que 5 à 6 pieds dans le fond et dont la tête sera enfoncée tant plein que vide au niveau de la grille, et les vides achevés de remplir de pierres bâties de champ et posées en mortier composé de chaux, sable et pouzolane par égale portion, le tout recouvert après d'une plate-forme de dosses de chêne de 4 à 5 pouces d'épais fortement attachées sur la grille par des grands clous de fer enfoncés à force, et la dite plate-forme hachée du coin des herminettes du long et du large de la superficie pour la rendre plus raboteuse, ensuite de quoi on fondera dessus, bien entendu que ce ne sera qu'après avoir battu les pilotis de garde à l'entour pour la mieux contenir.

91. — Que si le terrain se trouve si mauvais qu'une telle fondation ne soit pas capable d'assurer la superficie, il y faudra fonder par jetée de pierres ou par un grand pilotage battu et refus et toujours liés par une grille ou plate-forme et faire un grand empiètement ; quand à leur élévation il la faudra faire la plus simple et la moins ornée qu'il sera possible, mais pourtant honnête et bien appropriée ; au surplus les dessins et devis particuliers expliqueront le détail de chacun, nous contentant quant à présent de les indiquer par leurs plans et d'expliquer à même temps leurs usages, ce qui fera aussi bien voir la nécessité de ces bâtiments qu'un plus long discours.

A. B. C. D. T. — Enceinte de la nouvelle darse.

C. D. T. — La partie de l'enceinte qu'il faudra terrasser.

A. B. C. G. — La partie du rempart qu'il faudra fonder par jetée.

G. D. T. — Ce qu'on pourrait fonder à sec et terrasser.

J. — Lieux à atterrir pour mettre un magasin à poudre.

K. — Grands vaisseaux rangés suivant l'espace et les mesures qui leur conviennent.

L. — La chaîne qui les enfermera tous les soirs.

O. — Moitié de la vieille darse destinée aux flutes, brulots, machines à mâter, barques, chaloupes, gabares, et autres bâtiments indispensablement attachés aux service des vaisseaux quand le nombre excèdera à la nouvelle darse.

P. — Autre moitié de la vieille darse qui sera délaissée au commerce et qui pourra servir en cas de besoin à retirer les vaisseaux des alliés et même les nôtres si les flottes de ponant et de levant venaient à se rencontrer ensemble.

Maison du roi où loge M. l'intendant de la marine.

Porte de l'arsenal.

Chapelle.

Sacristie pour toutes les chapelles des vaisseaux.

Prison.

Bureaux pour le payement.

Logement des portiers.

Portique pour le passage des charrois et l'entrepôt des marchandises qui viennent par terre.

Poids.

Entrepôt des marchandes qui viennent du côté de la mer.

Bureau pour le magasin général.

Magasin général où il y aura de toutes les natures de marchandises nécessaires à la construction et équipement des vaisseaux.

Magasin des planches et chevrons.

Boutiques des remolats, peintres, barrilas, poulieurs, menuisiers et sculpteurs.

Les serruriers et armuriers au-dessus.

Les tourneurs, vitriers, lanterniers, plombiers, chaudronniers. Le second étage sera occupé par les vivres de tous les vaisseaux et les fanaux et lanternes claires, et pour les portes gargousses et autres choses provenant du tourneur.

Forges n'ayant point d'étage au-dessus.

Halles pour les bordages et le dessus pour les marchandises hors de service ou retour des vaisseaux.

Lieux destinés pour remettre les bois dans l'eau.

Halles pour les mâts et dessus pour les vieilles voiles.

Magasin de chanvre et les peigneurs au-dessus.

Corderie, dont l'allée du milieu prend les deux étages et celles qui sont de chaque côté auront un second étage au-dessus pour filer à la ceinture.

Magasin du cordage blanc, savoir : le premier étage pour les câbles et gros cordages, et le 2e pour le menu.

Etuve.

Magasin du cordage goudronné, les fileurs d'étoupe au-dessus.

Réservoir pour le goudron.

Halle aux affuts, le second étage pour les maîtres canonniers.

Magasin du désarmement.

Places à remettre les ancres et le lest des navires.

Quai à la façon du Danemark pour caréner les vaisseaux et mettre les chaloupes à couvert.

Magasin général du munitionnaire pour les marchandises qui se distribuent journellement, avec les légumes au second étage.

Fours, la farine au second étage et le biscuit au troisième, tant au-dessus des fours qu'au-dessus du magasin général du munitionnaire.

Caves, les chairs salées au-dessus.

Ecurie pour les bestiaux, tuerie et saloirs au-dessus.

Halle aux futailles.

Magasin à poudre.

Petit corps de garde à la pointe des bastions de la darse.

Lieux à faire des petits hangards.

92. — Or que cette distribution soit bien faite et chaque pièce placée au lieu qui lui convient le mieux il ne faut qu'examiner les rapports et les correspondances qu'elles ont les unes avec les autres pour en convenir.

93. — Aussi la première pièce qu'on rencontrera, en allant à l'arsenal, sera le logis de l'intendant qui est ordinairement celui à qui on a le plus à faire, et c'est dessous ses fenêtres et en vue de sa chambre et de son cabinet que passe tout ce qui entre et sort de l'arsenal par mer ou par terre.

94. — Devant ses fenêtres est le quai où l'endroit pour caréner les vaisseaux, recevoir les bois qui viendront par terre et par eau, les y mettre séparément suivant ce à quoi ils seront destinés et une manière d'échafaud appelé quai de Danemark, sous lequel on mettra les chaloupes à couvert.

95. — On ne fait qu'une seule porte à l'arsenal afin que tout soit obligé de passer par là ; et comme en revue devant l'intendant qui, de sa fenêtre, a vue sur le quai sur les deux tiers de l'arsenal et sur toute la construction des vaisseaux.

96. — A droite et à gauche de l'entrée sur les logements des portiers, les bureaux, la chapelle et les lieux à décharger les marchandises qui ne peuvent pas être mieux placés parce qu'ils sont près de l'entrée où on a pas la peine de les aller chercher ailleurs, ce qui serait tout à fait contre l'ordre s'il fallait qu'ils en fussent éloignés.

97. — Outre le magasin pour recevoir les marchandises qui viennent par terre, il y en a un autre tout auprès de celles qui viennent par eau avec des poids entre deux pour les peser et un vestibule pour les examiner, ce qui est encore très-bien placé eu égard à la convenance qu'il y doit avoir entre ces lieux.

98. — Le chantier ne pouvant pas avoir ses accompagnements plus à propos puisqu'il est environné du magasin général d'où il y a mille choses à tirer du bureau et des poids dont on a toujours besoin pour faire les livraisons des forges et de toutes les sortes d'ouvriers en fer et en bois dont on peut avoir besoin dans la construction des vaisseaux et de plus de la halle aux planches, bordages et autres bois.

99. — De l'autre côté il y aura une grande place pour les mâts et une halle auprès pour les fabriques ; le tout près du chantier dessous la main des maîtres charpentiers.

100. — Comme il faut une infinité de cordages de toutes les façons dans les navires, les lieux de leur fabrique et ce qui doit les contenir sont ordinairement ceux qui doivent avoir le plus de rapport et de connexité ensemble et ce en quoi il me paraît qu'on a admirablement réussi dans cette distribution puisque du magasin on prépare les chanvres et on les reçoit, on passe dans la corderie où on file les cordages hauts et bas de toute

grosseur ; de là on les porte dans les magasins des cordages blancs qui est attenant, de là à l'étuve où on les goudronne et de là dans les magasins des cordages goudronnés pour sécher d'où on les charge en sortant de la porte dans les gabares et chaloupes pour les porter du premier coup dans les vaisseaux suivant la distribution qui s'en fait et le tout chemin faisant, sans qu'il y ait un pas perdu, rien n'est mieux à mon avis que tout cela, d'ailleurs l'étuve qui est un bâtiment où l'on fait grand feu et par conséquent sujet aux incendies est isolé et séparé de tous les autres et le réservoir au magasin à goudron comme plein de matières combustibles faciles à s'allumer est placé au milieu d'une grande cour éloigné de tous les autres bâtiments où, quoi qu'il puisse arriver, il sera aisé de le préserver.

101. — Les canons qu'on décharge des vaisseaux ne sauraient être mieux placés que dans une cour sur les bords de l'eau où les gabares viendront au besoin reprendre ces pesantes pour les porter de la première main à bord de leurs vaisseaux et la halle aux affûts ne peut pas mieux être que près des canons dans un lieu solitaire et sur le bord de l'eau, au reste quand nous avons cent affûts dans un arsenal de terre nous regardons cela avec étonnement, mais deux mille dans un arsenal de marine ne surprennent pas et ne sont pas comptés pour beaucoup.

102. — Si on voyait la quantité de futailles qu'il faut dans les navires on aurait peine à s'imaginer qu'il se peut trouver assez de bois pour en autant faire et en effet la quantité qu'il en faut n'est pas convenable et c'est pour les mettre à couvert qu'on a désigné cette grande halle à côté de la corderie vers l'extrémité de laquelle est la distribution des places appartenant au munitionnaire où l'on trouvera tout ce qui peut appartenir à la cuisson du biscuit, logement des farines, caves, écuries, chairs salées, avec sa communication à la halle et au canal pour les voitures, etc.

103. — De cinq magasins proposés à l'entrée de la darse il y en a quatre qui peuvent charger et décharger sur le bord de l'eau et l'autre qui n'est pas loin en les bâtissant suivant les dessins qui en seront donnés, on peut dire que tous seront assurés et que hors le tonnerre il est presque impossible qu'il en arrive accident.

104. — J'oubliais à dire que les vaisseaux entrant dans la darse n'auront qu'à tourner à gauche pour se décharger de leur lest et de leurs ancres sur la place qui leur sera destinée pour, en chemin faisant, les reprendre quand ils en sortiront à l'extrémité de la darse, on pourra établir un petit corps de garde à l'un des bouts de l'estacade qui s'en ira fermer au quai de la ville joignant celui de Danemark.

105. — De surplus chaque vaisseau aura son magasin de désarmement voir deux joignant le revêtement de la darse duquel il sera si près que son beaupré, il n'en faudra guère qu'il n'en puisse toucher les fenêtres.

106. — En un mot pour bien juger de cette distribution, il n'y a qu'à ouvrir les yeux et voir si outre le rapport et la connexité que toutes ces pièces doivent avoir ensemble, le transport des matériaux pesants et nombreux dont on charge les navires se peut faire de plus près et plus facilement ; où il m'assure que c'est sur quoi on aura pleine satisfaction, au reste ce n'est pas pour me faire honneur que je dis ceci puisque ce n'est pas moi qui l'a fait, mais bien M. Arnoul qui y a mieux réussi que je n'aurais fait, et sans doute mieux que tous les architectes de France ensemble n'auraient pu faire, cette matière n'étant pas de celles dont on puisse dire qu'il y ait quelque belle expérience dans le royaume.

107. — Quoiqu'il ait déjà été parlé du mal que les ruisseaux du Las et de l'Égoutier font à la rade et au port de Toulon, je ne puis m'empêcher d'en dire encore quelque chose, aussi est-ce une matière sur laquelle on ne saurait exagérer quoiqu'on en

dise, nous ne laisserons pas d'exposer de rechef quelque chose de leur fait avant que de venir à l'instruction de leur détour.

108. — A voir le plan et la manière dont ces ruisseaux sont situés on dirait qu'ils ont fait société pour boucher le havre de Toulon et qu'ils ont résolu de se joindre entre la ville et la mer à cet effet, et c'est à quoi ils parviendront indubitablement si on continue à les négliger, car il n'y a qu'à considérer les avances de terre qui se trouvent à l'entrée de leur embouchure, la hauteur des vases, le peu d'eau qu'il y a à l'entour et la quantité de prairies que chacun d'eux a formé pour bien juger de ces progrès et du mal qui en réussira s'il n'y est promptement remédié; c'est aussi ce que nous allons instruire.

L'ÉGOUTIER.

109. — A quelques 150 toises au-dessus de son pont y détourner les ruisseaux de la Valette par une digue et un canal fait exprès qui recueille en chemin faisant toutes les autres petites eaux ruisselées qui s'écoulent par là.

110. — Élargir l'Égoutier de 3 toises du côté des prairies et depuis la jonction de ce ruisseau en bas l'approfondir jusqu'à 708 pieds réduits et employer les terres en provenant à lui former une digue forte et bien élevée qui se joigne à celle du ruisseau de la Valette, ce qui sera continué jusqu'au pont de pierre qu'il faudra prolonger d'une arche assez élevée, de même que le chemin pour y venir, de peur que l'eau élevée dans les temps d'orages ne se sauve par là.

111. — De ce pont en bas continuer la digue et élargissement jusqu'au coin du jardin de M. Chabert et depuis ledit jardin jusqu'au coude où le nouveau lit quitte le vieux, il faudra élargir ce dernier de 4 toises parce que le terrain y est plus bas et le continuer sur les mêmes profils, diguant toujours le même côté très-soigneusement; de là traversant les prairies

jusqu'à un arbre où il y a une image Notre-Dame joignant le pied des vignes et de cet arbre jusqu'au terrain élevé du Mourillon, on fera un nouveau lit auquel on donnera 10 toises de large à la superficie et 6 en bas sur la profondeur de 8 pieds, diguant toujours très-fortement le côté de la mer et quelque peu l'autre pour la conservation des prairies ; de là il ne faut pas suivre le dessin qui paraît le plus court depuis l'arbre jusqu'à la mer, parce qu'il faudrait passer entre deux montagnes et couper un terrain où il y a 47 pieds et demi, approfondir sur 24 toises de large et où probablement il se rencontrerait beaucoup de roc joint, que le transport qu'il y aurait à faire des terres en doublerait la dépense et les écoulisses des hauteurs qui le comblerait presque tous les ans, obligerait à des entretiens fâcheux, ce qui doit faire rejeter ce dessin pour suivre le plus long comme le plus facile et de bien moins de dépense comme il se verra par le prix de leur estimation.

112. — Depuis le commencement du haut terrain du Mourillon jusqu'au bout de la rade traversant le coin d'une vigne formée de muraille qui est là auprès, on continuera le canal sur les mêmes largeurs et profondeurs, bien entendu qu'on pourra diminuer quelque chose sur le précédent pour ajouter à celle-ci s'il en est besoin.

113. — Depuis le bord de la rade on continuera la conduite du même canal en la côtoyant, traversant les vignes, hauteurs, rochers et prairies telles qu'elles se rencontreront jusque dans le fond du grand vallon, diguant toujours très-soigneusement le long des bords de la mer sans se mettre beaucoup en peine de l'autre côté contre lequel l'eau ne peut faire du mal.

114. — Depuis le commencement du grand vallon jusqu'à la grande mer le canal sera conduit ainsi qu'il est marqué au plan, observant de le toujours bien diguer aux endroits qui est besoin, de se conformer aux mesures qu'on trouvera marquées sur l'es-

timation de chaque partie, au surplus il ne faudra pas fermer le vieux lit que le nouveau ne soit entièrement achevé.

DÉTOUR DU LAS.

115. — Celui-ci est beaucoup plus aisé que celui de l'Égoutier parce que le terrain en est plus uni et la pente presque toujours égale. Il avait été proposé de le détourner par Missiessy, ce qui eût été fort aisé, mais c'est un remède palliatif qui ne ferait qu'éloigner tant soit peu le mal et n'en ôterait point la cause, c'est pourquoi je n'en suis nullement d'accord, pour donc revenir au détour de ce ruisseau il le faut prendre à l'écluse de Rodillat qu'il faudra rehausser de 2 à 3 pieds, la bien raccommoder et tirer ensuite une ligne la plus droite qu'on pourra, de là à la mer entre Lagoubran et l'île de Milhaud, suivant laquelle il faudra conduire ce canal de la largeur de 10 toises par haut et 6 par en bas sur 8 pieds de profondeur un peu plus un peu moins suivant les endroits où il y aura plus ou moins de terre à combler, car la superficie n'est pas toujours égale, on observera de ménager l'épaisseur de ses digues, de les faire plus ou moins fortes d'un côté que d'autre, suivant les pentes et élévations du terrain et parce qu'il y a deux grands chemins à charroi qui traversent ce canal, il faudra faire deux ponts de pierre voûtés sur arcades avec des buttes de maçonnerie de part et d'autres de ces bords, ramasser aussi toutes les eaux qui s'échappent de l'autre côté de l'écluse et les remettre dans le nouveau canal dans lequel il ne faudra remettre le ruisseau qu'après son entier achèvement, il sera bon même d'y en laisser couler quelque partie pour voir comme elle prendra son cours avant de l'y mettre tout entière, afin de corriger au besoin ; au surplus les toises montrent les longueurs, largeurs et profondeurs qu'il faudra donner à ces ouvrages suivant les différents endroits où on se rencontrera.

LE MOURILLON.

116. — La même raison qui a pu obliger ci-devant à faire des bastions parce que cette avenue est la plus proche des Vignettes, seul endroit dont on puisse appréhender une descente, laquelle selon toute apparence ne saurait avoir d'autre objet que la prise de Toulon ou le dessein d'en brûler les vaisseaux dans le port.

117. — La prise ne s'en peut tenter qu'en trois manières différentes : par surprise ou par un siége réglé, la surprise paraît impraticable par l'impossibilité de la pouvoir ménager de si loin, l'insulte après ce dessin si achevé n'est pas une affaire à laquelle on puisse seulement penser à moins d'une grande intelligence dans la place auquel il n'a pas d'apparence ; et pour ce qui est des siéges réglés, leur succès dépend de tant d'attirails et de constance qu'il est encore plus difficile de s'imaginer par où et comment un ennemi pourrait s'y prendre, point que les difficultés s'accroissent encore davantage si on vient à considérer que ce pays-ci est extrêmement rude et difficile, la place mal aisée à circonvaler ; et qu'enfin il est presque impossible que nous n'y soyons maîtres de la terre et de la mer.

118. — Mais il paraît moins d'impossibilité en l'incendie des vaisseaux et il ne faut pas douter que si l'ennemi pouvait établir huit ou dix mortiers au Mourillon, il n'eut bientôt brûlé ou coulé à fond tout ce qui serait dans le port ; or ce poste étant occupé et en état de tenir trois ou quatre jours, il n'y aura plus moyen d'y songer, parce qu'il n'y a point d'autre endroit par où on s'en puisse approcher assez près ni même de la ville qu'en prenant un fort long tour à cause des marais qui n'est pas ce qu'il faut à ceux qui font une descente précipitée, parce que la sûreté de rembarquer serait un peu casuelle si on s'en éloignait tant, d'ailleurs ce fort est parfaitement bien situé pour soutenir

les gens opposés à la descente et leur donner retraite, ce qui se ferait difficilement par ailleurs à cause du détour qu'il faut prendre ; il assurera de plus pour toujours et en tous temps les vaisseaux qui se trouveront dans la fosse, et flanquera de dix à douze pièces de canon de la darse et la protégera contre les hauteurs voisines de la descente donnant par ce moyen lieu au soutien des châteaux de la rade qui sont des postes à ne devoir être abandonnés qu'à la dernière extrêmité. Enfin cette pièce aura liaison par terre et par mer avec la plus grande tour, autre poste assez bon pour ne pouvoir être forcé par une descente, non pas même quand elle serait battue quatre jours durant avec les plus grosses pièces, tant elle est épaisse et solide ; et comme elle pourrait fort bien contenir jusqu'à trois ou quatre cents hommes au besoin, ce serait un fort bon moyen pour incommoder les descentes et donner retraite à ceux qui s'y opposeraient, au surplus l'ouvrage qu'on propose pour l'occupation de ce poste est une petite corne et à preuve de 22 toises de courtine, 6 de flanc, 18 de face, sur 35 de chaque côté.

LES PROPRIÉTÉS DE TOULON TANT PAR MER QUE PAR TERRE APRÈS CE DESSIN EXÉCUTÉ.

Cette place qu'on ne peut pas dire n'être pas insultable en l'état qu'elle est, et quand ses gens de mer sont absents, sera en état de pouvoir soutenir un siége réglé de huit ou dix jours qui est comme si elle en pouvait soutenir un de deux mois.

Les deux ruisseaux qui travaillent au comblement de sa rade depuis si longtemps étant détournés, de même que les immondices de la ville, ce qui est très-facile, ladite rade restera du moins en l'état qu'elle est, qui est encore la meilleure de la Méditerranée.

Les vaisseaux du roi qui présentement sont amoncelés les uns sur les autres et mêlés avec tous les allant et venant, avec un si grand péril que le moindre accident qui y arriverait, on n'en pourrait pas sauver un seul, seront pour lors tous au large et enfermés comme dans une boîte, n'ayant de communication avec la terre et la mer que celle qu'on leur voudra donner, et où s'il arrivait accident de feu à quelqu'un, on le pourrait fort bien retirer avant qu'il se pût communiquer aux autres.

La vieille et nouvelle darses étant approfondies comme il est proposé, par ce moyen les plus grands vaisseaux y pourraient entrer et sortir tous armés, ce qui fera une très-grande épargne de temps et de dépense toutes les fois qu'il faut armer ou désarmer.

On ne sera plus obligé de sortir les navires hors du port et de les mener à la fosse comme on fait pour les caréner, puisqu'on le pourra faire aisément et en toute sûreté dans le port aux endroits destinés à cet usage, ce qui sera encore un autre ménage de temps et de dépense.

Non-seulement le port contiendra les navires marqués dans son plan commodément, mais se servant de la vieille darse que nous appliquons à la marine et laissant l'autre au commerce elle en contiendra bien quatre-vingt au besoin et occupant les deux darses, elle en contiendra plus de cent, c'est-à-dire tous les vaisseaux de levant et de ponant avec leur suite qui n'est pas peu de chose, car il est bon de remarquer qu'il y en a quinze à seize tant que flûtes, que brûlots et machines à mâter, et outre ce, quantité de barques, pontons, gabares, chaloupes et canots, tous les bâtiments à qui il faut encore de l'espace assez considérablement.

Il est certain, quant à l'arsenal, que la distribution de ces bâtiments ménagée comme elle est, fera encore de très-grandes épargnes par le raccourcissement et facilité des transports, par la proximité et avance de ceux qui ont rapport les uns avec les autres et pour les couverts qui s'y trouvent pour toutes les marchandises appartenant à la structure et équipage des navires.

D'ailleurs, il sera séparé entièrement de la ville, avec laquelle il n'aura communication que par une porte, qui est un excellent moyen pour empêcher d'être dérobé par l'infinité d'ouvriers de toute sorte qui y sont journellement employés, ce qui n'est pas de petite considération parmi les gens de mer ordinairement accoutumés à se servir de leurs mains et de s'accommoder le mieux qu'ils peuvent partout où ils se trouvent.

A l'égard de la fortification qui environne cet espace, le grand front opposé à la mer sera percé partout d'embrasures à fleur d'eau qui pourront raser la superficie de la rade de cinquante pièces de canon quand on voudra, trois à chaque flanc qui défendront les faces qui leur seront opposées et dix à l'avance qui joint la vieille darse pourront en défendre l'entrée aussi bien que l'approche de ces deux faces, de plus le sommet du revêtement sera couvert par un parapet à preuve surmonté d'un petit de briques percé de créneaux avec un chemin de 8 pieds de large pour ranger la mousqueterie.

Des deux fronts qui ont pour opposé les marais, l'un sera tout à fait inaccessible aux attaques réglées à cause des vases et boues dont il est couvert et l'autre le sera dans les trois quarts de son étendue et tous les deux enveloppés par une fosse de 30 toises de large sur 7 à 8 pieds de profondeur.

Des quatre flancs qui doivent entrer dans la composition de leur figure, trois ne peuvent être battus, et l'autre sera de la grandeur et qualité requise au service à quoi on le destine ; en un mot ces deux fronts peuvent être considérés comme inaccessibles eu égard à Toulon, et pour ce qui est du front de celui de terre qui est le seul endroit par où l'on puisse attaquer son plus grand faible sera doublement défendu, ce qui arrive en pas un autre lieu de la place ; d'ailleurs on peut dire qu'il sera beaucoup meilleur quant à la quantité de la fortification et des matériaux que pas un autre de la vieille fortification.

Au reste dans un siége réglé, il se rencontre des hauteurs aux environs de la place qui en peuvent voir quelques parties par dedans et même de revers ; mais outre que l'élévation des bâtiments en diminuera considérablement la vue, les endroits à qui cela pourrait arriver ne seront point exposés aux attaques de terre, et ainsi il n'y a pas lieu de craindre le mauvais usage que l'ennemi en pourrait faire.

La fortification proposée au Mourillon étant exécutée la fosse deviendra un excellent petit port assuré comme la darse, merveilleux pour faire faire quarantaine aux vaisseaux du roi qui viendront soupçonnés, et donner retraite aux vaisseaux des alliés et aux galères quand le cas y échoira.

Quant aux descentes que l'on pourrait craindre à Toulon, l'achèvement de la grande tour et l'érection du Mourillon en rendront les desseins chimériques et aussi ridicules que celui qu'on attribua aux Anglais il y a douze ou treize ans quand on voulait qu'ils vinssent brûler les vaisseaux dans le port.

De la Pointe au bastion neuf D, celui de Saint-Roch G, on a pointé un petit dessin d'augmentation consistant en un bastion et deux données, dont la structure serait utile au roi, très-commode à la ville et d'un grand ornement à la fortification, si Sa Majesté a pour agréable de la faire exécuter, il y aura environ 28,500 toises carrées de terres à acheter, déduction faite de celle qui est occupée par la fortification présente, qui estimée à xxx la toise fait la somme de 42,750 fr. et pour les maisons bâties sur ce terrain environ 12,000 fr., le tout faisant 54,750 fr. de dédommagement.

La clôture étant faite on pourra vendre 15,000 toises carrées à 15 fr. la toise, laissant le surplus aux rues et à la fortification, ce qui fera la somme de 225,000 fr., dont ôtant celle du dédommagement restera 170,250 fr. et d'où ôtant de rechef 100,000 fr. pour la dépense de la fortification restera un pur gain pour le roi 70,250 fr. et peut-être bien davantage, parce que le dédommagement et la fortification ont été estimé un peu fort et la vente des places un peu faible.

Si l'exécution de ce dessein a lieu, la pointe du bastion se trouvera 160 toises d'une hauteur qui leur sera supérieure et le commandera, mais elle ne le verra que de front, et les flancs en seront aisément couverts ; d'ailleurs elle ne peut servir à l'ennemi que pour une grosse affaire, c'est-à-dire un siége réglé dans toutes ses formes, ce qui ne paraît pas praticable à Toulon, où pourvu qu'on puisse sauver une affaire de deux ou trois fois vingt-quatre heures, il n'y a pas lieu de craindre ; d'ailleurs comme ce ne sera pas de telles affaires qui mettront de grosses batteries sur cette hauteur ni qui y feront l'ouverture d'une tranchée capable de faire peur à cette place, rien ne me paraît là qui ne doive porter Sa Majesté à agréer cette augmentation d'autant plus qu'elle y trouvera son compte et la ville un agrandissement dont elle a plus besoin que place du royaume.

Voilà enfin tout ce qui m'est venu en pensée sur la fortification de la marine de cette place, que si Sa Majesté en agrée le projet et qu'on en vienne à l'exécution, il faut se tirer des journées tant qu'on pourra et faire tout par entreprise soit particulière ou générale, remarquez que les particulières sont préférables aux autres de toutes les manières, mais une chose sur quoi il est bon de se déniaiser une fois pour toutes est, qu'il ne faut jamais admettre dans les entreprises que des ouvriers qui entendent l'ouvrage dont ils se chargent et rejeter tous les autres comme chassebours, fols, enragés ou fripons qui ne s'engagent que sur des idées chimériques qui leur troublent l'imagination et leur font voir des montagnes d'or où ils ne trouvent après que des précipices pour s'abîmer et laisser toujours l'ouvrage du roi dans un désordre qui n'a jamais manqué de produire des mal-façons, du retardement et beaucoup de peine à ceux qui en ont le soin ; encore sont-ils bien heureux quand ils en sont quittes pour cela ; il faut encore prendre garde à une chose qui arrive ordinairement dans les mises au rabais, c'est que où il se trouve plusieurs gens en état de faire la même entreprise, rarement arrive-t-il qu'il n'y ait quelque intelligence entre eux et qu'ils ne se donnent le mot ; et c'est de quoi il faudra se donner garde.

Au reste de quelque façon que se fassent le marché il faudra que le mesurage des terres se fasse à la toise cube toisé dans l'excavation, celui de la grosse maçonnerie toisé sur le solide d'icelle maçonnerie, celle de deux pieds d'épaisseur en bas à la toise carrée mesurée sur la surface tant plein que vide, à moins qu'il ne fût spécifié autrement par les marchés ; la toise des planchers et des couvertures de même ; la toise des vases sera remarquée sur ce que les gabares prennent d'eau, premièrement quand elles seront vides après quand elles seront chargées, marquant bien exactement l'un et l'autre après un essai plusieurs fois réitéré et observant de donner quelque chose, c'est-à-dire de la marquer un peu forte à cause que la vase nouvellement remuée donne davantage que celle qui est reposée de longtemps ; la toise de pierres pour les jetées se mesurera de même, en marquant la charge et décharge des bâtiments qui seront employés à sa voiture ; pour ce qui est du mesurage des bois, on peut suivre l'usage du pay ; mais le mieux serait de le mesurer au sens des pieds ou solives comme à Paris, ce qui ne paraît pas bien difficile à établir, puisqu'il est déjà d'usage de se servir du même pied. Ceci bien observé il n'y eut jamais d'ouvrages sur lesquels il fut plus difficile d'être trompé que sur ceux-ci. — Signé : VAUBAN (1).

(1) Archives de la Direction des travaux hydrauliques de la marine à Toulon.

PIÈCE N° 4

Deuxième Mémoire du Maréchal de Vauban
(21 mars 1681)

Il est à remarquer premièrement, que ce plan doit être considéré comme un composé de tous ceux qui ont été faits à même fin, dans lesquels on a pris tout ce qu'on y a trouvé de meilleur et laissé ce qui paraît défectueux ;

2° Qu'on ne le propose pas comme une loi, à laquelle il ne soit pas permis de rien changer, mais comme un dessein qui peut avoir besoin de corrections, et auquel on peut ajouter ou diminuer ce qu'on trouvera de plus juste et de plus raisonnable ;

3° Que pour qu'on ait plus de facilité à trouver l'arrangement si nécessaire aux pièces qui doivent le composer, nous mettrons ici les propriétés de chaque partie de ce plan ; afin que ceux qui le corrigeront, agissant sur les mêmes principes, ayent plus de facilité à trouver ce qui y conviendra le mieux.

L'ENTRÉE DE L'ARSENAL.

La porte principale de l'arsenal ne peut pas être mieux située, puisqu'elle se trouve sur l'avenue et le débouchement de quatre grandes rues de la ville, qui y abordent de tous côtés et tout devant de la maison de l'intendant, qui pourra, de sa fenêtre, voir tout ce qui se passe dans les deux darses, tous les navires de guerre et marchands qui seront dedans, la construction des vaisseaux et tout ce qui entrera et sortira de l'arsenal dont il sera tout près, et dans lequel il verra tous les jours entrer et sortir les ouvriers qui passeront en revue devant sa porte ou ses fenêtres. Il aura aussi les mêmes facilités de voir passer tous les charrois qui mèneront les bois au chantier de construction par le pont et par la porte, au surplus le portique de l'avan-cour, l'entrepôt des marchandises et tous les bureaux, chapelle, sacristie des vaisseaux, corps de garde et logement des portiers, se trouvent justement ici situés dans la place qu'ils doivent occuper, avec une petite avant-cour pour les ouvriers qui attendent leur payement, qui servira aussi à tous les détours dont les charrois auront besoin en entrant et sortant. La cour servira de décharge et de dégagement aux charrois qui arriveront, et formera des jours à tous les bâtiments qui l'environnent de même que l'arrière-cour, qui de plus contiendra dans son milieu le magasin du goudron, comme nous dirons ci-après, or que tout cela soit placé dans l'ordre. Il me semble qu'il n'y a rien qui y répugne.

LA CORDERIE.

Tous les bâtiments qui lui conviennent seront tous situés les uns près des autres comme s'en suit. Le magasin des chanvres avec les peigneurs au-dessus, des mains desquels le chanvre tout préparé passera dans la corderie où il sera filé chemin faisant partie en filets goudronnés pour être mis après en câbles, et partie en cordage de moindre échantillon, d'où passant après, savoir : le filet goudronné dans le magasin 22 qui lui est destiné, il en sortira de rechef pour être mis en câble, et de là transporté à l'étuve ou au magasin des cordages goudronnés, et les autres cordages dans le magasin des cordages blancs qui se trouvent tout contre l'étuve, où ayant été goudronnés et séchés, on les mettra dans le magasin des cordages goudronnés d'où on pourra les transporter dans les vaisseaux par le moyen des gabares et autres petits bâtiments qui les viendront prendre à la porte du magasin, sans qu'il y ait un pas de perdu, pour le transport pendant cette fabrique, tous ces bâtiments sont placés à propos, d'ailleurs l'étuve qui est un bâtiment dont le voisinage est toujours dangereux à cause du grand feu qu'on y fait, sera fort bien isolé et détachée de tous les autres bâtiments aussi bien que le réservoir au goudron qui pour être plein de matières combustibles, doit être toujours solitaire, ce qui ne se trouve pas dans les autres plans qui ont été faits sur ce sujet.

LE QUARTIER DES VIVRES.

Ce sera l'une des plus belles pièces de l'arsenal, très-spacieux et également bien situé pour la terre et pour la mer, la distribution de ses bâtiments complète et très-bien proportionnée, la halle aux futailles grande et spacieuse, le terrain propre à faire des caves, le magasin général du munitionnaire avec les légumes et farines, boulangerie, écuries, boucheries et bureaux, très-bien placés et tous ces bâtiments bien proportionnés et toujours situés suivant la dépendance qu'ils doivent avoir les uns des autres. Ce quartier aura besoin de la porte particulière au moyen de laquelle le munitionnaire tirera commodément les bois, grains, farines, bestiaux, chairs salées, etc., de la campagne, sans embarrasser l'arsenal par les fréquentes voitures qu'il serait obligé de faire au travers. Cette porte lui sera encore très-commode pour mener les bestiaux aux champs et transporter dehors les fumiers et immondices de son quartier et généralement pour ce qui peut regarder son emploi, attendu que la plus grande partie de ce qui doit remplir ses magasins doit provenir de la terre plutôt que de la mer, d'ailleurs il aura la mer libre pour le transport de ses munitions aux vaisseaux par le moyen du canal, ce qui sera encore d'une très-grande commodité.

REMARQUES SUR LES AUTRES DESSEINS QUI ONT ÉTÉ FAITS SUR LE MÊME SUJET.

Le plan d'arsenal de M. Arnoul, manque de magasin de fil goudronné, de logement pour les invalides, d'hôpital et de quelqu'autres petits bâtiments et magasins. La darse est d'ailleurs trop petite et les bâtiments trop engagés dans le mauvais fond, d'ailleurs tout son dessein, qu'on peut dire le père des autres, est très-bon, les chantiers très-bien placés et encore mieux accompagnés.

Celui de Gombert, qui est le premier qui a paru après celui de M. Arnoul, se présente d'abord avec une belle symétrie, qui surprend par la beauté et l'étendue de la darse, par la belle disposition de ses bâtiments et par la quantité des grands couverts qui environnent la place de chantiers, mais si on vient à le considérer de près, on trouvera, premièrement : que son chantier est trop petit pour contenir deux formes avec leurs accompagnements et tout l'espace et l'attirail qu'il faut pour construire, qu'il n'a point les accompagnements des bois ni des fers, ni des autres matériaux qui lui sont nécessaires comme celui de M. Arnoul, et en effet si on a ici besoin d'une cheville de fer, il la faut aller chercher par un grand détour ou traverser un canal avec un bateau pour l'aller quérir aux forges, et passer, repasser, charger, décharger et recharger avec bien de la peine pour porter ce que l'on aura besoin des forges au chantier, ce qui consomme le double de temps et de la dépense, au lieu que suivant le dessein de M. Arnoul, que nous avons imité, les forges n'étant pas séparées du chantier, on trouve tout ce qu'on a besoin sous la main et sans perte de temps, la même chose se peut dire des bois gros et menus, de la mâture et je ne sais combien d'autres choses.

Le quartier des vivres y est fort mal placé, premièrement parce qu'il est situé sur un très-mauvais fond, deuxièmement que pour le bâtir il faut atterir un fort grand espace qui coûterait beaucoup et diminuerait considérablement le port, troisièmement que le lieu est trop petit et peu capable pour la quantité de bâtiments qu'il y faut, mal placé pour les caves, pour le commerce qu'il est obligé d'avoir avec la campagne et pour les vaisseaux qu'on voudra caréner dont les fours seront trop voisins, à quoi il faut ajouter qu'il diminuerait considérablement la longueur du quai de Danemark.

De plus le réservoir du goudron est très-mal placé et l'étuve trop près des bâtiments, joint que son affectation de ne vouloir qu'une porte à l'arsenal, son attachement pour la figure de son canal, et de n'avoir qu'un seul pont dessus, est ridicule, à quoi on peut ajouter que son plan entre si avant dans la ville, qu'il ne se peut qu'il n'abatte des maisons, tout le surplus de son dessein est assez bon et d'une belle symétrie.

LE PLAN DE M. VAUVRÉ.

Ce n'est qu'une imitation de celui de Gombert auquel on a ajouté quelques enjolivements sur les extrémités et changé l'application de quelques bâtiments, ce qui n'empêche pas qu'il n'ait les mêmes défauts et imperfections de l'autre. A quoi on peut ajouter que tous deux ont donné dans l'excès sur l'agrandissement de la darse qui va jusqu'à la superfluité et qui serait d'une dépense immense, s'il fallait faire une excavation de toute cette étendue.

Je n'ai point celui de M. Niquet, c'est pourquoi je ne puis rien dire de ses bonnes et ses mauvaises qualités, mais si on s'en veut tenir au mémoire signé de messieurs de la marine (qui m'est un peu suspect) ce dessein ne doit pas être fort bon. — Signé : VAUBAN (1).

(1) Archives de la Direction des travaux hydrauliques de la marine à Toulon.

PIÈCE N° 5

Troisième Mémoire du Maréchal de Vauban

(19 mars 1701)

Après avoir revu et visité plusieurs fois le circuit de cette place, dedans et dehors, et relu le projet de 1679, corrigé et augmenté par l'addition du 1ᵉʳ mars 1693, j'ai cru m'en devoir tenir, pour ce qui regarde les fortifications de la place, au contenu de ladite addition, du moins depuis le premier article jusqu'au trente-deuxième ; c'est pourquoi nous la répéterons ici, mot pour mot, pour n'avoir pas tant de différents papiers à feuilleter.

RAISONS DE LA FORTIFICATION DE TOULON.

La première est qu'elle est place frontière de l'Europe, de l'Asie et de l'Afrique, notamment de l'Italie, où elle a des voisins capables de faire alliance avec d'autres puissances, au moyen desquels ils pourraient mettre la Provence en péril, s'ils n'en étaient empêchés par de puissantes places capables de s'opposer à l'ennemi par terre et par mer.

La deuxième est que si Toulon demeurait en l'état qu'il est, et qu'il vînt à être pris, la fortification étant avancée comme elle est, l'ennemi pourrait en l'achevant s'en servir pour conquérir la Provence et pousser les affaires plus loin, d'où on ne le pourrait chasser, que sous la condition d'être maître de la terre et de la mer.

La troisième est que le roi a pour 18 à 20 millions d'effets dans Toulon, soit par les bâtiments qui composent l'arsenal de la marine, ou par les munitions et matériaux de toutes espèces qui le remplissent, ou par les vaisseaux qui composent sa marine, qui tous seraient perdus jusqu'à la moindre pièce, si par malheur l'ennemi pouvait s'en emparer, étant à présumer qu'il en emmenerait tout ce qu'il pourrait et qu'il ruinerait totalement le reste.

La quatrième est que le port de Toulon, qui est le seul considérable que nous ayons dans la Méditerranée, capable de grands vaisseaux, contient toute la grosse marine du roi, ce qui fait que par cette raison seule, sans faire attention aux autres, il mérite en toute manière qu'on s'en assure.

La cinquième consiste à une réflexion de ce qui s'est passé à la dernière guerre, qui est, que quand les ennemis se trouvèrent les maîtres dans la Méditerranée, si Nice n'avait pas été à nous, M. de Savoye, s'entendant avec eux, aurait pu, avec un corps de 20,000 hommes de pied et 2,000 chevaux, passer le col de Tende, et tirant les vivres de Nice, tomber sur Antibes, Toulon et Marseille, s'emparer de ces places, ruiner les deux marines du Levant, jeter la consternation et le désespoir dans la Provence, y causer des troubles et des maux infinis, tandis qu'avec un corps de cavalerie considérable, (qu'il avait pour lors) il aurait pu contenir nos armées du côté de Pignerol, le bloquer et le serrer de près, si on l'avait abandonné pour venir aux secours de ces pays-ci. En voilà plus qu'il n'en faut pour prouver que Toulon est une des principales clefs de l'État, et que dans cette considération, elle mérite d'être du moins fortifiée comme il est proposé en ce projet, et son arsenal parfaitement achevé.

Ajoutons à ce que dessus que, eu égard à ce que Toulon est plus grosse ville en peuple que Tournay, si on faisait un fort bien revêtu attenant de la grande tour, sur un terrain qui se trouve là assez favorable, ce fort, qui tiendrait lieu de citadelle à Toulon, soutiendrait la batterie de la grande tour de l'Éguillette et des Vignettes, empêcherait la circonvallation, tiendrait les forces navales des ennemis fort éloignées, et se pourrait bâtir à bon marché. Ces considérations m'ont obligé en dernier lieu de faire lever le plan et les profils de ce terrain là, qu'on me doit envoyer, afin de pouvoir travailler sur un projet, à telle fin que de raison, rien ne convenant mieux à la sûreté des grandes places que de bons forts capables de les assurer contre les entreprises du dedans et du dehors.

PROPRIÉTÉS AVANTAGEUSES DE TOULON APRÈS SON PROJET ACHEVÉ.

Elles consistent premièrement, en ce qu'il est naturellement et sans artifice l'un des meilleurs ports de la Méditerranée, et le seul capable en France d'une grande marine comme celle du roi ;

2° Qu'elle est place frontière voisine de l'Italie, au moyen de laquelle on la peut opposer à celle-ci, soit pour attaquer ou défendre et s'en faire considérer, propriétés d'autant plus nécessaires, que c'est presque toujours en ces pays-là que se conçoivent et s'engendrent les desseins extraordinaires, qu'on voit éclore dans toutes les parties de la chrétienneté ;

3° Qu'elle est capable, au moyen de son arsenal de marine, de contenir tous les grands magasins qu'on y voudra faire pour le soutien des entreprises du dehors et du dedans ;

4° Que Toulon, étant fortifié comme il est proposé par son projet, sera capable de toute la résistance d'une très-bonne place de guerre, puisqu'elle aura toutes les fortifications requises à cet effet, et qu'elle sera suffisamment pourvue de munitions de guerre et de bouche nécessaires, à cause de son arsenal de marine qui sera toujours beaucoup plus approvisionné qu'il ne convient à la meilleure défense que l'on puisse exiger d'une place ;

5° Que près de moitié de son circuit sera inattaquable, parce qu'elle est bordée de la mer, l'accès des polygones qui touchent à la rade très-difficile à cause des flancs retournés à la mer qui ne peuvent pas être battus, et de la grande largeur et profondeur des fossés dans lesquels les barques pourraient même naviguer;

6° Que les montagnes chauves resserrent si fort la place, que la circonvallation ne saurait subsister entre deux, que si l'ennemi est obligé d'occuper le haut de ces montagnes entre leur stérilité ou leur manque d'eau, leur communication aux autres quartiers ne sera très-difficile à cause de leur pente, et s'il ne l'occupe pas par de grands corps, et que l'armée de secours fasse tant que de s'en saisir, la place sera secourue dès le moment qu'on pourra la voir de Toulon sur le haut des sommets;

7° Il y a plus : c'est que pour peu que le siége de Toulon tire en longueur, si l'armée assiégeante est un peu plus grosse, elle y mourra de faim, et si elle est faible, elle n'en pourra venir à bout;

8° A l'égard de la mer, si les batteries des environs sont fortifiées comme il est requis par leur projet particulier, l'ennemi ne pourra tenir mouillé dans l'une ni dans l'autre rade, que les batteries qui la croisent ne soient prises ; mais ne le pouvant être par la mer ni par terre, sans y amener le gros canon et attaquer en forme, le siége s'en trouvera considérablement retardé;

9° L'ennemi ne pourra pas non plus bombarder Toulon de jour ni de nuit, notamment si on a la précaution d'y tenir six galères dans les temps qu'on aura lieu de l'appréhender, parce que se tenant entre les deux rades à couvert sous les flancs de batteries de terre, jamais les galiotes n'oseront se mettre à portée de bombarder;

Et pour conclusion Toulon fortifié de la sorte et muni de ses besoins avec trois bataillons de garnison, ce qui s'y trouvera de troupes de la marine et l'élite des bourgeois en état de prendre les armes ; il se pourra très-bien soutenir et défendre en quelque temps que ce puisse être, sans qu'il y ait lieu de s'en mettre en peine : ce sera enfin un trou très-dangereux bouché dans la frontière, qui tiendra la grosse marine du roi en sûreté, sauvera la Provence et gardera un coin du royaume éloigné et capable de causer de grandes inquiétudes, notamment si à la fortification on ajoute celles d'Antibes et de Marseille. — Vauban (1).

(1) Archives de la Direction des travaux hydrauliques de la marine, à Toulon.

PIÈCE N° 6

ARBRE GÉNÉALOGIQUE DU CONSUL BRUN

Honorat BRUN,
Consul en 1543, 1552, 1565 et 1571,
propriétaire d'une maison, rue de l'Oratoire, n° 7,
possédée par ses ancêtres depuis 1442 (1).
|
Jehan BRUN,
Conseiller en 1577 et 1581
hérite de la maison rue de l'Oratoire (2).
|
Jehan-François BRUN,
propriétaire de la maison, rue de l'Oratoire.
1588-1616 (3).
|
Estienne BRUN,
Consul en 1604, 1612 et 1638,
possède la maison, rue de l'Oratoire (4).

BALTHAZARD BRUN-SAINTE-CATHERINE, né le ....1721. Commissaire de Marine, possédait la maison rue de l'Oratoire n° 7 et y demeurait, en 1794, lorsqu'il fut saisi et conduit à la guillotine (16).

×

Cette maison fut vendue, le 21 octobre 1812, à M. J.-B. Georges Revest. Elle a été acquise le 12 avril 1826, par M. André (J^h), lieut. de vaisseau, et appartient aujourd'hui à Mme Alphonsine Cogolin de Cuers, épouse de M. Fabre, Pierre-César, lieutenant de vaisseau.

ANTOINE BALTHAZARD BRUN-BOISSIÈRE (13). Trésorier des vivres, épouse le 4 juin 1759 D^{lle} CLAIRE BOISSIÈRE (14). Possédait encore la maison rue d'Astour, en 1790 (15).

|

M. l'abbé MICHEL-ANTOINE-BALTAZARD BRUN - BOISSIÈRE, curé de Saint-Louis, né le 21 octobre 1761, mort le 15 août 1813 (rue du Trésor, n° 5).

Mlle MARIE-MADELEINE-CATHERINE BRUN-BOISSIÈRE, née le 25 novembre 1768, épouse le .... M. F.-J. CAUVIN DU BOURGUET, inspecteur des eaux et forêts.

|

M. le général ANTOINE CAUVIN DU BOURGUET, né le 7 janvier 1800, épouse le 5 janvier 1829 Mlle Antoinette-J^{ne}-Clarice BÉRARD, fille de M. Pierre-Jean-Joseph BÉRARD, commissaire général de la Marine (17). (Mme v^{ve} CAUVIN DU BOURGUET, possède aujourd'hui le tableau dit de Barberousse) (18).

(*Voir les notes ci-après.*)

NOTES DE LA PIÈCE N° 6

(1) Cadastres de 1442, f° 5. — 1515, f° 7. — 1550, f° 13.
(2) Cadastre de 1588, f° 18.
(3) Cadastre de 1616, f° 36.
(4) Cadastre de 1632, f° 21.
(5) Louis est le père de Michel qui hérite de cette même maison.
(6) « Balthazard Brun, fils du sieur Estienne, a acquis Olivette sise au quartier des Condamines, confrontant François Ferran et le chemin de Tourris. » Cadastre de 1632, f° 22.
(7) Dénombrement général des habitants pour servir à la capitation de l'année 1698. Ile 77, f° 154.
(8) Ces armoiries sont d'azur à un chevron d'or, accompagné en chef de deux étoiles de même. V. l'*Armorial général de Toulon*, au nom de Michel Brun, advocat. (J'ai la copie de cet armorial qui a été faite sur un manuscrit possédé par M. le marquis de Clapiers.)
(9) Dénombrement de 1698. Ile 79, f° 156.
(10) Dénombrement de 1698. Ile 77, f° 154.
(11) Acte reçu par M° Mourchou. Année 1727, f° 180. Dans cet acte, il est dit que M. Michel Brun, avocat, a vendu à Jean Brun-Sainte-Catherine, écrivain du roi à la marine, son fils, une maison située rue des Moreaux (rue de l'Oratoire).
(12) La branche aîné des Brun, ayant cru devoir ajouter à son nom celui de Sainte-Catherine, la branche cadette imita son exemple et prit le nom de la propriété acquise par Balthazard Brun, en 1640. (V. n° 6.)
(13) Antoine Balthazard Brun, se fit appeler Brun-Condamine, comme son père ; mais après avoir épousé Mlle Claire Boissière, fille de feu M. André Boissière et de Mlle Truguet, il joignit le nom de sa femme au sien, et il signa ainsi dans l'acte de naissance de sa fille, Marie-Magdeleine-Catherine, qui épousa M. Cauvin du Bourguet.
(14) Mme Brun-Boissière est décédée le 5 mai 1817, à l'âge de quatre-vingt-un ans, dans la maison de la rue du Trésor n° 5, où était mort, en 1813, son fils, le curé de Saint-Louis.
(15) Cadastre de 1790. Ile 77.
(16) « Condamné à mort : Balthazard Brun, âgé de 73 ans, natif de cette ville, y demeurant rue de l'Oratoire, isle 79, n° 23, ancien commissaire de la marine, convaincu d'avoir présidé la section n° 7, et auteur d'un ouvrage dédié aux 8 sections, intitulé *la Révolution toulonnaise*, signé

l'an premier de Louis XVII. » (Jugement de la commission révolutionnaire, prononcé en présence du peuple, au port de la Montagne, le 12 germinal, l'an II de la République française, une, indivisible, impérissable et démocratique.) (V. *les Rues de Toulon*, p. 170.)

(17) Et sœur de M. Joseph-Esprit-Amédée Bérard, commissaire-général de la marine à Toulon.

(18) M*me* Cauvin du Bourguet, petite-fille de M. Brun-Boissière, a hérité du tableau qui rappelle en même temps l'arrivée de la flotte de Barberousse à Toulon, et le consulat d'Honoré Brun, en 1543. — Elle possède en outre un cachet sur lequel sont gravées les armes de la famille Brun. Ces armes sont, comme celles de l'avocat, Michel Brun : d'azur à un chevron d'or, accompagné en chef de deux étoiles de même ; mais on y a ajouté, en pointe, une fleur de lys qui, d'après la tradition de cette famille rappellerait les services rendus au roi par les Brun à l'occasion du séjour des Turcs à Toulon.

FIN

TABLE DES MATIÈRES

	Pages.
Discours de M. ALLÈGRE, maire de Toulon....................	3
Rapport de M. le comte de VILLENEUVE-FLAYOSC, sur le Concours d'histoire..	9
Rapport de M. le colonel GAZAN, sur le Concours d'archéologie....	18
Rapport de M. J.-B. GAUT, sur le Concours de poésie provençale...	31
Rapport de M. CHARLES RICHARD, sur le Concours de poésie française..	38
Proclamation des récompenses..................................	42
Pierre Puget, par M. JEAN AICARD.............................	45
Lei dous Poutoun, par M. MARTELLY............................	56
Les Consuls de Toulon, commandants militaires, par M. le Dr GUSTAVE LAMBERT..	73
Organisation administrative et judiciaire de la ville de Draguignan, par M. CAMILLE ARNAUD...	233
Les de Ferry et les d'Escrivan, verriers provençaux, par M. ROBERT REBOUL...	291
Agrandissements et fortifications de la ville de Toulon, par M. OCTAVE TEISSIER...	325

SOCIÉTÉ ACADÉMIQUE

DU VAR

Le recueil des œuvres couronnées au Concours, tenant lieu du Bulletin annuel de la Société académique, pour l'année 1873, on a dû faire suivre ce recueil de la liste nominative des Membres de la Société, ainsi que du compte-rendu de ses travaux, pendant l'année 1872, présenté par M. RIMBAUD, secrétaire général.

RAPPORT ANNUEL

SUR LES TRAVAUX DE LA SOCIÉTÉ

Messieurs,

Selon que l'a dit le moraliste, si la conscience du devoir rempli est une cause de douce satisfaction, la Société académique du Var doit éprouver un pareil sentiment au terme d'une année qui a été féconde, pour elle, en travaux divers, mais se renfermant tous dans le programme qu'elle s'est tracé, afin de répandre les connaissances utiles dans le cercle où se concentre son activité, et d'y inspirer le goût des labeurs intellectuels.

C'est que, au sortir de la douloureuse épreuve subie par notre patrie, nous avons tous compris que les Sociétés philanthropiques dont tous nos départements sont heureusement dotés, doivent plus que jamais, aux jeunes générations, l'exemple du travail incessamment à la recherche de la vérité, dans les sciences ou dans l'histoire, du beau et du vrai, dans les lettres ou dans les arts, de la vertu et du véritable patriotisme, dans tout ce qui touche aux grands intérêts et à la gloire de notre pays.

Quand je dis du véritable patriotisme, j'entends, non ce sentiment aveugle qui a sa source dans l'orgueil de race et arrête les affections humaines aux étroites limites territoriales d'un peuple, mais du patriotisme qui consiste dans le sentiment raisonné de la solidarité nationale, lequel n'est point exclusif de la sympathie qui attire l'homme vers tous ses semblables, de ce patriotisme enfin qui est né de la civilisation et qui est le vôtre, j'en suis sûr, Messieurs, parce que c'est celui que professent les gens éclairés et que j'en trouve l'empreinte dans les écrits dont j'ai à vous présenter un inventaire résumé.

Pour me renfermer dans l'ordre chronologique, j'ouvre cet inventaire par la mention des travaux d'histoire, qui d'ailleurs ne sont pas les moins importants entre ceux par lesquels notre Société a témoigné de son zèle pour le bien public, pendant l'année dernière.

J'inscris, d'abord, l'œuvre d'attrayante paléographie locale qui, sous le modeste titre d'*Histoire de quelques rues de Toulon*, livre à la plus vive et la plus légitime curiosité des Toulonnais, le piquant détail des mœurs publiques de leurs pères, antérieurement à l'unification de la France par la Révolution de 1789. Cet ouvrage, en un volume in-8º, a été publié par notre Président sortant, l'honorable M. Octave Teissier.

Nous devons aussi au talent du même auteur une remarquable notice biographique, insérée dans notre Bulletin annuel et consacrée à la mémoire d'un littérateur de mérite, M. Quintius Thouron, un de nos contemporains les plus dignes que l'exemple de leur vie vertueuse et laborieuse soit signalé aux générations futures.

Tandis que M. Teissier, dans ce juste hommage mémoratif des services rendus aux lettres, par un esprit éminemment distingué, était le fidèle écho de la voix publique comme des sentiments particuliers de cette Société, sur les titres de feu notre vénérable Président honoraire, à la reconnaissance de la postérité, M. le docteur Gustave Lambert terminait la publication de son *Histoire des guerres de religion en Provence*, cet émouvant récit des sanglantes horreurs d'une époque et d'une contrée où l'exaltation religieuse, pervertissant la raison, avait pris le caractère et l'autorité d'un principe cruel à la liberté de conscience, cruel même à tous les autres droits de l'humanité. C'est également dans notre Bulletin qu'a paru cette dernière partie d'un ouvrage retraçant, avec une exactitude et une abondance de détails faites pour causer le frisson, les luttes intestines, les scènes atroces de démence furieuse, dont nos ancêtres furent les acteurs, sous l'influence de cette maladie intellectuelle que l'on nomme le fanatisme religieux, maladie non moins entraînante que l'égoïsme national, dont je vous indiquais tout à l'heure la mauvaise origine, vers la pratique de la maxime ennemie de la justice et de la civilisation : *La force prime le droit*.

Un autre écrit d'un intérêt local immédiat : *Les Consuls de Toulon*, est également sorti de la plume de M. Lambert.

Après la part de travail des historiens, vient celle des linguistes, M. le commandant Domézon et M. Rat.

Le premier, dans une série de rapports appréciatifs de divers ouvrages soumis à son examen, et dans une succession de lectures dont il a gracieusement fait profiter l'Académie, a soulevé et traité, à la satisfaction de ses auditeurs, différentes questions philologiques du plus grand intérêt. Notamment dans un ouvrage plein de verve et portant le titre d'*Utopie grammaticale*, il a mis en évidence les difficultés orthographiques de la langue française et indiqué, comme moyen de remédier à ces difficultés, la suppression de toutes les lettres sans rôle glottique dans l'orthographe de la langue. Un autre travail spécial, de ce fécond philologue, a eu pour objet une appréciation critique de la grammaire française de M. Chabert.

M. Rat qui, l'année dernière, avait orné notre Recueil d'une élégante traduction d'un conte inédit des *Mille et une nuits*, a cette année-ci, transporté de l'arabe en français, une lettre ayant un caractère historique de l'émir Abd-el-Kader et la proclamation que le général Bourmon adressa, à la population algérienne, après le débarquement de notre armée expéditionnaire dans la baie de Sidi-el-Ferruch, en 1830. En outre, chargé d'examiner, pour en rendre compte, deux années des publications de la *Revue algérienne*, M. Rat s'est acquitté de cette tâche en donnant de nouvelles preuves de sa connaissance de la littérature arabe et des orientalistes.

J'arrive, en suivant l'ordre de nos séances, à des travaux moins spéciaux, mais non moins méritoires par divers côtés.

Dans un mémoire explicatif de l'utilité industrielle du sparte, M. le docteur Turrel a fait ressortir l'avantage qu'il y aurait, pour les propriétaires de terrains actuellement sans valeur, à introduire, en Provence, la culture de cette rustique graminée, un peu frileuse, mais déjà acclimatée sur le terroir de la Garde. J'ai eu l'honneur, à l'époque, d'appeler votre attention, Messieurs, sur les espérances de succès que faisait entrevoir l'idée, certainement pratique, de donner une affectation productive à nos terres vagues et sans emploi.

M. Chaigneau a fait ses débuts académiques par la production d'une saine et sérieuse critique de l'ouvrage de M. le docteur Le Bleu, sur Jean-Bart. Notre jeune collègue apprécie en marin animé du meilleur esprit patriotique, le rôle du célèbre corsaire devenu chef d'escadre, et l'influence qu'il exerça sur les événements politiques de son époque. M. Chaigneau a aussi fourni un aperçu complet des matières diverses contenues dans le dernier volume de la Société littéraire de Lyon, ainsi qu'un excellent compte-rendu des *Essais géométriques* par M. Bonnel.

Le nouveau livre de M. Darwin : *La Descendance de l'homme*, a été examiné dans un travail de M. Auber, résumant avec clarté et un grand bonheur d'expression, la théorie philosophique du développement des facultés mentales par la sélection sexuelle et le perfectionnement organique. Nous sommes encore redevables à M. Auber, d'une analyse très-intéressante des travaux de M. Stanislas Meunier, sur la géologie météoritique.

A la suite de ces ouvrages sérieux, se placent : un ouvrage récréatif : *La Tireuse de cartes*, par M. Sénès, puis, sous le nom du même auteur, une savante et pittoresque appréciation de l'*Algérie illustrée*.

M. L'Hôte, notre Président actuel, a fait bon nombre d'excursions dans le domaine de la littérature, des arts et de la morale. Nous lui devons : *Les Arts et les Artistes en Savoie, au XIIIe siècle;* une étude sous le titre : *Les Lettres et les Gens de lettres;* une notice intitulée : *Le Travail*, dont je vous ai fait connaître la haute morale, dans un rapport que vous m'aviez demandé ; un compte-rendu des publications renfermées dans le dernier numéro de la *Revue phylomatique;* enfin un exposé ou plutôt une sorte de physiologie du tempérament poétique de notre jeune et déjà célèbre confrère M. Jean Aicard.

Tous ces écrits de M. L'Hôte, sont, vous le savez, pleins de tournures originales, de traits d'esprit, de souvenirs littéraires bien choisis et naturellement amenés, de critiques quelquefois un peu vives, mais toujours accortes, d'objections ou de remarques sans cesse frappées au coin du meilleur goût des belles-lettres.

M. Dominique a fait, à un point de vue élevé, une bonne critique de la *Revue de Provence*, ordinairement consacrée à la publication de travaux trop peu sérieux ou d'un caractère trop banal, pour justifier le titre qu'elle a pris et répondre à la mission qu'elle s'était donnée, de faire connaître l'histoire et l'archéologie de la contrée.

La continuation du dépouillement de nos procès-verbaux ramène, sous ma plume, le nom de M. Turrel, inséparablement lié à tout ce qui touche, de près ou de loin, à nos intérêts locaux. Mon infatigable émule, dans les questions du domaine maritime, a tracé avec talent et une grande force de logique, *le rôle de la pisciculture dans les eaux douces* et fait ressortir *l'inanité des prétentions de cette science dans les eaux salées*. Il a ensuite traité la question des madragues en faisant une justice méritée des raisons anti-économiques et dénuées de sens marin que l'on oppose au rétablissement de ces pêcheries, dont les abondantes captures influaient autrefois, d'une manière favorable aux classes pauvres, sur le prix de la plupart des denrées alimentaires communes. Je vous ai dit, dans un de mes comptes-rendus récents, combien les choses de la pisciculture et de la pêche sont familières à notre honorable collègue.

Je termine ce rapide résumé des travaux de notre Académie, par une énumération indicative de ma collaboration personnelle à ses labeurs : 1° *Compte-rendu du premier Bulletin de la Société de l'Ain ;* 2° *Compte-rendu des actes de l'Académie de Nantes ;* 3° *Les Causes de la cherté du poisson à Toulon ;* 4° *Les Madragues ;* 5° *La Pêche sur les côtes de Provence ;* 6° *Les Théories devant les faits, dans la question du développement de la vie sur le globe.*

Telle est, Messieurs, la tâche accomplie par la Société académique du Var, pendant l'année 1872. Vous l'avez vu, elle embrasse l'histoire, la littérature, la morale, la philologie, la science économique, les sciences exactes, et s'étend jusqu'aux plus difficiles problèmes des sciences naturelles et de la philosophie.

Plusieurs de vos productions méritaient certainement mieux que la publicité passagère qui leur été donnée, dans les journaux de la localité; mais, si intéressantes qu'elles fussent, il n'a pas été possible de les insérer dans notre Recueil annuel, malheureusement trop réduit depuis le retrait des subventions qui étaient allouées, à notre Société, par le département et la commune.

Vos travaux futurs seront probablement plus heureux, car j'ai le ferme espoir que nous ne serons pas longtemps laissés dans la gêne où nous sommes. Je puise cette confiance dans l'utilité de notre mission d'enseignement, et je m'y affermis par la pensée de la sollicitude de notre administration municipale pour tout ce qui est du domaine de l'instruction publique.

Toulon, le 3 mars 1873.

BUREAU DE LA SOCIÉTÉ ACADÉMIQUE

POUR L'ANNÉE 1873

MM. Ed. L'Hôte, ✶, président.
  Rimbaud, ✶, secrétaire général.
  Gustave Rat, secrétaire des séances.
  Ginoux, trésorier.

Présidents honoraires.

MM. A. Denis, O. ✶, ancien député du Var, 1845.
  Bessat, avocat à Aix, 1859.
  Montois, C. ✶, ancien préfet du Var, 1852.
  Baron Haussmann, G. C. ✶, ancien préfet du Var et de la Seine, 1869.

Membres honoraires.

MM. Pellicot, ✶, agronome, président du Comice agricole.
  Mercier-Lacombe, C. ✶, ancien préfet du Var.
  Levicaire, C. ✶, directeur du service de santé de la marine, en retraite.
  Jacquinot, G. O. ✶, vice-amiral.

MM. Ricard, ✯, inspecteur d'Académie, en retraite.
  Roque, ✯, président de chambre à la Cour d'appel d'Agen.
  Audemar, O. ✯, ancien maire de Toulon.
  Barralier, O. ✯, médecin en chef de la marine.
  C. Poncy, ✯, secrétaire de la Chambre de commerce.
  Curel, bibliothécaire.
  Chaigneau, C. ✯, contre-amiral.
  Sirand, O. ✯, commissaire de la marine, en retraite.
  Courdouan, ✯, artiste peintre.
  Gazan, C. ✯, colonel d'artillerie, en retraite.
  Jurien de la Gravière, G. O. ✯, vice-amiral, membre de l'Institut.
  Jourdain, ✯, membre de l'Institut.
  Letuaire, ✯, artiste peintre.
  E. Margollé, ✯, lieutenant de vaisseau, en retraite.
  F. Zurcher, ✯, lieutenant de vaisseau, en retraite.
  Ortolan, O. ✯, capitaine de vaisseau, en retraite.
  Colomb, professeur au Lycée de Toulon.
  Valson,   id.
  Jennin,   id.
  Garrault,   id.

Membres résidents.

MM.
1846. V. Thouron, notaire.
1847. A. Mouttet, ancien avoué.
1847. Ginoux, artiste peintre.
  — Bronze, artiste peintre.
1850. C. Richard, O. ✯, lieutenant-colonel du génie, en retraite.

MM.
1852. N. Noble, avocat.
1853. Grisolle (l'abbé), ✻, aumônier de la marine.
1854. L. Gay, avocat.
1856. Dr Guillabert, ✻, médecin de la marine, en retraite.
— Raoulx, O. ✻, directeur du service des travaux hydrauliques de la marine.
1857. Dr Turrel.
— Cauvin, artiste peintre.
— O. Teissier, O. ✻, correspondant du ministère de l'Instruction publique pour les travaux historiques.
1859. Flottes, censeur des études au Lycée.
— Dr G. Lambert, O. ✻, médecin principal de la marine, en retraite.
1860. F. Julien, O. ✻, lieutenant de vaisseau, en retraite.
1861. Rostan, O. ✻, capitaine de frégate.
1863. F. Bourgarel, docteur en médecine.
1868. Héraud, ✻, professeur-pharmacien à l'École de médecine navale.
1869. Dr Arlaud, O. ✻, directeur du service de santé de la marine.
— Dr Ollivier, O. ✻, médecin-professeur à l'École de médecine navale.
— Rat, capitaine au long cours, membre de la Société asiatique.
— Auber, architecte.
— Rimbaud, ✻, officier du commissariat de la marine, en retraite.
— Domézon, ✻, capitaine de frégate.
— Dominique, homme de lettres.
— J. Aicard, homme de lettres.
— Senès, agent administratif de la marine.
— Allègre, avocat, maire de Toulon.
— Gimelli, avocat.
1871. C. Chaigneau, ✻, lieutenant de vaisseau.

MM.
1871. E. L'Hôte, receveur principal des Douanes.
1872. Eric Isoard, ancien sous-préfet.
— Francis Pittié, C. ✶, lieutent-colonel du 40e régiment de ligne.
1873. Dr Quétand, ✶, médecin-professeur à l'hôpital de la marine.
— François Rat, lieutenant de vaisseau.
— Dewulf, O. ✶, commandant du génie.

Membres correspondants.

1832. Martinenq, ✶, chirurgien de 1re classe de la marine, en retraite.
1833. Blache, O. ✶, médecin en chef de la marine, directeur de la santé, à Marseille.
1834. Ferdinand-Denis, ✶, administrateur de la Bibliothèque de Sainte-Geneviève, à Paris.
1835. Chargé, O. ✶, docteur en médecine.
— Louis Méry, professeur honoraire à la Faculté des lettres d'Aix.
— Lauret, artiste peintre, à Alger.
— A. Garbeiron, ✶, capitaine de frégate, en retraite.
1845. Bertulus, ✶, médecin, à Marseille.
1848. Rostan, avocat, correspondant du ministère de l'Instruction publique pour les travaux historiques.
— Juglard, inspecteur des salles d'asile, à Draguignan.
1848. Hallo, avocat, à Antibes (Var).
1849. Daumas (Louis), statuaire, à Paris.
— Daumas (Jean), statuaire, à Paris.
— A. de Martonne, archiviste du département de Loir-et-Cher, à Blois, ancien élève de l'École des Chartes.

MM.
1849. Fouque, artiste peintre, à Paris.
1850. Laurent-Pichat, homme de lettres, à Paris.
— L'abbé Féraud, membres de plusieurs sociétés savantes, aux Sieyes (Basses-Alpes).
1851. Cros, président de l'Académie de l'Aude, à Carcassonne.
— Prévot, ✻, capitaine du génie, à Cherbourg.
— Guérin (Félix), artiste peintre, à Paris.
1853. Biéchy, docteur ès-lettres, professeur de philosophie au Lycée de Vendôme.
1855. Joseph Autran, ✻, membre de l'Académie française.
— Zeller, professeur d'histoire à la Faculté de Paris, maître des Conférences à l'École normale.
— Félix Clappier, avocat général à la cour d'appel d'Aix.
— Justin Améro, homme de lettres, à Paris.
— Mouan, avocat, bibliothécaire, à Aix.
— Rouard, ancien bibliothécaire, à Aix.
1857. Victor de Laprade, ✻, professeur de littérature française à la Faculté des lettres de Lyon, membre de l'Académie française.
— Saint-Jean, ✻, peintre de fleurs, à Lyon.
— Jules de Séranon, avocat, à Aix.
— Cauvière, homme de lettres, à Marseille.
— Eugène Lagier, peintre, à Marseille.
— F. de Croze, maître de chapelle du duc de Parme.
— L'abbé Alliès, à Draguignan.
— Norbert Bonnafous, doyen de la Faculté des lettres d'Aix.
1857. A. de Ribbe, avocat à la cour d'appel d'Aix.
— E. de Porry, homme de lettres, à Marseille.
— De Voulx, conservateur des archives arabes, à Alger.
— Tempier, avoué, à Marseille.
— Gassiès, membre de la Société linnéenne de Bordeaux.
— Joba, membre de la Société d'histoire naturelle, à Metz.
1858. Grousset, proviseur du Lycée de Montauban.
— Auguste Silvy, conseiller d'État, à Paris.

MM.

1858. Charles Louandre, homme de lettres, à Paris.
— Le docteur Hubac, à Marseille.
— F. Tamisier, professeur au Lycée de Marseille.
— Dardé, avoué, à Carcassonne.

1859. Cottard, ✻, ancien recteur d'Académie, à la Ciotat.
— L. de Crozet, bibliophile, à Marseille.
— L'abbé Rose, ✻, curé à La Palud.
— J.-E. Bory, avocat, à Marseille.
— L'abbé J. Corblet, directeur de la *Revue de l'art chrétien*, à Amiens.
— Jules Salles, artiste peintre, à Nîmes.
— De Caumont, ✻, fondateur des Congrès scientifiques de France, à Caen (Calvados).
— Deloye, conservateur de la Bibliothèque et du Musée d'Avignon.
— Féraud-Giraud, conseiller à la cour d'Aix.
— P. Achard, archiviste du département de Vaucluse, à Avignon.

1860. De Gabrielli, anc. procureur-général près la cour d'Aix.
— Silbert, docteur-médecin, à Aix.
— L. de Berluc-Perussis, avocat, à Aix.
— Nicolas Joly, professeur à la Faculté des sciences de Toulouse.
— Le comte Godefroy de Montgrand, homme de lettres, à Marseille.
— T. Génerat, notaire, à Avignon.
— Ouvré, professeur de la Faculté des lettres d'Aix.
— Joly, professeur à la Faculté des lettres de Caen.

1861. Louis Blancard, élève de l'École des Chartes, archiviste des Bouches-du-Rhône, à Marseille, correspondant du ministre de l'Instruction publique.
— E. de Rozière, ✻, membre de l'Institut, inspecteur général des Archives départementales, à Paris.
— Mortreuil, correspondant de l'Institut, à Marseille.

MM.
1861. Damase ARBAUD, correspondant du ministre de l'Instruction publique pour les travaux historiques, à Manosque.
— A. GERMAIN, professeur d'histoire et doyen de la Faculté des lettres de Montpellier.
— F. BOULANGER, architecte de la ville d'Athènes.
— LEVROT, correspondant du ministre de l'Instruction publique, conservateur de la Bibliothèque du port de Brest.
— J. ROUMANILLE, à Avignon.
— F. MISTRAL, à Maillane.
— Th. AUBANEL, à Avignon.
— A. MATHIEU, à Châteauneuf-du-Pape.
— J.-J. AUBIN, chef de division à la préfecture du Var.
— L'abbé TISSERAND, correspondant du ministre de l'Instruction publique, à Nice.
— LAFORET, ancien juge au tribunal civil de Marseille.
— CARPANTIN, commissaire près le conseil de guerre de Marseille.
— Eusèbe DE SALLE, professeur d'arabe, à Marseille.
— COQUAN, ancien professeur de géologie et de minéralogie à la Faculté des sciences de Dijon.
— Marius CHAUMELIN, homme de lettres, à Paris.
1862. C. MOIRENC, agent des Ponts-et-Chaussées, à Apt.
— DUMESNIL-MERIGNY, économiste, à Paris.
— Louis ROUMIEUX, à Tarascon.
1863. SUE, docteur-médecin, à Marseille.
— TOURNAIRE, notaire, à Marseille.
— DE PAYAN-DUMOULIN, conseiller à la cour d'Aix.
— F. CORDOUAN, docteur-médecin, à Lorgues.
— H. GARIEL, bibliothécaire, à Grenoble.
— Ch. DE TOURNEMINE, artiste peintre, conservateur adjoint du Musée du Luxembourg, à Paris.
— P. HERBERT, professeur de rhétorique, au Lycée, à Paris.

MM.

1863. Laugier, artiste graveur, à Paris.
— A. Laugier, neveu, artiste peintre, à Paris.
— Louis Paris, directeur du *Cabinet historique*, à Paris.
— André, archiviste de la Lozère, à Mende.
— A. Magen, secrétaire perpétuel de l'Académie d'Agen.
— E. Bremond, avocat, à Aix.
— Roullier, notaire, à Hyères.
— Parrocel, homme de lettres.
— A. Coquidé, chef de division à la préfecture du Var.

1866. L'abbé Verlaque, à Paris.
— E. Roussel, secrétaire général de la mairie de Nîmes.
— Rappetti, homme de lettres, à Paris.
— Tribbe, à Nîmes.

1867. Pilot, archiviste de l'Isère, à Grenoble.
1868. Albert Meynier, à Nîmes.
1869. Achille Millien, à Beaumont-la-Ferrière (Nièvre).
1870. Alfred Gabrié, rédacteur en chef du *Journal de Monaco*.
— De Pontaumont, à Cherbourg.

1872. A. Saurel, vérificateur des Douanes, à Marseille.
— P. Billon, conseiller à la Cour d'appel de Bordeaux.
— L. Dieulafait, professeur de géologie, à Marseille.
— F. Peyse, inspecteur des Contributions indirectes, à Draguignan.

1873. Revoil, architecte à Nîmes.
— E. Roulleaux, secrétaire de l'Académie, à Bourg (Ain).
— Massé, directeur de l'*Annuaire Biographique des Provinces*.
— Léon Vidal, directeur de la Société de statistique, à Marseille.
— Ed. de Barthélemy, directeur du Comité historique, à Paris.
— Sébille, architecte à Marseille.

Membres associés.

Mme La vicomtesse de Chabannes (Paris).
MM. Abel, conseiller municipal (Toulon).
J. Aube, propriétaire (Toulon).
Aubert, propriétaire (Toulon).
Barthelon, entrepreneur de travaux publics (Toulon).
Blache, avocat (Toulon).
Belvèze, C. ✻, capitaine de vaisseau, en retraite (Toulon).
Bérard, C. ✻, commissaire général de la marine (Toulon).
Dr Bertrand, ✻, (Toulon).
Beaussier (comte de) (Paris).
Dr Bouffier, O. ✻, (Toulon).
Brun, O. ✻, député du Var à l'Assemblée nationale.
Burgevin, avocat (Toulon).
Colle, avocat (Toulon).
Décugis, ✻, pharmacien de la marine, en retraite (Toulon).
Dorian, O. ✻, ingénieur des constructions navales (Toulon).
De Fallois, propriétaire (Toulon).
V. Fauchier, propriétaire (Toulon).
Fabre, propriétaire (Toulon).
Forest, directeur de l'octroi (Toulon).
Dr Giraud, ✻, (Toulon).
Gorlier (Toulon).
Jordany, pharmacien (Toulon).
Lambert, courtier maritime (Toulon).
Dr Laure, O. ✻, chirurgien en chef des hospices (Toulon).
Lougne, ✻, commissaire de la marine (Toulon).
Maynard, pharmacien (Toulon).
Maurel, ancien avoué (Toulon).
Martineng, (J. de), O. ✻, capitaine de frégate, en retraite (Toulon).

MM. Mouraille, ingénieur civil (Toulon).
A. de Musset, secrétaire général de la préfecture du Var (Draguignan).
Noché, O. ✻, lieutenant-colonel du génie (Toulon).
E. Ollivier, avocat (Paris).
A. Ollivier, négociant (Toulon).
A. Philis, avocat (Paris).
Poisson (baron) (Paris).
Pons-Peyruc, ✻, ingénieur civil (Toulon).
Roux, propriétaire (Toulon).
J. Roux, C. ✻, directeur du service de santé de la marine (Toulon).
Renard, négociant (Toulon).
Reverdit, avoué (Toulon).
Sénéquier, avoué (Toulon).
Simian, O. ✻, capitaine de frégate, en retraite (Toulon).
Simon, directeur de la Banque de France (Toulon).
F. Suchet (Toulon).
J. Vavin, ✻, lieutenant de vaisseau (Paris).
C. Vavin, banquier (Paris).
Tremisot, capitaine au 56e.
P. Flamenq, négociant, consul de Turquie, à Toulon.
Colassot, commerçant (Toulon).
Mazet, propriétaire (Toulon).

Toulon. — Typ. L. Laurent, rue Nationale, 49.

www.ingramcontent.com/pod-product-compliance
Lightning Source LLC
Chambersburg PA
CBHW072212240426
43670CB00038B/796